Politik und Demokratie – eine verlogene Scheinehe

Ein Bürger wagt den Aufstand gegen die Politikmafia

1. Auflage, erschienen 8-2022

Umschlaggestaltung: Romeon Verlag
Text: Michael Ohlmer
Layout: Romeon Verlag

ISBN: 978-3-96229-394-9

www.romeon-verlag.de
Copyright © Romeon Verlag, Jüchen

Das Werk ist einschließlich aller seiner Teile urheberrechtlich geschützt. Jede Verwertung und Vervielfältigung des Werkes ist ohne Zustimmung des Verlages unzulässig und strafbar. Alle Rechte, auch die des auszugsweisen Nachdrucks und der Übersetzung, sind vorbehalten. Ohne ausdrückliche schriftliche Genehmigung des Verlages darf das Werk, auch nicht Teile daraus, weder reproduziert, übertragen noch kopiert werden. Zuwiderhandlung verpflichtet zu Schadenersatz.

Alle im Buch enthaltenen Angaben, Ergebnisse usw. wurden vom Autor nach bestem Gewissen erstellt. Sie erfolgen ohne jegliche Verpflichtung oder Garantie des Verlages. Er übernimmt deshalb keinerlei Verantwortung und Haftung für etwa vorhandene Unrichtigkeiten.

Bibliografische Information der Deutschen Nationalbibliothek:
Die Deutsche Nationalbibliothek verzeichnet diese Publikation in der Deutschen Nationalbibliografie; detaillierte bibliografische Daten sind im Internet über *http://dnb.dnb.de* abrufbar.

Michael Ohlmer

Politik und Demokratie – eine verlogene Scheinehe

Ein Bürger wagt den Aufstand gegen die Politikmafia

Inhalt

Vorwort 7
Einleitung 13

Politiker demokratisieren ihre »höhere politische Ziele«
zu ihrer Profilierung und auf Kosten des Bürgers 19
   Bildung, der Anker der Demokratie und der Schlüssel
   persönlicher Lebenserfüllung. 33
   Demokratie beginnt »zu Haus« und beim
   Individuum Mensch. 73
   Merkelismus 84
   Demokratie in modernem Outfit. 104
   Gedanken zur Freiheit. 191

Politik braucht schlüssige Konzepte. 207
   Kulturelle Grundwerte und deren Veränderungen 215
   Die Wirklichkeit scheitert an politischen Träumen. 233
   Politik schottet sich mehr und mehr vom Bürger ab. 243

Die »Haushaltsabgabe«, eine demokratische Zwangsabgabe. ... 278
   Rechtliche Betrachtungen 281
   Die Folgen einer Abgabenverweigerung 324
   Personalkosten 333
   Soziale Untersuchungen 338
   Eine transparente Analyse des öffentlich-rechtlichen
   Rundfunks 348
   Der russische Sender »Doschd« und der
   öffentlich-rechtliche Rundfunk – eine Gegenüberstellung ... 356

Erderwärmung und Umwelt. 361
   Ein Blick in die Vergangenheit. 377
   Politisch unbeirrbarer Glaube an ein CO_2-Dogma 408
   Widersprüche in der CO_2-Bekämpfung 419
   Die Erde ist eine wahrlich komplizierte Kugel. 428
   Messungen und daraus abgeleitete Erklärungen
   zur Erderwärmung. 434
   Thermodynamische Betrachtungen 439
   Atomkraft – nein Danke!. 442
   Energieversorgung nur mit Sonne und Wind
   bläst die Lichter aus. 453
   Auswirkungen einer Klimawette 465

Ausblick 477

Literaturverzeichnis 485

Vorwort

An einem Tag wie heute beneide ich Menschen, die ständig ausgeglichen und in sich gefestigt sind, also mental eine in sich geschlossene, stabile Einheit bilden. Tag für Tag, Jahr für Jahr! Also eigentlich immer! Mir will so etwas einfach nicht gelingen! Daran sind die Abteilungen Verstand und Gefühle schuld. Ich habe sie als eigenständige Bereiche in meiner zurückgezogenen Lebensgestaltung eingerichtet. Ihre Auseinandersetzungen sollen mein Leben vor Oberflächlichkeit bewahren. Im Großen und Ganzen verständigten sie sich recht harmonisch, ergänzten sich. Der Verstand sortiert die Sachlage und die Tatbestände, und das Gefühl erlaubt, die Welt mit dem Herzen zu sehen. Natürlich gab es immer mal Auseinandersetzungen, die jede engere Lebensgemeinschaft belasten. Insbesondere dann, wenn das Gefühl ein Gläschen Rotwein beanspruchte. Aber alles in allem überwog eine gegenseitige Akzeptanz! Was sich aber heute die Abteilung »Gefühle« erlaubt hatte, sprengte jeglichen Rahmen von Gemeinsinn. Anlass war ein Bild von Merkel in der Zeitung, als sie den zweiten Lockdown verkündete. Ihr Gesichtsausdruck kennzeichnete eine provozierende Selbstgefälligkeit! Das jedenfalls behauptete das Gefühl! Und es erregte sich: »Sie scheint es richtig zu genießen, die Bürger mit neuen erfundenen Auflagen zu demütigen und ihre Freiheit einzuschränken. In all den Jahren ihrer Kanzlerschaft haben sich doch um ihren Mundwinkel tiefe Falten eingegraben, die ihrem Gesichtsausdruck eine aufreizende, spöttische Überheblichkeit verleihen. Selbst wenn sie nur informieren will, strahlen diese Falten anmaßende Blasiertheit aus. Sieht denn das keiner?!« Seit Monaten, nein, seit Jahren hatte sich da offensichtlich etwas zusammengebraut und aufgestaut, das nun ausrastete. Der Kopf als übergeordnete Instanz sollte doch eigentlich imstande sein, beruhigend einzugreifen. War er nicht! Das Gefühl war gereizt und unkontrolliert wie ein angeschlagener Boxer. Doppelt gefährlich also! Dagegen kam der Kopf nicht an. Die Hülle Mensch war innerlich explodiert! Ausgerechnet an meinem Geburtstag musste das passieren! Ich flüchtete in meine Stammkneipe, um meine mir lebensvernichtend erscheinende Stimmung wenigstens für diesen Abend in neutrales Fahrwasser zu leiten. Vielleicht ging ja sogar mehr! Es ging tatsächlich mehr! Ich musste mir schließlich eingestehen, dass die Bewilligung der beiden Abteilungen nicht freiwillig passierte. Sie waren bereits bei meiner Geburt als fester Bestandteil meines Ichs eingepflanzt worden. Ich muss mich damit abfinden, dass ich Sklave innerer Auseinandersetzungen sein muss!

»Demokratie iss Schaaaße!«

Diese alberne Begrüßung passte haargenau in meine Stimmung! Was für ein Quatsch! Jeder Blödsinn darf unkontrolliert ausgebreitet werden! Von all diesem Geseiche hatte ich die Nase voll! Es kotzte mich an! Ich hatte kaum die Tür hinter mir geschlossen und den Platz in meiner Ecknische eingenommen, als mich diese tiefgründige Botschaft vom Kneipentresen willkommen hieß. Das Kerlchen, das dort hockte, fiel nicht nur akustisch auf. Es machte auch visuell auf sich aufmerksam. Ein verbeulter Cowboyhut mit einer überdimensional bestückten Hutkrempe verdeckte seinen Kopf. Seine belehrende Feststellung begründete er mit der Behauptung: »Demokratie iss schon deshalb Schaaaße, weil Gewinner doch nur diese Politiker da sind, die schon eh viel zu viel Knete einsacken!« Lässig lümmelte er sich auf seinem Barhocker hin und her und sein Arm stützte den Hut am Bartresen ab. Unverkennbar beherrschte Alkohol seine Stimme. Sie war so laut, als wolle er die ganze Kneipe überzeugen und nicht nur seine vier Kumpanen am Tresen.

Normalerweise überhöre ich solche Aussprüche, die der Alkohol an die seelische Oberfläche spült. Dieses Mal war das anders! Meine aufgewühlte Stimmung sensibilisierte meine Ohren für solcherart Schubladenweisheiten! Das »Gefühl« hatte meine Erregung auf Merkel und ihre Politiker kanalisiert. Das hatte der »Verstand« unwidersprochen hingenommen! Ich konnte diese politischen Sprüche nicht mehr hören! Merkel und Konsorten durchlöchern die Demokratie und untergraben meinen Frohsinn! Deshalb war ich auch nicht «im Reinen« mit mir! Auch weil Politiker täglich das Blaue vom Himmel herunter lügen, um mir meine Lebenslaune zu nehmen. Aber deshalb ist doch nicht Demokratie Schaaaße! Sie wollen mir vorschreiben, wie ich zu denken, und wie ich mein Leben zu gestalten habe. Sie faseln eine waschechte Demokratie herbei. All dieses Gehabe ging mir gehörig auf den Keks! Gibt dieses Sammelsurium von Empörung, Missstimmung, schlechter Laune, Verdrossenheit, Groll und Bitterkeit etwa Lebenssinn? Dieses virtuelle Frageund Antwortspielchen der vergangenen Wochen musste deshalb ein Ende haben. Sie untergraben meine Moral! Ich musste einige dieser gedanklichen Belastungen einsammeln, auswerten und mir das Ergebnis einigermaßen sortiert vor Augen führen. Wahrheit, Freiheit, Ehrlichkeit, Moral/ Ethik, Gewissen, Freigeistigkeit, die Liste menschlicher Wertigkeit schwirrte durch meinen Kopf. Haben sie noch irgendeine Wertigkeit? Meine Seele verlangte nach Aufarbeitung. So wie jetzt konnte es jedenfalls nicht weitergehen!

»Glaube denen, die die Wahrheit suchen, und zweifle an denen, die sie gefunden haben.«
André Gide.

Wahrheit! Was bieten denn noch Tugenden, die der Wahrheit eine Chance einräumen, die aber letztlich nur noch Visionen sind? Nur Moral und Ethik können doch ein Wohlbefinden beschützen. Nur im Herzen herbeigeführte Wahrheit baut die Kraft auf, menschliche Werte zu verketten, die die Lebenszukunft in leuchtenden Farben zeichnen und sie genießen lassen. Herz und Seele wollen dann ausgedehnte Ausflüge unternehmen. Die Politik hat mir diese

Expeditionen geraubt. Sie konnte sie nicht verbieten, aber sie hat sie vernichtet! Ist doch viel schlimmer! Verbote kann ich missachten! Gefühle, Frohsinn, Nachdenklichkeit, alle Gaben, die dem Menschen eine Sonderstellung einräumen, müssen sich der Politik und der Macht des Geldes beugen. Lügengerüsten fehlen die statische Belastbarkeit! Politiker mit ihren Lügen sind überzeugt davon, dass sie alles besser wissen und sie glauben sogar, die Wahrheit gepachtet zu haben, eine Wahrheit, dessen Inhalt sich in Worten erschöpfen muss! Sie machen sich schon gar keine Gedanken mehr darüber, was Wahrheit wirklich bedeutet. Sie kennen nur eine Wahrheit, die ihrer Selbstvermarktung dient! Diese ständigen, ausartenden und primitiven Streitereien werden immer unerträglicher! Homo-Ehe, Rundfunkabgabe, »Erneuerbare Energie Gesetz«, Kernenergie!

Politiker schaffen künstliche Probleme! Sie wollen dem Bürger Angst einflößen. Tollkühn bezeichnen sie sich als Führungspersonen. Was sind das für Führungspersonen, die nur mit der Erzeugung von Angst ihr Dasein fristen? Sie sind flüssiger als flüssig. Sie sind überflüssig! Wird das eigensüchtige Geschwätz genauer analysiert, so genügt diese aufgeputzte Substanzlosigkeit nur einer egoistisch auferlegten Selbstaufwertung. Nach sechzehn Jahren hält sich die Kanzlerin tatsächlich für unabkömmlich und unersetzbar! Hatte der Cowboyhut etwa diese Ungereimtheiten aufgesammelt und ausdrücken wollen? Unvorstellbar! Der Suff gibt nur Banalitäten Preis!

Auch André Gide zweifelt an einer absoluten Wahrheit! Anreiz genug, um sie zu suchen! Aber verlangt die Gesellschaft überhaupt eine absolute Wahrheit? Gäbe es diese Wahrheit, so müsste sie auch auffindbar und durchsetzbar sein. Vielleicht! Die Allgemeingültigkeit der »Wahrheit« verfängt sich doch bereits in der fürsorglichen Frage nach dem Wohlbefinden in einem Netz von Unehrlichkeit. »Na, wie geht's?« Soll die Person ihre Eheprobleme ausbreiten? Und will der Fragesteller an diesen Familienstreitigkeiten tatsächlich teilhaben?

»Demokratie iss Schaaaße!« Zweifelte ich nicht auch schon längst an der Demokratie? Unabhängigkeitsbedürfnis und Freiheitsgefühle umklammerten mich mit ihren Krallen! Gerechtigkeitssinn brodelte in mir, einem Vulkan gleich, der vor dem Ausbruch steht. Diese Schwäche einer sachlichen Rechtfertigung nutzte ich, um diese Wichtigtuer in einen Sack zu stopfen und mit dem Knüppel draufzuschlagen. Die Folgen waren mir egal!

Demokratie fordert Toleranz. Toleranz verlangt totale Anerkennung der Vielfältigkeit menschlicher Anschauungen. Sie müssen nicht geteilt werden! Bürger mehren sich, die ihre Lebenswelt als geordnet und als abgeschlossen betrachten. Sie suchen keinen Zugewinn an Lebenserfahrung mehr. Kritik lehnen sie ab und empfinden sie als Angriff auf ihre Persönlichkeit. Dabei lebt Demokratie doch nur von vielfältigen Ansichten. Sie müssen nicht immer begründbar sein! Aufgestaute Voreingenommenheit kann durchaus Nachdenklichkeit hervorrufen! Genauso, wie ausschweifende Erläuterungen Feinsinn die Schönheit rauben können. Diese Vielseitigkeit menschlicher Gestaltung will Politik einebnen.

Politisch aufgebauter Mainstream hat sich etabliert. Er steht gar zu oft im Gegensatz zu Nachdenklichkeit. Politiker genügen sich, Macht zu suchen, um den Bürger mit seinen Gedanken und Gefühlen platt zu walzen! Sie erlauben Seelen keinen Auslauf mehr! Das soll Demokratie bedeuten?!

Die Demokratie vom Schlamm zu befreien, begleitet Selbstzweifel! Nur die Gemeinschaft kann zu absoluten Wahrheit finden. Dennoch! Es muss was passieren! Politiker werden erst Ruhe geben, wenn sie ein paar Zoll unter der Erde liegen. Bis dahin kann ich nicht warten! Meine Seele verlangt Freiheit! Sie will die schönen Momente beleuchten, die das Leben bietet!

Einleitung

»Schweigen können zeugt von Kraft, Schweigen wollen von Nachsicht, Schweigen müssen vom Geist der Zeit«.
                                               Karl Julius Weber

Demokratie lässt sich mit einem Flusslauf vergleichen. Wie dieser sich durch die Lande schlängelt, sucht Demokratie sich ihren Weg in der Gesellschaft. Bildhafte Vergleiche lassen leider nicht immer Anschaulichkeit eins zu eins aufrecht erhalten. Phantasie muss helfen, eine ideenreiche Brücke zu bilden, die mit Worten nicht gelingt. Flüsse müssen gereinigt werden, damit große Dampfer nicht auf Grund laufen können. Auch politisch gesteuerte Demokratiedampfer könnten auf Grund laufen! Demokratie ist in ihrer Auslegung vielseitig und kompliziert. Deshalb bilden Aussagen, Feststellungen, Erklärungen, Stellungnahmen, Einsprüche, Richtigstellungen … Regelungen, die das Alltagsleben beeinflussen, Nebenströme, die den Hauptstrom bisweilen nicht mehr erkennen lassen. In diesem Moment benötigt Demokratie Hilfe. Die über den Bürger ausgegossene Informationsflut verhindert jedoch zu häufig, dass Hilferufe der Demokratie als Notschrei wahrgenommen werden. Politiker verstecken ihre Angriffe in verschlungener Wortklauberei, entfernt vergleichbar mit einer geladenen Flinte. Die kann absichtlich abgefeuert werden, aber sie wirkt auch verletzend oder tödlich, wenn sie versehentlich losgeht. Politiker brauchen Worte als Waffe! Sie schaffen Verwüstungen, suchen aber selten wirkliche Lösungen. Deshalb erkennen viele Bürger nur langsam demokratietödliche Veränderungen. Politikern wäre etwas mehr Einfühlung in menschliche Bedürfnisse zu wünschen, denn Sensibilität greift Anregungen auf. Ideen und Verwertung von Anregungen sind der Motor schöpferischen Gestaltens und verleihen der Berufung Impulse. Aber Feinnervigkeit verträgt sich nicht mit Machtbedürfnissen, ist also deren Feind. Deshalb brauchen Politiker die Flinte, um Worte abzuballern!

Diese meine Seele belastenden Lebensverhältnisse haben zu einem kleinen Ausflug in die russische Literatur geführt. Sie beschreibt die Politik aus dem Blickwinkel des Bürgers. Tschechow gibt einen Einblick in eine Bürgerschicht, die sich in das Beziehungsgeflecht der Macht einreiht, um im Suppentopf materieller Vorteile mit ein tunken zu dürfen. Dem stellt er eine menschliche Kultur gegenüber, die um das tägliche Brot kämpft und sich ohnmächtig einer politischen Macht unterwerfen muss, die den Menschen nur als Objekt behandelt. Diese hoffnungslose Verzweiflung lässt Tschechow in des Lesers Herz eindringen. Es ist zutiefst betroffen und leidet in Wehmut mit. Die gnadenlos herbeigeführte Armut des Volkes lässt die Seele weinen und lehnt sich gegen brutalen Eigensinn auf. Tschechow betrachtet die Politik einer anderen Zeit, doch sie ist allzeit gegenwärtig.

»... Hier aber, tausend Werst von Moskau entfernt, erschien alles in einem anderen Licht: Es war nicht das Leben, es waren nicht Menschen, sondern etwas, das nur ›wegen dem Formular‹ existiert, wie Loschadin sagte ... Die Heimat, das wahre Russland, das wahre Moskau, Petersburg – hier aber war Provinz, Kolonie; wenn du davon träumst, eine Rolle zu spielen, populär zu sein, zum Beispiel Untersuchungsrichter bei besonders wichtigen Fällen zu sein ... oder Salonlöwe, dann denkst du unbedingt an Moskau. Leben, das findet nur in Moskau statt, hier dagegen will man nichts, gibt sich leicht zufrieden mit einer unauffälligen Rolle ...« 1

Die Angst dominiert, in die hoffnungslose Lebenssituation des gemeinen Volkes abzustürzen. Der unteren Bürgerschicht muss ein Wodka-Vollrausch einen Höhepunkt ihres Lebens erfüllen. Dieser Genuss raupt der Familie die letzte Kopeke. Die Lösung solcher Verhältnisse zeigt dann der Selbstmord auf!

»Er hat Frau und Kind hinterlassen«, sagte Startschenko. »Neurasthenikern und überhaupt Menschen, deren Nervensystem nicht in

Ordnung ist, würde ich verbieten zu heiraten; ich würde ihnen das Recht und die Möglichkeit nehmen, Ihresgleichen zu vermehren. Nervenkranke Kinder in die Welt zu setzen – das ist ein Verbrechen.«

»Der unglückliche junge Mann«, sagte von Taunitz, seufzte still und schüttelte den Kopf. »Wie viel musste er zuvor durchdenken, durchleiden, um am Ende zu beschließen, sich das Leben zu nehmen ... das junge Leben. In jeder Familie kann ein solches Unglück geschehen, und das ist furchtbar. Schwer ist das zu ertragen, unerträglich ...« [1]

Die Wege menschlicher Begehrlichkeiten pflasterten in Russland vor hundertundsechzig Jahren Abzocke, krumme Touren, Schwindel, Betrug und unsaubere Machenschaften. Verschwörungen und Ränkespiele, die Politiker auch »heute« noch als typisches Kennzeichen einer Diktatur hinstellen. Wir wähnen uns derartigen Verhältnissen grenzenlos überlegen, dürfen wir doch in einer Demokratie leben. Was aber ist das für eine Demokratie? Demokratie sollte die notwendigen Bedürfnisse der Bürger erkennen und sich dafür einsetzen. Stattdessen verlangen Politiker anerkannt, geschätzt, gepriesen, beneidet, bestürmt, angefleht, kniefällig angebettelt zu werden. Nahezu täglich blenden sie sich in die Fernsehnachrichten ein. Sie wollen in aller Munde sein, drängen sich in den Mittelpunkt gesellschaftlichen Lebens, damit sie das Volk für höhere Missionen erwählt. Letztendlich suchen sie als Ziel eine Anhäufung der Macht, um den Bürger vor die Karre »höherer politischer Ziele« zu spannen. Sie gehen den gleichen Weg, den russische Politiker vorgezeichnet haben! Der Unterschied besteht darin, dass sie vorgeben und möglicherweise auch überzeugt davon sind, unter demokratischer Flagge zu segeln.

Bereits vor hundertundvierzig Jahren durfte in Russland nur Literatur politische Zustände schildern. Ihr konnte nicht eine direkte Kritik nachgewiesen werden. Möglicherweise wurde sie auch nicht von den Machthabern gelesen. Vermutungen! In unserem Land übernehmen die Medien die Aufgabe, politische Gestaltung zu beschreiben. Allen voran der politisch gesteuerte öffentlich-rechtliche Rundfunk. Alle Medien schenken dem Leiden des Volkes wenig Beachtung. Bürgerliche Nöte sind nur erwähnenswert, wenn sie politische Machtverhältnisse gefährden. Der Bürger hat sich nach politischen Entscheidungen auszurichten. Analysen politischer Maßnahmen, so sie denn tatsächlich erfolgen, sind auf einen einfachen Geist ausgerichtet. Die »Haushaltsabgabe« wird Gesetz! CO_2 ist für die Erderwärmung verantwortlich, Kernkraftwerke in unserem Land gefährden menschliches Leben, sie müssen abgeschaltet werden, Wirtschaft und Politik müssen enger zusammenrücken, und, und, und. Politikers Nasen dürfen keine Beulen und ihre Gesichter keine blauen, geschwollenen Augen kriegen! Dürfte der Bürger auch extreme Gedanken ausloten, so könnte er politisches Handeln mit dem eines Diktators vergleichen, ähnlich wie im heutigen Russland. Der Mainstream unterbindet solche Meinungen. Auflehnung gegen das System wird demokratisch bestraft. Der Bürger wird nicht in ein Straflager nach Sibirien verbannt. Er wird auch nicht ausgepeitscht. Der Vergeltungsschlag erscheint humaner: Ein Querulant wird wirtschaftlich oder sozial vernichtet. Er wird in eine Welt der Vereinsamung geführt! Ein sich auflehnender Politiker wird aussortiert! Ein politisch aufgebauter Mainstreamnebel muss das Wirken eines freien Geistes einengen und politische Korrektheit bestätigen. Politik lässt Demokratie zu einem gedanklichen Gefängnis reifen. Die Seele wehrt sich gegen willkürliche Bevormundung! Sie fordert, sie bedrängende Belastungen nicht in Ketten zu legen. Sie kommt dem sehnsüchtigen Wunsch nach, diese Welt mit gemütvollen Gedanken zu verändern, manchmal sogar ausgelassen mit ihr zu spielen. Die moderne Demokratie erlaubt dem Bürger jedoch nur noch Träume, um seine Zukunft zu gestalten.

Joseph A. Schumpeter vergleicht Politiker mit schlechten Reitern. Sie sind nur damit beschäftigt, sich im politischen Sattel zu halten. Menschlichkeit ist aus dem Blickfeld geraten. Diese Zügel sind ihnen aus der Hand geglitten. Im Sattel bleiben und nicht vom

Parteiengaul stürzen. Mit der Macht verwachsen! Sie pflegen einen Egoismus, den es zu erhalten gilt.

«Egoismus besteht nicht darin, dass man sein eigenes Leben nach seinen Wünschen lebt, sondern darin, dass man von anderen verlangt, dass sie so leben, wie man es wünscht.«

Oscar Wilde

In diesem Sinne weitet die Kanzlerin ihre Macht aus. Sie entscheidet und beschließt! Die Demokratie büßt ihre Ordnung ein. Parteimitglieder bestimmen über eine Regierungsbildung! Die Regierungsbildung ist im Grundgesetz geregelt. Wie soll der Bürger noch Vertrauen in eine zukunftsgerichtete, menschliche Gestaltung seiner Lebensverhältnisse finden, wenn Grundgesetz und Rechtsordnung nur im politischen Bedarfsfall befolgt werden? Winston Churchill hatte vorausgesagt: »*Die Menschheit ist zu weit vorwärts gegangen, um sich zurückzuwenden und bewegt sich zu rasch, um anzuhalten.*« Ist die deutsche Gesellschaft bereits dort angekommen? Politik überspielt Hilflosigkeit durch oberflächliche Entscheidungen und durch verblendete Selbstbesessenheit! Vertrauen in ein hoffnungsfrohes Morgen zu lenken, dazu fehlen liberale Verhältnisse. Ein Mensch ist dann ein Mensch, wenn er andere als Mensch erkennt und auch anerkennt! Wird dieses allgemein humane Grundgesetz nur noch in publikumswirksame Worte eingehüllt? Musste ich deshalb in Tschechows Welt flüchten?

Politiker demokratisieren ihre »höhere politische Ziele« zu ihrer Profilierung und auf Kosten des Bürgers

»Es gibt etwas, das mehr ist als das Recht: Gerechtigkeit; etwas, das höher steht als das allgemeine Wohl: die allgemeine Sittlichkeit, und etwas, das noch schöner ist als die Freiheit: die Tugend.«
Ludwig Börne (1786-1837)

Modernes Leben gefällt sich mehr und mehr darin, seine Erfüllung in einem gedankenlosen Gebrauch des Verstandes zu suchen. Gefühle verblassen, finden keine bedachtsamen Beurteilungen mehr. Sie bleiben an einer nebulösen Oberfläche hängen. Sie können nicht in die Tiefen einer vielschichtigen Seele vordringen, finden folglich keinen gewinnbringenden Abgleich mit dem Verstand mehr. Empfindungen verlieren den Mut, ehrlich zu sein. Politiker provozieren und unterstützen diese Zerstörung des göttlich gegebenen Wunsches, das Leben in seiner Vielfältigkeit zu genießen. In einer Legislaturperiode berauschen sich Politiker an ihren Machtgelüsten. 434 Gesetze sind die Auswirkungen! Der Bürger hat längst die Übersicht verloren. Zu viele Bürger fühlen sich von der Politik beherrscht, ohne dass sie die bevormundende Macht als Werkzeug erkennen, das sie in die Versklavung führen soll. Diese Folter sei eine moderne Demokratie, die Fortschritt widerspiegelt, behaupten Politiker. Sie schaffen eine »Demokratie«, die in tiefster Finsternis noch Licht erzeugen soll. Demokratie sollte nur Rahmenbedingungen erbringen, fordert das Grundgesetz. Politik sollte dem Bürger Verantwortung auferlegen, und der Freiheit Lebensraum geben. Sie soll sich als Staat auf notwendige Eingriffe beschränken. Gesetze minimieren! Gesetze sollen die Freiheit unterstützen. Freiheit braucht keine politischen Gesetze! Sie ist eine natürliche Gegebenheit, die gelebt wird. Sie wird vom menschlichen Verhalten gelenkt! Wie aber soll Politik diese Freiheit begreifen, wenn sie bereits in ein Gemeinwesen eingreift, das keiner Neuordnung bedarf?

Die Homo-Ehe! Warum musste die Homo-Ehe gesetzlich der heterogenen Ehe gleich gestellt werden? Worin liegt der Lebenslustgewinn der Gesellschaft, wenn drei Prozent der Bürger eine von der Norm abweichende Liebesbeziehung suchen?

»... Die Beglückung einer Minderheit hat manchem Abgeordneten offenbar nur Spaß gemacht – von einer ernsthaften moderaten Beschäftigung mit dem Bruch einer jahrhundertealten Institution war sie meilenweit entfernt ...« [2]

Gefallen sich moderne Politiker darin, Gesetzesfindungen als Spaß zu begreifen, um ihre Macht auszutoben? Im Jahr 2016 bekannten sich 7,4 Prozent der Bürger als Lesben, Schwule, Bisexuelle und Transgender zu ihrer besonderen Art von Liebesbeziehungen. Homoverbindungen werden mit 3 Prozent beziffert. Diese Zahlen müssen nicht genau stimmen. Ist belanglos! Sie belegen nur, dass ein anormaler Liebesvollzug lediglich eine untergeordnete Rolle in unserer Gesellschaft spielt. Bei einer Homo-Partnerschaft gehen zudem nicht alle Männer sogleich eine Eheverbindung ein. Entsprechend vernachlässigbar dürfte das Interesse des Bürgers an der Homo-Ehe verlaufen. Warum soll sie dennoch dem rechtlichen Rahmen einer heterogenen Ehe gleichgestellt werden? Gibt es wirklich keine dringlicheren Aufgaben als per Gesetz die Gleichstellung der Homo-Ehe zur heterogenen Ehe zu beschließen? 2015 wurden in Deutschland 163.335 heterogene Ehen geschieden, etwa ein Drittel der jährlich geschlossenen Ehen. Betroffen waren 132.000 minderjährige Kinder. Die meisten Ehen werden nach sechs Jahren geschieden. Die Scheidung wollen nicht nur Männer! 51 Prozent Frauen reichten sie ein. 1,5 Millionen alleinerziehende Haushalte mit minderjährigen Kindern gab es in Deutschland in den vergangenen Jahren. Das entspricht einem Anteil von 19 Prozent. Diese alarmierenden Zahlen sollten politisches Handeln herausfordern. Stattdessen nötigen sie den Bürger mit Themen, deren Schlagzeilen moderne politische Einstellungen widerspiegeln sollen. Wir Politiker gehen mit der Zeit und befassen uns auch mit delikaten Themen der Gesellschaft! So ihre Botschaft! Sie glauben, gesellschaftlich relevante Entscheidungen treffen zu müssen, deren Folgen sich erst in späteren Generationen in ihrem vollen Ausmaß auswirken werden. Nicht Homo-Ehen bestimmen die Zukunft eines Landes, sondern heterogene Ehen mit den daraus erwachsenen Kindern. Suchen Politiker ein verantwortungsfreies Geltungsbedürfnis?

Das Bundesverfassungsgericht stellte noch im Jahr 2002 unmissverständlich fest: »Die Ehe kann nur mit einem Partner des anderen Geschlechts geschlossen werden«. Die Rechtsprechung zur Homo-Ehe hatte sich in den folgenden Jahren Stück für Stück der heterosexuellen Ehe angenähert. Begründet wurden diese Entscheidungen mit dem Gleichheitssatz aus Artikel 3, der Diskriminierung verbietet. Die Gesellschaft sieht Ehe und Familie »heute« anders als 1949. Viele Paare gründen eine Familie ohne Eheschließung. Auch nimmt die Frau bei einer Eheschließung nicht immer den Namen des Mannes an, sondern schließt ihren Familiennamen über einen Bindestrich mit ein. Um dem Wandel der Zeit zu entsprechen, hatte das Bundesverfassungsgericht im Jahr 2013 auch homosexuellen Partnern zugestanden, eine Familie mit Kindern im Sinne von Artikel 6 zu gründen. Die rechtliche Zunft ist gespalten. Es gibt Verfassungsrechtler, die das anders sehen.

»Wenn allein der Wandel der gesellschaftlichen Anschauungen ausreicht, um das Grundgesetz zu ändern, verliert es seine stabilisierende Wirkung« [3].

»Linke« Positionen möchten gern als modern und fortschrittlich gelten. Mit extremen Ansichten wollen sie sich von verstaubten, konservativen Bräuchen absetzen und auf sich aufmerksam machen. Die Koalition aus CDU/CSU und SPD fanden bei der Homo-Ehe keine Übereinkunft. Um unüberbrückbare Streitigkeiten zu vermeiden und die Koalition zu erhalten, hatten sie dann das Gewissen in den Vordergrund geschoben. Die Abgeordneten sollen nach ihrem Gewissen entscheiden. Sie ersetzten die Neuinterpretation des Grundgesetzes durch ein vom Bundesrat beschlossenes Gesetz. Die Neufassung eines Fundaments des Gemeinwesens ist tatsächlich eine Gewissensfrage. Aber welche politisch geschulte Kraft kann Gewissen überhaupt noch buchstabieren? Verantwortliche Sorgfalt politischen Wirkens verliert an Glaubwürdigkeit und Zutrauen. Suchen Politiker nur noch Schlagzeilen in der Boulevardpresse, um ihre Existenz zu rechtfertigen?

Die »Gesellschaft« läuft Gefahr, nicht mehr die Wertigkeit von Kindern als Zukunft zu begreifen. Sie riskiert, Liebe nur noch als sexuelles Bedürfnis zu verstehen, die oberflächlichste Wahrnehmung von Liebe. Vertraute Verbundenheit ist ein wichtiges Lebensfundament! Der Mensch kommt nicht als fertiges Wesen auf die Welt. Lieben können muss er lernen. Es muss ihm beigebracht werden. Kommunikations- und Beziehungsfähigkeit ist dem Menschen nicht in die Wiege gelegt. Er braucht ständige Übung bis zur sicheren Bewertung! Damit er nicht ins Bodenlose stürzt, benötigt er Bezugspersonen, die Liebe nicht mit Liebelei verwechseln. Das ist Aufgabe der Eltern! Bei dem Entwicklungsprozess »Liebe« müssen Kinder Halt finden. Liebe kennt keine Regeln. Sie ist eine individuelle Angelegenheit! Insbesondere Liebe zu Kindern muss quasi an Wahnsinn angrenzen, um ihre Aufgabe zu erfüllen. Eine Liebe, die über den Verstand ihren Zuspruch sucht, ist keine wirkliche Liebe. Wahre Liebe ist in den Augen einer Mutter abzulesen. Jedes menschliche Wesen hat nur eine Mutter, kann aber durchaus mehrere Väter haben. Männer können nicht die zärtliche Verbundenheit kennen, die sich allein durch das Kind werden im Mutterleib und der schmerzhaften Geburt ergeben. Manche Männer glauben und sind überzeugt davon, der Mutterliebe auf Augenhöhe zu begegnen. Sie können es behaupten! Nur wer im Ernstfall geprüft wurde, kennt den Unterschied. Die Liebe, die Mütter in die Gesellschaft hineintragen, ist viel zu bedeutungsvoll, als dass sie als Spielball politischer Profilierungssucht missbraucht werden kann. »Liebe« hat durch moderne Sichtweisen eine eingrenzende Spannweite erhalten, die seine Bedeutung untergräbt. Eine beängstigende Entwicklung!

Frau Merkel schwieg im Plenum zur Homo-Eheentscheidung und gab im Reichstagsrestaurant ihre Erklärung ab: »*Ich hoffe, dass mit der Abstimmung ein Stück gesellschaftlicher Friede und Zusammenhalt geschaffen werden konnte.*« Die Kanzlerin unterstellt, dass drei Prozent Homo-Verbindungen das Volk spalten könne. Kann es tatsächlich bei derart oberflächlichen Entscheidungen um Friede und Zusammenhalt im Volk gehen? Befürchtet Frau Merkel nicht vielmehr, dass ihre Moderationskünste nicht mehr ausreichen, um die Parteienlandschaft zu zügeln? Merkelismus hat eine Politik gezüchtet, die in zweifelhaften Kompromissen die Macht stärken soll. Sie sollen glaubend machen, dass beim Bergauffahren die angezogene Handbremse nicht schade, solange der Motor stark genug ist. Merkel stärkt ihr besonderes Talent, dem Bürger ungefiltert eine einstudierte Phrasentechnik zu präsentieren, die einen gesunden Menschenverstand in die Verzweiflung treibt.

Der Ablauf zeigte dann in der praktischen Wirklichkeit das wahre, verantwortungsbewusste Demokratieverständnis. Die Grünen feierten im Bundestag das Gesetz »Ehe für alle« mit einem Konfettiregen. Die SPD beging das Fest mit einer riesigen Hochzeitstorte vor dem Brandenburger Tor. Der Bürger gewinnt einen Eindruck, wie moderne Demokratie Probleme des Gemeinwesens gewissenhaft aufarbeitet. Sieg statt Lösungen!

»Die Zeit freiwilliger Lösungen ist vorbei«, verkündeten Bundesgesundheitsministerin Schmidt (SPD) und Verbraucherschutzminister Seehofer (CSU) übereinstimmend und meinten in diesem Fall das Gesetz zum Rauchverbot in Kneipen und Restaurants. Die Sorge um des Bürgers Gesundheit darf keine Partei gleichgültig lassen. Gesundheit ist ein wirkungsvolles Rezept, um Angst zu verbreiten. Seehofer vergleicht Zigarettenqualm mit Gefahren durch Asbestausdünstungen. Wollen Bürger die Küche eines Restaurants oder ein Bier in ihrer Stammkneipe genießen, gefährden sie ihr Leben. Gesetze und Verordnungen müssen folglich solche Missstände demokratisieren. Die Suche nach freiwilligen Lösungen, die den Regeln eines freien Marktes folgen, werden abgeblockt: Man dürfe sich nicht der Zigarettenlobby beugen! Die Sprache ist knetbar! Jene Bürger fühlen sich besonders bestätigt, die selbst geraucht und dieses Laster aufgegeben haben. Dabei ist es doch so einfach, sich das Rauchen abzugewöhnen. So mancher hat es bereits hundert Mal geschafft! Selbstverständlich schreibt der politisch auferlegte Zwang dem Bürger keinen Lebensstil vor. Der Staat ist nur und ausschließlich um des Bürgers Gesundheit besorgt! Die Freiheit, die Gesundheit zu schädigen, darf nur in die eigenen vier Wänden verlagert werden. Auf den Besuch von Kneipen oder Restaurants zu verzichten, wenn der Zigarettenqualm stört, diese Freiheit einer Entscheidung darf der Bürger nicht mehr treffen. Wenn Kneipen- oder Restaurantbesitzer vermeinen, auf Gäste verzichten zu können, die der Qualm stört, vertreten sie eine unternehmerische Entscheidung. Entschließungen, die eine freie Marktwirtschaft beleben. Moderne Demokratie weiß um ihre Verpflichtung, aus übergeordneter Sicht zu bestimmen, was für den Bürger gut oder schlecht ist. Deshalb bedarf es 434 Gesetze! Die Abteilung »Gefühle« fragt sich bisweilen, ob nicht ein überfrachteter Wohlstand die Dekadenz der Demokratie unterstützt.

Kein Politiker möchte sich nicht mit Worten um das Wohl des Bürgers sorgen und sich damit unmodern geben! Je anspruchsloser das Thema, umso intensiver der Kampf um Wählerstimmen. Selbstbestimmung und der Anspruch auf solide Demokratieverhältnisse fallen bei derartigen Vorgängen auf politische Mindestambitionen zurück. Es gab Zeiten, da verlangte die Politik noch die Freiheit des Bürgers, forderte seine Verantwortung und ließ ihn selbst entscheiden, was ihm für sein Dasein und sein Wohl notwendig erscheint.

Sie wusste, dass es immer Menschen gibt und geben wird, die aus eigenem Willen heraus nicht ihre Situation verbessern wollen, und andere, die ihre Lebenszeit nutzen und etwas aus ihrer Sicht Produktives suchen. Das will eine moderne Politik nicht mehr. »Die Zeit freiwilliger Lösungen ist vorbei«! Politiker bestimmen! Wer nicht gehorcht, gehört bestraft zu werden. Bürger gewinnen den Status kleiner Kinder, denen Politiker Zucht und Ordnung beibringen müssen.

Das Wort »Demokratie« findet seine Durchschlagskraft in aller Munde und fühlt sich dort pudelwohl. Auch die öffentlichen Medien treten die Bedeutung der Demokratie mit sprachgewandtem Engagement breit. Politikern ist Demokratie eh heilig! Mit Worten! Sie ist deshalb selbst bei undemokratisch abgewickelten Prozessen nicht gefährdet. Kleine Wunder, die nur Politiker zuwege bringen können!

»Wer sich die Aufgabe stellt, den Begriff ausfindig zu machen, der am bündigsten, prägnant und doch umfassend den Generalanspruch unserer Zeit zum Ausdruck zu bringen sucht, der muss nicht lange suchen: Es genügt, das tägliche Morgenblatt aufzuschlagen. In jedem Ressort, dem politischen ohnehin, aber auch in allen Sparten des Feuilletons, im Wirtschaftsteil, in allen Berichten auf der Welt der Kirche, Schule, Sport, Universitätsreform, Theaterreform, Verlagsreform, Reform der Kindergärten, Krankenhäuser und Gefängnisse bis hin zur allgemeinen Forderung der Gesellschaftsreform – der Generaltenor aller Ansprüche dieser Zeit auf Veränderung der uns umgebenden gesellschaftlichen Welt findet seine knappste Formel in dem Wort ›Demokratisierung‹« [4]

Was verdienen Kollegen? Wie ist der Dienstwagen geregelt? Wie hoch sind die Zulagen? Unternehmen müssen auf Anfrage Auskunft erteilen. In einer demokratisierten Demokratie darf es keine Geheimnisse mehr geben. Das bestimmt das Wesen einer modernen Demokratie! Soziale Demokratie fordert ein gesellschaftliches Bewusstsein für Lohnunterschiede und schärft den Geist für

Gerechtigkeitsdebatten. Frauen müssen durch das »Lohntransparenzgesetz« vor Ausbeutung geschützt werden. Alles und jedes verlangt Demokratisierung!

»Über Geld spricht man nicht, Geld hat man«, das Neidgesetz beseitigt diese Zeiten einer geschützten Privatsphäre. Nicht mehr der »Markt« bestimmt über des Bürgers Vermögen, sondern der Staat legt fest, was dem Bürger an Einkommen zusteht. »*Frauen können ihren Anspruch auf gleiches Entgelt für gleiche und gleichwertige Arbeit gerichtlich einklagen*«, sagt die Bundesministerin Katarina Barley. Sie bietet auf der Internetseite ihres Ministeriums Formulare zur Umsetzung der Ansprüche an. Demokratischer Fortschritt darf nicht an Formfehlern scheitern. Nur Politiker können in der Demokratie für Gerechtigkeit sorgen. Sie tummeln sich mit ihren Bezügen in einer Welt, die keine finanziellen Sorgen kennt. Wirtschaftlichen Betrieben wird abverlangt, dass sie sich an einem freien Wettbewerb behaupten müssen, um Geld zu verdienen. Politik erhöht die Steuern, wenn die Kasse nicht stimmt. Das Neid-Gesetz fördert nicht nur die Missgunst, sondern begünstigt auch Bürokratie und damit Kosten. In einer modernen Demokratie demokratisiert der Staat auch Lohnfindungsprozesse. Vereinbarte Branchenlöhne sind auch für Unternehmen verbindlich, die nicht dem Arbeitgeberverband angehören. Politiker machen sich keine Gedanken darüber, dass hohe Löhne Mittelständler besonders stark belasten. Sie müssen Anwälte zur Beratung hinzuziehen. Mittelständische Betriebe sind das Herz der Wirtschaft. Politische Demokratisierung folgt übergeordneten »höheren Zielen«!

Hohe Kosten führen zu mehr Arbeitslosigkeit. Kein Problem! Über die staatliche Arbeitslosenunterstützung legen Politiker mit Steuergeldern das Entgelt als Existenzminimum fest. Statt »würdiger Arbeit« entsteht unwürdige Arbeitslosigkeit. Auch Schwarzarbeit! Also muss Bargeld verboten werden. Die Arbeitgeberseite sagt: »Das Gesetz ist ein weiterer Baustein in der Überregulierung der Tariffreiheit der Unternehmen«.

Vorwiegend weibliche Politiker entdecken die besondere Wertigkeit der Frau als Arbeitskraft. Sie soll den Arbeitskräftemangel beheben und das Steuersäckel füllen. Unterschiede in Berufswahl und Karriereverhalten der Frauen führen zu einem statistischen Lohngefälle von 21 Prozent. Das darf nicht sein! Politische Logik fordert folglich, eine Frauenquote für wirtschaftliche Führungspositionen festzuschreiben.

»Frauen ist der Beruf wichtiger als Männer«, so lautet das Ergebnis einer durchgeführten repräsentativen Umfrage des Forschungsinstituts Yougov. Frauen wollen auch im Beruf soziale Anerkennung finden! Spätestens solche Nachrichten zeigen die Dringlichkeit politischen Handelns auf. Eine Frauenquote muss also her! Vorbild ist Frankreich. Dort legte der Gesetzgeber verbindlich fest, dass 40 Prozent Frauen in Vorständen und Aufsichtsräten einziehen müssen. Dank der Europäischen Union müssen alle europäischen Staaten folgen.

Bereits im Jahr 2011 war die Frauenquote in Deutschland Thema, und die damalige Bundesfamilienministerin Kristina Schröder ließ verlauten: »*Die Zeit der reinen Selbstverpflichtung ist vorbei*«, sagte sie der Zeitung »Welt am Sonntag«. »*Wer das selbstgesteckte Ziel verfehlt, oder sich gar nicht erst eine Quote setzt, muss mit harten Sanktionen bestraft werden.*« Der damalige Daimler-Vorstand Dieter Zetschke kommentierte: »Wohin soll ich all die Männer aussortieren? Alle zwangsweise in Rente schicken, damit überhaupt so viele Stellen frei werden?«

»*Männer und Frauen sind gleichberechtigt. Der Staat fördert die tatsächliche Durchsetzung der Gleichberechtigung von Frauen und Männern und wirkt auf die Beseitigung bestehender Nachteile hin*« (*GG, Art. 3, Abs. 2*).

Stellten sich so die Verfasser des Grundgesetzes mit weit vorausschauendem Blick in die Zukunft die Position der Frau in der Gesellschaft vor? Soll der Staat bestimmend in privates Eigentum eingreifen?

Spitzenpositionen sind in der Gesamtmenge der Arbeitsplätze bisher die Ausnahme. Den politischen Hebel zur Durchsetzung von Gleichberechtigung auf Führungsebene anzusetzen, fällt eher unter politische Profilierungsneurose als demokratischen Notwendigkeiten Rechnung zu tragen. Egal! Wirtschaft und Staat müssen enger zusammenrücken! Große Unternehmen müssen sich auf eine Frauenquote für Spitzenpositionen einstellen. Für alle stattfindenden Aufsichtsratswahlen soll festgelegt werden, dass mindestens 3o Prozent der Mandate an Frauen gehen. Gelingt es dem Unternehmen nicht, diese Vorgaben umzusetzen, bleiben die betreffenden Sitze leer. Diese politische Forderung aus dem Jahr 2016 korrigierten jetzt Politikerinnen unter Führung von Justizministerin Christine Lambrecht auf 50 Prozent. Nicht Frankreich, sondern Deutschland muss Maßstäbe in der EU setzen und mit gutem Beispiel vorangehen! Bisher betraf diese Regelung nur 100 Unternehmen, künftig wird sie auf 600 Betriebe ausgeweitet. Seit 2016 war der Frauen-Anteil »freiwillig« von 6,3 auf nur 7,6 gestiegen.

»Beim Fortschreiten dieses Entwicklungstempos werden noch einige Berufsgenerationen von Frauen vergeblich darauf warten müssen, eine einigermaßen proportionale Teilhabe an den entscheidenden Leistungsaufgabe der Wirtschaft in Deutschland haben«, daher sei »zusätzliches gesetzgeberisches Engagement notwendig« ... »da hat sich über Jahre zu wenig getan«. [5]

Wer sich künftig noch eine Zielgröße »null« setzt, muss diese auch begründen. Das sieht der Gesetzesentwurf aus dem Familienministerium vor. Diese Angaben werden veröffentlicht, *damit »deren Plausibilität von der interessierten Öffentlichkeit überprüft und beurteilt werden kann«*. Auch muss eine Bestrafung vorgesehen sein. Bei Verstößen sollen »spürbare Sanktionen« in Höhe von bis zu 10 Millionen Euro fällig werden.

Soziologische Untersuchungen über die Besetzung wirtschaftlicher Führungspositionen haben ergeben, dass selbst unter Männern Leistungen nicht ausschlaggebend waren, sondern die soziale

Schicht, der die Vorstände angehörten, die Besetzung bestimmte. Wie mag das erst werden, wenn Liebesspiele bei der Umgestaltung der Vorstandsposten eine Rolle spielen! Inwiefern politische Regulierungswut mit Eingriffen in unternehmerische Belange der Demokratie einen Gefallen erweist, wird die Zukunft zeigen.

Frauen ihre Erfüllung in der Arbeitswelt finden zu lassen, verlagert die Auswirkungen in nächste Generationen, lässt Politiker aber »jetzt« die Wählerstimmen der Frauen einsammeln. Ein politisches Stellrädchen greift ins andere. Arbeitende Frauen füllen die Steuerkasse. Frauen als Vorstände werden mit ihren Aufgaben so stark eingespannt sein, dass sie über Kinderkriegen nicht mehr nachdenken können. Das statistische Bundesamt teilte 2018 mit, dass die Zahl der Jugendlichen im Alter von 14 bis 17 Jahren in Deutschland in den vergangenen zehn Jahren fast um eine halbe Millionen geschrumpft sei, auf vier Prozent der Bevölkerung. Diese Zahlen werden nun durch Migranten geglättet werden. Sie müssen die Geburtendefizite zahlenmäßig auffangen. Das tun sie auch! Geburten verlagern sich somit in sozial schwächere Kreise. Die Erziehung der Kinder wird in Kitas verschoben. Die Schulbildung muss sich dieser Entwicklung anpassen, und Politik kann sich auf die Lösung sozialer Fragen konzentrieren, die sich daraus ergeben. Politisch geschlossene Kreisläufe führen am Wettbewerbsmarkt allerdings zu Personalsorgen. Unternehmen finden keinen geeigneten Nachwuchs mehr, der qualifiziert ist, um die anfallenden Arbeitsanforderungen zufriedenstellend zu lösen.

Nach 16 Jahren Praktizierung darf davon ausgegangen werden, dass die Kanzlerin die Phrasentaktik perfekt beherrscht. Sich nachweisbar festzulegen, ist meistens wenig »hilfreich«. Dennoch muss sie den Eindruck vermitteln, klare Anweisungen zu erteilen. Merkel erinnerte sich an eines der Pressegespräche des damaligen Außenministers Genscher anlässlich seiner Geburtstagsfeier:

»Die aus meiner Sicht doch in seinen Äußerungen vorhandene Unbestimmtheit über den Gegenstand, den er beschrieb, und die

gleichzeitige Zufriedenheit der Journalisten, die hat bei mir, ehrlich gesagt, auf meinem politischen Lernweg eine nachhaltige Wirkung entfaltet.«

Ein modernes Produkt dieser Lernfähigkeit hört sich dann wie folgt an: Zur »*offenen Demokratie*« gehört es, »*dass Regierungen ihr Handeln transparent machen, gut begründen und kommunizieren, damit ihr Wirken nachvollziehbar ist*«. So die Worte der Kanzlerin bei der Vorstellung der Corona-Maßnahmen. Die Kanzlerin erweckt den Anschein, eine tiefgründige Erkenntnis über die Demokratie abzugeben. Tatsächlich spricht sie aber nur Banalitäten aus. Was ist eine »offene Demokratie«? Wie unterscheidet sie sich zu einer »geschlossenen Demokratie«? Die Aussage der Kanzlerin bildet nur ab, was eine Demokratie leisten sollte. Dazu gehört auch, dass Entscheidungen auf Mehrheiten beruhen, und jeder kann gegen staatliche Eingriffe Rechtsschutz suchen. In einem demokratischen und föderalen Rechtsstaat kann nichts widerspruchslos befohlen werden. Das alles hätte die Kanzlerin noch ergänzen können. Sie hätte genauso gut feststellen können, dass die Erde nass wird, wenn es regnet. Gemeinplätzen kann nicht widersprochen werden. Ihre Erklärung über die Demokratie ist nur insofern aufschlussreich und »hilfreich«, als die Bundeskanzlerin diese banale Aussage bei den Corona-Maßnahmen für erforderlich hält. Sie legt damit die Vermutung nahe, dass normalerweise die Regierung diese Kriterien einer »offenen Demokratie« nicht erfüllt. Im Fall des Corona-Virus will der besondere Hinweis auf Transparenz politisch heißen, dass die üblicherweise ungenügenden Begründungen und mangelnden Kommunikationen mit dem Bürger noch verstärkt werden müssen. Dem Bürger darf kein Einblick in die wirklichen Verhältnisse gelingen.

Moderne Demokratie stabilisiert sich in methodischen Abläufen. Politik greift ein Thema heraus, von dem sie glaubt oder annehmen will, dass es eine große Anzahl von Bürgern beschäftigt oder beschäftigen soll. Dabei helfen Umfragen! Sie formulieren dann einen Gesetzesentwurf und beschließen. Das ist der Zeitpunkt, an dem die Opposition auf den Plan gerufen wird. Sie entfacht eine stürmische Auseinandersetzung. Aus Prinzip! Das weist ihre Bedeutung als demokratisches Organ aus. In der Diskussion durchleben dann Phrasen Hochkonjunktur! Sie streiten heftig um des Kaisers Bart! Selbst das hörige Staatsfernsehen verzichtet auf detaillierte Darstellungen und gibt nur Zusammenfassungen wieder, weil Argumente einfach zu dämlich sind. 434 Gesetze in einer Legislaturperiode sind das Ergebnis derartiger Schauläufe! Die Phrasentechnik hat Hochkonjunktur.

»*Wir werden in Zukunft im Rahmen der zur Verfügung stehenden Zeitleiste die entscheidungsrelevanten Projektvorhaben nach Prioritäten gestaffelt sequentiell abarbeiten.*«

«*Es wird ein Effizienzpaket beschlossen, um eine präzise Aufschlüsselung zu vermeiden, welche Vorhaben aus welchem Grund gecancelt/gekancelt werden.*»

«*Im Rahmen eines Organisationsentwicklungs-Konzepts wird ein Qualitätsmanagement-System implementiert, vor dem Hintergrund eines europäischen Kompetenzrahmens evaluiert und anschließend zertifiziert.*«

Eine andere Art der Problembehandlung sind Begebenheiten, die selbst mit Schwafelei und der übliche Phrasendrescherei nicht zu bewältigen sind. In solchen Situationen hat sich der Begriff des »aussitzen« durchgesetzt. Er beschreibt eine Taktik, anstehende, drängende Obliegenheit nicht anzugehen, sondern so lange zu warten, bis die Zeit oder das Ende der Legislaturperiode neue Anliegen in das öffentliche Interesse rückt. Die ursprüngliche Angelegenheit bleibt weiterhin ungelöst.

So präsentiert sich moderne »Politikal Demokratie«. Sie atmete auf diese Weise den Atomausstieg ein, verdaute die Grenzöffnung im Jahr 2015 und die damit verbundene Flüchtlingskrise, verdarb sich den Magen mit der Einführung der »Haushaltsabgabe« als Zwangskonsumgut und übernahm sich bei der Behauptung, CO_2

sei für die Erderwärmung verantwortlich. Es lassen sich zu viele Beispiele moderner Demokratie nennen, in denen Entscheidungen nicht demokratischen Prinzipien folgen. Zu häufig unterbinden parteiauferlegte Schweigepflicht bei Missständen Bürgers Hoffnung, dass es sich um »Ausreißer« handelt.

Bildung, der Anker der Demokratie und der Schlüssel persönlicher Lebenserfüllung.

> *»Bildung ist die mächtigste Waffe,*
> *die du verwenden kannst,*
> *um die Welt zu verändern.*
> *Nelson Mandela (1918 – 2013)*

»Nur gebildete und erhabene Menschen sind interessant. Nur sie werden gebraucht. Und je mehr solcher Menschen es gibt, desto schneller wird Gottes Reich auf Erden erstehen ... Die Hauptsache ist, dass es dann keine Masse im heutigen Sinn mehr geben wird, denn jeder Mensch wird dem anderen vertrauen und jeder wird wissen, warum er lebt und kein einziger wird mehr in der Masse seinen Halt suchen ...«

»Die Berufung eines jeden Menschen liegt in der geistigen Tätigkeit – in der stetigen Suche nach der Wahrheit und dem Sinn des Lebens ... Hat der Mensch erst einmal seine wahre Berufung erkannt, können ihn nur noch Religion, die Wissenschaft und die Kunst Befriedigung verschaffen, nicht aber diese Banalitäten.« [1]

Bereits vor rund hundertunddreißig Jahren hatte Tschechow die Bedeutung der Bildung erkannt. Gottes Reich hatte noch Bedeutung und wurde auf Erden herbeigesehnt. Der normale Bürger musste in seiner Armut und Verzweiflung auf ein höheres, für den Menschen nicht greifbares Wesen vertrauen können. Eine Ablösung derartiger Armutsverhältnisse kann nur eine auf breiter Basis angelegte Bildung herbeiführen. Tschechow war seiner Zeit weit voraus. Seine Gedanken setzen auch heute noch Maßstäbe. In unserem Land muss der Bürger sein Vertrauen nicht Gott, sondern Politikern schenken. Sie dringen unaufhaltsam in sein Leben ein. Sie entscheiden damit in erster Instanz über sein Wohl und Wehe, stellen allerdings – im

Gegensatz zu Tschechows Zeiten – eine Ernährung auf doch recht anspruchsvollem Niveau für »das Volk« sicher. 29,5 Millionen Tonnen Nahrungsmittel landen pro Sekunde weltweit im Müll. Dieser Wohlstand hat die Position des Lieben Herrgotts an die zweite Stelle verschoben und Bildung auf Wissen begrenzt, um Geld zu scheffeln.

»Bildung« hat seine Nachdenklichkeit über ihre Inhalte verloren. Sie ist als leere Vokabel in den Sprachgebrauch eingedrungen! Bildung erhält »man« in der Schule! Ich hätte meine Analyse dabei belassen und mich der allgemeinen Meinung anpassen können. Sowohl »Verstand« als auch »Gefühl« meuterten jedoch! Bildung ist doch entscheidender Bestandteil unserer Kultur! Erst menschliche Kostbarkeiten, wie Treue, Ehre, Ehrlichkeit, Aufrichtigkeit, alle die Werte, die über das Auflesen von Wissen erhaben sind, geben Einblick in Bildung. Sie dringen in unsere Seele ein und strahlen Kultur aus. Meistens lebten unsere Eltern Bildung in ihrer Schlichtheit vor, erfüllten sie mit Leben, ließen Neugierde erwachen. Ein ganz natürlicher Vorgang! Diese Lebensabläufe sind seltener geworden. Politiker dirigieren die Bürger zur Wertschätzung materieller Werte hin, begrenzen Bildung auf Wissen. Dieser dominierende politische Einfluss hat Auswirkungen. Moderne Kultur sucht das Glück im Geld. Sie proklamiert den Wohlstand als oberstes menschliches Ziel! Bereits Kinder werden in ihrer Bedeutung vorwiegend als Wirtschaftsfaktor bewertet.

Wie schnell verliert Geld seinen Reiz! Die Seele braucht dagegen ein ganzes Leben, um auszutrocknen. Sie lebt von anderen Werten! Sie benötigt die Beschreibung lebenswerter Ideale, die die Sinne herausfordern und verlangt deren vielseitige Deutung. »Gefühle« behaupten, dass insbesondere Literatur und Musik den Zugang zu den Herzen findet. Sie besorgen innere Ausgeglichenheit und schärfen das Bewustsein, dass erst die Kraft aller Sinne und deren Ausschöpfung den Weg zu Bildung finden. Geld dagegen regelt den Güteraustausch. Nicht mehr! Alle die so erworbenen

Werte schaffen eine mehr oder weniger kurzweilige Zufriedenheit und besorgen normalerweise eher das Gegenteil. Selten genug steht Geld im Überfluss zur Verfügung. Also hat es eine ganz ordinäre, untergeordnete Aufgabe. Es belastet nur eine menschlich eroberte Zivilisation. Kultur kann »man« nicht kaufen! Kultur muss gelebt werden. Politiker glauben, mit dem Erwerb einer Theaterkarte Bildung nachzuweisen und damit goldene Brücken zu bürgerlichem Kulturverständnis zu bauen.

> *»Es ist besser, vor leeren Stühlen zu spielen,*
> *als vor leeren Gesichtern.«*
> (Alec Guiness).

Freude an künstlerischer Gestaltung müssen Herz und Seele erobern! Euphorischer Beglückung fehlen dann zu häufig Worte, weil trunkene Seligkeit sie erstickt.

Politiker geben sich erhaben. Sie fühlen sich verpflichtet, ihre Lebensgestaltung auf den Bürger zu übertragen. Eine Lebensgestaltung, die auf Geld und Macht aufbaut. Politiker zogen den Schleier von ihrer Einstellung zu Bildung, als sie den zweiten Lockdown ausriefen. Theater, Opern und Konzerthäuser stellten sie auf eine Stufe mit Bordellen, Spielbanken und Wettannahmestellen. Sie qualifizierten sie als »Veranstaltungen« ab, »die der Unterhaltung dienen«.

Die »wissenschaftliche« Begründung der Kanzlerin: Drei Viertel der steigenden Infektionsfälle seien nicht mehr nachverfolgbar. Man müsse dringend die Kontakte beschränken. Der Dirigent Franz Welser-Möst, Musikdirektor des Cleveland Orchestra und ehemaliger Musikdirektor der Wiener Staatsoper, sprach aus, was die Kanzlerin aus politischem Blickwinkel für wenig hilfreich beurteilte. *»Die Corona-Krise macht nur offenkundig, was einem bei genauerem Hinsehen längst vorher hätte klar sein müssen: Die Kultur ist nicht systemrelevant.«*

Politiker und ihre Maßnahmen zur Lenkung der Bürger, um sie in ihre Abhängigkeit zu zwingen beginnen also bei der Bildung. Aber ist es tatsächlich Vorsatz oder demonstrieren sie nur Hilflosigkeit? Wie wollen Menschen, die eine Abhängigkeit von schnödem Mammon als Lebensziel deuten, ein Leben auf einem ihnen fremden Stern bewerten? Politiker hatten sich nicht erkennbar ernsthaft bemüht, kulturelle Eigenarten zu prägen, ihnen einen eigenen Stempel aufzudrücken. Napoleon drückt die Bildung von Politikern etwas drastischer aus: »In der Politik ist Dummheit kein Handicap.« Politische Bildung weiß, dass literarische Einflüsse keine Bereicherung bieten können! Sie täuschen Bildung vor, indem sie Zitate bedeutender Schriftsteller zitieren, die sie einer Zitatensammlung entnommen haben. Politische Selbstgefälligkeit setzt besondere Maßstäbe für Bildung. Entsprechend beeinflusst ihre Ausstrahlung ihre Erfolge.

Als ich vor vielen, vielen Jahren bewusst die ersten Schritte in die höhere Schullaufbahn lenkte, waren mir alle diese Zusammenhänge noch nicht klar. Lehrkräfte machten mir zum ersten Mal in meinem jungen Leben bewusst, was »denken« und »nachdenken« bedeutet. Erst langsam, erschreckend viel später begriff ich, dass Ausbildung zwar Akzente, aber noch längst keine Bildung beinhaltet. Natur beschreibende Gesetzmäßigkeiten ließen mich über deren Bedeutung sinnieren. Es genügte zunächst, sie in das Gedächtnis einzuhämmern! Die Ausrichtung auf Prüfungen und Beruf machten büffeln notwendig! Da war nur wenig Platz für »philosophische« Gedanken und Freundschaft mit der Literatur zu schließen. Ging es also doch darum, Geld anzuschaffen, um Brot und ein wenig Wein erwerben zu können? Erst die Routine des alltäglichen Lebensablaufes aktivierte Erinnerungen an die Jugendjahre im Elternhaus. »Gefühle« vernichtete die Ausrede »keine Zeit«! Dieses Eingeständnis war der Beginn einer Einsicht, das Bildung ein lebenslanges Lernen bedeutet, und nur diese Bildung zu einem erfüllenden Leben führen kann. Ich führe mein stabilisiertes und generelles Vorurteil gegenüber Politiker auf diese Erkenntnis zurück. Politiker geben vor, einen geordneten Verstand zu besitzen, der sie ermächtigt, für das Wohl des Bürgers verantwortlich zu sein. Dazu zählt nicht nur Orientierungsüberlegenheit, sondern auch Bildung. Sie hinterlassen aber eher den Eindruck, dass sie den Lebensabschnitt, Bildung als Lebensaufgabe zu entdecken, übersprungen haben. Die Suche nach Bildung bedeutet für Politiker die Suche nach Macht. Ihre per Eid abgegebene Zusicherung, sich für die Interessen des Volkes einzusetzen, formen sie in einen von Egoismus geleiteten Auftrag um. Entsprechend sind die Auswirkungen ihres Handelns! Das Leben eines Bürgers gehört dem Land, also dem Staat. Politik sollte folglich auch seine Fürsorglichkeitspflicht wahrnehmen. Tut sie das? Die maximal neunjährige Schulausbildung seiner Kinder lässt sich der Staat 8.200,-Euro kosten, aber er subventioniert jedes Elektroauto mit 15.000,- bis 20.000,- Euro.

Bildung ist ein unendlicher Vorgang, der deshalb keine in Stein gemeißelte Definition anbieten kann. Von des Wortes engerer Bedeutung her lässt sich der Begriff bis ins Mittelalter zurück verfolgen. Der Mensch begreift sich als Subjekt, dem alle bildnerischen Bemühungen gelten. Bildung strebt ein Ebenbild-Werden des Göttlichen im Menschen an. Jedem Menschen wohnt ein göttlicher Funke inne, den es zu entzünden gilt. Später, unter dem Einfluss der griechischen Kultur, bedeutete Bildung, das Kind zu einer Persönlichkeit zu erziehen, die ihn sein ganzes Leben lang begleitet und prägt. Im Höhlengleichnis Platons geht es darum, als Mensch aus der finstersten Welt des Schattens herauszufinden und Trugbildern zu widerstehen. Der Mensch muss aus der Gefangenschaft heraus hinauf zum «Licht der wahren Erkenntnis« finden. Bildung wird untrennbar mit den Prinzipien Vernunft, Emanzipation und Mündigkeit verknüpft. Werden diese Richtlinien durch die Philosophie erweitert, so stellte Kant fest:

»Aufklärung ist der Ausgang der Menschen aus ihrer selbstverschuldeten Unmündigkeit. Unmündigkeit ist das Unvermögen, sich seines Verstandes ohne Leitung eines anderen zu bedienen. Selbstverschul-

det ist diese Unmündigkeit, wenn die Ursache derselben nicht im Mangel des Verstandes, sondern der Entschließung und des Mutes liegt, sich seiner ohne Anleitung eines anderen zu bedienen. Habe Mut, dich deines Verstandes zu bedienen.«

Im Neuhumanismus wird Bildung schließlich zum Leitziel und letztlich zum Selbstzweck jedweder erzieherischer Tätigkeit verallgemeinert. Mit der philosophischen Betrachtung und der altertümlichen Deutung von Bildung weiß die heutige Zeit wenig anzufangen, zumal das Göttliche an Wertigkeit verloren hat. Hinzu kommt, dass Politiker ersatzweise das Göttliche für sich beanspruchen. Unfehlbarkeit sei nicht nur Gottes Recht, sondern auch politisches Privileg! Das sagen sie natürlich nicht, sie verdeutlichen es über ihre Beschlüsse.

Verlassen die Gedanken politische Sphären, so stellt der Verstand fest: Vom Grundsatz wird Bildung als Ziel des Menschen verstanden, sich dem Denken des Maßgeblichen hinzuwenden und das Wesentliche der menschlichen Existenz zu ergründen, um es schließlich zu begreifen. Bildung steht also für die Entwicklung aller dem Menschen geschenkten Fähigkeiten, Talente und Veranlagungen, um sie umfassend zu einer individuellen Persönlichkeit zu entwickeln, also die «Menschwerdung des Menschen». Dieses «Menschwerden» zieht sich über ein ganzes Leben hin. So, wie die Griechen es bereits angedacht hatten. Folglich ist Bildung eine lebensbegleitende Aufgabe. Da dieser Prozess nie zu Ende ist, kann niemand je von sich oder anderen Menschen behaupten, dass er oder sie gebildet sei/en.

Diese grundsätzlichen Bestrebungen habe ich einmal gewagt, von drei Seiten individuell zu beleuchten. Ein Versuch! Er kann nur als Anregung verstanden werden, über den Wert von Bildung individuell zu befinden.

Bildung als Selbstentfaltung und Selbsterkenntnis

Bildung verlangt die Verpflichtung zur Arbeit an sich selbst. Nur so nimmt der Mensch sich selbst gewahr und lernt sich ständig ein bisschen näher kennen. Er erfährt allmählich, dass er einen kritischen Verstand besitzt. Diese Entwicklung macht ihn überhaupt erst einmal handlungsfähig. Im nächsten Schritt leitet er den Geist zum umsichtigen Denken an. Das passiert autonom, also selbständig. Er benötigt keine Anleitung sich seines Verstandes zu bedienen, aber Hilfen zum »umsichtigen Denken« nimmt er dankbar an. Dadurch erkennt er gleichzeitig an, dass sein Verstand begrenzt ist. Zu einer Persönlichkeitsentfaltung gehören also mehrere Gaben, unter anderem Intellekt, Motivation, Konzentrationsfähigkeit, Bescheidenheit und vor allem die Einsicht und der Wille sich weiter zu entwickeln. Nur so kann Bildung Probleme erkennen und diese lösen. Dabei ist Abstraktion hilfreich.

Bildung kann man sich auch etwas anschaulicher als gleichseitiges Dreieck oder noch bildhafter als dreibeinigen Schemel vorstellen. Jede Seite, jedes Beinchen symbolisiert die elementaren Aspekte der Bildung als Wissen, Denken und Kommunikationsfähigkeit. Wissen umfasst dabei die Wissensinhalte, das Denken hingegen die unterschiedlichen Strategien des Erkenntnisgewinns wie Problemlösung. Diese Ergebnisse verlangen, beschrieben, erklärt, interpretiert zu werden. Unter diesen Voraussetzungen kann Kommunikationsfähigkeit als Fähigkeit des Menschen verstanden werden, seine Gedanken, Thesen anderen transparent zu machen und umgekehrt sich in die Gedankenwelt anderer aktiv hineinzuversetzen.

Erich Fromm hat dazu festgestellt: «*Wenn das Leben keine Visionen hat, nach dem man strebt, nach der man sich sehnt, die man verwirklichen möchte, dann gibt es kein Motiv, sich anzustrengen.*» Da die zur Persönlichkeitsentfaltung gegebenen Gaben unterschiedlich vom lieben Herrgott verteilt werden, kann die politisch geforderte Ideologie der Gleichmachung des Individuums Mensch nur Ideologie bleiben, die auf der niedrigsten Bewertungsstufe einen zweifelhaften Erfolg nachweist. Diese Entwicklung kann aber kein Gewinn für die Gesellschaft als Gemeinschaft darstellen. Der Liebe Herrgott verteilt viele Geschenke zur Bildung als Selbstentfaltung, die in ihren Auswirkungen sehr unterschiedlich ausfallen können. Er gibt auch das Talent der Überheblichkeit! Dieses Talent verhindert, zu begreifen, dass der Verstand beschränkt ist, und der Mensch in seiner Gesamtheit gleichwertig ist. Zusammenfassend könnte Bildung in diesem Sinn als das Bedürfnis verstanden werden, einen höheren Grad seiner Vervollkommnung erreichen zu wollen.

Bildung als charakterliche Herausforderung

Charakterliche Stärke verlangt der Bildung ab, eine Spanne auszufüllen, die Abscheu von Unmenschlichkeit kennzeichnet. Der Kampf gegen Inhumanität verlangt einen Einsatz bis hin zum Empfinden von Glück, wenn dagegen erfolgreich angegangen wird. Auseinandersetzungen beanspruchen den Willen und die Bereitschaft, sich menschlich zu verständigen, für menschliches Leiden empfindsam zu sein, und einzusehen, dass es irdische Ereignisse gibt, auf die es keine Erklärung geben kann. Bildung hat also letztlich die Aufgabe, den Alltag und das praktische Leben in allen sich bietenden Facetten zu bewältigen. Selbstverantwortung, Verantwortung in den menschlich auferlegten Gesetzen zu übernehmen und sich sachgerecht mit Konflikten auseinanderzusetzen, bilden die Basis.

Bildung als moralische Aufgabe

Menschen legen Bildung häufig als ein Anrecht aus, das sie beanspruchen können. Sie wollen nicht wahrhaben, dass die Bereitschaft, Bildung aufzunehmen als Geschenk verstanden werden muss und deshalb in erheblichem Maß verpflichtet. Bildung muss zunächst einmal bereit sein, sich mit sozialen Grundbedürfnissen einer Person vertraut zu machen. Das Bewusstsein muss vorliegen, dass ein soziales und kulturelles Bedürfnis nur erfüllend sein kann, wenn es nicht nur einem selbst, sondern auch anderen Menschen gut geht. Die Definition, was »gut gehen« im Einzelnen umfasst, wurde bewusst geschlabbert! Bildung, moralisch betrachtet, verlangt eine Anteilnahme am Mitmenschen, fordert Sensibilität und Aufmerksamkeit für andere Bürger. Ohne diese elementaren Tugenden kann die Seele nicht darauf ausgerichtet werden, menschliche Entgleisungen zu empfinden, kann ein lebendiges Zusammenleben nicht funktionieren. Bildung mehrt sich durch gegenseitigen Gedankenaustausch. Die Welt, in der wir leben, ja das Leben selbst, bietet unzählige und in ihrer Gesamtheit unüberschaubare Erscheinungsformen. Gegenstände, Lebewesen, Ereignisse, menschliche Prozesse, Wissensbestände, Gesetzmäßigkeiten, Normen und menschliche Werte, sie zu erfassen, bleibt ein nie endendes Verlangen. Die Natur ist einfach zu vielseitig angelegt! Bildung darf niemals aufgeben und muss sogar die Abstraktion aufbringen, dass selbst die Hoffnungslosigkeit persönliche Erfüllung bedeutet. Der Mensch muss willens sein, einen friedlichen Ausgleich zwischen den verschiedenen Interessen herbeizuführen und einen solchen Ausgleich als Geschenk zu empfinden, ein Ziel, das jahrelange Bemühungen und Illusionen beansprucht. Diese Gegebenheiten in seinem Leben zu ergründen und umzusetzen, ist eine Grundforderung von Bildung. Zusammenfassend kann Bildung als moralische Aufgabe vielleicht so verstanden werden, ein reflektiertes Verhältnis zu sich selbst, zu anderen Menschen und zur gesamten Weltkugel zu finden. Der Philosoph Henning Kössler beschreibt Bildung als den »*Erwerb eines Systems moralisch erwünschter Einstellungen durch die Vermittlung und Aneignung von Wissen derart, dass Menschen im Bezugssystem ihrer geschichtlich-gesellschaftlichen Welt wählend, wertend und stellungnehmend ihren Standort definieren, Persönlichkeitsprofil bekommen und Handlungsorientierung gewinnen.*« Komplizierte Philosophie, aber, über mehrere Gehirnwindungen mit Geduld gefiltert, gibt Kössler eine wahre Erkenntnis wieder!

Bildung bedeutet also nicht, das Leben in einem oberflächlichen, konsumausgerichteten Dasein dahinplätschern zu lassen. Unsere Gesellschaft verlangt Wissen, um im Beruf zu bestehen. Dieser äußere Druck strebt danach, möglichst viele Informationen aufzunehmen, die für das fachliche Umfeld von Bedeutung sind. Der Versuch, Bildung ansatz- und ausschnittsweise in seiner Tiefe zu skizzieren, hat gezeigt, dass Wissen nur einen klitzekleinen Ausschnitt bedeutet. Wissen überbewertet unsere Gesellschaft. Ein politischer Erziehungsprozess, der inzwischen Früchte trägt. Er gibt Wissen eine zu hohe Bedeutung. Ausbildung ist ein völlig normaler Vorgang, der unser Dasein auf diesem Planeten begleitet, während Bildung als Anspruch an das Leben zu verstehen ist und für dessen Ausgeglichenheit und Zufriedenheit sorgt. Wissen als ständige Vervollständigung von Bildung sollte also als konfliktfreudige Auseinandersetzung angesehen werden.

Wie finden diese theoretischen Betrachtungen praktische Umsetzung als Bedürfnisse einer Gesellschaft? Die ersten Gehversuche beschreitet Bildung in der Schule. Die allgemeine Schulpflicht soll Schülern helfen, Bildung als Weg ins Leben zu verstehen. So die Grundforderung! Bereits bei dieser ihr vom Grundgesetz auferlegten Aufgabe hat die moderne Demokratie andere Vorstellungen. Viele Politiker geben sich mit dem Ergebnis zufrieden, Wissen auf bedenklich niedrigem Niveau zu etablieren. Zu dieser deprimierenden Erkenntnis müssen Bürger gelangen, die sich über viele Jahre bewusst mit widersprüchlichen Kommentaren der öffentlichen Medien auseinandergesetzt haben. Politiker überschütten die Allgemeinheit mit Schlagworten. Möglicherweise wollen sie ihre eigene Bildungsferne verschleiern und ihre Gleichgültigkeit zu Bildungsfragen überdecken. Warum sonst konfrontieren sie den Bürger mit einem speziell aufgebauten, für den Laien unverständlichen und überfrachteten Fachvokabular, wie »Creaming-Strategie«, »Binnendifferenzierung« »abschulen«, »didaktische Kompetenzen« und und und? Soll dieses Sprachgewirr nur die Gestaltung und Umsetzung einer ideologisch zugeschnittenen Schulform überdecken? Schulbildung verwechseln Politiker aller Parteien offenbar mit einer Dienstleistungsagentur für den Arbeitsmarkt und einer Erziehungsanstalt für die Gesellschaft. Dabei muss Gleichheit für alle sichergestellt sein.

Das Schlagwort von »Gleichheit für alle« hat spätestens seit der unkontrollierten Grenzöffnung im Jahr 2015 der Begriff »Inklusion« geprägt. Die Verschmelzung von Migranten und Asylsuchenden mit deutschen Bürgern durfte keine Lücken aufweisen. Bereits im Kindergarten galt es, diese Gleichheit nicht in Frage zu stellen! In der Schule sowieso nicht! Gleichheit ist das politische Gebot der Stunde! Aufwendige Öffentlichkeitsarbeit sorgt dafür, dass diese Kunde auch in die abgelegensten Winkel der Republik vordringen.

»Der Edle strebt nach Harmonie, nicht nach Gleichheit.
Der Gemeine strebt nach Gleichheit, nicht nach Harmonie«.

Horváth

Nicht nur »links« ausgerichtete Politiker unterstellen und verbreiten, dass alle Menschen gleich intelligent sind. Unterschiedliche Intelligenz darf es nicht geben, ist folglich ein Tabuthema! Am Denkvermögen zu zweifeln, passt nicht in eine moderne, sozial ausgerichtete Demokratie! Wird das Fieberthermometer versteckt, kann es auch kein Fieber geben. Da alle Bürger gleich intelligent sind, darf es auch keine wirtschaftlichen Benachteiligungen geben. Soziale Fürsorge hat sich zum Parteienwettbewerb entwickelt.

Alle diese Erkenntnisse müssen in die Wurzeln des politischen Bildungsgedankens einfließen, und in der Schulausbildung ihren Niederschlag finden. Nun sind Schulexperimente keine ausschließliche Erscheinung der Neuzeit. Die von Wilhelm von Humboldt im Jahr 1809 angeregte Form des humanistischen Gymnasiums wurde bereits seinerzeit durch die Forderung ersetzt, alle Kinder in einer Einheitsschule (Gesamtschule) zu unterrichten. Dieser Gedanke reichte bis ins 17. Jahrhundert zurück. Die Grundidee basierte auf der pädagogischen Überlegung, dass alle Menschen vor Gott gleich sind. Warum aber hat Gott den Menschen unterschiedlich gestaltet? Warum hat er ihn mit unterschiedlichen Begabungen ausgestattet?

Im Jahr 1947 mischte sich der »Alliierte Kontrollrat« ein und befürchtete, dass das gegliederte Schulsystem bei einer kleinen Gruppe ein Überlegenheitsgefühl auslöst, und bei der Mehrzahl der Schüler sich ein Minderwertigkeitsgefühl etabliert. Sie sahen darin einen der Gründe für die Anfälligkeit der Deutschen für die rassistische NS-Ideologie. Dennoch setzte sich das gegliederte System in Grundschule und Gymnasium durch. Den deutschen Bildungspolitikern gelang es, wieder an die Weimarer Schultradition anzuknüpfen. Diese hatte 1920 festgelegt: »*Die Volksschule ist in den vier untersten Jahrgängen als die für alle gemeinsame Grundschule, auf der sich auch das mittlere und höhere Schulwesen aufbaut, einzurichten.*« Um 1965 suchten Reformwünsche einerseits mehr Modernisierung, andererseits mehr soziale Gerechtigkeit. Benachteiligte Gruppen sollten integriert und nicht ausgrenzt werden. Der Deutsche Bildungsrat forderte daher am 31.01.1969 die Einrichtung von Schulversuchen mit Gesamtschulen. Sie sollten die gesellschaftspolitischen Entscheidungen über Strukturveränderungen der Schule wissenschaftlich unterstützen.

Was bieten Gesamtschulen? Der Ablauf der Frankfurter Willemerschule sieht Kernzeiten vor. Diese beginnen um 9.00 Uhr. Auf eine Doppelstunde folgt eine ausgedehnte Spiel- und Frühstückspause. Dann gibt es eine Stunde, in der Kinder nach Talenten oder Schwächen individuell gefördert werden. Anschließend eine lange Mittagspause. Es folgt noch einmal eine Doppelstunde Unterricht. Um 14.30 Uhr, ist der Pflichtpart vorbei. Bis 17.00 Uhr übernehmen Pädagogen eines freien Trägers die Gestaltung der Nachmittagsmodule. Hausaufgaben gibt es nicht. Dieses Modell wird von der Erziehungsgewerkschaft GEW bevorzugt. Es lockert die einseitige Lernknechtschaft auf. An jedem Tag, an dem die Eltern das können und wollen, dürfen sie die Kinder auch früher abholen.

In Hessen werden immer mehr Schulen zu Ganztagsschulen umgerüstet. Winfried Kretschmann von den »Grünen« will durch Ganztagsschulen »mehr Gerechtigkeit und eine bessere Vereinbarkeit von Familie und Beruf« sicherstellen. Der Ausbau von Ganztagsschulen hat deshalb bereits Fahrt aufgenommen. Innerhalb von fünf Jahren sind Ganztagsschulen von 48 auf 59 Prozent angestiegen, die Hälfte davon als Grundschulen. Nun wird der Bürger über Fernsehen und andere politisch gesteuerte Informationsmittel systematisch darauf ausgerichtet, dass nur Politiker mit dem Begriff »Gerechtigkeit« sachlich, objektiv, unbeeinflusst, überparteilich, kurz, vorurteilsfrei und gerechtigkeitsliebend umgehen können.

Familienministerin Schwesig will den Ausbau von 24-Stunden Krippen vorantreiben. Dorthin können Arbeiter der Nachtschicht oder spät arbeitende Kassiererinnen ihre Kleinkinder bringen. Doppelverdiener sind froh und sogar auch dankbar, dass es die Ganztagsschulen gibt, wie auch die Krippenplätze. Es gibt aber auch Eltern, die beklagen, dass Ganztagsschulen ihnen ihre Kinder wegnehmen. Sie sind überzeugt davon, besser als Politiker entscheiden zu können, was für ihr Kind gut ist. Sie kennen ihr Kind!

»Der Beruf als Hausfrau und Mutter ist doch eine Tätigkeit, die auch ihre Berechtigung hat«, so äußert sich eine studierte Mutter, die nach zwei Kindern noch Zwillinge in die Welt gesetzt hat. Meistens müssen Kinder die Grundschule in ihrem Bezirk besuchen, sie werden folglich gezwungen, gegebenenfalls eine Gesamtschule zu frequentieren. Nur in Ausnahmefällen werden Anträge genehmigt, die Schule zu wechseln. Der Wunsch nach einer Halbtagsschule wird als Begründung nicht anerkannt. Muss Schulpolitik nicht mehr berücksichtigen, was Eltern wünschen, als vorzuschreiben, was Eltern zu wollen haben müssen?

Klaus Zierer ist Professor der Pädagogik. Er sagt: *»Die Ganztagsschule ist ein vielfältiges Element im Schulsystem, aber als alleiniges Angebot und Allheilmittel für alle Probleme finde ich es katastrophal. Allein das Gleiche anzubieten, das ist ein zutiefst totalitärer Anspruch ... Die Fähigkeit zur Selbstregulation der Kinder ist ausgespochen wichtig, die geht uns aber ein Stück weit verloren. Der Umbau der Schullandschaft könnte die Lebenswelt auf Dauer verändern.«* Er bezeichnet diese Veränderung als »Bildungswert der Langeweile«.

In den 1970er Jahren stellte die SPD die Gesamtschule in den Mittelpunkt ihrer Politik. Die Gesamtschule expandierte! Diese Politik lehnten »konservative« Politiker ab. Daraus entstanden politische Konflikte. Ein Höhepunkt dieser Rivalität erzeugte die Entscheidung der SPD/FDP Landesregierung im Jahr 1970, in Nordrhein-Westfalen die kooperative Gesamtschule flächendeckend einzuführen.

Eine Interessensgemeinschaft »Stoppt das Schulchaos« sammelte mehr als 3,6 Millionen Unterschriften ein. Die erforderliche 20-Prozent-Hürde für ein Volksbegehren wurde deutlich überstiegen. Da die Schulpolitik Länderangelegenheit ist, wurden die Schulversuche der Kultusministerkonferenz im Jahr 1972 zur Gesamtschule je nach politischer Ausrichtung der Regierung der einzelnen Bundesländer als erfolgreich oder für gescheitert erklärt. Die Schulen wurden zum Spielball der Politik! Die Unübersichtlichkeit der Bildungseinrichtungen nahm zu.

Gründung von Einheitsschulen, Gesamtschulen, die sich in Integrierte Gesamtschulen (IGS) und die Kooperative Gesamtschule (KGS) oder auch additive Gesamtschulen (AGS) aufgliedern. Die Gesamtschulen unterteilen sich in Integrierte Gesamtschulen (IGS) und Kooperativen Gesamtschulen (KGS) oder auch Additive Gesamtschulen (AGS). Gesamtschulen wurden zusätzlich zu den bestehenden Schulsystemen eingerichtet. In vielen Bundesländern ist neben dem Gymnasium die integrierte Sekundarschule eingeführt worden. Hauptschule, Realschule und Gesamtschule werden zusammengelegt. Geeignet erscheinende Schüler erhalten eine eigene Oberstufe. Das Saarland hat als erstes westdeutsches Bundesland die »Erweiterte Realschule« platziert. Sachsen und Thüringen haben Hauptund Realschulen zusammengelegt. Mecklenburg-Vorpommern folgte mit einem Schulsystem der Bezeichnung »Regionale Hauptschule«, Brandenburg schloss sich unter der Bezeichnung »Oberschule« an. In Hamburg wurde die Stadtteilschule eingeführt, die die Hauptschule, Realschule und Gesamtschule ersetzt.

Diese politisch gestaltete Spielwiese von Wissensvermittlung muss infrage stellen, ob Politiker begriffen haben, welche Verantwortung sie für die gesellschaftliche Kulturentwicklung tragen. Sie sollten erkennen und unterscheiden, wann die Umsetzungen ideologischer Ausrichtungen für die gesellschaftliche Entwicklung unübersehbare Folgen mit sich bringen, die sich erst viele Jahre später auswirken. Sollten! Diese Größe hat der Egoismus macht orientierter Politiker zerstört! Neben der Aufgabe, Wertesysteme zu vermitteln, sollte die Schule in einer demokratischen Gesellschaft vor allem die nachwachsenden Generationen befähigen, urteilsfähig am kulturellen Gesamtleben der Gesellschaft teilzunehmen. Urteilsfähigkeit wird nur in Bildungsprozessen entfaltet. Lernende müssen die angebotenen Inhalte und Überzeugungen der Lehrenden infrage stellen können. Sie müssen auch widersprechen dürfen. Nur durch diese Wechselbeziehung entsteht ein Reifeprozess, der es künftigen Generationen ermöglicht, Zukunftsprojekte zu bearbeiten. Darauf müssen sie vorbereitet werden. Wird Wohlwollen unterstellt, so liefern schulische Bildungssysteme »heute« Ergebnisse ab, die beschönigend den Qualitätssiegel »unzureichend« ausweisen.

Zum besseren Verständnis politischer Vorstellungen über schulische Einrichtungen muss auf die föderale Struktur der Bundesrepublik Deutschland eingegangen werden. Hier sind zum nicht unerheblichen Teil die Ursachen für die teils lausigen Zustände in den Schulen zu suchen. Wie so häufig ist das Geld schuld. Schulpolitik ist Länderangelegenheit. Folglich bestimmen die Politiker eines jeden Landes, welche Anforderungen sie in der Schulpolitik für sach- und fachgerecht halten.

»Grundsätzlich ist die Bildung, also die Gestaltung der Schulen und Universitäten, Länderangelegenheit, aber der Bund hat mehr und mehr Zuständigkeiten gewonnen, zuletzt das Recht, finanzschwache Kommunen bei der Verbesserung der ›kommunalen Bildungsinfrastruktur‹ – sprich: bei den Schulen – finanziell zu unterstützen.

Gemäß der Koalitionsvereinbarung sollen diese Finanzhilfen auf alle Gemeinden ausgeweitet werden. Solche zusätzlichen Finanzierungsstränge neben der allgemeinen Steueraufteilung im Rahmen des bundesstaatlichen Finanzausgleichs sind kein Zeichen von föderaler Stärke, sondern deuten auf ein Defizit im Bundesstaat hin, in der Regel auf eine unzureichende Aufgabenwahrnehmung seitens der Länder.« [6]

Am 21.03.2018 kündigte die Kanzlerin eine Investitionsinitiative des Bundes im Schulbereich an. Bereits 2008 hatte sie eine bildungspolitische Zeitenwende ausgerufen. Als Folge dieser Revolutionsankündigung verfehlte die »Bildungsrepublik Deutschland« die geforderten Ziele in einem katastrophalen Ausmaß. Das übliche politische Geltungsbewusstsein also! Große Worte für die Presse und die Umsetzung produziert heiße Luft! Die Ausgaben für Schulen und Berufsschulen lagen um mehr als 10 Milliarden Euro hinter dem zurück, was für ein modernes, leistungsfähiges Bildungssystem notwendig ist. Der Grund lag nicht an leeren Kassen. Vielmehr muss davon ausgegangen werden, dass das Bildungssystem kaum Wählerstimmen einfangen kann. Die Konzentration auf Wählerstimmen kann aber keine zeitgemäße Lösung für Bildungssysteme herbeizaubern. Übliche politische Schlagworte mussten wieder einmal helfen, das Volk mit Hoffnungspillen zu versorgen. Es bleibt bei Absichtsbekundungen! Wenn der Bund sich aufgefordert fühlt, sich mit großen Worten in Länderangelegenheiten einzumischen, müssen die Zustände in den Schulen allerdings tatsächlich grottenschlecht sein. Grob zusammengefasst liegt die Erklärung darin, dass die Länder zu annähernd 90 Prozent die Ausgaben für Bildung und Wissenschaft zu tragen haben,

»andererseits sind die Länder nahezu vollständig von den Erträgen der bundesgesetzlich regulierten Steuern abhängig. Auch die Ausgaben werden in einem weiten Umfang durch Bundesgesetze bestimmt. Das Grundgesetz bestimmt in Artikel 83, dass die Länder Bundesgesetze als ›eigene Angelegenheit‹ ausführen. Die bundesgesetzlich definierten Aufgaben der Länder haben Vorrang vor deren selbstdefinierten Kernaufgaben, nämlich Bildung und Wissenschaft … Deutlich ist, dass die Bildungs- und Wissenschaftsausgaben in einer Konkurrenz zu den Sozialausgaben stehen, die nicht zu gewinnen ist. Die Länder sparen zuerst bei den Ausgaben für Bildung und Wissenschaft, weil sie diese – anders als den größten Teil der Sozialausgaben – selbst bestimmen können.« [6]

Da in Deutschland Schulpflicht besteht, unterliegen Bildungsprozesse nicht der Freiwilligkeit. Dadurch wird Bildung häufig als Zwangsmaßnahme wahrgenommen. Der tägliche Sprachgebrauch assoziiert also «Bildung» mit Schule. Der Lehrplan legt fest, was für Bildung angemessen ist, und was Lehrer versuchen müssen, ihren Schülern beizubringen. Mit «angemessen» schaltet sich der Staat ein, und etwas genauer analysiert ist es nicht der anonyme Staat, sondern letztlich der politische Geist der Länder, der darüber befindet, was Bildung ist.

Manche Themen haben erst eine Chance einer sachgemäßen Beurteilung, wenn die Boulevardpresse sich ihrer annimmt, und der Bürger vermeint, mitreden zu müssen. Bildung gehört dazu! Die Schule hat zwei prinzipielle Aufgaben: Jungen Menschen ihr Denken zu veredeln und sie qualifiziert auf das Leben vorzubereiten. Bildung mit Ausbildung gleichzusetzen bedeutet, dass Schüler nur noch lernen, was sich in klingende Münze umsetzen lässt. Als Ergebnis entstehen einseitig fachlich ausgerichtete Menschen, die nicht übergeordnet zu denken vermögen. Sie zahlen aber Steuern! Wer gebildet ist, ist auch ausgebildet, doch wer ausgebildet ist, muss noch lange nicht gebildet sein. Für diesen Unterschied fehlt Politikern die geistige Aufgeschlossenheit!

Die meisten Politiker machen sich über Bildung keine wirklichen Gedanken. Wie soll man sich auch über etwas Gedanken machen können, das einem selbst fremd ist? Sie nehmen doch, wie die Raupe, die auf dem grünen Blatt lebt, ihre politische Welt als das gesamte Universum wahr. Für sie ist es ein Glücksmoment, wenn ihnen die Entstellung von Tatsachen gelingt, und sie als Gewinner aus einer politischen oder wie auch immer gearteten Auseinandersetzung hervorgehen. Wollen sie also überhaupt Bildung? Unterliegt nicht bereits Ausbildung einer Verwirklichung ihrer ideologisch gefärbten Vorstellungen? Bildung bewegt sich bei dieser Zunft in einem engen Korridor. Geschwollene, mit Phrasen unterlegte, auf Unverständlichkeit ausgerichtete Wortgestaltung soll vermutlich Bildung vorgaukeln. Es entspricht politischem Geist, wenn er glaubt, dass eine komplizierte Ausdrucksweise einen trainierten, wohl geordneten Verstand ausweist. Mit klarer Gedankenführung zu Ausbildung und Bildung hat das jedoch überhaupt nichts zu tun. Manchmal hofft der Bürger auf Veränderungen durch einen Regierungswechsel. Der sollte doch frischen Wind in diese verkrusteten und vermieften Verhältnisse hinein pusten. Illusionen! Amtsinhaber kleben fest auf ihren ausgefransten Sesseln und behalten ihre Gewohnheiten bei, die sich gar zu häufig in etablierter Affigkeit und Dummheit präsentieren. Eine hausbackene, vorurteilsbehaftete Elite nimmt staatliche Führungsaufgaben als Lebensinhalt wahr. Diese menschliche Sonderklasse darf sich auch in ihren Vorstellungen von Bildung austoben!

Pisa Prüfungsergebnisse sollen schulisch Erfolge kennzeichnet. Sie können aber nur einen kleinen Eindruck vermitteln, was in den Schulen abläuft. Pisa misst bei der Beurteilung schulischer Leistungen nur Kompetenzen, also Zuständigkeiten. Sie sollen Anhaltspunkte für Testleistungen geben, die befragt werden. Belastbare Entwicklungstrends können daraus nicht abgeleitet werden, zumal jedes Mal andere Schüler getestet werden. Die ständige Prüfungssituation, in der Schüler und Lehrer immer neue Auflagen und Kontrollen durchleben, erzeugt nur noch hektischen Aktionismus. Sie ist dem eigentlichen Anliegen der Schulen eher abträglich, dient aber der Politik als Nachweis, dass ihnen Bildung ein ernsthaftes Anliegen ist und einen hohen Stellenwert einnimmt. Lehrer und Schüler sind nur noch permanentem Stress bis zur Erschöpfung ausgesetzt, ohne eine Effizienz im Interesse der Schüler zu bewirken.

Nordirland oder Finnland gelingt es, die Leseleistung von Zehnjährigen deutlich zu verbessern. Deutschland hat zwar achtzig Leseförderprogramme, tritt aber auf der Stelle. Oder konkreter Ausgedrückt: Politiker geben sich mit dem Erfolg zufrieden, dass jedes fünfte Kind nicht richtig lesen kann. Zwanzig Prozent aller Zehnjährigen fügen zwar die Buchstaben zusammen, können jedoch den Sinn nicht erkennen. Ein Fünftel der fünfzehnjährigen Schüler ist nicht in der Lage, literal und verbal zu lesen. Wie sollen diese Kinder ihr künftiges Leben in der Gesellschaft gestalten, wenn 85 Prozent des menschlichen Wissens über Lesen angeeignet wird?

Deutsche Schüler können sich nicht klar und deutlich schriftlich ausdücken. Eine »logische Gedankenführung«, auch in mündlicher Ausdrucksfähigkeit, fehlt. Mangelnde Logik ist ein »systemisches Defizit«, das nicht auf die Schriftform beschränkt bleibt, sondern generell das Denken beeinflusst. Wie aber sollen Politiker Kritik üben, wenn sie selbst tagtäglich fehlende Gedankenschlüssigkeit praktizieren? Sie lesen nur Texte, die der politische Ablauf vorschreibt. Das fördert jedoch weder den schriftlichen Ausdruck, noch logisches Denken. Ähnlich verläuft dieser Prozess bei Jugendlichen. Sie lesen sogar mehr als »früher«, sie lesen jedoch nur Texte im Smartphone und Internet. Diese Gestaltung von Texten haben sich dramatisch verändert. Sie bedienen eine ausdrucksarme Sprache, die sich nur für die Übermittlung von Nachrichten eignet. Die Bedeutung des Lesens von Büchern für Kultur und Gesellschaft wird in der jüngeren Generation nicht mehr erkannt, folglich auch nicht wahrgenommen. Hier liegt das eigentliche Problem! Nur wenn Lesefähigkeit und Leseverständnis weit genug ausgeprägt sind, wird lesen von Büchern als Lust statt als Frust empfunden. Das Elternhaus ist dabei zur Unterstützung von enormer Wichtigkeit! Lesefähigkeit und Leseverständnis müssen durch permanentes Üben mit entsprechender Rückkopplung und Unterstützung trainiert werden. Wissenschaftliche oder auch dramatisches Schriftgut stehen heute kaum noch auf der Leseliste der Schüler. Die Denkschule der Literatur fällt immer häufiger aus! Politiker geben vor, der Bildung eine hohe Bedeutung einzuräumen, aber sie gestalten und züchten wissentlich und willentlich ein neues Bildungsproletariat. Obgleich es Bildungsgerechtigkeit nur über das Kulturgut »Lesen« geben kann, ist es ins Belieben des Lehrers gestellt, welche Lektüre er für wichtig hält. Fehlende Vorschriften über die Gestaltung des Deutschunterrichts mit unverzichtbaren literarischen Werken verdeutlichen politische Gleichgültigkeit. Oder ist es gar Vorsatz?

Politiker lassen jedenfalls nicht erkennen, dass sie tatsächlich Bildung wollen. Sie glauben, mit einer einseitigen Ausbildung per Informatik bei den Wählern punkten zu können und damit von den eigentlichen Obliegenheiten einer Bildung abzulenken. Smartphone, Internet und Informatik fehlen jedoch die Sorgfalt, Gedanken so aufzuarbeiten, dass sie zu Nachdenklichkeit zwingen. Der Digitalpakt erfüllt seine Aufgabe nicht, wenn er nicht auf einem

Kulturtechnikpakt aufbaut. Die Bedeutung von Informatik in der Berufswelt ist nicht zu leugnen, und es ist auch nicht von der Hand zu weisen, dass diese Technik immer weiter ausgebaut wird. Die Schule hat aber nur die Aufgabe, die Schüler auf diese Entwicklung hinzuweisen, zumal diese Technik sich nahezu stündlich ändert. Sie hat aber nicht die Aufgabe, diese Technik zu unterrichten, sofern Lehrkräfte dazu überhaupt in der Lage sind. Sie kann auf freiwilliger Basis Kurse anbieten. Politiker machen sich über diese Zusammenhänge keine Gedanken, weil es nicht in ihr Konzept passt. Bildungspolitische Fehler vermehren die Zahl der Analphabeten! Wenn Millionen Menschen keinen Zugang zu sprachlichen und gedanklichen Kunstwerken haben, weil sie nicht lesen können, so untergräbt ein derartiges Defizit die Würde des Menschen und zerstört den demokratischen Grundgedanken.

Bedeutsame literarische Werke sprechen nicht nur Geist und Seele an und verlangen Anteilnahme, sondern sie bieten Einsicht in unumstößliche Gesetzmäßigkeiten des Lebens. Gestandene Deutschlehrer kennen die Bedeutung guter Texte für den geistigen Reifungsprozess Jugendlicher und für die Erweiterung ihres gedanklichen Horizontes. Jugendliche könnten mit ihrer Unterstützung die Möglichkeit kennenlernen, mit vorbildlichen literarischen Helden immer mehr Lebenshilfen, besonnene und umsichtige Orientierung zu erlangen. Die Palette künstlerischer Gedankengestaltung kann eine Heimat formen, in der sich Menschen ein Leben lang wohl fühlen. Das gilt gleichermaßen für Musik, Malerei und alle von Kunst geprägten Vorgänge! Es gehört zu den traurigen Erscheinungen dieser Demokratie, dass Politiker sich mit ihren Ideologien zu Schutzbefohlenen der Kinder aus unterprivilegierten Familien aufschwingen. Sie betrügen diese Schüler um das, was sie am dringlichsten bedürfen: Selbsterkenntnis und Selbstermächtigung. Für beide Werte sind literarische Vorbilder unentbehrlich.

Lehrkräfte wissen bereits eine Woche nach der Einschulung, mit welcher Spreizung der Fähigkeiten und Lerneinstellung der Schüler sie es zu tun haben. Kinder bildungsbeflissener Elternhäuser können schon ansatzweise lesen und schreiben, sie können basteln und sich verständlich ausdrücken. Diese Kinder schreiben schon in der Grundschule verblüffend gute Texte. Das Kind, das kritisches Reden und Diskutieren der Eltern erlebt, überträgt diesen sprachlichen Umgang auf sich und seine Ausdrucksweise. Kinder bildungsferner Familien, in denen von morgens bis abends der Fernseher läuft, sprechen hingegen häufig nur in Einwortsätzen und haben noch nie den umsichtigen Gebrauch der Schere zum Basteln geübt.

Kinder entwickeln Phantasie und entwickeln Freude zum Lesenlernen, wenn ihnen bereits in jungen Jahren Geschichten aus guten Kinderbüchern vorgelesen werden. Diese Geschichten später einmal selbst lesen zu können, ist ein natürlicher Anreiz. Wird kleinen Kindern regelmäßig vorgelesen, bildet sich ein differenziertes Sprachvermögen aus. Wer soll aber Kindern Lesen beibringen, der es selbst nicht gelernt hat? Stattdessen rüsten diese Eltern das Kinderzimmer mit digitalen Geräten aus, Geräte, die schnell Spaß herbeizaubern, aber zu Konzentrationslücken führen. Die Nutzung dieser Spielgeräte verlangt weder geistige Anstrengungen noch bauen sie Lernbereitschaft auf. Digitale Geräte verlangen nur Routine! Die Ruhe und Besinnung, die Lesen einfordert, kann sich nicht entfalten. Statt eifrig den Bildungsgedanken bewusst zu machen, zeigen Eltern mit körperlichen Genüssen ihre Liebe. Materieller Wohlstand setzt falsche Akzente für Bildung. Politisch gesteuerten Schulen zu vertrauen, ist weniger mühsam, als schulische Defizite zu Hause auszugleichen.

»Während an Gottesbeweisen schon die großen Denker gescheitert sind, beweist jeder Politiker die Existenz des Teufels.«

Konfuzius

Die Ursache für »Ungleichheit« und »Ungerechtigkeit« liegt nicht bei Schulen und Lehrern, sondern im Elternhaus. Schüler, die in einem Haushalt mit über hundert Büchern aufwachsen, sind bei der Leseleistung ein ganzes Schuljahr voraus, so die Studie einer Grundschule aus dem Jahr 2016. Erfährt ein Kind Lob und Zuspruch, wenn es die Welt im Spiel entdeckt, wird es auch später im schulischen Lernen Neugier und natürlichen Ehrgeiz entwickeln. Kinder bildungsferner Elternhäuser sitzen bereits in der Grundschule im hintersten Waggon des schulischen Geleitzuges. Der Abstand zu den leistungsstarken Schülern wird über die Jahre noch größer. Lernstarke Schüler profitieren auch von einem schlechten Unterricht. Politische Weitsicht reicht nur noch aus, um ihre kleine Welt des Streitens zu ergründen, ihr Geltungsbedürfnis zu pflegen und sich vorzugaukeln, dass sie tatsächlich wichtig seien. In der Schulbildung könnten sie Akzente für die Zukunft einer Gesellschaft setzen. Diesen anspruchsvollen Raum können sie nicht ausfüllen. Er verlangt deutlich mehr, als primitives Gezanke um Nichtigkeiten.

Das Grundgesetz spricht hinsichtlich des Erziehungsauftrages der Eltern eine deutliche Sprache (Artikel 6, Absatz 2): »*Pflege und Erziehung der Kinder sind das natürliche Recht der Eltern und die zuvörderst ihnen obliegende Pflicht. Über ihre Betätigung wacht die staatliche Gemeinschaft*«. Gewiss, Desinteresse von Eltern an der Ausbildung ihrer Kinder kann nicht verboten werden. Politiker könnten aber die Folgen mildern. Für Kinder mit Sprachdefiziten sollte die Vorschulpflicht ab dem fünften Lebensjahr zum Zwang, ab dem sechsten Jahr bedarfsweise ergänzt werden. Die Überwachung durch die »staatliche Gemeinschaft« beschränkt sich jedoch nur auf krasse Fälle der Kindesvernachlässigung.

Bei allen Betroffenen, also Schülern, Eltern und auch Lehrern kommen grundsätzliche Zweifel auf, ob Politiker Schulausbildung als eine zentrale Aufgabe ihrer Tätigkeit ansehen, damit spätere Generationen einmal demokratische Obliegenheiten wahrnehmen und ausfüllen können. Keine grundlosen Zweifel! Wie sollen Politiker, die ihre eigene schmale Bildung als Erfüllung intellektueller Gaben ansehen, zukunftsgerechte Bildungsakzente für die Gesellschaft setzen? Wie Efeu wachsen sie kriechend über sich hinaus. Mit taktischen, strategischen und aalglatten Mitteln haben sie eine Machtfülle erobert, die ihnen erlaubt, des Bürgers Lebensraum einzuschnüren. Diese ihre schmale Welt soll auch auf junge Menschen ausgedehnt werden, die möglicherweise andere Vorstellungen von Bildung haben. Die Berliner Grünen setzen auf absolute Gleichheit. Gemeinschaftsschulen als Zukunftsmodell sollen einer Entwicklung entgegenwirken, in der sich Schüler aus unterschiedlichen Gesellschaftsschichten frühzeitig fremd werden. *»Miteinander und voneinander lernen, um miteinander leben zu lernen!«* Heranwachsende Schüler, mit schwachen Leistungen, lernen mit und von leistungsstärkeren Schülern, und alle lernen gemeinsam, mit Menschen aus allen Schichten umzugehen. Um dieses Ziel zu verwirklichen, besteht bis zur achten Klasse Notenfreiheit. Zusätzlich werden sechs Jahre Grundschule für alle Jugendlichen festgeschrieben. Die Leistungsmesslatte auch für leistungsstarke Schüler niedrig zu legen, soll gleiche Ausbildung sicherstellen und damit Chancengleichheit auf hohem Niveau von Dummheit ermöglichen. Später als Erwachsene werden ihnen im wirtschaftlich gespannten Netz und im Umgang mit gewachsenen Persönlichkeiten sehr schnell ihre Grenzen aufgezeigt werden. Intelligenz fördern, birgt das Risiko, dass der Bürger aus dem politisch errichteten sozialen Gefängnis ausbrechen könnte. Er könnte aus der lebenslangen, mit viel Umsicht aufgebauten staatlichen Fürsorgepflicht ausscheren und sich zum wirklich freien Bürger entwickeln. Deshalb müssen sich menschlich unterschiedliche Begabungen politischen Bestrebungen nach nivellierender Uniformierung unterwerfen. Förderschulen werden geschlossen. Kinder mit »Besonderheiten« können sich nur gemeinsam mit normal veranlagten Schülern gut entwickeln.

So der auf Gleichheit ausgerichtete soziale Grundgedanke! Folglich werden behinderte Kinder mit Regelkindern zusammen in einer Klasse unterrichtet. Zusätzlich belasten Kinder ohne deutsche Sprachkenntnisse den Unterricht. Alle diese kleinen Geschöpfe werden in einer Klasse mit 30 Schülern und mehr zusammengepropft. Normale Kinder sollen für einen Wissensausgleich behinderter Kinder sorgen. Diese politische Zuversicht verkennt aber, wie grausam jugendliche Unbekümmertheit sein kann. Sie bringen genau das Gegenteil von politisch erträumter Wirklichkeit zustande: Hohn und Spott mischen eine Giftküche, die täglich Cocktails nach neuen, unterschiedlichen Rezepten aufbereitet.

Sie untergraben bereits im Kindesalter dauerhaft das Selbstwertgefühl der Kinder mit »Besonderheiten«. Eine seelische Last etabliert sich, die auch das Leben als Erwachsener beeinflusst. Diese Personen können keine Selbstachtung entwickeln. Das Leben aller Beteiligten wird zum Martyrium. Politiker interessieren nicht die Folgen ihrer auf diktierten politischen Weltanschauung! Was nicht sein darf, kann nicht sein! Sie helfen bei derartigen problematischen Verhältnissen nach besten Kräften mit ihren Gaben, die sie wirklich beherrschen: Phrasen und leeres Stroh dreschen! Sie nennen diese lerndidaktischen Vorstellungen im Pädagogenjargon: zieldifferente Förderung in mehreren Niveaustufen!

Abgeladen wird dieser von Ideologie getragene Unsinn auf den Schultern der Lehrer. Wie soll es Ausbildung und Bildung geben, wenn in einer Klasse Schüler mit extrem sozialemotionalen Entwicklungsstörungen sitzen, die den Unterricht ständig stören, sodass eine optimale Lernatmosphäre gar nicht mehr aufkommen kann?

Kinder ohne »Besonderheiten« habe auch ein Anrecht auf eine optimale Bildung. Dieses selbstverständliche Anrecht wollen Politiker nicht wahrhaben, die einseitig soziale Ausrichtung zur Basis ihrer Lebenseinstellung gemacht haben! Sie setzen sich als Fürsprecher von Minderheiten ein. Sie wollen sich im politischen Wettbewerb hervortun, indem sie banal menschliche Gefühle ansprechen und ein Unrechtsempfinden aufbauen, das weder Begründungen, noch Zahlen, noch sonstige Erfahrungswerte verlangt.

»Ich wünsche den Inklusionsverfechtern, dass ihr eigenes ›besonderheitenfreies‹ Kind die Erfahrung macht, neben einem Kind zu sitzen, das im Unterricht vor sich hin singt, unflätige Kraftausdrücke verwendet, beißt und schlägt. Das mag überzogen klingen, ist es aber im Einzelfall durchaus nicht.«

So die erlebte Schulwelt einer über dreißig Jahre praktizierenden Pädagogin. Ein anderer Pädagoge mit langjähriger Erfahrung:

»Ich bin Lehrer an einem kleinstädtischen westfälischen Gymnasium und beobachte sogar hier genau das ›irritierende Verhalten vieler Migrantenkinder‹. Großmäulige, vor allem die Mädchen einschüchternde türkische Jungen, zunehmend Mädchen, die ihren Kopf verhüllen und das Tuch selbst im Sportunterricht nicht ablegen wollen und sich dabei ganz bewusst selbst stigmatisieren und den Kontakt zu ihren deutschen Mitschülern aufgeben. An den Elternsprechtagen begegne ich, sofern sie denn erscheinen, mangels Deutschkenntnissen meist schweigenden Müttern, radebrechenden Vätern und meine Worte, ich weiß nicht wie, übersetzen die Kinder. Solange dies so ist, so lange türkische oder arabische Kultur völlig selbstverständlich parallel gelebt werden kann, wird sich nichts ändern ...«

Eine Schulleiterin berichtete, dass türkische Schüler äußerst feindselig bis gewalttätig auf andere Glaubensüberzeugungen als den Islam und jede Art von Kreuzsymbolen reagierten, auch wenn es überhaupt keine religiöse Funktion hat. So haben diese Schüler sogar auf Koordinatenkreuze im Mathematikunterricht an der Tafel abwehrend reagiert. Glücklicherweise haben wir eine moderationserprobte Kanzlerin, die diese Kulturbereicherungen in das richtige Licht rückt und als Bereicherung anpreist.

Die Zahl lernbehinderter Kinder ist in zehn Jahren um 86 Prozent auf 85.500 gewachsen. Dafür gibt es natürlich Gründe, allein sie wollen politisch nicht wahrgenommen werden. Die Kanzlerin setzt stattdessen auf Toleranz!

»Politiker wissen offenbar nicht, dass es in muslemischen Kreisen durchaus normal ist, dass männliche Wesen Cousinen ersten Grades

heiraten. Diese Verhältnisse finden nun auch in Deutschland statt. Das Ergebnis solcher Ehen ist eine überdurchschnittliche Rate an mehrfach behinderten Kindern, die, so sie denn Glück haben, nur mit Lernbehinderung zu kämpfen haben, Davon legen die Archive der humangenetischen Ambulanzen und der Gesundheitsämter ein beredtes Zeugnis ab. Dieses Faktum wird von Kulturidentitätsromantikern jedoch gern ausgeblendet.« [7]

Die besondere Sichtweise der Kanzlerin von Kulturbereicherungen ist nicht nur ausgesprochen kostenträchtig. Diese aus der »Kulturbereicherung« hervorgegangenen Kinder werden zu einem grausamen Leben verurteilt. Sie sind dauerhaft auf Pflege angewiesen. Ein ganzes Leben lang benötigen sie Hilfe, bis der Tod sie erlöst!

Auch Bildungspolitik muss politische Erfolge vorweisen! Sich sozial gebende Politiker fühlen sich daher aufgerufen, immer mehr erreichte Schulabschlüsse nachzuweisen. Um derartige Erfolge präsentieren zu können, muss nur die Messlatte für Leistung immer weiter abgesenkt werden. Ihr Bedürfnis, Gerechtigkeit zu verwirklichen, erwirken sie durch Unterlaufen des Leistungsprinzips. Das Elternhaus wird aufgrund dieser politischen Ausrichtung des Schulsystems auf niedriges Niveau zunehmend schicksalhaft für die Jugendlichen. Der Anteil des außerschulischen Lernens am gesamten Lernergebnis wird immer größer. Gymnasiallehrern wird ihre Motivation genommen. Genauso wenig, wie eine solche Politik nicht Chancengleichheit zustande bringt, kann es nicht gelingen, soziale Ungleichheit zu beseitigen. Langjährig tätige Lehrer stellen fest, dass in jeder Klasse verschiedene Temperamente und Begabungen vorliegen, somit ein anspruchsvoller Lehrstoff unterschiedlich aufgenommen wird. Parteien streiten um soziale Vorherrschaft in der modernen Demokratie. Sozial heißt in diesem Sinne, dass alle Menschen »gleich« sein müssen. Sie wollen nicht anerkennen, dass Lernleistung ganz wesentlich an Intelligenz gekoppelt ist. Die Aufnahme von Wissen und Bildung werden in hohem Maße von »erblichen« Veranlagungen bestimmt. Intelligenz wird zu fünfzig bis sechzig Prozent vererbt. Menschen aus den oberen sozialen Gesellschaftsschichten haben in der Regel intelligente Väter und Mütter. Diese Menschen suchen bei der Partnerfindung meist jemanden, der ähnliche intellektuelle Ansprüche hat. Die Beziehung zwischen Vererbung und Umfeld spielen eine große Rolle. Niemand wird durch seine Umgebung begabt, Personen können allenfalls durch Anregungen wissender gemacht werden, allerdings nur im Rahmen dessen, wie diese Personen Denkanstöße und Gedanken annehmen. Das alles ist hinreichend belegt, wird natürlich nicht immer in allen Gesellschaftskreisen gern gehört. Erträumte Gerechtigkeit verlangt ein »Gemeinsames lernen«, Kaninchen, Bergziegen und Giraffen sollen in einem Stall untergebracht und auf eine gemeinsame Weide geschickt werden. Wahre Hilfe und Unterstützungen respektieren die Verschiedenheiten der Menschen und versuchen nicht, diese Verschiedenheit einzuebnen. Politiker verstecken das Fieberthermometer, damit es kein Fieber gibt.

Andererseits gibt es viele Eltern, die glauben, dass ihr Kind nur aus Intellekt bestehe. Sie befürchten, dass ihre Kinder sich im Schulunterricht langweilen, weil sie stetig unterfordert werden. In Deutschland gibt es etwa 380.000 Hochbegabte. Die sollen sich alle im Unterricht langweilen? Diese Eltern wollen nicht wahrhaben, dass auch hochbegabte Kinder Auszeiten brauchen, mal »rumhängen« müssen. Eltern und Kinder müssen lernen, dass der Wert eines Menschen nicht nur an Intelligenz zu bemessen ist, sondern aus vielen verschiedenartigen Begabungen, aber auch aus Schwächen besteht. Schwächen sind genauso wichtig für ein harmonisches Zusammenleben, wie besondere Begabungen. Das lernen »hochbegabte« Kinder, wenn sie mit Normalbegabten zusammen sind. Durchschnittlich Begabte müssen lernen, dass Hochbegabte genauso nette Schulkameraden sind, wie alle anderen auch. Hier setzt die Chancengleichheit an. Eine Zukunft zu entwickeln, die ein harmonisches Miteinander und glückliche Erinnerungen ermöglicht!

Individuelle Förderung sozial benachteiligter Kinder gelingt nur durch differenzierten Unterricht und Beibehaltung des Leistungsprinzips. Wir brauchen ganz einfach ein Schulsystem, in dem gebüffelt wird. Wir benötigen eine Bildungsanstalt, in der die Schüler gefordert werden. Die wahren Verlierer eines schwachen Schulsystems sind die hellen Köpfe »bildungsferner Schichten«. Die Schule gibt ihnen nicht genug, und die Eltern können nicht helfen. Diese Kinder stehen für Verhaltensweisen, die weder anerzogen, noch sonst wie von außen an sie herangetragen sind. Die Geburt hat diese Begabung in ihre kleinen Körper eingepflanzt. Typische Kennzeichen sind Wissbegierde, Neugierde, Schutzbedürfnis, Vertrauen, das Bedürfnis einer anspruchsvollen Versorgung ihrer Phantasie und Harmonie im Umfeld. Diese Welt sollte die Schule dann ergänzen!

Kinder haben ihre eigene Art, ihr Leben zu gestalten, und sie haben auch eine eigene Antenne, Vertrauen zu Menschen aufzubauen. Sie spüren bereits im Babyalter, wenn Erwachsene an ihrer Welt teilhaben und ihnen wohlgesonnen sind. Dieses Vertrauen tragen sie, durch das Alter bereinigt, auch in die Schule. Wie will eine Ideologie populistischer Vereinheitlichung diesem Zutrauen gerecht werden?

Lehrkräfte berichten von Schülern, die eine besondere Begabung haben. *»... Wer das Privileg genießt, begabte Schüler zu unterrichten, weiß, dass es solche Schüler tatsächlich gibt. Und es ist eine Freude, ihre Ergebnisse präsentieren zu lassen. Sie sitzen an ihren Laptops, lassen sich noch nicht einmal durch den Blick auf die Pausenzeiten vom Weiterarbeiten abhalten. Sie sind konzentrationsfähig, motiviert, intelligent und kreativ. Als Lehrer ist man, auch wenn man schon fast überflüssig ist, ein bisschen stolz auf sie. Die werden uns mal weit hinter sich lassen, das ist schon klar. Aber wie viele unserer Schüler sind so? Wie viele sind so diszipliniert, motiviert und unanstrengend? Die weitaus größere Zahl ist doch – auch unter den Begabten – erst einmal unter Mühen davon zu überzeugen, dass*

Arbeit und Anstrengung sinnvoll sind, dass die gestellten Aufgaben jetzt wichtiger sind als die Kommunikation mit dem Nachbarn oder das, was gerade Interessantes auf dem Schulhof passiert.
Die Mehrzahl unserer Schüler ist eben auch nicht fleißiger oder interessierter als wir früher. Sie brauchen den Menschen vor sich, der sie motiviert, im besten Fall fasziniert durch ein Thema, ein Fach ...« [8]

Uns Menschen wurden Genies geschenkt! Beethoven, Mozart, Schubert, Vivaldi, Bach ... ihre Musik versetzt meine Seele in Aufruhr, schenkt ihr Erfüllung. Balzac, Borchert, Dickens, Schiller, Goethe ... ihre Gedanken und Darstellungen haben immer noch die Kraft, Tränen auszulösen oder die Sinne zutiefst nachdenklich zu stimmen. Genies bilden eine Welt ab, in der »Gefühle« Erfüllung finden. Genies müssen die besonderen Lieblinge der Götter sein! Sie bilden eine Kultur ab, die eine Vielzahl von Bürgern als bedeutenden Teil ihrer Lebenserfüllung genießen. Solche glückserfüllenden Momente passen nicht in eine politisch ideologische Ausrichtung. Weltverbesserer entziehen mit ihren Ideologien solchen außergewöhnlichen Begabungen ihre Entfaltung und feiern Gleichmacherei als Sieg! Mit Konfettiregen und Torten! Allein die Vielfalt menschlicher Originalität beschert der Gesellschaft ein erstrebenswertes Zusammenleben. Derartige Komplexität will Politik mit einfacher Ausrichtung auf Wahrheitsentstellungen und Behauptungen auf ein enges Lebenskorsett einschnüren.

Die eigene Schulzeit begleitet mein Leben als bleibende, häufig abgerufene Erinnerung! Auch wenn manchmal die Seele belastet, bisweilen sogar strapaziert wurde, so bleibt ihr doch in der Rückschau ein wundervolles, freies Leben erhalten, die Erfüllung gibt. Diese verlebte Zeit frischt auch schon mal Ideen und Anreize der Vergangenheit auf, um sie hoffnungsfroh in eine neue Zukunft zu tragen. Die Schule und mein Zuhause haben meinen Bildungsweg geformt. Warum wollen Politiker dieses individuelle Wohlgefühl, diese unbelastete Lebensstimmung zerstören? Warum eigentlich?

Warum will eine Ideologie der Vereinheitlichung versuchen, die Vielseitigkeit göttlichen Schaffens einzuengen und in eine menschlich vorgegebene Erfüllung einebnen? Woher leiten einseitig ausgerichtete Politiker das vermeintliche Recht ab, Lebensfreude zu rauben? Nur weil ihre Macht des unredlichen Handelns Verfügungsgewalt freisetzt? Liegt der Grund ihrer schmalen Lebenswelt in der Selbsterkenntnis, durch eine innere Verspannung ein sinnloses Dasein zu fristen, das nur von verzerrenden Beschönigungen und Tatsachenentstellungen getragen wird? Müssen sie Erfüllung in einer Berufswelt finden, die ihre Berechtigung nur in oberflächlichen gesellschaftlichen Spielregeln suchen muss? Politiker haben sich die Macht geschaffen, über Bürger und menschliche Schicksale zu bestimmen und zu richten. Ihre parteipolitisch vorgeschriebene Unehrlichkeit hat ihnen aber die Luft genommen, ihren Geist frei atmen zu lassen. Sie haben sich selbst auferlegt, in diesem Dickicht der Wahrheitsentstellungen zu ersticken. Ihnen fehlt bedauerlicherweise die Kraft, sich diese Verhältnisse einzugestehen! Vermutlich müssen deshalb ihre Bestrebungen darauf hinauslaufen, auch anderen Menschen ihr Glück zu zerstören. Ihr angezüchtetes Selbstbewusstsein, falsche Entscheidungen zu treffen, diese zu verteidigen und auch weiterhin durchzusetzen, kennzeichnet die Bewertung eines modernen Politikers. Er muss seine auf Stimmenfang ausgerichtete Welt verteidigen! Diese spezielle Besonderheit spiegelt sich in vielfachen Beschlüssen wider, unter anderem in der Forderung, Kinderrechte im Grundgesetz zu verankern. Es wird noch aufgezeigt werden, welche weitreichenden Auswirkungen ein solcher Beschluss für Eltern und Gesellschaft hätte.

Viele Eltern machen sich bezüglich Bildung keine gründlichen Gedanken über die Zukunft ihrer Kinder. Sie finden, dass zu viel in den Schulen gepaukt wird, manche beklagen, dass dort zu wenig und das Falsche gelehrt werde, es fehlen die Informatikstunden, es herrschen unzumutbare Zustände, die Sexualkunde beginnt zu früh, in einem jedoch sind die meisten Eltern sich einig und pflichten Politikern bei: Die Lehrer sind schuld! Bei aller berechtigten Kritik an Politikern kann ihnen eine Begabung nicht abgesprochen werden: Für Fehlentwicklungen finden sie immer einen Schuldigen, genauso, wie sie positive Veränderung ihren Verdiensten zuordnen!

Deutschland fehlen Lehrkräfte. Das belegen mittlerweile mehrere Studien, ist folglich kein Geheimnis mehr. Gemäß Bertelsmanns Studie fehlen im Jahr 2025 allein 26.000 Grundschullehrkräfte, die Kultusministerkonferenz spricht von einem kurzfristigen Engpass von 12.400 Fachkräften. Welche Zahlen zutreffen ist letztlich nicht entscheidend. Aussagefähig sind vielmehr Analysen, wie es überhaupt zu einem unverständlichen Mangel an Lehrkräften kommen kann.

Immer zu Beginn eines Schuljahres stellen die Kultusminister fest: Es fehlen Lehrer! Eine Erkenntnis, die vorliegt, seit die Ausgaben für Bildung sich denen für Soziales unterordnen mussten. Die Folge: Die Zahl der Quereinsteiger nimmt zu. Nicht nur in Sachsen! Quereinsteiger sind Fachkräfte, die kein Lehramt studiert haben. Ihnen fehlt eine pädagogische Ausbildung. In Sachsen ist der Anteil von 48 auf 52 Prozent angestiegen. Um die Zahl der Quereinsteiger zu begrenzen, werden Lehrer aus dem Ruhestand gelockt, Teilzeitkräfte werden gebeten, mehr zu arbeiten und Vollzeitkräfte werden angehalten, Überstunden zu leisten, die sofort vergütet werden. Berlin muss aufgrund der desolaten Zustände an den Schulen das Portemonnaie am weitesten öffnen, um Lehrer anzulocken. Sie ködern mit Gehältern, die anderswo erst nach zehn Jahren Berufserfahrung gezahlt werden.

In Nordrhein-Westfalen fehlten 2016 zum Schulbeginn 1.000 Lehrer. Die Klassen sind mit mehr als dreißig Schülern überfüllt. Ein individueller Unterricht ist nicht möglich, weil er zu teuer ist. Eine Verkleinerung der Schülerzahl von 26 auf 24 Schüler kostet in Nordrhein-Westfalen 60 Millionen Euro pro Schuljahr, eine Reduzierung im ganzen Land benötigt Milliarden.

Der Hauptgrund liegt in der größer werdenden Anzahl an Schülerinnen und Schülern. Steigende Geburtenraten, aber auch die Zuwanderung von Emigranten wurden und werden ungenügend berücksichtigt. Die Politik muss die Zahlen schönen, um die Kosten zu senken. Dadurch entspricht die Lehrerbedarfsprognose ein bisschen dem Wetterbericht. Stimmt irgendwie nie so richtig! Doch während die Meteorologie die Natur erforscht und eine gewisse Verlässlichkeit zumindest über wenige Tage erreichte, sind die Kultusminister mit ihren Prognosen an politische Wunschvorstellungen gebunden. Sie streben niedrige Kosten an und scheitern deshalb an der Wirklichkeit. Zuletzt ermittelten sie 2013 einen zusätzlichen Bedarf an Lehrern von 25.800 bis zum Jahr 2030. Damit lagen sie gründlich daneben! Der Lehrermangel weist in vielen Bundesländern bereits aktuell deutlich höhere Werte aus. Im Osten kamen mehr Kinder auf die Welt, es gingen mehr Lehrer in Pension, und es kamen viele ausländische Kinder ins System. Es mangelt nicht an Zahlenmaterial, um die wirklichen Verhältnisse zu ergründen!

Natürlich gibt es, wie so meistens, mehrere Gründe für derartige Zustände. Die Politik behauptet, dass Lehrermangel eine vom Lieben Herrgott gesandtes Schicksal ist. Die von Frau Merkel eingeleitete Flüchtlingswelle im Jahr 2015 hätte 2017 bereits verarbeitet werden können. Auch ist die Geburtenrate das fünfte Mal in Folge seit 2012 gestiegen. Und die Pensionswelle einer total überalterten Lehrerschaft ist auch nicht vom Himmel gefallen. Das System der Pensionsverschiebungen ist ebenfalls nicht neu. Wann wie viele Pädagogen sich in den Ruhestand zurückziehen, ist statistisch vorhersehbar. Also keine Fügung übergeordneter Mächte! Grundlagenforschung mag die Politik nicht! Hier liegt der Schlüssel! Behauptungen, Anordnungen und Bestrafungen, das ist ihre Welt geworden! Sie behaupten, dass der Lehrerbedarf nicht vorhersehbar war! Bestraft werden Eltern, die ihre Kinder in überfüllte Schulklassen schicken müssen.

Die Prognosen für den Lehrerbedarf errechnet die Kultusministerkonferenz. Diese setzt sich aus den Bildungsministern aller Länder zusammen. Sie veranschlagen den Bedarf alle fünf Jahre. Ihre gefundenen Zahlen beeinflussen die Ausbildung als Lehrer. Ist der Bedarf gering, studieren Schulabgänger kein Lehramt, sondern suchen sich eine andere Ausbildung. Die letzte Prognose der Kultusministerkonferenz stammt aus dem Jahr 2013 und wurde erst im Jahr 2018 neu aufgelegt. Ein Zyklus von fünf Jahren muss zu falschen Zahlen führen. Besonders dann, wenn Flüchtlingsströme das Ausbildungssystem zusätzlich mit vielen Ausländern belasten, die weder ein Wort Deutsch sprechen noch verstehen können. Alle diese Versäumnisse aufaddiert legen die Schlussfolgerung von politischem Desinteresse an Ausbildung und Bildung nahe. Eine geordnete Bildung stellt Kinder und Jugendliche zufrieden! Deren Erfüllung der Wünsche führt aber nicht zu Wählerstimmen!

Ein weiterer vielsagender und gedankenreicher Grund für Lehrermangel sind die Zustände an den Schulen und das Schülerverhalten. Schulen mit viel roher Gewalt im Alltag, hohen Fehlzeiten bei den Schülern, schwacher Führung und gravierenden Disziplinproblemen sind bei den Lehrern bekannt. An solchen Schulen unterrichten zu müssen, wollen sich qualifizierte Lehrer nicht antun. Schüler bekennen am Ende ihrer Schulzeit freimütig: »Wir wissen doch, wie wir mit unseren Lehrern umgegangen sind, das wollen wir selbst lieber nicht erleben.«

Von 800.000 jungen Männern, die nach Deutschland gekommen waren, sind etwa fünfzehn Prozent Analphabeten. Die kommen zu den 7,5 Prozent »strukturellen Analphabeten« hinzu. Diese Menschen an die Kultur der Gesellschaft heranzuführen, das soll die Aufgabe der Lehrer sein. Diese lernen dagegen in der praktischen Tätigkeit, dass das politisch gezüchtete Märchen vom selbstgesteuerten Lernen und eigenverantwortlichen Arbeiten ganz schnell als schöner Schein entlarvt wird. Der Lehrer soll sich als souveräne, aktivierende und feinfühlige Führungskraft präsentieren. Das

Herzstück der Tätigkeit soll ein Lehrer bilden, für den seine Schüler im Mittelpunkt seiner Tätigkeit stehen. Der Lehrer muss ihr Lernen sehen und erkennen können. Seine Tätigkeit soll sichtbare Erfolge zeigen. Alle diese Qualitätsmerkmale soll ein Lehrer mitbringen und in den Unterricht einfließen lassen. Politiker suhlen sich in ihrer spekulativen, imaginären Welt, die von Lehrern übermenschliche Fähigkeiten verlangt und vererben künftigen Generationen die Folgen ihres Wirkens. Bereits aktuell leidet die Wirtschaft unter Fachkräftemängel! Die Auftragsbücher haben keine freien Seiten mehr! Selbst Politiker haben Schwierigkeiten, das Zeitrad zurückzudrehen!

Pädagogische Erfüllung wird von Erfolgen an den ihnen anvertrauten Kindern getragen. Vielen Lehrern ist durch die Mühen des Alltags die pädagogische Begeisterung verloren gegangen. Die Anerkennung durch Berufserfüllung gibt es nicht mehr! Der Lehrermangel ist nicht nur im Vergleich zur freien Wirtschaft auf eher bescheidene Gehälter zurückzuführen. Vielmehr sind es die Arbeitsbedingungen. Jeder war mal Schüler und weiß daher, wie viel sich Lehrer gefallen lassen müssen. Das war, wenn auch in geringem Maß, schon immer so.

»Ich persönlich habe es stets vermieden einzugestehen, dass ich Lehrer bin, um mildes Lächeln und aufmunterndes Schulterklopfen zu vermeiden. Als es bei einem Bauprojekt um Millionen D-Mark ging, musste ich mir so herablassende, mitleidige Sprüche anhören wie› der Herr Dr. Böhler ist Lehrer‹, begleitet von Augenzwinkern.«

Aufmüpfige Schüler gab es immer schon. Es muss wohl so sein, dass die Jugend sich an älteren Menschen reibt, um eigenständig zu werden. Das Verhalten hat nur andere Ausmaße angenommen. Die einfachste Art der Bestrafung war ein Eintrag ins Klassenbuch. Inzwischen wird den Lehrern fast jede Sanktionsmöglichkeit genommen, wenn Schüler Anweisungen missachten. Lehrer werden zu Objekten der Verachtung degradiert. Das ist der Unterschied zu »früher«.

»*In meiner Schulzeit, zwischen 1947 und 1960, waren körperliche Strafen durchaus üblich – in England übrigens bis ins 21. Jahrhundert. Ich bekam sowohl in der Grundschule als auch im Gymnasium jeweils eine Ohrfeige von Lehrern, die ich immer noch sehr schätze, weil sie uns viel beigebracht und ihren ›Laden‹ in Ordnung halten konnten ... Die Wende kam, als die SPD, es war wohl in den siebziger Jahren, den Bayrischen Landtag zu einer Sondersitzung einberief, weil ein Grundschullehrer einem frechen Bengel eine Ohrfeige verpasst hatte. Mit Hilfe von pseudomoralischer Entrüstung, lautstark vorgetragen, wollte man der CSU ihre erfolgreiche Schulpolitik in den Augen der Wähler madig machen.*

Heute ist es umgekehrt: Lehrer werden immer häufiger angegriffen und verunglimpft. Dass im Saarland und Berlin heute überhaupt noch Leute Lehrer werden wollen, ist erstaunlich. Zu meiner Zeit waren Lehrer noch Respektspersonen, auch wenn gerade die Gutmütigen schon immer manchen Schülerstreich erdulden mussten.

Die Missachtung der Lehrer liegt aber nicht nur in ihrer Wehrlosigkeit begründet. Zumindest außerhalb Bayern und Sachsen leisten sie objektiv immer weniger. Die Niveausenkung ist politisch so gewollt. Die bekanntesten Bildungssenken sind außer Berlin noch Hamburg und Bremen. Vielerorts, man glaubt es kaum, wird in Grundschulen nicht einmal mehr die Rechtschreibung gelehrt und das mit Absicht ...« [9]

Lehrer müssen politischem Fieberwahn entsprungene Theorien umsetzen. »Nach Gehör schreiben«! Pädagogischer Realismus darf sich diesem Irrsinn nicht widersetzen. Sprechen und schreiben sind zwei unterschiedliche Formen der Verständigung, zwischen denen keine naturgegebene Beziehung besteht. Sprechen ist ein akustisches, schreiben ein visuelles Ereignis. Zwischen diesen zwei Arten der Ausdrucksweise kann es keinen Zusammenhang geben. Ein visuelles Ereignis entspricht nicht einem Schallereignis. Politische Kreativität lebt von Beschlüssen, die weitere absonderliche Experimente nach sich ziehen, um auf ihre unabdingbare Existenz hinzuweisen. Deshalb müssen sie sich auch weigern, selbst einfachste Tatsachen zu ergründen und als höchst problematisch herauszuarbeiten. Lehrer quittieren derartige absurden Beschlüsse mit Demotivation. Politik und Öffentlichkeit haben schnell für ihre geschaffenen Missstände eine Erklärung bei der Hand: Die Ausbildung der Lehrer ist ungenügend! Es fehlt die Fortbildung. Politiker dürfen einfach nicht begreifen, dass die Schule nicht die Gesellschaft verkindlichen kann, sondern die Aufgabe hat, Kinder in der Gesellschaft handlungsfähig zu machen. Mit Schlagworten wie »Chancengleichheit«, »Qualitätssicherung«, »Bildungsdurchlässigkeit« versuchen sie, ihr irreales Wirken zu vernebeln. Bildungsforscher wissen dagegen, dass die Überfrachtung mit Studien und Praxisvorgaben die Entwicklung von Fachspezialisten behindert. Schwierige Unterrichtssituationen kann nur solides Fachwissen meistern. Fachkompetenz ist durch noch so viel Fachdialektik und Unterrichtspraxis nicht auszugleichen, so ihre Meinung. Ergebnistrunkenheit politischer Bildungsgestaltung sucht aber Masse und nicht Qualität! Die Bildungslatte wird stetig niedriger aufgelegt. Sie wird soweit abgesenkt, bis schließlich auch Schildkröten darüber springen können.

Quereinsteiger sollen die Lösung des Lehrermangels bieten! Den Engpass Lehrermangel mit Quereinsteigern zu knacken, kann bestenfalls eine Notlösung sein, um politische Fehlentscheidungen zu überdecken. Diese Notlösung müssten Eltern, Lehrer und auch die Öffentlichkeit auf die Barrikaden treiben, um politische Willkür anzuprangern. Der unverhältnismäßig hohe Einsatz von Quereinsteiger sendet das logische Signal aus, dass ein Pädagogikstudium offenbar überflüssig ist. Der Beruf des Lehrers wird nicht mehr benötigt, leisten alles Quereinsteiger! Lehrer werden durch »Wissensagenten« ersetzt. Im Referendariat lernen sie dann noch im Schnellkurs von drei Monaten, wie man nach den Vorstellungen des Staates unterrichten muss. Pensionierte Lehrkräfte zurück in die Klassen zu locken, ist schwieriger. In Bremen haben sich von 500 angeschriebenen Pensionären neun zurückholen lassen.

Quereinsteiger werden zudem genötigt, viel zu früh viel zu viel Unterricht abhalten zu müssen. Auch wird nicht analysiert, es wird auch ungenügend berücksichtigt, ob sie eine Beziehung zu Kindern aufbauen können oder nur Fachidioten sind. Menschliche Bindung ist das A und O des Lehrerberufs! Sonst bleibt der Erfolg aus. Quereinsteiger müssen natürlich auch gute Fachkräfte sein und besonders in den ersten Jahren von erfahrenen Lehrern begleitet werden, sollte die Notlösung die gröbsten Fehlentwicklungen vermeiden. Die Kollegen, die sie betreuen und einführen sollen, sind aber genauso überlastet. Folge unverhältnismäßiger Sparsamkeit! Quereinsteiger müssen in der Schule und im Kollegium Pädagogik lernen und nicht an der Universität. Das kann nicht funktionieren! Betreuende Mentoren werden nicht freigestellt, bekommen ihre Arbeit auch nicht honoriert. Die Motivation wird systematisch unterhöhlt. In Berlin hat nur noch ein Drittel der neu eingestellten Lehrer ein klassisches Lehramtsstudium absolviert. Der Politik ist das egal! Sie betreibt sehenden Auges eine Entprofessionalisierung des Lehrerberufs. Eine Politik, die Quereinsteiger als Dauerlösung hinnimmt, führt mutwillig den Zusammenbruch des Schulsystems herbei.

Und wie sieht die Lehrerwelt aus der Sicht der Quereinsteiger aus? Sebastian stand vor der Klasse und stellte fest, dass er von den Schülern nicht ernst genommen wurde. Er ging nach Hause, weinte bitterlich und wollte alles hinschmeißen. Vorher hatte der Dreiunddreißigjährige bei einem Sporteinzelhändler Mitarbeiter geschult und glaubte, dass der Unterricht in der Schule vergleichbar sei. Seine Freundin half ihm dann bei der Unterrichtsplanung. Sebastian hielt durch und nach ein paar Wochen lief es besser. »Heute zehre ich davon. Selbst wenn es mal nicht so gut läuft, weiß ich, dass es schlimmer als am Anfang nicht werden kann.« Die Gruppe der Seiteneinsteiger nickt beifällig. Sie haben alle ähnliche Erfahrungen gemacht. Die meisten wurden direkt ins Wasser geworfen! Mindestens zwei Jahre haben sie nach dem Studium in einem anderen Beruf gearbeitet. Dann entschieden sie sich für einen Neuanfang. Sie wollten Lehrer werden, weil sie Lebenssinn suchten. Der Lehrerberuf faszinierte sie schon immer. Auch die Sicherheit und die geregelten Arbeitszeiten spielten eine Rolle! Der deutsche Staat lässt sich jedes Elektroauto im Lauf seiner Nutzung zwischen 15.000 und 20.000 Euro kosten. Für die maximal neunjährige Schulausbildung müssen 8.200 Euro genügen! So eine Studie der Deutschen Bank. E-Autos werden nach zehn bis zwanzig Jahren irgendwann verschrottet. Dem Staat sind diese Autos doppelt so viel wert wie die Grundausbildung eines jungen Menschen. Sie bestimmt das Bildungsniveau kommender Generationen. Das mangelhafte politische Interesse an angemessener schulischer Ausbildung hat bereits jetzt Folgen. Die Sorge weitet sich aus, dass diese Situation zunimmt, und es in Deutschland zu wenig qualifizierte Menschen gibt, die der Wirtschaft die notwendigen Impulse geben. Sozial höher stehende Familien gebären zu wenige Kinder und aus sozial schwachen Familien kommen zu viele. Die meisten dieser Kinder haben Migrationshintergrund. Bereits deren Eltern ist es nicht gelungen, der Armut als Folge mangelhafter Ausbildung zu entfliehen. Darunter leidet auch der Nachwuchs. Viele dieser Eltern halten eine solide Schulausbildung nicht für notwendig. Sie sind mit Hilfe des Staates über die Runden gekommen, also wird das auch ihren Kindern gelingen. Sie konservieren eine gefährliche Systematik! Ohne Schulabschluss gibt es aber keine vernünftige Ausbildung. Ohne Ausbildung gibt es keine befriedigende berufliche Tätigkeit. Das Geld muss den Maßstab für Zufriedenheit bilden. Zunehmende technische Entwicklungen belasten zusätzlich diese Entwicklung. 65.000 Jugendliche verließen im Jahr 2008 das Schulsystem ohne Abschluss. Das waren 7,5 Prozent aller Jugendlichen zwischen 15 und 17 Jahren, so der Bundesbildungsbericht.

Wird »Bildung« mit schulischen Lehrbemühungen in einen Topf geworfen und kräftig durchgerührt, so hat sich eine Methode unkritischer Wissensvermittlung durchgesetzt, das sich im Universitätsstudium fortsetzt. Ein Studium ist auf einen Lernbetrieb zur

Ansammlung von Wissen zusammengeschmolzen. Die ehemalige akademische Freiheit als persönlichkeitsformendes Qualitätssiegel ist verloren gegangen. Statt Bildung wird Wissen gezüchtet! Ein enger Stundenplan erzwingt auch im Studium eine einheitliche Ausrichtung der Studenten auf »Wissen«. Ein europaweites vereinheitlichtes Punktesystem reduziert das Studium auf eine Jagd nach Punkten und Noten. Der Student wird darauf dressiert, mit geringstem Aufwand, einen maximalen Erfolg zu verwirklichen. Auf der Strecke bleibt verstehen von Zusammenhängen, die erst durch Kritik und Selbstreflektion einen Reifeniederschlag finden.

Maximale Wissensvermittlung ist nicht nur ein Problem des Bachelor-Modells, sondern hat sich auch in den Studiengängen der Rechtswissenschaft den Weg gebahnt. Politiker übertragen ihre oberflächliche Arbeitsweise auf Ausbildungspläne. Sie suchen keine zukunftsweisenden Lösungen mehr, sondern seichte Problemfindungen, die mehrheitsfähig erscheinen.

»... Seit den siebziger Jahren wird das Schulsystem vielmehr in beispielloser Weise von politischen Reformwellen heimgesucht. Sie über- und unterspülen mit so hoher Frequenz die Schule, dass inzwischen nur noch Verwaltungsspezialisten und Bildungshistoriker wissen, welche Reveländerungen gerade in Kraft getreten sind, welche sich, kaum, dass man sich an sie gewöhnt hat, sich schon wieder auf dem Rückzug befinden und welche nach kurzer Abwesenheit unter anderem Etikett neuerlich Druck auf Unterricht und die Schulorganisation ausüben ...« [10]

Und dennoch! Verglichen mit der Schule im alten Griechenland hat die Schulausbildung trotz aller berechtigten Kritik Fortschritte gemacht. Sowohl in der Schule im alten Griechenland als auch in der römischen Schule herrschte eine harte Disziplin: Der Unterricht begann bei Sonnenaufgang, die Schüler saßen auf Holzschemeln und notierten das Wissenswerte auf den Knien. Sie mussten Texte auswendig lernen, und sie bekamen bei Fehlern die Knute oder den Stock zu spüren.

Demokratie beginnt »zu Haus«

und beim Individuum Mensch

»Politik ist die Kunst, nach Schwierigkeiten Ausschau zu halten, sie überall zu finden, falsch zu beurteilen und ungeeignete Mittel dagegen einzusetzen.«
Ernest Benn 1875-1954

»Früher« war Demokratie in den eigenen vier Wänden klar geregelt. Der Hausherr legte die Richtlinien fest, also auch was politisch »richtig« ist, die Mutter kümmerte sich um den Haushalt, und die Kinder hatten zu gehorchen. Sollten sie sich den erteilten Anweisungen widersetzen, so gab es genügend Rohrstöcke, die im Haus verteilt, also jederzeit griffbereit waren. Bei Diskussionen mussten sich die heranwachsenden Kinder der gedanklichen Routine des Hausherrn beugen. Weniger wurde hinterfragt, was Demokratie eigentlich heißt und was sie im Einzelnen bedeutet, die Eltern praktizierten sie aufgrund ihrer Erfahrungen und mit viel Liebe unterlegt. Diese Atmosphäre schaffte Vertrauen. »Heute« existieren solche Verhältnisse nur noch in Ausnahmefällen!

Demokratie wie sie zu Hause individuell vollzogen wurde, kann auf Staatsebene keinen Erfolg haben. Sie scheitert bereits bei den Grundvoraussetzungen. Eine gesunde Demokratie lebt langfristig davon, dass der Bürger nahezu unermessliches Vertrauen in politische Einrichtungen hat. Er muss auch davon ausgehen können, dass Politiker Entscheidungen entsprechend demokratischer Spielregeln treffen. Ihre Machtgelüste sie also dem per Grundgesetz erteilten Auftrag unterordnen. Dazu haben sie sich per Amtseid verpflichtet! Nur so kann Demokratie auch Opfer von seinen Bürgern einfordern, so es denn notwendig erscheint. Entbehrungen unterliegen dann der Einsicht.

Mehr als ein Jahrhundert lang mühte sich Deutschland ab, eine Demokratie zu verwirklichen. Die Versuche blieben Stückwerk! Der Erfolg wollte sich nicht so richtig einstellen. Die katastrophalen Folgen dieser Bemühungen für die ganze Welt sind hinreichend bekannt. Deshalb sollte sich unsere Politikergilde ständig vor Augen führen, dass Demokratien Grundregeln einhalten müssen, wenn Demokratien Demokratien sein und bleiben wollen.

Demokratie fordert Wahrheit! Eigentlich! Jedoch kann Wahrheit nur als Summe der Auswertung aller Meinungen existieren. Folglich kann ein einzelner Mensch nicht zur vollen Wahrheit finden. Auch wenn er es wollte und sich emsig bemühte! Aber häufig will er es auch nicht! Meistens will er nur »Recht« haben! Sollen diese Verhältnisse in der Politik anders sein? Politik wird von Menschen gestaltet, die nicht nur »Recht« haben wollen, sondern auch eine Macht aufbauen müssen, um ihr »Recht« allgemeingültig durchzusetzen. Dazu gehört die Lüge als tragender Grundpfeiler. Merkwürdigerweise gibt es immer noch Bürger, die an politische Aufrichtigkeit glauben. Dabei bestimmen gerade in diesem Job Unwahrheiten das Tagesgeschehen.

»Wenn eine Lüge von allgemeinem Nutzen ist,
wird sie in den Stand der Wahrheit erhoben.«

Dr. Michael Richter

Die Lüge wird immer seltener zum allgemeinen Nutzen, sondern mehr und mehr zu politischem Zugewinn aufgewertet. In diesem Moment wird der Demokratie eines ihrer wichtigsten Fundamente geraubt.

Demokratie gerät in die Krise, wenn sie es versäumt, jene öffentlichen Räume zu pflegen, die dem Bürger den Gewinn von Freiheit erkennen lassen und dessen Überlegenheit sich schon vor dem Eintritt in den parlamentarischen Kampf zeigt. Diese Krise gewinnt als »moderne« Demokratie mehr und mehr an Kraft. Der »parlamentarische Kampf« verzichtet auf den gedankenreichen Austausch von Argumenten, sondern präsentiert sich als Wortwechsel profilierungsausgerichteter Allgemeinplätze.

Die Aufgabe des Bürgers als Souverän und Träger der Staatsgewalt gibt es noch. Theoretisch jedenfalls! Sie ist im Grundgesetz festgeschrieben! In der praktischen Handhabung verliert sie jedoch an Boden. Der Souverän hat seine Rolle als Gestalter aufgeben müssen. Er wurde politisch auf die Zuschauerbühne einer Kleinkunstbühne verbannt. Normalerweise beherrscht der Streit um die Höhe sozialer Versorgung den Spielplan, es sei denn, mit inszenierten und kreierten Themen wie »Erderwärmung« oder »Corbid 19-Seuche« muss die Angst menschlicher Vergänglichkeit politisch auf einen fiktiven Höhepunkt getrieben werden. Angst macht den Menschen gefügig! Die Politik kann dann alles und jedes versprechen und wortreich auch umfassende Lösungen anbieten.

Die Freiheit der Bürger, seinerzeit eines der Hauptziele der Demokratie, haben Politiker verstümmelt. Sie haben sie mit Tonnen von Worten zugeschüttet. Bei Wikipedia und im Duden ist noch nachzulesen, wie wichtig Freiheit für eine Demokratie ist. Politiker, die das Grundgesetz verfasst hatten, waren sich auch nach Hitlers Herrschaft ihrer Verantwortung bewusst. Theodor Heuss verdeutlichte 1946, als er über »Deutschlands Zukunft« sprach, dass Demokratie nicht vom Himmel falle, sondern ein Prozess sei, der viel Selbstdisziplin einfordert. *»Die Deutschen nennen sich zwar Demokraten, aber bei dem Wort Demokratie müssen sie ganz von vorn anfangen im Buchstabieren«.* Und er stellte des Weiteren fest, dass *»Demokratie auf der Anerkennung eines freien Menschentums beruht, das auch im Gegner den Partner sieht.«*

Den Gegner als Partner anerkennen! Der »Verstand« war bislang nicht in die Verlegenheit gekommen, Demokratie in ihre Grundelemente zerlegen zu müssen. Es reichte aus, auf die strikte Trennung der drei Gewalten Legislative, Judikative und Exekutive hinzuweisen. Menschlichkeit zu zeigen und seine Mitmenschen zu respektieren, ist eine Grundvoraussetzung menschlichen Zusammenlebens. Diese grundsätzlichen menschlichen Werte sollten also eigentlich keiner Gesetze oder sonstiger Beteuerungen und Gelöbnisse bedürfen. Wie schwer ist jedoch Menschlichkeit bereits einzuhalten, wenn der Mitbürger eine extrem andere Meinung vertritt. »Ich kann die Fresse nicht mehr sehen. Er spricht doch nur noch Scheiße«. Gemeint war Parteikollege Bosbach und ausgesprochen hatte diese Worte Pofalla. Selbstdisziplin! Natürlich ist jeder Mensch davon überzeugt, dass allein seine Meinung »richtig« ist, und er selbstverständlich über Selbstdisziplin verfügt.

> *»Der Andersdenkende ist kein Idiot, er hat sich nur eben eine andere Wirklichkeit konstruiert.«*
>
> *Paul Watzlawick*

So schlicht und beeindruckend dieser Satz eine einfache Wahrheit offen legt, so vehement kann der innere rechthaberische Geist rebellieren und gegen diese im Grunde genommen einleuchtende These aufbegehren. Geradezu dramatisch wird die Situation, wenn die eigene Auffassung im weiteren Umfeld keine Zustimmung erfährt. Dann wird das Bemühen um Objektivität auf eine harte Probe gestellt. Um derartigen Spannungen aus dem Weg zu gehen, wird gern auf Gedanken anerkannter Philosophen und hochgeschätzter, renommierter Persönlichkeiten zurückgegriffen. Sie zu zitieren bringt Sicherheit in die Aussage und deren Akzeptanz. Normalerweise hat der Bürger uneingeschränkten Respekt vor derartigen bedeutungsvollen Menschen und fügt sich. Der Widerspruch bleibt aus! Aber wie sieht es aus, wenn nicht auf philosophische Erkenntnisse zurückgegriffen werden kann und Gedanken sich dennoch rechthaberisch gegen den Mainstream auflehnen?

Mainstream! Ein modernes Schlagwort! Auf Mainstream wird gern zurückgegriffen, wenn Gedanken nicht in das politisch vorgegebene Denkmuster hineinpassen. Mainstream wird vom Englischen abgeleitet und besagt, frei übersetzt, so viel wie «zum Hauptstrom machen». Mainstream ist ein Sammelbegriff für Einstellungen, die einem großen Anteil der Bürger verständlich erscheinen. Mainstream ist folglich vielseitig interpretierbar! Was dieser Begriff letztlich im Einzelfall aussagen soll, entscheidet der Betrachter.

Einen negativen Beigeschmack erhält der Begriff, wenn Entscheidungen bewusst auf die breite Masse abgestimmt werden, um Zustimmung zu erheischen. Gern greift die Politik auf Mainstream zurück. Sie bringt den Bürgern auf diese Weise bei, wie richtig zu leben und zu denken ist. Sachverhalte verflachen zur Nebensache, und das Rechtssystem verliert an Bedeutung. Auf dieser Basis kann auch nur eine einzige selig machende Moral richtig und nur allein eine Meinung »korrekt« sein. Bei jeder sich bietenden Gelegenheit muss diese Art Mainstream lautstark vertreten werden, damit er sich in eine anonyme Gesellschaft hineinnagen kann. Erinnerungen an die Sage vom Flötenspieler von Hameln werden wach. Der Sage zufolge benötigte er nur eine Flöte, um eine Katastrophe herbeizuführen! Statt der Flöte ziehen Politiker dem Bürger einen Ring durch die Nase, um ihm den Weg vorzuschreiben.

Wie abgesichert fühlt sich eine Persönlichkeit, die eine Meinung vertritt, die gegen politisch aufgebauten Mainstream angeht, die also aus politisch übergeordneter Sicht »falsch« ist? Muss nicht spätestens in diesem Augenblick die Demokratie beginnen, mit den Flügeln zu schlagen? In derartigen Momenten verlangt Demokratie Bürger, die sich für ihren Erhalt einsetzen. Sie muss sich massiv zu Wort melden können und nicht todgemainstreamt werden!

Till van Rahden hat eine Stellungnahme des Kunsthistorikers Julius Posener ausgegraben, der bei der Praktizierung von Demokratie die Notwendigkeit eines tiefgreifenden Lernprozesses unterstreicht.

»Die Nachkriegsdeutschen greifen bei dem hingehaltenen Wort wie nach einer Planke im Schiffbruch. Aber das Wort ist bis dato

inhaltsleer, und wohin sie auch blicken, so werden die Deutschen nicht viel sehen, was man auf dieses Wort beziehen könnte. Sie haben einen Stoß bekommen, es war ihnen eine ganze Weile davon dumm im Kopf, und da sie sich umsehen, finden sie nichts als ein Wort und schreiben es als neuen Titel über die alten, noch halb geglaubten Inhalte.«

Werden diese verallgemeinerten Verhältnisse des Volkes auf den einzelnen Menschen zugeschnitten, so kommen tatsächlich Zweifel auf, ob *ein Stoß vor den Kopf* dem Demokratiegedanken zu neuem Leben verhelfen kann. »Demokratie iss Schaaaße«! Hatte nicht ein solcher Kopfstoß den Cowboyhut sogar die Demokratie als Ganzes infrage stellen lassen?

Das Grundgesetz gibt seit Mai 1949 einen Rahmen für die Demokratie vor. Doch die Bonner Republik war ein Provisorium. Es fehlte das Fleisch, mit dem das Gerippe ergänzt wurde. Die von Heuss gestellte Frage, was die Demokratie als Lebensform sei, führte zu ernsthaften und vielstimmigen Debatten über die schwer fassbaren Grundlagen der Demokratie. Tastend, ja unbeholfen gingen die Teilnehmer zu Werke, und so gelang es ihnen allmählich, Bilder des Zusammenlebens zu entwickeln, die Fundament eines demokratischen Selbstbewusstseins werden konnten. Demokratie schlug sich schließlich in der Vorstellung nieder, dass sie sich nur im Streit verwirklichen könne. Was ist aus diesem geltend gemachten Streit geworden? Und wie soll ein Bürger Verständnis für derartige Streitereien aufbringen, wenn von ihm Menschlichkeit und Selbstdisziplin eingefordert werden? Ist Menschlichkeit nur im Streit herbeizuführen? Demokratie muss Räume für unterschiedliche Gedanken und Meinungen freigeben! Betrachte ich die derzeitig gebotenen politischen Dialoge, so kann doch nur Verzweiflung greifen und Hoffnungslosigkeit aufkommen.

Die griechische Demokratie und deren Grundelemente wurden weiter entwickelt. Die Gleichstellung von Frauen und Männern ist fester Bestandteil der Demokratie geworden. Spiegelt nicht bereits die kleinkarrierte Auseinandersetzung über »Gleichstellung« der Frau eine spießbürgerliche Auffassung von Demokratie wider? Die Zusammensetzung von Vorständen eines Industrieunternehmens muss demokratisiert werden! Diskussionen über gendergerechte Sprache bestimmen über Wochen/Monate politische Debatten und beschäftigen die Medien. Müssen derartige Langweiler tatsächlich den Bundestag beschäftigen? Gibt es nichts Wichtigeres zu bearbeiten? In der Gründerzeit der Republik, so bekundete Robert Tillmann, war die Vorstellung gängig, dass die Demokratie *»nichts anderes als die Frage nach dem Lebensstil eines Volkes sei«*. Der »Wert« stecke nicht darin, dass *»wir ein Parlament und allgemeines Wahlrecht«* hätten, betonte der stellvertretende Bundesvorsitzende der CDU und Bundesminister für besondere Aufgaben auf dem Jugendhof in Vlotho im Oktober 1955. Der »letzte Wert« sei der, *»dass wir als Menschen, als Bürger eines Staates lernen, so miteinander umzugehen, dass wir uns gegenseitig ernst nehmen«*. Derartige einfache, aber für das Zusammenleben der Gesellschaft notwendige Erklärungen sind für eine Demokratie wichtige grundsätzliche Feststellungen. Wie aber sieht es mit der Umsetzung derartiger Erkenntnisse aus? Was spielt es für die Demokratie für eine Rolle, dass alle Vorstandsposten eines wirtschaftlichen Unternehmens paritätisch mit Frauen besetzt werden sollen. In wieweit greifen derartige Verordnungen nicht in persönliche Eigentumsverhältnisse ein?

Offen blieb, wie der Begriff des demokratischen Lebensstils konkret zu füllen sei. Der Staatsrechtler Adolf Schüle erklärte 1952, dass eine Demokratie *»auf dem politischen Feld nur möglich sei, wenn sich die Menschen, die sich in ihrem Leben, auch in ihren privaten Beziehungen demokratisch verhalten«*. Demokratie als *»Herrschaftsform der persönlichen Lebensführung sei auch der Sinn des bekannten englischen Wortes: democracy begins at home«*, so fügte er 1954 hinzu. *»Wer einmal die Luft einer wirklichen bis in die letzten Verästelungen des privaten Lebens hineinreichende Demokratie geatmet hat, der wird verstehen können, was gemeint ist«*. So eingängig diese Aussage auch erscheinen mag, so sehr setzt sie voraus, dass Demokratie zu Hause »eingeatmet« und entsprechend »ausgeatmet« wird. Wie soll so etwas bei schlechten politischen Vorbildern umgesetzt werden?

Einen Versuch, diese Gedanken aufzusummieren, vollzog Carlo Schmid um 1970. Ein demokratischer Staat setzt eine Gesellschaft voraus, die »ihm angemessen ist«. *»Wenn er sich selbst«*, so Schmid *»vereinfachend vorzustellen versuche, was Demokratie eigentlich ist, so finde er in erster Linie ein Ja zur Mitmenschlichkeit, die sich des eigenen Wertes bewusst, und die deswegen auch dem anderen den Wert einräumt, den er für sich beanspruchen kann«.* Das sei vor allem in den Kommunen greifbar. Bund und Länder seien in dem was sie täten, »abstrakter«. Dagegen umfasse die *Stadt »den Menschen als das auf den ›anderen‹ bezogene Wesen«.* Sie sei *»etwas Mütterliches, im Gegensatz zum Vater Staat. Sie hegt vielmehr, als dass sie anordnet. Sie ist der Ort des Miteinander-Gehens und nicht des In-Reih-und Glied-Stehens.«* Die Einbindung von Menschlichkeit in den Kommunen im Zusammenhang von Mitmenschlichkeit kann nur ein Bürger nachempfinden, der sie einmal erfahren hat. Eine generelle Aussage dürfte an der Wirklichkeit scheitern. Eine dem demokratischen Staat angemessene Gesellschaft zu fordern und zu unterstellen, dass der Staat dann funktioniere, ist eine Annahme, die eine Wunschvorstellung widerspiegelt.

»Mehr Demokratie wagen«, Willy Brandts Forderung aus der Regierungserklärung 1969 trägt der Brüchigkeit praktizierter Demokratie Rechnung. Wenn politisch mehr Demokratie für notwendig erachtet wird, kann sie selbst aus politischer Sicht nicht befriedigend sein. So jedenfalls die Logik aus heutiger Sicht. Seinerzeit sollte sie nicht so sehr den Grundgedanken einer Demokratie markieren, sondern an eine Form des Denkens anknüpfen, die sich bis in die allerersten Nachkriegsjahre nachverfolgen lässt. Derartige Aufrufe sind ein Indiz dafür, wie schwierig sich der Demokratiegedanke in den Köpfen und in staatlichen Institutionen verankern lässt. Widersprüchliche Vorstellungen hatten sich mit der Idee der Demokratie als Lebensform verbunden. Lange vor 1968 gab es Stimmen, die davor warnten, die Demokratie ausschließlich formell als Staatsform zu begreifen. Das Wagnis der Demokratie könne nur gelingen, wenn es von einer allgemeinen demokratischen Stimmung getragen wird, die sich nicht allein in Verfahren und geordneten Gesetzesabläufen erschöpfe. Sie muss auch die Verantwortung des Bürgers mit einbeziehen. Die Demokratie als Lebensform beruht auf der Prämisse, dass die repräsentative Demokratie und die demokratischen Lebensformen sich wechselseitig ermutigen, die Grundelemente einer Demokratie zu festigen und in die Zukunft zu tragen. Alle diese Zusammenhänge sollte der Bürger bereits »zu Hause« sorgfältig durchdacht und auch gelernt haben. Er sollte wissen, welche Verantwortung er in die Demokratie einzubringen hat.

Die »Neue Linke« forderte stattdessen, Formen einer radikalen Demokratie müssten die parlamentarische Demokratie ersetzen. Demokratisierung zielt nicht mehr darauf aus, den demokratischen Geist zu pflegen, sondern despotisch über die Bürger zu verfügen. Die Familie, die Universität oder das Unternehmen muss nach dieser Logik als Herrschaftsform neu organisiert werden. Nur Wahlen, Abstimmungen und Mehrheitsentscheidungen ordnen demokratische Prozesse.

Die Demokratie sei nicht länger ein »*Mittel zur Lösung von Konflikten*«, stellte der Pädagoge Hartmut Hennig 1972 fest. Stattdessen sei sie »*zu einem Anlass des schwersten Konfliktes geworden, den unsere Gesellschaft seit 1945 durchgemacht hat*«. Je mehr sich die geltungsbewusste Kampfzone ausweitete, desto häufiger sahen liberale und konservative Denker in der Demokratisierung einen Irrweg. Sie hebt die Differenz zwischen Staat und Gesellschaft auf. Das galt auch für jene, die zuvor für ein Verständnis der Demokratie als Lebensform geworben hatten. Der sozialdemokratische Staatsrechtler Ernst-Wolfgang Böckenförde warnte 1972 vor der

Idee der Demokratisierung: »*Bedeutet sie, dass alle Bereiche gesellschaftlicher Freiheit einer ›demokratischen‹ Bestimmung partieller Kollektive unterstellt werden, um so die Gesellschaft einerseits vom Staat ›frei‹ zu machen und andererseits in sich zu demokratisieren, so ist sie eine Wegmarke zum Totalitarismus.*«

»Heutige« Betrachtungen belegen, dass ausgerechnet eine Politik, die den Bürger vom Staat abhängig macht, *eine Wegmarke zum Totalitarismus* ist. Entscheidend beeinflusst wird dieser Weg durch die Forderung nach bedingungsloser Demokratisierung aller gesellschaftlichen Abläufe.

Wenn Adolf Schüle davon überzeugt ist, dass Demokratie zu Hause beginnt, so bedeutet diese Feststellung im weiteren Sinn, sich der unterschiedlichen und vielfältigen Betrachtungsweisen der Demokratie bewusst zu werden. Wozu dieser Hinweis? »Man« weiß doch schließlich, was Demokratie bedeutet! Bei der Interpretation dieses kleinen Wörtchens »man« beginnt die Forderung, der Demokratie einen individuellen Anstrich zu geben, sie für das Individuum zu einer »Herausforderung« werden zu lassen. Ein derartiger Anspruch muss über die gesetzlichen Regelungen hinausgehen.

Für mich bedeutet Demokratie zunächst einmal ganz einfach einen menschlichen Umgang untereinander. Gefühle und die Ausstrahlungen der Seele müssen einfließen können. Sie können zu vielseitig und daher keine klare Linie erkennen lassen, deshalb muss die Moral sie steuern und eine Grenze ziehen. Die Politik darf Menschen nicht zwingen, gegen moralische Gesetze zu verstoßen und damit seine Würde aufzugeben. Moral in diesem Sinn bedeutet, dass sie die Aufgabe hat, den Raum des Handelns selbstkritisch zu überprüfen und entsprechend einzuzäunen. Diese Verpflichtung setzt Bildung voraus! Moral sollte Auskunft über Grenzen geben. Was darf der Mensch keinesfalls tun? Wozu ist er verpflichtet? Er muss die Stärke aufbringen, empfundenes Recht nicht in Unrecht umschlagen zu lassen. Menschlichkeit muss sich unmenschlichem Verhalten deutlich überlegen fühlen, gegebenenfalls sich Menschenverachtung entgegenstellen.

»*Das Gewissen eines Bürgers ist sein Gesetz*« behauptet Thomas Hobbes und gibt damit zu verstehen, dass ein Gewissen die generelle Lebensgrundlage des Menschen bildet. Das Gewissen wird von ethischen Grundsätzen geleitet. Ethik heißt pauschal betrachtet, Wertekategorien zu entwickeln, diese zur Reife zu bringen, damit sie sich schließlich in praktischem Handeln niederschlagen. Gewissen ist der andere Anker, der meiner Vorstellung von Demokratie Halt verleiht! Gewissen erhebt den Anspruch, seine Mitmenschen losgelöst von Egoismus kritisch wahrzunehmen. Empfindungen sollten mit dem Gewissen abgeglichen werden und Menschlichkeit verströmen. Gewissensbisse, innere Gebote, Unrechtsbewusstsein, Verantwortungsgefühl, Unrechtsempfinden, moralische Instanzen ... mit vielen Begriffen kann versucht werden, die Bedeutung von »Gewissen« allgemeingültig zu ergründen und begreifbar zu machen. Gewissen kann aber letztlich nur immer eine subjektive Bewertung bleiben. Nur und allein im menschlichen Miteinander kann Ethik sichtbare Gestalt annehmen.

»*Für mich ist das Wort ›Gewissen‹ lediglich ein Versuch, diejenige Kraft zu beschreiben, die aus meinem inneren Herzen zu entspringen scheint und mir hilft, im Einklang mit meinem Bewusstsein und der wahrgenommenen Umwelt zu leben. Dieses Gewissen wird nicht im Rahmen irgendwelcher rechtlichen Vorgaben oder Gesetze geregelt. Es ist ausschließlich meine innere Instanz. Der Zugang zu diesem inneren Wissen oder der Institution wird unseren Kindern in der Schule aus guten Gründen nicht vermittelt. Wie sollte sonst eine gesellschaftliche Konformität erreicht werden, die unsere staatliche Ordnung garantiert?*« [11]

Merkelismus

»Alle Dinge haben Zeit des Vorangehens und Zeiten des Folgens,
Zeiten des Flammens und Zeiten des Erkaltens,
Zeiten der Kraft und Zeiten der Schwäche,
Zeiten des Gewinnens und Zeiten des Verlierens.
Deshalb meidet der Weise Übertreibungen,
Maßlosigkeit und Überheblichkeit.«
                                                Lao-Tse

»Unser Denken hängt von Empfindungen ab« stellte J.G. von Herder fest. Die Schriftstellerin Mary Shelley hielt das Medium »Papier« für eine unzulängliche Möglichkeit, Gefühle mitzuteilen. Zwei Bewertungen von Gefühlen, die deren unermessliche Entfaltung kennzeichnen. Eröffnen nicht erst Herzenswärme und Gemüt dem Leben Wonnestunden und Ausgewogenheit? Sind es nicht Gefühle, die alle vom Verstand verordneten Einschränkungen relativieren und damit in zumutbaren Grenzen halten? Was wäre die menschliche Existenz ohne die Vielzahl seelischer Empfindungen, die Gefühle widerspiegeln? Und dennoch lassen wir einen überwiegenden Teil unserer Anwesenheit auf diesem Erdenball einen Verstand bestimmen, dessen Entscheidungen in seinen Auswirkungen höchst zweifelhaft sein können, aber begründbar erscheinen.

Politische, als Mensch verkleidete Roboter ersetzen Gefühle durch »höhere politische Ziele«, die sie vermeinen, durchsetzen zu müssen. Bei Bedarf müssen Behauptungen genügen, die, mit zweifelhaften wissenschaftlichen Erkenntnissen unterfüttert, dem gemeinen Volk als einzig gültige Wahrheit präsentiert werden und den Bürger zum Gehorsam zwingen.

»Wenn alle Experten einig sind, ist Vorsicht geboten.
Bertrand Arthur William Russell (1872-1970)

Gefühle kennzeichnen keine belegbaren Fakten! Seine Sensoren erfassen eine Reichweite, die Spontanität steuert. Daraus kann durchaus ein Vorurteil entstehen, das in der Folge Nahrung sucht. Hier treffen Gefühl und Verstand wieder als Kontrahenten aufeinander. Einerseits kann der Verstand nicht leugnen, dass ein Mensch mit seinen vielseitigen Veranlagungen kaum umfassend zu ergründen ist, andererseits begehrt das Gefühl dagegen auf, sich einer Sachlichkeit zu unterwerfen, die nur bestenfalls Halbwahrheiten zu liefern vermag. Hinzu kommt die vieldeutige Interpretationen von Meinungen. Eine bedeutende Wochenzeitschrift bezeichnet Merkel als erfolgreiche Politikerin und begründet diese Auffassung damit, dass sie nicht den üblichen politischen Spielchen von Intrige, Demütigung und Rache folgte. Richtet man sich an den Medien und dem Mainstream aus, so wird unter politisch »erfolgreich« verstanden, viele Wählerstimmen einzusammeln, über mehrere Jahre unangefochten an der Macht zu bleiben, international anerkannt zu sein, in Talkshows ein gefragter Gast zu sein, in Boulevard-Zeitungen auf der Titelseite zu erscheinen … und, und, und. Die Interpretation von »erfolgreich« bleibt jedoch letztlich dem Individuum vorbehalten. Die Kanzlerin ist im politischen Zenit angekommen. Diese Erkenntnis lässt sich nicht leugnen! Intrige, Demütigung und Rache sind unbestritten wesentliche Bausteine politischer Zusammenarbeit. Auch diese Tatsache erscheint vielen Bürgern richtig zu sein! Merkel hatte einen anderen Weg eingeschlagen. Sie suchte Gemeinsamkeiten und Kontroversen über ihre Moderationsqualifikation aufzufangen und hatte damit auch den politischen Gegner erfasst. Ergänzt wurde diese Methodik mit der Vergabe attraktiver Pöstchen, um politische Geschicke zu begünstigen.

Allein dieses kleine Beispiel unterschiedlicher Betrachtungsweisen veranschaulicht, dass Menschen zu charakterisieren auch bei sorgfältigsten Bemühungen ein Flickenteppich bleiben muss. Eine Grunderkenntnis, die durch viele Erfahrungen erhärtet wird. Eine objektive Beurteilung eines Menschen wird also niemals gelingen.

Das ist auch gut so! Das vielfältige Wesen Mensch sorgt für ein reichhaltiges Spektrum einer wohlgeformten, sorgfältig ausbalancierten Gesellschaft! Dieses komplizierte Gebilde »Mensch« zu ergründen, muss bereits bei dem Versuch einer zuverlässigen Selbstanalyse Zweifel aufwerfen.

Auf der Suche nach mir selbst bin ich oft an mir vorbeigelaufen, ohne mich zu bemerken.

Helga Schäferung

Mancher Mensch braucht ein ganzes Leben, um sich seinem Wesen anzunähern, sich selbst zu verstehen und sich zu einer selbstgenügsamen Persönlichkeit heranzubilden. Die individuelle Vielfältigkeit ist einfach zu mannigfaltig angelegt! Bisweilen gelingt der Altersreife, die wesentlichsten Eigentümlichkeiten zu ergründen! Vielleicht! Der Versuch, die Person Merkel zu beurteilen, kann sich also vorwiegend nur auf Betrachtungen ihres Verhaltens begrenzen, um daraus Schlußfolgerungen zu ziehen. Eine glaubhafte Würdigung von Menschen, die sich in den Mittelpunkt der Gesellschaft schieben, muss deshalb zusammengestoppelt sein. Eine Analyse kann sich nur auf einen kleinen Ausschnitt von Betrachtungen begrenzen. Selbst Beurteilungen ihres beruflichen Umfeldes sind mit Vorsicht zu bewerten. Sie sind nicht frei von persönlichen Interessen. Derartige Stellungnahmen können aber im Bündnis mit dem Gefühl helfen, dem Wesen der Person Merkel näherzukommen. Dem Gefühl muss demzufolge eine gewisse Vorrangstellung eingeräumt werden, auch wenn der Verstand dagegen aufbegehrt.

»Ich muss ganz ehrlich sagen, wenn wir jetzt anfangen, uns noch entschuldigen zu müssen dafür, dass wir in Notsituationen ein freundliches Gesicht zeigen, dann ist das nicht mein Land.«

So äußert sich die Stimme einer Bundeskanzlerin, die Gesetze als politische Nothilfe betrachtet. Das Selbstbewusstsein gleicht dem einer Monarchin. Eine Königin setzt sich selbst die Krone auf!

Nach zehn Jahren Kanzlerschaft ist bei Frau Merkel das Bewusstsein gewachsen, dass nur sie allein weiß, was für »ihr« Land und »ihr« Volk gut und richtig ist. Und das muss sie ihren Untergebenen auch »ganz ehrlich« mitteilen! Ihr Land will keine Einhaltung des Grundgesetzes und der Genfer Flüchtlingskonventionen! Ihr Land will, dass nur die Kanzlerin darüber entscheidet, was richtig und was falsch ist. Nur ihr Wort darf zählen! Die Götter mögen ihr eine lange Regentschaft erhalten!

Dieser Mensch will nicht eine Demokratie verwirklichen, sondern maßgeblichen Einfluss auf des Bürgers Lebensweise ausüben. Persönlichkeit und Ausstrahlung, die auf einem schöpferischen und literarisch geprägten Qualitätsanspruch aufbauen, nehmen in diesem Umfeld einer schlichten Lebenserfüllung eine untergeordnete Bedeutung ein. Die Kanzlerin ist keine unverwechselbare Erscheinung, also keine Person, die ausgesprochen markante Persönlichkeitsmerkmale kennzeichnen. Ihre Ausstrahlung spiegelt eine politische Schulung wider, die Angriffe gegen ihre Entscheidungen in neutrales Fahrwasser zu moderieren vermag. Ihr ist nicht gegeben, eine beeindruckende Würde auszustrahlen und eine solche Würde bei anderen Personen in ein besonderes Licht zu rücken. Dem steht ihre Besessenheit nach Selbstvermarktung im Wege. Sie sucht ihren Erfolg nicht in schöpferischer Unverwechselbarkeit, in wohl überdachten, langfristig tragbaren Lösungen, sondern Ihr Handeln sucht Wählerstimmen, politische Mehrheiten. Moderne Einrichtungen, wie Umfrageinstitute bilden dabei eine wertvolle Unterstützung. Weiß sie die Mehrheit der Bevölkerung hinter sich, wird eine Entscheidung mit aller Härte durchgesetzt und politisch als Entschlossenheit ausgelegt. Diese Verfahrensweise der Kanzlerin hat gleichermaßen Eingang in ihr parteipolitisches Umfeld gefunden. Politiker, die ihr Machtgefüge angreifen, versetzte sie ins politische Abseits. Diese Begabung, Konkurrenten zu entmutigen und sie aus der Spitze der Partei zu verdrängen, trug ihr das Gütesiegel »Großwildjägerin« ein. Merkels Machtzentrum durfte nur allein ihre

Handschrift tragen. Deshalb sitzt sie auch »heute«, wie seinerzeit in der DDR, in der ersten politischen Reihe. Vor der Wiedervereinigung suchte sie politischen Erfolg in der Deutschen Demokratischen Republik, »heute« ist es die Bundesrepublik Deutschland. Politiker muss Flexibilität auszeichnen!

Wenn Merkel kein Charisma auszeichnet, so ist möglicherweise ihre politische Ausbildung dafür verantwortlich. Sie durchlief eine normale Schulung, wie sie in der Deutschen Demokratischen Republik üblich ist und den Grundstein und die Basis dafür legte, in der Bundesrepublik Deutschland dann ihre Erfüllung zu suchen. Nach sechzehn Jahren Politikgeschehen unter ihrer Führung ist nicht wirklich erkennbar, dass der Mensch Merkel eine Demokratie verwirklichen will, sondern maßgebliche Einflussnahme auf des Bürgers Lebensweise beansprucht. Dieser Mensch will etwas darstellen, beachtet und geachtet werden, will als Person eine Wertschätzung erfahren, die den Eindruck erwecken soll, über Eitelkeit erhaben zu sein.

Im Wahlgerangel um die höchste Macht im Staat hat Merkel sich mit der hoffnungsbespickten Zusage durchgesetzt, dass sie ein Fenster zur Freiheit öffnen wolle. Welcher Bürger sehnt sich nicht inniglich nach Freiheit? Viele Wähler fanden folglich in Merkel ihre Wunschvorstellungen einer Kanzlerin verwirklicht. Sie konnten nicht wissen, dass bereits mit der Geburt das Kind »Freiheit« zum Tode verurteilt wurde. Als ihre Position gefestigt war, hatte Frau Merkel sogleich dieses Fenster mit dicken Steinen zugemauert. Auch innerhalb der Partei gab es keine Freiheit mehr.

Erste Amtshandlungen der Bundeskanzlerin ebneten den Weg in eine »moderne« Demokratie. Sie bedeutete der Partei unmissverständlich, was in den nächsten Jahren ihrer Parteidominanz Transparenz bedeutet. Offene Meinungen und liberale Gedanken dürfen im Vorfeld geäußert und auch vereinheitlicht werden, aber sie bedürfen letztlich der Zustimmung der Kanzlerin. Ohne ihr Einverständnis läuft in der Partei nichts. Es dauerte nicht lange, bis jeder in der CDU begriffen hatte, dass dieser Frau ihr Zepter nur durch äußere Zwänge aus der Hand zu nehmen war. Die Wähler verließen die CDU und schlossen sich der neugegründeten AfD an. 2015 glaubte sie, auf dem Gipfel ihrer Macht angekommen zu sein. Sie beschloss, die Landespforten für 1,2 Millionen Asylanten und Migranten aufzustoßen. Eine sintflutartige Einwanderungsschwemme war die Folge. Auch kriminelle Gestalten sollte das Land bereichern. Vorübergehend asylsuchende Menschen und Auswanderer warf die Kanzlerin mit der Grenzöffnung in einen Topf. Asylsuchende genießen jedoch nur ein Gastrecht, das ihr Leben vor totalitärer Gewalt schützen soll, wie es nun Russland mit der Ukraine auf grausamste Weise praktiziert. Sie kehren in ihr Land zurück, wenn die Gefahr beseitigt ist. Migranten suchen eine neue Heimat! Ob sie die in Deutschland finden können, müsste gründlich untersucht werden. Solche Ermittlungen blieben aus!

»Wir schaffen das«! Den Rechtsbruch überspielte die Kanzlerin mit moralisch eingefärbten Worten. Viele Juristen wollten die Kanzlerin zur Rechenschaft ziehen. Sie scheiterten an einem geschlossenen Bündnis von Regierung, Opposition und Bundesverfassungsgericht. Die Bundesregierung blüht seither nicht im Glanz von Einigkeit, Recht und Freiheit. Eine Bundeskanzlerin hat sich durchgesetzt, indem sie vorgibt, es allen Bürgern Recht zu machen. Sie wollte aber nur ihre Macht festigen! Sowohl die alteingesessenen wie auch die neuen eingewanderten Bürger sollen ihr zujubeln! Wir müssen offen sein für neue Kulturen, offen sein für andere Religionen, offen sein für moderne Familienformen, und unsere Tradition erfährt eine Bereicherung durch die Aufnahme anderer Völker in unserem Land. Eine Einschränkung von deren Lebensformen wäre eine Schwächung unserer Kultur. Offenheit für andere Lebenswerte soll das Bekenntnis für höhere moralische Werte unterstreichen, also mehr als Toleranz und Demokratie. Mangelnde Toleranz und Überbewertung deutscher Traditionen spiegeln die Auffassung »Ewiggestriger« wider. So begründete die Kanzlerin die Notwendigkeit einer offenen Länderpforte ohne jedwede Kontrolle! Sie hat mit ihrem Rechtsverstoß eine Bruchlandung vollzogen und »ihr Volk« in zwei Lager gespalten. Die »Ewiggestrigen« wollten und wollen sich ein gewachsenes Nationalbewusstsein erhalten. Sie waren auch nicht bereit, sich ungefiltert den Sitten und Bräuchen ausländischer Kulturen zu unterwerfen. Das andere Lager stellt Humanität über Recht. Diese Spaltung der Gesellschaft als Folge der uneingeschränkten Grenzöffnung hat sich bis in die Gegenwart erhalten. »Wir schaffen das«, mit dieser Zuversicht verbreitenden Aussage taucht die Kanzlerin ab und delegiert die Umsetzung ihres herbeigeredeten Optimismus an ihre linientreuen Untergebenen.

Die Art Moderation der Bundeskanzlerin, der Mehrzahl von Bürgern gefallen zu wollen und die kulturellen Grenzen grenzenlos zu gestalten, ist inzwischen fester Bestandteil deutscher Demokratie geworden, wie auch Recht nicht mehr »höheren politischen Zielen« im Weg stehen darf. Volkes Meinung wird von Entscheidungen gesteuert, die die Kanzlerin trifft. Die Entwicklung, dass immer mehr Bürger politische Sachverhalte gefühlsmäßig entscheiden und Umfragen verschiedener Institute, unterstützen den Führungsstil der Kanzlerin. Beschlüssen fehlt zunehmend eine nachvollziehbare Sachlichkeit. Eine Kanzlerin, die schwerpunktmäßig die Wählergunst sucht und darauf ihre politischen Maßnahmen ausrichtet, kann kaum Akzente für eine auch zukünftig funktionierende Gesellschaft setzen. Ihr Machtbedürfnis fordert, dass eine Zusammenarbeit mit allen Parteien möglich sein muss. Kompromisse sind dann das Ergebnis harter Arbeit! Diese Fähigkeit, die Interessen aller Parteien zu bedienen, hat ihr den Ruf der »Regenbogenkanzlerin« eingebracht. Als Tribut hat die Partei ihren Charakter eingebüßt.

Nachdem Frau Merkel alle Konkurrenz für das Kanzleramt beseitigt hatte, musste sich ihre Partei ihren Vorgaben beugen. In ihrem Umfeld lässt die Kanzlerin zur Aufbereitung ihrer Beschlüsse nur Personen zu, die ihr willig zuarbeiteten. Demokratie verliert ihre

Stärke, wenn sie nicht die Bereitschaft aufbringt, sich mit unterschiedlichen Meinungen auseinanderzusetzen. Das hatten mehrere Bürger so gesehen. Der Stimmanteil der CDU war dramatisch gefallen. Die Parteiführung dachte 2017 über die Kanzlerkandidatur neu nach. Frau Merkel hatte aber das Führungspersonal ihrer Partei dermaßen ausgedünnt und geschwächt, dass die Partei sich von Merkel abhängig wusste. Merkel konnte auch dieses Mal kompromisslos und unnachgiebig darauf bestehen, erneut für das Kanzleramt zu kandidieren. Aus ihrer Sicht hört sich ihre Kandidatur indessen deutlich neutraler an.

»Ich fand es wichtig zu überlegen, ob die innere Kraft, Motivation, die Neugier auf andere Menschen und die Freude reichen, bevor ich meiner Partei sage, dass ich wieder zur Verfügung stehe.«

Es war ihr nicht verborgen geblieben, dass andere Parteien personell noch schlechter aufgestellt waren. Aus dieser Konstellation ist unter Inkaufnahme eines weiten Rechtsbruchs eine XXL-Koalition entstanden. Die Entscheidung der SPD einer Koalition mit der CDU wurde an die Basis verlagert! Die Zustimmung wurde mit den drei wichtigsten Ministerien belohnt. Die »Opposition« köderte sie mit Versprechungen.

Von Clausewitz hat in seinem Buch »Vom Kriege« zwei Arten von Standhaftigkeit unterschieden. Die eine Art von Standfestigkeit basiert auf »Charakterstärke«. Damit wird die Standfestigkeit des Bedachtsamen beschrieben, der die Bedingungen für seine Entscheidungen immer wieder überlegt und gegebenenfalls auch, falls es notwendig erscheint, den Standpunkt wechselt.

Die andere Art von Standfestigkeit bezeichnet von Clausewitz als »Eigensinn«. Von Clausewitz rückt den Eigensinn in die Nähe von Selbstsucht, Eitelkeit oder sonstige seelische Schwächen, folglich als Fehler im Gemüt. Diese Art Stehvermögen bedeutet also nicht Charakterstärke, sondern diese Art Standfestigkeit muss vielmehr als Folge von Selbstzweifeln ausgelegt werden. Um diese Schwäche zu verdrängen, ergibt sich das Bedürfnis, Charakterstärke gewissermaßen vorzutäuschen, also sie zu simulieren. Der Eigensinnige darf sich aber unter keinen Umständen eingestehen, dass das alles nur Selbsttäuschung und Simulation ist. Dann würde Halsstarrigkeit seine »therapeutische« Wirkung verlieren. Der Eigensinnige muss durch den verleugnenden Umgang mit seiner Selbstsucht und Eitelkeit zu der unumstößlichen Erkenntnis gelangen, dass nur und ausschließlich seine individuelle Betrachtungsweise der Probleme und deren Lösung der Königsweg, also der einzig richtige, selig machende Weg ist. Eine solche Person muss an ihre Sichtweise der Welt als eine unverrückbare Wahrheit glauben. Genau darin liegen die Gefahren des Eigensinns! Er muss immer gegen jegliche Art von Kritik immun sein. Folglich muss dieses Verhalten zu unbedingter, absoluter Standfestigkeit führen, an der nicht gerüttelt werden kann. Die eigene Überzeugung wird auf keinen Fall und unter keinen Umständen infrage gestellt und aufgegeben. »Ich wüsste nicht, was wir hätten besser machen müssen!«

Infolgedessen verteidigte die Kanzlerin bei einer Diskussion mit Bürgern in Stralsund nach der Sommerpause 2019 kompromisslos ihre Migrationspolitik. Mit dieser Kontroverse ihrer Migrationspolitik müsse man leben. »Man müsse damit leben« erinnert an die Stellungnahme zu zweifelhaften Vorgängen in ihrer DDR-Biographie. In diesen Erinnerungen und Aufzeichnungen gab es Lücken und blinde Flecken, »mit denen man leben müsse«. Sie würde immer wieder zu dem Urteil kommen, »*dass es richtig war, dass wir in einer humanitären Ausnahme- und Notsituation geholfen haben. Deutschland kann nicht nur an sich selbst denken*«. Diese sture Uneinsichtigkeit, auch gesetzliche Vorschriften unbeachtet zu lassen, lässt sich nur mit von Clausewitz erklären. Humanität verkommt zu einer ihrer Phrasen, um Gesetzesbrüche zu umschreiben und zu rechtfertigen.

Aus derart aufgebauten Überzeugungen resultiert als Folge dann zwangsläufig eine Realitätsverkennung. Zweifelhafte und unangemessene Entscheidungen werden getroffen, die sich zu häufig an einem Mainstream ausrichten. Mainstream und daraus resultierende Auffassungen müssen nicht wirkliche, den Tatsachen entsprechende Verhältnisse wiedergeben. Der Verstand spielt bei derart herbeigeführten Mehrheiten eine untergeordnete Rolle. Sie fallen unter die Rubrik »Realitätsverkennung«. Uneinsichtigkeit kann ein Kriterium fehlender geistiger Reife, Selbstüberschätzung oder eben ein Ausdruck von Machtbesessenheit sein. Die Abteilung »Gefühle« unterstellt, dass bei der Kanzlerin das Streben nach Macht »Fehler im Gemüt« ersetzen muss. Fehlendes Gemüt und eine vertrocknete Seele stehen in engem Zusammenhang, um das Bedürfnis nach absoluter Macht festzuzurren.

Personen, deren Standfestigkeit auf Starrsinn aufbaut, bezeichnet von Clausewitz als ungeeignete Führungspersönlichkeiten. Sie suchen ihren Platz in einem Bereich, in dem ihr Wirken keine Konsequenzen hat. Hier schlägt die Stunde politischer Gestaltung. Fehler besorgen immer »andere« und unbegrenzte Steuergelder gleichen selbst größte Schnitzer aus. Frau Merkel und ihre hochrangigen, bestens bezahlten Untergebenen würden in der Wirtschaft relativ schnell scheitern. Unternehmungen verlangen ökonomisches Wirtschaften. Politiker können dort nur vor Anker gehen, wo sich ihre rechtlich dubiose Verschwiegenheit und ihre weit vernetzten Beziehungen in der Politik gewinnbringend für Unternehmen auswirken. »Lobbyarbeit« ist der Fachbegriff für derartige politische Kooperationen.

Inzwischen haben sich in der Öffentlichkeit Denkschablonen eingenistet, die die Auffassung vertreten, dass nur die Person Merkel ihre individuelle Betrachtungsweise von Problemen als Lösung zulässt. Ihr Ehrgeiz, Schwächen im Gemüt durch »Stehvermögen« zu ersetzen, hat offensichtlich durch viele »therapeutische« Maßnahmen Früchte getragen. Wie mag sie sich fühlen, wenn sie ihre Unwahrheiten in nichtssagende Worte einhüllt und unters Volk streut. Nimmt sie so etwas überhaupt noch bewusst wahr? Mutieren nicht alle diese Politiker zu Robotern? Und dennoch müssen sie vorgeben, mit menschlichen Schicksalen umgehen zu können. Merkel entscheidet gern über Themen, deren Auswirkungen Generationen später betreffen. Weder sie noch die anderen Politiker müssen sich mit den Konsequenzen ihrer Maßnahmen auseinandersetzen. Das bleibt künftigen Generationen vorbehalten!

»Sie kennen mich!« Mit diesen Worten bewarb sich Frau Merkel um ihre zweite Kanzlerschaft. Nicht nur humoristische Ansätze sind bei Frau Merkel absolut auszuschließen, sondern auch konnte sich nie ein natürliches, aus dem Herzen hervorgehendes verbindliches Lächeln in ihrem Gesicht einstellen. Jeder Gesichtsausdruck, jede Gebärden- und Körpersprache sind wohl kalkuliert. Ihrer ›Gestik‹ fehlt Natürlichkeit. Manche politisch interessierten Menschen behaupten, dass die Bundeskanzlerin eine Politikerin sei, der das Aufwachsen im Sozialismus bis heute anzumerken sei.

»... Die Wahlergebnisse in Ostdeutschland und die Proteste (auch in CDU-Versammlungen) zeigen: Ostdeutsche durchschauen Angela Merkel leichter als Westdeutsche. Ostdeutschen kommt vieles bekannt vor: Eine dominierende Partei, die die anderen Parteien zu Blockparteien degradiert. Die Beschwörung der Wirklichkeit mit Parolen. Die Bürger müssen (sich) das Vertrauen der Regierung verdienen. Sie werden auf das Niveau einer Kindergartentante belehrt und bevormundet. Was die politische Protagonistin sagt, ist bis zur nächsten Kurswende alternativlos. Wer eine andere Meinung hat, ist ein Dissident.« [12]

Was Frau Merkel wirklich denkt, ob sie tatsächlich irgendwelche Leidenschaften besitzt, bestimmte Vorlieben in der Politik hat – sie gestattet keinen Einblick in ihr Wesen. Auch legt sie keinerlei Gefühlsregungen offen. Sie sei auch nicht konservativ wird ihr von ihrer Partei häufig vorgeworfen. Sie konnte mit ihren in der DDR erworbenen Gaben eine Macht aufbauen, die sechzehn Jahre bestand hatte und erst 2017 beendet wurde. Auch in einer Zeit, da die CDU bei Landtagswahlen weiterhin dramatische Stimmenverluste verzeichnen musste, ist die Kanzlerin nicht bereit, vorzeitig ihr

Amt aufzugeben. »Ich wüsste nicht, was wir hätten besser machen können«! Frau Merkel blockt jede Veränderung in der Partei ab, die ihren Führungsanspruch nicht berücksichtigt.

Wohl keine Demokratie der Welt erträgt auf Dauer eine politische Führung ohne moralische Redlichkeit und Glaubwürdigkeit. Zwangsläufig mehren sich die radikalen Kräfte einer Gesellschaft, auch in der Partei selbst. Der Wirtschaftsflügel der CDU und die Junge Union wünschen sich für Parteisitz und Kanzleramt eine andere Besetzung. Merkel setzt ihre stärkste Waffe ein: die Moderation! Sie stärkt ihren ruf als Regenbogenkanzlerin und bereitet ein Bündnis mit den »Grünen« vor.

»Womit haben wir das (Frau Merkel als Bundeskanzlerin) verdient? Die Deutschen, die die DDR noch miterlebt haben, wissen es. Ich traf vor einiger Zeit Leute aus Potsdam. Sie erzählten, in Ostdeutschland werde gesagt, Angela Merkel sei die Rache Honeckers. Damit habe er erreicht, dass die DDR doch nicht nur eine Fußnote der Geschichte werde, sondern ein Kapitel ...« [12]

Warum hat die Kanzlerin versäumt, auf ihre Agitprop-Vergangenheit hinzuweisen? Glaubte sie, dass die meisten Bürger mit diesem Begriff nichts anzufangen wissen? Lässt sich doch alles erklären! Agitprop umfasst eine Arbeit, mit dem Ziel, die Massen zur Entwicklung des revolutionären Bewusstseins zu führen und zur aktiven Teilnahme am Klassenkampf zu veranlassen. Vergangenheit? Eine Mitschülerin bezeichnet Merkel als »linientreue Marxistin« und eine Studentin beschreibt sie als »überzeugte Kommunistin«. Eine Nachbarin erinnert sich, dass Merkel in der DDR die Fahne »hoch getragen« habe. »Jugendsünden« und radikale Auffassungen gehören bisweilen zum Reifeprozess und damit in den Lebenslauf, sollten daher nicht überbewertet werden. Das Gedächtnis der Kanzlerin weist allerdings Lücken auf und beherbergt sogar falsche Erinnerungen, wenn sie mit brisantem Material auf ihre Biografie aus DDR-Zeiten angesprochen wird. Konkret zu solchen falschen Aussagen befragt, antwortet sie mit ihrer inzwischen etablierten Überheblichkeit, dass sie sich lediglich auf ihre Erinnerungen stützen könne. Sollte sich durch die Biografie oder andere Unterlagen »etwas anderes ergeben, müsse man damit auch leben ...« Diese Art Moderation muss helfen, Wahrheitsverfälschungen ihre Wirkung zu nehmen, eine ganz besondere Art geschulter Dialektik. Eine andere Variation ihrer Moderation ist ihr Bekenntnis zur Verschleierung der »Wahrheit«. »*Allerdings habe sie vielleicht manche Dinge nicht erzählt, weil sie nie jemand danach gefragt hat*«, so ihre Erläuterung, wenn Reporter hartnäckig ihr Ziel verfolgen.

So manche Erfahrung, die die Kanzlerin in der Deutschen Demokratischen Republik gemacht hatte, hat sie diskret in ihre politische Laufbahn in der Bundesrepublik einfließen lassen. Sie weiß zu schweigen, wenn scheußlichste Lügen verdeckt werden müssen. Stellungnahmen von Persönlichkeiten aus der Wirtschaft und Parteikollegen verdichten die Vermutung, dass Frau Merkels Standfestigkeit nur als »Eigensinn« ausgelegt werden kann. Frau Merkel verfügt über eine Starrsinnigkeit, die zum dominierenden Bestandteil ihrer Person geworden ist. Daraus ergeben sich Konsequenzen, die Sorgen von Bürgern über eine weltentrückte Politik rechtfertigen.

»*... Handstreichartig hat Frau Merkel in der Flüchtlingsthematik eine Erosion unseres Rechtsstaates eingeleitet und internationale Vereinbarungen, wie Dublin, außer Kraft gesetzt, unsere Gesellschaft gespalten und Deutschland in Europa isoliert. Eine vernünftige Einwanderungspolitik, die die langfristigen Interessen unseres Landes stärker in den Vordergrund rückt, lehnt sie beharrlich ab ...*« [13]

Auf dem CDU-Parteitag bestand sie weiterhin darauf, Flüchtlinge aufzunehmen, ohne eine Obergrenze festzulegen. Herr Professor Dr. Hermann von Lear bietet zur Selbstüberschätzung der Bundeskanzlerin einen Flüsterwitz aus dem »Dritten Reich« an:

»*Im Jahr 1943 kommt ein altes Mütterchen in die Buchhandlung und betrachtet dort den Globus. Dann fragt sie die Buchhändlerin, wo denn Amerika liege. Diese zeigt auf eine große braune Landfläche im Westen. Danach bittet das Mütterchen, man solle ihr doch bitte Russland zeigen, und die Buchhändlerin legt den Finger auf eine riesige grüne Fläche im Osten. ›Und nun zeigen Sie mir doch bitte mein schönes deutsches Vaterland‹. Als die Buchhändlerin auf einen kleinen blauen Fleck deutet, schaut das Mütterchen entsetzt hoch und fragt verwirrt: ›Weß det der Führer?‹«* »Heute« würde das Mütterchen fragen: *»Weß det die Kanzlerin?«*

Die Migranten sind mit hohen, überzogenen Erwartungen in das »gelobte Land« eingezogen. Sie gingen davon aus, dass schon nach wenigen Monaten Milch und Honig fließt. Bereits die Sprachbarriere verhinderte eine problemlose Eingliederung in die Gesellschaft und führte zu Einsamkeitsgefühlen. Wer in der Schule eine Fremdsprache erlernte, weiß um die Schwierigkeit, sich »irgendwann« einmal in einer angelernten Sprache verständlich ausdrücken zu können. Wie viel komplexer muss dieser Lernprozess ablaufen, wenn der Geist keine frühzeitige Schulung erfahren hat, und das Alter diese geistigen Anforderungen noch erschwert. Die Erwartungen der Verwandtschaft, die im Allgemeinen das Geld für die Schlepper aufgebracht hatte und nun hofft, mit Geldern aus dem gelobten Land daheim unterstützt zu werden, lastet auf diesen Menschen. Sie finden keine Arbeit. Die unkontrollierte Aufnahme verhinderte viele notwendige Maßnahmen. So konnte auch nicht geprüft werden, ob die Migranten Qualifikationen mitbringen, die auf dem Arbeitsmarkt gefragt sind. Wenn sie Arbeit finden, werden sie nicht in ihrem erlernten Beruf eingesetzt. War überhaupt die Bereitschaft vorhanden, sich in den Arbeitsmarkt zu integrieren. Der großzügige Sozialstaat Deutschland hatte sich vermutlich in armen Ländern herumgesprochen. Er sichert ein behagliches Wohnen und ernährt alle auf einem Niveau, das das Heimatland nicht zu bieten vermag. Alle diese enttäuschten Erwartungen können dann in Hoffnungslosigkeit und Ernüchterung umschlagen, schließlich sogar Hass hervorrufen. Ich bin nicht von dem mich aufnehmenden Staat meiner Bedeutung entsprechend eingegliedert worden, so reift das geheime Urteil. Ein Syrer hat einen achtjährigen Jungen und dessen Mutter vor einen in den Bahnhof einfahrenden Zug gestoßen. Die Vermutung ist nicht auszuschließen, dass der Anlass Hass auf diese Gesellschaft war, die in Saus und Braus lebt und den Täter nicht daran teilhaben lässt. Idealisierte Vorstellungen bei Reiseantritt scheitern an der Realität »vor Ort«. Merkel hat eine Humanität erschaffen, die diesen Zwiespalt eher zu Leben verhilft und stabilisiert, als dass er den Menschen hilft.

Die Begründung der Bundeskanzlerin, den Rechtsbruch mit einer humanitären Notsituation zu rechtfertigen, ist aus vielerlei Hinsicht zu kurz gegriffen! Die vielen nachdenklich stimmenden Reaktionen der Bürger in den vergangenen Jahren hätten das Demokratieverhalten der Bundeskanzlerin und ihr Verhalten beeinflussen müssen.

»... Wenn Humanität gegen das Recht ausgespielt wird, dann sollte zumindest eine ehrliche und grundsätzliche Diskussion darüber geführt werden, in welchen Bereichen des politischen und rechtlichen Lebens in Deutschland Humanität grundsätzlich Vorrang vor dem Recht hat. Oder bestimmt die mediale Berichterstattung darüber, wann dies im Einzelfall zu geschehen hat?« [14]

Die Bundeskanzlerin hat eigenwillige Vorstellungen von Demokratie. Moderierte demokratische Grundsätze zu Analysen und Beurteilungen einzelner politischer Leistungen, setzen Fragezeichen. Innerhalb weniger Minuten hat sie holterdipolter Kernkraftwerke stillgelegt, deren Laufzeit sie zwei Monate zuvor noch verlängert hatte. »Was in einem hochindustrialisierten Land wie Japan passierte, kann jederzeit auch in Deutschland geschehen.« Vor der Nord- und Ostsee ist aber in den vergangenen tausend Jahren noch kein Tsunami gesichtet worden. Die geodätischen Voraussetzungen fehlen. Vielleicht weiß die Kanzlerin nicht, was ein Tsunami ist und wie er entsteht!

Griechenland zu retten erfolgte gegen die »No-Bail-Out-Klausel« und fordert viele, viele Milliarden Euro Steuergelder. Diese Gelder werden »nie« zurückgezahlt werden. Griechenland ist einfach wirtschaftlich zu unbedeutend, als dass es Schulden dieser Größenordnung zurückzahlen könnte. Steuergelder müssen folglich helfen, die abstrakten, unwirklichen Wunschvorstellung einer Europäischen Union aufrecht zu erhalten.

Gegen die zwangsweise beschlossene Rundfunkabgabe lehnten sich zu viele Bürger auf. Als die Proteste nicht mehr aufzufangen waren und die Gerichte überlasteten, holte die Kanzlerin Schützenhilfe beim Bundesverfassungsgericht.

Merkels Kampf gegen die Natur zur Zügelung der Erderwärmung durch Eindämmung von Kohlendioxid war durch den Ausstieg der USA und anderer Staaten quasi zum politischen Alleingang geworden, der das Grundgesetz aushebelte. Nicht das Grundgesetz ist das Gesetz, sondern die Kanzlerin. Allen dem Merkelismus entsprungenen Entscheidungen haben eines gemeinsam: Sie bauen eine politische Dominanz der Kanzlerin aus. Unter Merkels Regierungsgewalt gibt es kaum noch Themen, für die die Politik sich nicht zuständig fühlt. Ministerien denken darüber nach, was sie den Bauern auferlegen müssen, was Bildung bedeutet und welche Anweisungen das Klima, die Energie und die Verbraucher verlangen. Sie machen sich auch Gedanken darüber, wie Familien ihre Freizeit zu verbringen haben. Projekte wie die weltweite Schul- und Hochschulanpassung müssen »demokratisiert« werden. Die »Haushaltsabgabe« raubt als Zwangsabgabe den kleinen Rest an staatsbürgerlicher Kontrolle über eine überfrachtete öffentliche Rundfunkeinrichtung. Wenige Beispiele zeigen übereinstimmend in eine Richtung: Politisch auferlegte Inhalte sollen den Bürger in eine von der Kanzlerin vorgeschriebene Richtung weisen. Politische Maßnahmen brauchen grundsätzlich keine Rechtfertigung mehr. »Ich kann jederzeit die Maßnahmen verschärfen«, so droht die Kanzlerin in der Coronakrise. Normalerweise ist das Parlament dafür zuständig! Dank XXLKoalition ist das Parlament die Person Merkel. Der Bürger hat sich allen Beschlüssen unterzuordnen und zu zahlen!

»Die Bundeskanzlerin hat in den letzten Jahren viele Schritte unternommen, die zu einer teilweisen Aushebelung der Demokra-

tie geführt haben«, urteilt Heinz Hermann Thiele, Inhaber und Ehren-Aufsichtsratschef des Familienkonzerns Knorr-Bremse.

Peter Helmes ist mit 59 Jahren langjähriges Mitglied der CDU. Er war Bundesgeschäftsführer der Jungen Union, Generalsekretär der Internationalen Jungen Christdemokraten und Konservativen und Hauptgeschäftsführer der CDU/CSU-Mittelstandsvereinigung.

»Die Merkel-Führung hat die Union von Grund auf verändert. CDU und Bürgertum – das war eine Einheit. Merkel ist letztlich dafür verantwortlich, dass die AfD gegründet wurde. Seit Merkel die CDU übernommen hat, ist die Partei ohne charismatische Führung. Merkel ist alles Mögliche, aber gewiss keine christlich-demokratische Identifikationsfigur. Sie steht nicht für Grundwerte und könnte folglich alle anderen Parteien oder beliebige Organisationen führen.«

»Es ist eine der herausragenden Fähigkeiten Merkels, sich der Menschen zu bedienen, die ihr widerstandslos zuarbeiten. Es passt in ihr antifaschistisches Weltbild, alle patriotischen, konservativen Kräfte der Bundesrepublik aus der politischen Meinung herauszuhalten. Mit all der gebotenen Konsequenz unterlief sie das Grundgesetz, missachtete demokratische Grundregeln und zerstörte tradierte, christlich-ethische Grundwerte ... Es war nie ihre Vision, ein politisches Konzept zu entwickeln, das der Satzung der Bundesrepublik entspricht. Sie hat auf Empfehlungen, ja auf Drohungen gehört, die ihr von Mächten zugeflüstert wurden, die nicht die Eidespflicht hatten, sich für Deutschland einzusetzen. Frau Merkel unterlag immer den Intuitionen der Macht, der sie sich verpflichtet fühlte. Aus dieser Perspektive wähnte man sie, die ›mächtigste Frau der Welt‹ zu sein. Sie diktierte das Handeln in dem Bereich der ihr gebotenen Grenzen. Sie hatte in ihrer Jugend perfekt gelernt, sich den Gegebenheiten anzupassen«, so schrieb der langjährige CDU-Funktionär Herbert Gassen.

Ein weiterer Baustein, um das als Standhaftigkeit getarnte Verhalten der Bundeskanzlerin als Standhaftigkeit im Sinn von Herrn von Clausewitz auszulegen.

Das Verständnis und die Zustimmung vieler Bürger für die Bundeskanzlerin in der Vision als allein bestimmende Instanz ging irgendwo zwischen Eurorettung und Grenzöffnung verloren. In dem Moment, als Frau Merkel in internationalen Auftritten bewusst wurde, dass sie mehr Wert darstellte, als nur Bundeskanzlerin zu sein, wollte die Partei ihr nicht mehr folgen. Aus »gesundheitlichen« Gründen musste sie die Parteiführung abgeben. Die Wahrnehmung ihres Amtes als Kanzlerin konnte ihr nicht genommen werden. Die absolute Macht und ihre europäische Vormachtstellung hatte sie soweit ausgebaut, dass daran nicht zu rütteln war. Ein freiwilliger Rücktritt vom Amt der Bundeskanzlerin war ausgeschlossen. Die internationalen Wortgefechte waren ihr zu einem lebensnotwendigen Bedürfnis geworden. Es gibt nur noch den Kampf bis zur letzten Patrone. Gemäß von Clausewitz weiß nämlich nur Frau Merkel um ihre Unabkömmlichkeit: »Die CDU kommt ohne mich nicht aus«, so ein Kommentar an die Presse.

Das »antherapierte« stabile Selbstbewusstsein kennt keine Selbstzweifel. Ihre in der DDR erlernte Moderationsbegabung gibt ihr die Fähigkeit, von unwillkommenen Themen abzulenken. Als ein Reporter sie einmal fragte, wie ihr zeitraubender Beruf denn eigentlich das Verhältnis zu ihrem Ehemann verändert habe, antwortete sie mit dem Gehabe einer treu sorgenden Hausfrau: *»Zum Beispiel bleibt der Pflaumenkuchen auf der Strecke, den ich früher immer gebacken habe. Dieses Jahr ist mir bei einem Spaziergang bewusst geworden, dass jetzt Pflaumen reif werden, aber an Kuchenbacken gar nicht zu denken ist.«*

Frau Merkel wollte nie die Beliebigkeit traditioneller Werte aufrecht erhalten. In der DDR hatte sie viel Sympathie für den Sozialismus gezeigt. Die Grenzöffnung der DDR führte zur Verwirklichung ihres Machtbedürfnisses, die nun in die Bundesrepublik Deutschland getragen werden konnte. Dazu brauchte sie die CDU/CSU als größte Volkspartei. Ihre dritte Kanzlerschaft zeigt rückblickend, dass sie nichts anderes als die Macht wollte! Eine Umsetzung war nur in der CDU, der größten Volkspartei, zu verwirklichen. Karriere fordert Charakter- und Prinzipienlosigkeit! Macht darf keinen Anspruch auf Führungsqualität haben! Die Kanzlerin hat ein verantwortungsgesteuertes Persönlichkeitsprofil der Prinzipienlosigkeit unterworfen, die kein Gewissen kennt, sondern nur die Macht sucht. Kennzeichnend war die Energiewende. Fukushima wurde zum Symbol eines Energiewandels in Deutschland. Kernkraft und dessen technische Entwicklungen konservierte sie auf das Niveau von Tschernobyl und Fukushima. »Atomkraft« wurde zum politischen Tabuthema! Ihr politischer Machthunger und Weitblick reichte nur aus, eine Planwirtschaft zu unterstützen und ein Bündnis mit den »Grünen« vorzubereiten. Sinnvolle Energiegewinnung ist ihr gleichgültig, wird demnach für den Mainstream freigegeben. Nur an der nicht beherrschbaren Kernspaltung, im Volksmund als Atomkraft gehandelt, dürfen keine Zweifel aufkommen. Die meisten Bürger verdeutlichen allein mit dem Begriff »Atomkraft« ihre Unkenntnis über die Grundelemente dieser Technik und verbinden mit der Energiegewinnung durch Kernspaltung den Tod durch Kernschmelze und Verstrahlung. Dieses Fehlwissen bewirkt Angstgefühle. Diese Angst wurde vom Merkelismus sorgfältig veredelt. Sie garantiert Wählerstimmen und Macht! Der Regierungswechsel und das internationale Bemühen von CO_2-Eindämmung durch Kernenergie erlauben, dass wieder über das Tabuthema vorsichtig geredet werden darf.

Unter der Ära Merkel ist Deutschland dank XXL-Koalition zu einer Konsumgesellschaft erzogen worden, die selbst in wesentlichen Fragen wie Energiewende und Flüchtlingspolitik nicht mehr aufbegehrt. »Patriotische, konservative Kräfte« haben ihren Widerstand häufig altersbedingt aufgegeben! Die Auswirkungen des Merkelismus werden sie vermutlich nicht mehr erleben, die Vorteile einer frühen Geburt. Die von der Merkel-Regierung aufgebauten Veränderungen der Demokratie können auf legalem Weg kaum mehr rückgängig gemacht werden. Sie festigen beängstigende Zukunftsvisionen, untergraben indessen die Macht des Todes!

Haben bereits Erfahrungen ihrer frühen Kindheit Merkels geschulte Persönlichkeit geformt? Als Kind hatte sie mit selbst gesammelten Blaubeeren ihr Taschengeld aufgebessert. Dabei gelang ihr das Kunststück, an einem Kilogramm der Früchte zwei Mark zu verdienen und sie trotzdem selbst zu essen. Das ermöglichte ein Trick, der so nur in der DDR möglich war. Merkel verkaufte die Beeren an die Handelsgesellschaft für Obst und Gemüse, die ihr fürs Kilo vier Mark zahlte. Weil Blaubeeren vom Staat subventioniert waren, wurden sie im Laden für nur zwei Mark pro Kilo an die Bevölkerung abgegeben. Die kleinen Sammler kauften sich ihre Beeren einfach zurück. »Eine hat verkauft« erzählte Merkel der »Bild am Sonntag«, die Zweite ist nach einer Stunde in den Laden gegangen und hat gefragt, ob es Blaubeeren gibt.«

War bereits diese Verbeugung vor der staatlich gesteuerten Planwirtschaft bestimmend für ihren Lebensablauf?

»... Angela Merkel lässt keine Zweifel daran aufkommen, dass sie es, sollte sie nach dem 24. September abermals zur Kanzlerin gewählt werden, auch vier Jahre durchhalten wird ... Sie wäre am voraussichtlichen Wahltag 2021 erst 67. Wollte sie Konrad Adenauer nacheifern und auch die älteste Kanzlerin Deutschlands werden, müsste sie bis 2041 im Amt bleiben ... Wir können uns also auf einiges gefasst machen ...« [15]

Demokratie in modernem Outfit

»Es gibt Epochen, in denen es den Anschein hat, als ob zum Regieren gar nichts weiter notwendig wäre, als die Menschen gründlich zu verachten.«
Josef Eötvös

»Volksverräter«, »rechtsradikales Pack«, »bürgerliches Mitläufertum«, derlei Schlagworte kennzeichnen und beherrschen bisweilen den neuzeitlichen, sprachlichen Umgang. Extremes Unverständnis für eine andere Meinung ist Kennzeichen einer modernen Demokratie geworden.

»Seiner Natur nach ist der Staat eine Vielfalt.« Aristoteles wollte damit vielleicht zum Ausdruck bringen, dass Wirklichkeit und politische Vorstellungen in der Gesellschaft nicht übereinstimmen müssen. Matthias Claudius überträgt diesen Gedanken etwas ausführlicher auf die moderne Zeit:

»Wo Menschen in größeren Gemeinschaften zusammenleben, treffen unhintergehbare Weltansichten, Lebenslagen, Überzeugungen sowie Interessen in großer Vielfalt und Verschiedenartigkeit aufeinander. In einem wohlgeordneten Gemeinwesen wird diese Vielfalt nicht unterdrückt, vielmehr verständigen sich die vielen Verschiedenen auf Regeln, nach denen sie als Verschiedene zusammenleben können. Etwas anders ausgedrückt: Ein wohlgeordnetes Gemeinwesen steht vor der Aufgabe, die Vielfältigkeit zu gemeinsamen Handeln aus der Vielfalt heraus und in Bejahung dieser Vielfalt immer neu zu entwickeln.«

Die Politik und ihre ausführenden Organe haben den Auftrag, die Vielfalt dieser Weltansichten für einen natürlichen menschlichen Umgang miteinander zurechtzurücken. Diese Mannigfaltigkeit verschiedener Ansichten zu einer wohl geordneten Gemeinschaft zu formen, diese Mission nicht in harmoniebelastende Auseinandersetzungen ausarten zu lassen, sollte politisches Verantwortungsbewusstsein herausfordern. Eine breit angelegte Spanne von Weltansichten erlaubt positive, allerdings auch extrem negative Auslegungen. Diese Spannungen auf ein würdiges Niveau einer Demokratie zu reduzieren, wäre eine anspruchsvolle politische Aufgabe.

Wird die Demokratie einer kritischen Analyse unterzogen, so haften ihr zwei sie belastende Merkmale an: Ihr Charakter ist nicht unverwüstlich. Folglich kann ihr kein unvergängliches Leben garantiert werden. Und ihre Durchsetzung ist an Menschen gebunden. Auch Politiker sind Menschen! Diejenigen Bürger mehren sich, die inzwischen daran zweifeln! Politiker können durch ihre Handlungsweise das Wesen der Demokratie bis zur Unkenntlichkeit beeinflussen. Deshalb ist die Stärke der Demokratie zugleich ihre Schwäche, und deshalb wird sie sich am Ende selbst zerstören, wenn Bürger nicht die Demokratie entsprechend aktiv unterstützen. Nur sie kann Freiheit gewähren! Diese Labilität und die sich daraus ableitende Bedrohung unterschätzen viele Bürger. Sie wollen diese Gefahr nicht wahrhaben.

Viele Bürger vertreten die Meinung, dass Demokratie ein Selbstläufer ist. Ist sie einmal eingerichtet, so ist ihr Kraft nicht mehr zu brechen! Eine voreilige, wenig überdachte Ansicht! Tatsächlich ist Demokratie hochsensibel! Ihre Zerbrechlichkeit zieht immer wieder Kräfte an, die diese Verwundbarkeit für ihre Ziele einsetzen. Die gefährlichsten Feinde der Demokratie greifen von innen an. Demokratie ist das paradoxe Regime, das denen, die sie stürzen wollen, die einzigartige Möglichkeit einräumt, ganz legal im Schutz des Rechts auf den Umsturz hinzuarbeiten. Deshalb hat der Feind der Demokratie es leicht für eine Neuordnung. Er nutzt für seine Ziele das demokratische Recht aus, mit dem derzeitigen Ordnungsprinzip nicht einverstanden zu sein. Menschen mit Machtanspruch verbergen sich geschickt hinter einer legitimen politischen Gruppe. Ihre zunehmende Bedeutung hat Ursachen.

Das Merkel-Regime veranschaulicht nahezu täglich, dass eine Regierung vordringlich ihre Aufgabe darin sieht, Auflagen zu erarbeiten, um dem Bürger das Leben zu verdrießen und mit diesen Maßnahmen zugleich politische Macht auszubauen und zu festigen. Die Bürde, sich für bürgerliche Fürsorge verantwortlich zu fühlen, findet ihren oberflächlichen Niederschlag in eingängigen Wortspielen. »Kinder ins Grundgesetz!«, »Verbot von Glücksspielen«, »Rauchverbot in Gaststätten und Kneipen«! Derartige volkstümliche, leichtgläubige Parolen unternehmen aber tatsächlich bereits erste Ausflüge in diktatorische Gefilde. Der gutgläubige Bürger könnte aus solchen Überschriften selbstlose Beschützung herauslesen, wie sie normalerweise Eltern ihren Kindern bieten. Politiker suchen jedoch Macht, und Macht sucht keine wohlwollende Unterstützung, sondern will den Bürger entmündigen, ihm seine Verantwortung und damit ihm seine Freiheit rauben. Sie unterhöhlen die Souveränität des Bürgers.

Maßnahmen werden nicht mehr »vom Ende her« bedacht, will besagen, dass Auswirkungen von Entscheidungen keine Berücksichtigung mehr finden. Politiker ordnen an, um anschließend neu zu beschließen! Stromversorgung wird in eine Planwirtschaft eingebettet! Die Preise müssen folglich ständig steigen. Werden die Kosten für viele Bürger untragbar, regeln so etwas dann soziale Maßnahmen! Anstatt Fehlentscheidungen zu bekämpfen, müssen soziale Maßnahmen Fehler zudecken. Jede soziale Aktion führt immer mehr Bürger in politische Abhängigkeit. Nur wirtschaftliche Ungebundenheit ermöglicht Freiheit! In die Not getriebene Bürger müssen dann Politiker unterstützen, die sie vor dem wirtschaftlichen Konkurs bewahren. Frauen sollen ihre Daseinserfüllung in Vorstandsposten erkennen! Das Glück, Kindern an ihr Leben heranzuführen, muss sich unterordnen. Erst wenn es zu spät ist, wird Ihnen bewusst, dass das Mutterherz der schönste und die robusteste Heimat eines Menschen ist, weil auf der ganzen Welt nur ein einziges solches Herz existiert.

Politiker machen durch Aktionismus auf sich aufmerksam! Sie demonstrieren ihr Alleinstellungsmerkmal! Die unbegrenzte Aufnahme von Migranten bleibt nicht unwidersprochen und ruft Ansichten hervor, die die demokratische Freiheit auf eine dramatische Probe stellen. Die Homo-Ehe! Deren Gleichstellung mit der heterogenen Ehe verändert das Ansehen und die Bedeutung der »normalen« Ehe. Das schöne Geheimnis einer lebenslangen Liebe verliert seinen Charme. Stattdessen sucht sexuelles Begehren ein kurzweiliges Glück. Zurück bleiben Alleinerziehende mit ihren Kindern. Das Ergebnis einer Politik, in der die Akteure sich modern geben wollen!

Diese kleine Aufsummierung politischer Inszenierungen veranschaulicht, dass eine Demokratie zu gewinnen oder wiederzugewinnen ungleich größere Kräfte einfordert, als sie zu erhalten. Je leichtfertiger mit dem Begriff Demokratie umgegangen wird, desto mehr kann sie zum Spielball von Worten werden. Die ehemalige »Grünen-Vorsitzende« Claudia Roth forderte Aufmerksamkeit ein, als sie in den Bundestag hinein schrie: »Das ist ein Angriff auf die Demokratie!« Folgerichtiges Denken weiß, dass einem Angriff, so er denn erkannt ist, wirkungsvoll begegnet werden kann! Aussprüche dieser Art dienen dem Ausbau von Popularität! Gefährlicher sind Handlungen, die im Hintergrund ablaufen, deren Angriff auf die Demokratie verschleiert wird! Die Zeiten sind vorbei, in denen Revolutionen eine Demokratie entmachtete. Möglicherweise kommt diese Epoche wieder! Die häufige, phrasenhafte Verwendung der Begriffe »Demokratie« und »Freiheit« sollte als mahnender Aufruf verstanden werden. Demokratie und ihre Freiheit erfahren nicht mehr die Ernsthaftigkeit ihrer Bedeutung. Unabdingbare, für das Überleben eine Gesellschaft elementare Begriffe als Schlagworte in den täglichen Sprachgebrauch aufzunehmen, kennzeichnen eine Entwicklung, die Schlüsselworte wie »Demokratie« mehr und mehr in eine Art rituelle Zwangsjacke hineinstopft, ähnlich der Forderung nach religiösem Gehorsam. Wie muss sich die arme Demokratie zunehmend veräppelt vorkommen! Da wird sie mit abgegriffenen, nichtssagenden Redensarten überschüttet, mit goldenen Worten gekürt und hoch auf Händen getragen. Wenige Atemzüge später verscharren sie Lügen, goldene Worte und verprügeln sie, dass sich der Rohrstock biegt. Sie muss dann politischer Aufrüstung genügen. Politiker empfinden keine Scham mehr, dieses sensible Geschöpf tief ins Abgrundlose zu stoßen. Es gibt Momente, da möchte ich meine Arme schützend um dieses bedauernswerte Wesen legen, genieße eine filigrane Seelenverwandtschaft! Warum müssen moderne Politiker auf ein erschreckendes Niveau abstumpfen und Bürgerseelen an die Macht verkaufen? Sie kennen keine Skrupel, um die zulässigen Grenzen moralischer Verpflichtungen zu sprengen. Sie stehlen der Demokratie die Waffen. Sie kann sich nicht wehren! Sie degradieren die Bürger zu ihren Handlangern!

Die Zeit ist vorbei, in der die Literatur Demokratie wie auch Freiheit dramatisch aufarbeitete, um ihre unermesslichen Werte zu veranschaulichen. Bewertung und Bedeutung von Demokratie ist im Wandel begriffen. Politisch sind »Demokratie« und »Freiheit« zu Erscheinungen verkommen, die, wie ein verbrauchtes Schnupftuch, nur noch in der Hand- oder Hosentasche mit sich herumgetragen werden. Vorbei ist die Zeit, da Demokratie dem Bürger die Freiheit gab, sich durch Einsicht und Verantwortung zu moralisch gefestigten Menschen heranzubilden. Nur unter philosophischem Verständnis verbreitet die Vorstellung noch viel Charme, dieses mannigfaltig konzipierte Geschöpf des Himmels dürfte sich ausschließlich auf die eigentlich lebenswerten Inhalte dieser Welt konzentrieren. Also das Edle wecken, die Menschen auf eine höhere Kulturstufe tragen, die Vielseitigkeit des schöpferischen Gestaltens als Erfüllung genießen, die Summe dieser idealistischen Träumereien zu einem großen Ganzen zu vereinigen und in das menschliche Alltagsleben zu integrieren. All das bringt irrationalen Reiz und könnte naive Glücksgefühle hervorlocken. Die Realität versperrt derartigen seelischen Hochstimmungen den Weg!

Ein negativ eingestellter Geist bezeichnet diese Verhältnisse als ganz normal! Die eingefahrenen Rituale erscheinen deshalb auch nicht besonders erwähnenswert zu sein. In die Zukunft ausgerichtete Besorgnisse, ausgelöst durch politische Geschehnisse, die im Rahmen eines elitären Geltungsanspruches zu unübersehbaren Einschränkungen bürgerlicher Unabhängigkeit führen, belasten die Selbstverständlichkeit einer freiheitlichen Unbefangenheit, wie sie sich Politiker in einer Überbewertung ihrer Bedeutung nicht vorstellen können. Sie haben sich in ein Korsett hineingezwängt, das ihnen Entscheidungsfreiheit vorgaukelt! Beispiele sind Klimawandel, Erderwärmung und Corona-Virus. Aufgrund der unterschiedlichen Betrachtungsweise gehen die Meinungen über die Ursachen und deren Bekämpfung unterschiedliche Wege. Im Fall des Corona-Virus sollten sorgfältige und kritische Analysen ergründen, wie die Pandemie zu begrenzen ist. Die Politik mit ihrer ministeriellen Ausstattung hätte die Möglichkeit, gründliche Ermittlungen zu erstellen. Wo sind Schwerpunkte einer Pandemieausbreitung? Wie kommen sie zustande? Welche Maßnahmen könnten direkt »vor Ort« ergriffen werden? Vor allem sollte sie verlässliche Daten schaffen! Stattdessen Plagiate! Politiker sehen ihre vordringlichste Aufgabe darin, besonders dann mit falschen Zahlen Angst und Panik zu verbreiten, wenn die Realität keinen Anlass bietet. Sie stellen dann fest, dass Vorerkrankte und alte Menschen im höchsten Maße gefährdet sind. Es bedarf wahrhaftig keiner besonderen geistigen Leistung, festzustellen, dass der Mensch im Alter anfälliger gegen Krankheiten wird! Wird doch Körper und Geist auf den Tod vorbereitet. Medizinische Hilfe verlängert das Leben. Die Fälle mehren sich, in denen das Alter diese Entwicklung nicht als Gewinn empfindet, sondern den Tod als Erlösung wahrnimmt.

Nicht Allgemeinplätze sind gefragt, sondern Politik sollte Missstände beseitigen. Von Anfang an fehlte es an verlässlichen Daten! Am Ende des zweiten Jahres mit dem Coronavirus hat sich an den Datenlücken nichts geändert. »Man« weiß nichts Genaues!

- Die wichtigsten Kennzahlen, die Impfquote und die Hospitalisierungsrate sind weiterhin unbekannt. Sie geben einen Überblick, wie heftig das Virus wirklich wütet, sind also von ausschlaggebender Bedeutung. Diese Kennzahlen müssten entsprechend einem Monitoring-System dauerhaft überwacht und verfolgt werden.
- Die Hospitalisierungsrate wird mit verwirrenden Verspätungen gemeldet, die Daten verlieren dadurch an Aussagekraft. In diese Kennzahlen fließen auch Coronafälle ein, die zufällig bei Patienten entdeckt werden. Zwei von drei Patienten wurden nicht wegen Corona eingeliefert! Sie werden dennoch in die Hospitalisierungsrate aufgenommen.
- Der Pflegepersonalnotstand ist ein altes Thema. An den dramatischen Verhältnissen der lebensgefährdenden Gesundheitspolitik hat sich seit Jahrzehnten nichts geändert. Unterversorgung der Patienten und Missachtung des Medizinbetriebs haben sich als politische Standardlösung bewährt.
- Die Hospitalisierungsinzidenz und die intensivmedizinische Belegung müssen zentral, zeitnah und zuverlässig erfasst werden. Immer nur wird festgestellt, dass sie zu hoch ist.
- Es fehlt an Daten, wie groß die Impflücke wirklich ist. Nicht alle Ärzte melden akkurat die Zahlen an das Robert-Koch-Institut. Aufgrund der ausgegebenen Impfdosen geht das Robert-KochInstitut (RKI) davon aus, dass die effektive Impfquote um 5 Prozent höher liegt. Annahmen! Vermutungen! Nichts Genaues! Noch schlimmer sieht es mit der lokalen Verteilung aus! Bestenfalls ist die Impfquote in den Bundesländern bekannt. Die Auswertungen obliegt der Kassenärztlichen Vereinigungen. Dazu gehört auch das Wissen, welche Stadtteile und Dörfer Impfungen ablehnen und aus welchen Gründen. Fehlanzeige! Null Kenntnisse! Die vor Ort tätigen Ärzte zeichnen ein erschütterndes Bild. Der

Chefarzt der Asklepios-Klinik in Hamburg, Dr. Arnold, stellt fest: »*Die Impfgegner sind nur eine kleine Gruppe.*« Weit größer sei der Block der »*medizinisch Ängstlichen, die zwar gut informiert sind, sich aber aus irgendwelchen Gründen vor der mRNA-Impfung fürchten. Der Großteil ist aufgrund mangelnder Sprachkenntnisse, fehlenden Risikoempfindens oder schlechter Informiertheit nicht geimpft. Es geht im Wesentlichen um Menschen mit wenig Geld, wenig Bildung und schlechtem Zugang zum Gesundheitswesen.*« Das Robert-Koch-Institut muss immer noch bekanntgeben, dass sich »mindestens« 76 Prozent der Bevölkerung impfen ließen. Die Zahlen werden statistisch hochgerechnet! Den wissenschaftlichen Zahlen fehlt also ein stabiles Fundament. Das zusammengetragene Zahlenmaterial ist nicht belastbar.

- Sozialforscher teilen die deutsche Gesellschaft in drei Gruppen ein: Einkommen, Alter, Bildung. Daraus bilden sich vier Blöcke: Die »Etablierten«, die mit ihrem Erreichten zufrieden sind, die »Involvierten«, die über viel Bürgersinn verfügen, die »Wütenden«, die dem politischen System grundsätzlich kritisch gegenüberstehen und das »unsichtbare Drittel« von 30 Prozent, das »eine große Distanz zum politischen System und ihren Mitmenschen« hat. Diese Menschen leben meistens zurückgezogen, gehen nicht zum Arzt und halten sich auch aus Umfragen heraus. Das politische Interesse an dieser Gruppe existiert quasi nicht! Doch diese werden nun gebraucht! Die Impfverantwortlichen vor Ort, die Gesundheitsämter, kennen die Probleme recht gut. »Nur mit persönlichen Kontakten und Vertrauen kommen wir an diese Menschen heran.« Plakataktionen, Appelle und Fernsehinformationen sind nutzlos! Konkrete Erkenntnisse liegen also vor! Was nützen aber diese Erfahrungen, wenn sie nicht politisch verarbeitet werden? Politik setzt weiterhin auf ihr bewährtes System: Gesetze beschließen und Nichtbefolgung

bestrafen! Das »unsichtbare Drittel« wird jedoch von den Ordnungsorganen nicht erfasst, und wenn so etwas tatsächlich passiert, dann haben diese Menschen kein Geld für die Bestrafung. Diejenigen Bürger, die das Geld haben, um in Restaurants zu gehen, haben auch die Intelligenz, sich dort nur niederzulassen, wenn sie geimpft sind.
- Die wachsende Gruppe der Genesenen wird vernachlässigt. Das Robert-Koch-Institut zählt acht Millionen Genesene; die Dunkelziffer dürfte mindestens ebenso hoch sein. Virologen sind der Meinung, dass Genesene den Geimpften gleichgestellt werden sollten.

Einfache Hinweise würden bereits helfen! Die Sterblichkeit von Corona erkrankten Menschen ist in Ländern, in denen mehr als die Hälfte der Bürger übergewichtigt sind, zehnmal höher, als in Ländern mit normal gewichtigen. In der Pandemie haben vierzig Prozent der Deutschen durchschnittlich 5,6 Kilogramm Gewicht zugelegt. Der »Body Mass Index« hätte zur Mäßigung beitragen können. Mit dem Verbot gemeinschaftlicher sportlicher Übungen hat die Politik Maßnahmen angeordnet, die der Bekämpfung des Virus entgegengerichtet sind. Auswirkungen fehlender Daten! Derartige Hinweise hätten dem Bürger gezeigt, dass die Politik sich um eine schnelle Lösung der Pandemie bemüht. Stattdessen schüren sie mit fingierten, unehrlichen Zahlen Ängste, damit der Bürger sich freiwillig einem moralischen Impfzwang verpflichtet fühlt.

Nach anfänglicher Verharmlosung erwecken Politiker durch sich neu bildende Viren-Mutationen dann überstürzt den Eindruck, als sei die Menschheit dem Corona-Virus schicksalhaft ausgeliefert. Statt gottähnlich vorzugeben, jede Pandemie in den Griff zu bekommen, sollte die Politik in der Gesellschaft das Bewusstsein entwickeln, dass nicht jede Infektion verhindert werden kann. Realismus schaffen! Politischer Hochmut will aber nicht eingestehen, dass medizinische Forschung auch an Grenzen stoßen kann! Und politische Überheblichkeit verdrängt die Erfahrung, dass miserable

Datenerfassung richtige Entscheidungen behindert. Sie konzentrieren sich darauf, mit unergiebigen Auseinandersetzungen Aktivitäten nachzuweisen, sich also mit leeren Worthülsen im Kreis zu drehen, anstatt erst einmal ihren bürokratischen Laden in Ordnung zu bringen, also effizienter zu gestalten.

Fehlende Daten erschweren zudem neutrale, unvoreingenommene Auseinandersetzungen, um die Argumente in ihrer Wertigkeit gegeneinander abzuwägen. Sie lassen die Stunde jener Wisenschaftler schlagen, die bei der Auswertung der bislang bekannten Krankheitssymptome und deren Bekämpfung auf sich aufmerksam machen wollen, um sich als Experten auszugeben. Politiker haben dann ihren medizinisch beschlagenen Anschauung Folge zu leisten. Wissenschaftler provozieren mit ihren unterschiedlichen Stellungnahmen die Ansicht zahlreicher Bürger, dass Politiker nur zahnlose Meinungsvertreter sind, die Macht erringen und diese absichern wollen. Die ursprüngliche Aufgabe von Experten, die Öffentlichkeit mit fachlich begründetem Wissen zu versorgen, ersetzen auf medialer Bühne ausgetragene Expertenstreitigkeiten. Die Medien unterstützen aktiv die Auffassung, dass in wissenschaftlichen Beurteilungen die Richtlinie für politisches Handeln zu suchen ist. Deshalb sichern sich Experten eine Dauerpräsenz in den nationalen Medien.

Die Strategie hat sich durchgesetzt und gefestigt, nur die Folgen einer »Katastrophe« aufzuzeigen und deren lebensbedrohenden Gefahren anzuprangern. Ziele zu formulieren, die Gegner angreifen könnten, werden ausgelassen. Nur »objektive« Empfehlungen der Wissenschaft werden ausgesprochen. Diese Methode ist bei den Auseinandersetzungen mit dem Corona-Virus verfeinert worden. Experten entfernen sich von »Empfehlungen« und schlüpfen in die Rolle zielausgerichteter Eingriffe in politische Entscheidungen. Sie greifen nicht mehr auf politischen Wunsch in wissenschaftlich zu klärende Geschehnisse ein, sondern aus eigenem Antrieb. Als Folge stellen sie Forderungen an die Politik. Die Grenze zwischen wissenschaftlicher Beratung und der Durchsetzung politischer Abwägungsprozesse geht verloren. Experten werden zu Beratern und übernehmen zugleich politische Aufgaben. Als Folge bilden sich Forschungskreise heraus, die ihr phantasiedurchsetztes Expertenwissen zu wissenschaftlich unangreiflichen Fakten aufwerten und ihre daraus erwachsenen persönlichen Auffassungen als politisch verbindliche Verhaltensmaßregeln diktieren. Die unterschiedlichen wissenschaftlichen Auffassungen arbeiten dann Fernsehen und sonstige Medien publikumswirksam auf. Der Bürger wird verunsichert! Was ist denn nun richtig? Wissenschaftliche Sachkompetenz übernimmt Zuständigkeiten, die zuvor in den Bereich politischer Auseinandersetzungen gehörten. Entsprechend werden sie publikumswirksam aufgearbeitet. Aufgrund fehlender belastbarer Daten muss die Politik auf den von Experten aufgebauten Druck reagieren, um sich nicht zu entmachten. Dadurch wird ihr die Möglichkeit genommen, wissenschaftliche Ausrichtungen gegen andere demokratische Werte abzuwägen. Rechtfertigen beispielsweise wissenschaftlich begründete Beschlüsse für den Gesundheitsschutz Einschränkungen bürgerlicher Freiheitsrechte? Die Bewertung der Coronapandemie kann nicht allein auf angesammeltem Wissen aufbauen und aufgrund der politischen pauschalen Verpflichtung, Menschenleben zu retten. Sie muss auch demokratischen Grundwerten, wie Freiheit, Würde, Recht auf Bildung, gegenübergestellt werden können, Werte, die als Grundbestandteile einer Demokratie fest etabliert sind. Das Grundgesetz verlangt eine Verpflichtung der Politik zur Menschenwürde! Dürfen Expertenvorgaben mit ungewissem Ausgang die Menschenwürde zerstören? Dererlei Abwägungsprozesse gehören in die Politik und nicht in die Vorgaben von Experten! Anstatt bei der Datenerfassung umgehend für geordnete Verhältnisse zu sorgen, den Pflegepersonalnotstand zu beseitigen, das Gesundheitssystem zu stärken, begnügte Merkel sich damit, sich als entscheidungssichere Kanzlerin zu profilieren. Sie gab sich als Vollzugsorgan wissenschaftlicher Erkenntnisse aus und verglich Annahmen, die durch den Pandemieverlauf jederzeit widerlegt werden können, mit erforschten und abgesicherten Naturgesetzen wie Lichtgeschwindigkeit und Erdbeschleunigung. Als studierte Physikerin ist sie sich nicht zu schade, höchst unsichere Zukunftsprognosen mit unwiderlegbaren Naturgesetzen gleich zu setzen. Die vorliegenden, bisherigen wissenschaftlichen Erkenntnisse der Coronapandemie werden damit beängstigend überbewertet.

Wissenschaftliche Zahlen werden nicht sorgfältig geprüft und beurteilt, sondern Politik unterwirft sich dem prominentesten Experten, um ihre Macht als Entscheidungsträger nicht zu untergraben. Folglich müssen Politiker eine ihrer Grundbedeutung aufgeben, nämlich Lösungen als Ergebnis einer Werteabwägung zu präsentieren. Als Ergebnis ist ein zweiter Lockdown herausgekommen, der aus »wissenschaftlicher Sicht« für »unabdingbar notwendig« sei – so eine Erklärung der Nationalen Akademie der Wissenschaften Leopoldina. Maßnahmen werden nicht mehr vorgeschlagen, sondern ultimativ gefordert. Um Argumenten auszuweichen, aber gleichzeitig ihre Entscheidungsgewalt zu behaupten, versteckt die Kanzlerin sich hinter einer Wissenschaft, die medienbedingt von den meisten Bürgern mit viel Wohlwollen aufgenommen wird. Dabei hatte der Deutsche Ethikrat schon während des ersten Lockdowns darauf hingewiesen, dass es »*dem Grundgedanken demokratischer Legitimation widerspreche, politische Entscheidungen an die Wissenschaft zu delegieren und von ihr eindeutige Handlungsanweisungen für das politische System zu verlangen.*« Demokratie bedarf einer mehrheitsbestimmten Begründung. All diesem Wirrwar begegnet die Politik schließlich damit, dass sie letztlich allein auf den Erfolg durch Impfungen setzt und den Bürger durch freiheitseinschränkende Vorschriften dem moralischen Zwang aussetzt, sich impfen zu lassen. Zur Unterstützung droht der Gesundheitsminister eine vierte, fünfte Welle von Lockdowns an, die zu einer Dauereinrichtung werden könnte, es sei denn, die Bürger lassen sich impfen. Sie schalten das Bundesverfassungsgericht ein, geben sich entscheidungsfreudig und, und, und ... die Palette ihres Aktionismus füllen die Seiten der Tageszeitungen. Eine beängstigende Beliebigkeit! Merkel demonstriert wieder einmal, dass es ihr an Persönlichkeit fehlt, um der Demokratie in einer verunsichernden Zwangslage die notwendige Stabilität zu verleihen. Ihr Machtanspruch bevorzugt, eine Unaufrichtigkeit zu verteidigen, die das politische Geschäft unsauber und schmuddelig gestaltet. Der Bürger ist selbst mit seinen zwangsweise abgespeckten Ansprüchen der Politik gleichgültig geworden. Kann politische Eitelkeit und daraus erwachsener Überschätzung ihrer Bedeutung eine ausdrucksstärkere Visitenkarte abgeben?

Die Angst vor dem Virus, geschürt durch politische Dauer-Hypnose und in Funk, Fernsehen und Presse mit viel Sorgfalt verbreitet, hat sich im Menschen so tief verwurzelt, dass eine Rückkehr zum ursprünglich normalen Verhalten immer schwieriger wird, nahezu ausgeschlossen werden darf.

Die Politik unterstützt diese Entwicklung nach besten Kräften, indem sie »Normalität« an Vorbehalte knüpft. Als nächste Drohkulisse bringt sich das Umweltgespenst in Stellung und nimmt bereits konkrete Formen an. Politische Machterhaltung und Ausbau dieser Macht zu Lasten des Bürgers und der Demokratie wird immer wieder Knochen lebensbedrohender Ängste finden, die es gilt abzunagen.

Die Journalistin Sheila Jasanoff stellte 2017 unter dem Eindruck der Wahl von Donald Trump fest: »*Wissenschaft und Demokratie sind in ihrer besten Form bescheidene Unternehmen, weil beide Ihrer eigenen Autorität misstrauen.*« Dieser Beurteilung zu verinnerlichen wäre ein erster Schritt, Zuständigkeiten wieder zu entwirren.

»*Ein Anfang wäre gemacht, wenn sich unter Experten, Journalisten und Politikern die Einsicht durchsetzt, dass eine Demokratie dann am stärksten ist, wenn politische Entscheidungen so viel wie möglich auf wissenschaftliche Expertise gestützt sind und so wenig wie möglich mit ihr legitimiert werden.*« [16]

Wie ein roter Faden zieht sich politisches Deutungsmonopol durch ihre Beschlüsse. Moderne Politik vermeidet bei ihren Festlegungen wählerabschreckende Auseinandersetzungen, die zudem Spannungen in Koalitionen auslösen könnten. Es fehlt die von Verantwortung getragene Entscheidungsfreudigkeit für wirklich wirksame Veränderungen! Die Grundbelastung der Demokratie kennzeichnen im Wesentlichen zwei Symptome: die personelle Ausgestaltung und die Regierungsbildung mit ihren Koalitionsverträgen. Nicht Personen gelangen in die konzipierende Führung, die aufgrund ihrer tiefsinnigen, gedankenreichen und feinsinnigen Überlegungen den theoretischen Vorstellungen einer Idealbesetzung entsprechen, sondern es drängen ganz normale Menschen an die Spitze, die eine abgesicherte, wohldotierte und leistungsunabhängige Entlohnung suchen. Personen, die kriechend über sich hinauswachsen möchten, und deren Geltungsbedürfnis sich verpflichtet fühlt, bestimmend in das Weltgeschehen einzugreifen. Sie wollen täglich im Fernsehen erscheinen und in den Boulevardblättern abgebildet und zitiert werden. Sie verlangen, um ihre Meinung befragt zu werden. Sie wissen um ihre Wichtigkeit für die Gestaltung gesellschaftlicher Abläufe. Sie brauchen diese Hervorkehrung ihrer Person, um das Spannungsverhältnis zu überdecken, hochgespielten Ehrgeiz und Hilflosigkeit in ihrem »Ich« zu vereinigen. Sie wollen im gesellschaftlichen Rampenlicht stehen, und sie suchen die Macht, um der Demokratie ihre Sichtweise der Geschehnisse aufzuzwingen. Wir Bürger sollen uns in einer Welt wohlfühlen müssen, die im Misstrauen ihre existenzielle Basis sucht. Politiker formen eine Gesellschaft, in der nicht mehr der Mensch im Mittelpunkt politischer Betrachtungen steht, sondern finanziell abgesicherter Wohlstand der Dreh-und Angelpunkt allen Handelns ist! Machtbesessene Politiker nehmen sich sogar das Recht heraus, die im Grundgesetz fest verankerten Bürgeransprüche einzuschränken. Als Abfallprodukt all dieser Bemühungen gibt es eine Entlohnung, die sie gemäß ihrer Ausbildung in keinem anderen Job erhalten würden.

Der »Grünen«-Vorsitzende Harbeck brachte seine Einstellung zur Bundesrepublik Deutschland auf besonders anschauliche Weise zum Ausdruck.

»*Vaterlandsliebe fand ich stets zum Kotzen. Ich wusste mit Deutschland noch nie etwas anzufangen und weiß es bis heute noch nicht.*« Er bestimmt als Koalitionspartner der aktuellen Regierung entscheidend die Geschicke Deutschlands mit.

Die zweite grundsätzliche Belastung besteht darin, dass die Parteien nach einer Wahl über die Zusammensetzung der Bundesregierung bestimmen.

»*... Die neue Koalition hat sich gefunden, die neue Regierung ist bestellt, man geht an die Arbeit. Also alles in bester Ordnung? Oder hat, wer das Grundgesetz ernst nimmt, nicht doch ein paar Fragen zu stellen, Fragen, die das Verhältnis von repräsentativer Demokratie und Parteienstaat betreffen?*

Die Wahlen vom September haben neue Verhältnisse geschaffen. Sieben Parteien sind in den Bundestag eingezogen, von denen auch die stärkste nur jeden vierten Wähler gewinnen konnte. Mindestens drei Parteien mussten sich zusammenfinden, damit es für die Kanzlerwahl reichte. Das zeigt: Bei einem so fragmentierten Parteiensystem entscheidet nicht mehr das Wahlergebnis darüber, wer das Land regieren wird. Es kann sehr unterschiedliche Mehrheitsbildungen zulassen. Eine Verschiebung um wenige Prozentpunkte hätte genügt, um sowohl ein linkes Bündnis (Rot-Grün-Rot) als auch eine Koalition der Mitte (Schwarz-Gelb-Grün) möglich zu machen. Wer trifft die Entscheidung, dass das Land nicht von dieser, sondern von jener Mehrheit regiert werden soll, wenn es schon nicht der Wähler ist?

Die parlamentarisch verfasste Demokratie gibt auf diese Frage eine klare Antwort: das Parlament. Das Grundgesetz gibt diese Antwort in der Form, dass es dem Bundestag die Aufgabe zuweist, den Kanzler zu wählen (Art. 63 GG). Tatsächlich aber haben die Parteien den Bundestag inzwischen in die Rolle eines rein notariellen Vollzugsorgan zurückgedrängt. Die Parteiführungen haben den Koali-

tionsvertrag ausgehandelt, und Parteitage oder die Parteimitglieder haben ihn ratifiziert. Das Parlament bestätigte durch das Parlament nur, was andere entschieden hatten. Mehr noch: Parteiinstanzen haben nicht nur die Entscheidung darüber, wer das Land regieren soll, an sich gezogen, sie geben dem Parlament in Gestalt des Koalitionsvertrages auch noch ein gewichtiges Paket an Aufträgen für die Legislaturperiode mit. Gewiss, der Koalitionsvertrag bindet das Parlament nicht. Aber das Argument «Das steht im Koalitionsvertrag» oder »Das steht nicht im Koalitionsvertrag« hat für eine ganze Legislaturperiode Schlüsselbedeutung für die Zusammenarbeit einer Koalitionsregierung. Die repräsentative Demokratie hat dem Parteienstaat auf ganzer Front das Feld überlassen.

Man mag einwenden, diese Entwicklung sei durch Art. 21 GG – »Die Parteien wirken bei der politischen Willensbildung des Volkes mit« – gedeckt. Zudem: Sind die Parteien nicht in jedem Fall die Schlüsselakteure im Prozess der Regierungsbildung, ganz gleichgültig, wie man ihn organisiert? Ja, sie sind es. Aber es ist alles andere als belanglos, wer für die Parteien handelt. Die gewählten Abgeordneten sind zwar Mitglieder ihrer Partei, aber mit ihrer Wahl wird ihnen ein Verfassungsamt übertragen, ein Amt, das sie in die Pflicht nimmt: »Sie sind Vertreter des ganzen Volkes, an Aufträge und Weisungen nicht gebunden und nur ihrem Gewissen unterworfen«, sagt Art. 38 GG über dieses Amt. Das gilt weder für die Delegierten auf Parteitagen noch für die Mitglieder einer Partei. Sie sind anders als die gewählten Abgeordneten, auch nicht vom Volk bevollmächtigt oder ihm rechenschaftspflichtig. Nach welchen Gesichtspunkten sie über Koalitionen oder Koalitionsverträge entscheiden, ist ihre private Sache.

Daraus folgt: Die Fraktionen – die nach Parteizugehörigkeit gegliederten Zusammenschlüsse der gewählten Abgeordneten – sind die einzige durch die Verfassung legitimierte Ratifikationsinstanz für Koalitionsbildungen und Koalitionsprogramme, und nicht nur der Form nach. Auch in den Verhandlungen, die zur Regierungsbildung und Koalitionsprogramm führen, muss ihnen eine Schlüsselrolle zufallen: Sie bilden das Scharnier zwischen repräsentativer Demokratie und Parteienstaat.

Kann man gegen diesen Schluss einwenden, in der Sache machten die unterschiedlichen Entscheidungswege keinen Unterschied? Es laufe doch auf das gleiche Ergebnis hinaus. Das hieße dann: Der zitierte Art. 38 GG hat keinerlei reale Bedeutung. Wollen wir unseren Abgeordneten das unterstellen, auch für den Fall, dass es um Weichenstellungen von grundlegender Bedeutung geht, etwa um die Entscheidung, ob Rot-Grün-Rot oder Schwarz-Gelb-Grün das Land regieren soll? Wir haben in der politischen Kultur dieses Landes fast so etwas wie eine Grundgesetzreligion entwickelt. Soll das Grundgesetz da, wo der Parteienstaat sich unbekümmert selbst verwirklicht, plötzlich irrelevant geworden sein?« [17]

Politiker begreifen ihre Deutungshoheit als demokratischen Auftrag. Was der Bürger darüber denkt, ist ihnen schnuppe geworden. Sein Wohlgefallen suchen sie notgedrungen bei Wahlen. Verheißungsvolle Versprechungen füttern dann Illusionen, die anschließend der grauen Wirklichkeit weichen müssen. So schnell, wie sie entstanden sind, werden sie über Bord geworfen. Bei dieser Art der Politikgestaltung kommen dann Koalitionen heraus, die nicht mehr gemeinsame Vorstellung von gesellschaftlicher Gestaltung bindet, sondern die sich aufgrund der Wahlergebnisse ergeben und die sich über den Koalitionsvertrag zusammenketten. Im Extremfall kann eine Regierung zustandekommen, die aufgrund der Vielzahl der Parteien keine wegweisende Beschlussordnung mehr bietet, sondern nur noch aus Kompromissen besteht. Fraktionszwang und Koalitionsdisziplin nehmen dann automatisch einen höheren Stellenwert ein, als sorgfältig durchdachte Lösungen von Problemen zu beschließen. Dieser Prozess muss zu Fehlentwicklungen führen. Zweifelhafte Begründungen stellen dann demokratische Vorgänge infrage und führen zu einem beunruhigenden politischen Gesamtbild. Politik ist dann uneingeschränkt kampagnefähig geworden, will heißen, dass »höhere politische Ziele« mit den unterschiedlichsten Fraktionen »reibungslos« durchgesetzt werden können. Die Orientierung an Fakten und kritischen Analysen, sowie deren Auswirkungen können weitestgehend unterlassen werden. Der Souverän wurde erfolgreich auf die Zuschauerbühne verbannt!

Bereits aktuell führt ein Streifzug in die Folgen politischen Handelns zu der Überzeugung, dass Politiker das Demokratiefundament systematisch unterhöhlen. Das Wissen um die ungeschminkten Abläufe politischen Schaffens bleibt nur den Schlüsselfiguren vorbehalten. Der Bürger darf lediglich an der Oberfläche eines verschlammten Demokratieteiches verseuchtes Wasser abschöpfen. Die Menge schreiben ihm Medien und Mainstream vor. Bisweilen treibt der Zufall gravierende Fehler an die Oberfläche. Anlässlich der Neuorientierung der Verteidigungsmaßnahmen anlässlich der russischen Überfalls auf die Ukraine gab die Bundesanstalt für Immobilienaufgabe (BImA) auf Anfrage bekannt, dass Merkelismus von den ursprünglich 2.000 öffentlichen Schutzräumen in den westlichen Bundesländern rund 1.400 Anlagen rückabgewickelt hat. Die im Ostteil Deutschlands bestehenden Schutzräume wurden nach der Wiedervereinigung nicht in das Schutzkonzept übernommen. Die BImA kam zusammenfassend zu dem Ergebnis, dass in Deutschland keine Schutzräume zur Verfügung stehen. 2007 beschloss die Bundesregierung eine neue Strategie! Dabei ist es geblieben! Es bestätigt sich wieder und wieder. Demokratische Entfremdung unter Merkels Regie bietet nur noch höchst eingeschränkte Maßnahmen der Gegenwehr. Widerstand gegen eine Zerstückelung der Demokratie kann bestenfalls einen Sturm der Entrüstung auslösen, der wie eine Meereswelle im Sand ausläuft. Deshalb muss der Versuch, Demokratie wieder in die Nähe ursprünglicher Stärke zu führen, eine notwendige, aber von wenig Hoffnung begleitete, wohlmeinende Absicht bleiben.

»... Wir sollten uns der Bedeutung der wichtigsten politischen Institution, die uns die Antike hinterlassen hat, wieder bewusst werden,

anstatt sie zu verwässern und in Frage zu stellen. Wir sollten versuchen, Konsens darüber zu erzielen, wer dazu gehören soll und wer nicht und wer an den Errungenschaften des Sozialstaats teilhaben darf, den die Generationen vor uns geschaffen und der Gegenwart zur treuhänderischen Verwaltung hinterlassen haben ... dafür benötigen wir einen nicht herbeigeredeten, sondern tatsächlich breiten Mainstream, der Tatsachen und Standpunkte nicht mit ministeriellen Tabus belegt ...« [18]

Demokratie muss sich technischen und gesellschaftlichen Entwicklungen anpassen. Ein normaler Vorgang! Sie darf jedoch bei diesem Vorgang nicht ihre grundsätzlichen Werte einbüßen. Die Gründung der Demokratie bis zu ihrer heutigen Entwicklung lässt jedoch daran zweifeln! Die Entstehung und damit der Grundgedanke der Demokratie wurden in Griechenland geschaffen.

»Herrschaft des Volkes«, so lautet die Übersetzung. »Herrschaft des Volkes« ist also das tragendende Grundelement einer Demokratie! In den Anfängen der griechischen Demokratie versammelten sich die freien Männer auf dem Marktplatz und beschlossen dort unmittelbar über alle anstehenden politischen Fragen.

Frauen und Sklaven waren von diesen «freien Personen« ausgeschlossen!

Die Demokratie entwickelte sich weiter. Aus heutiger Sicht eine Selbstverständlichkeit. Inzwischen zählen auch Frauen zum freien Volk, und die Versklavung wurde abgeschafft. Sie wurde durch eine Unterdrückung mit Geld ersetzt.

»Herrschaft des Volkes« hat Folgen für politisches Handeln, wenn Demokratien Demokratien bleiben sollen. Eine lebende Demokratie braucht die Zustimmung der Regierten zu politischen Entscheidungen! Politiker können nicht einfach bestimmen, was Bürger hinzunehmen haben! Deshalb muss es ein Rechtssystem geben, das Vorgaben des Grundgesetzes absichert. Eine Judikative, die die Legislative überwacht und diese gegebenenfalls in ihre Grenzen verweist.

Politikergenerationen haben für viele Veränderungen gesorgt. Hier setzen die Zweifel an einer positiven Entwicklung der Demokratie ein. Das Wort »De - mo - kra - tie« wird etwas in die Länge gezogen, wenn politisches Wirken eine kritische Analyse für ratsam erscheinen lässt. Der Bürger soll sich dann der Bedeutung, Wichtigkeit und Tragweite einer lebendigen Demokratie wieder bewusst werden. Ein Versuch, die Demokratie neu aufzuwerten!

Die Diktatur unter Hitler hat der Demokratie in Deutschland zu einem besonders sensiblen Gebilde verholfen. Viel verpflichtende Sorgfalt und weit in die Zukunft blickende Gestaltung floss in die Gestaltung des Grundgesetzes ein. Die Gründerväter wollten eine »Herrschaft durch das Volk« sicherstellen. Alle Menschen sollten identische Rechte und Pflichten haben. Freiheit muss Gleichwertigkeit beinhalten und nicht unnötig eingeengt werden! Wie viel Freiheit die Bürger letztlich erhalten, kennzeichnet die Qualität einer Demokratie. Freie Wahlen, Minderheitenschutz, Akzeptanz einer politischen Opposition, Gewaltenteilung, Einhaltung der Verfassung, Meinungsfreiheit, sowie der Schutz der Grund-, Bürger- und Menschenrechte sind nicht verhandelbare Grundwerte einer Demokratie. Jeder darf seine Meinung äußern, sich informieren und versammeln. Die Gewaltenteilung soll sicherstellen, dass Exekutive, Legislative und Judikative streng getrennt sind und sich gegenseitig überwachen, um Machtmissbrauch zu verhindern. Die »Ewigkeitsklausel« des Grundgesetzes legt Bestimmungen fest, die niemals aufgehoben werden dürfen und daher staatliches Handeln auf »ewig« verbindlich bestimmen. Sie gelten jedenfalls »ewig«, solange das Grundgesetz für die Bundesrepublik Deutschland Gültigkeit hat. Zu dieser Ewigkeit zählen die Demokratie als solche, die föderative Staatsform, die Freiheit und die Würde des Menschen.

Die föderative Staatsform legt die Ausübung staatlicher Befugnisse und die Erfüllung staatlicher Aufgaben in die Verantwortung der Länder, sofern das Grundgesetz keine andere Regelung trifft. Bei einem Bundesstaat handelt es sich also um einen Zusammenschluss mehrerer Teilstaaten zu einem Gesamtstaat. Der Gesamtstaat ist für die Aufrechterhaltung des Zusammenhaltes der Teilstaaten zuständig, während die Teilstaaten an der Willensbildung im Gesamtstaat mitwirken. Die Souveränität des Gesamtstaates muss dabei stets über dem der Teilstaaten liegen. Die Länder haben ihre eigene Gesetzgebungskompetenz. Sie stehen folglich dem Bund als »eigener Staat« gegenüber. Etwas anderes gilt nur, wenn der Bund ausnahmsweise und ausdrücklich die Gesetzgebungskompetenz verliehen bekommt. Besteht eine konkurrierende Gesetzeskompetenz, sind die Länder nur solange zuständig, soweit der Bund die Angelegenheit nicht selbst regelt. Diese föderalistische Form soll politische Entwicklungen vermeiden, wie sie im Dritten Reich entstehen konnten.

Alle diese Verfügungen mögen selbstverständlich erscheinen. Banalitäten in überdimensionaler Ausführlichkeit breitzutreten, erzeugt eine ganz natürliche Langeweile. Politisches Handeln bedarf aber eine Gegenüberstellung zur reinen Lehre, um Abweichungen bewerten zu können. Politik wiederum benötigt die Möglichkeit, sich zu entlasten, gegensätzliche Systeme zu kritisieren, oder sogar die kulturelle Lebenssphäre als ein zerstrittenes Netzwerk anzuprangern. Der Demokratiegedanke wird dadurch nicht belastet! Politiker wollen aber mehr! Ersatzerklärungen sollen zweifelhafte Beschlüsse und ungelöste Obliegenheiten in einem neutralen Licht erscheinen lassen. Tatsachenentstellungen fügen sich in ein Selbstbewusstsein ein, das Macht als notwendige Grundbedingung erkennt. Wenn neutrale Analysen offenlegen, das politische Verordnungen ihren »höheren Zielen« zum Ausbau ihrer Macht dienen, beginnt das demokratische Fundament zu wackeln. Der Begriff »demokratisieren« gewinnt an besonderer Bedeutung. Politiker und Bürger feinden sich an, weil Bürger ihre Unabhängigkeit demonstrieren und verteidigen müssen. Herr Professor Dr. jur. Karl Albrecht Schachtschneider hat mit seinem Buch »Erinnerungen ans Recht« kritische Erläuterungen zu gravierenden Verstößen der Politik gegen das Grundgesetz zusammengetragen. Er hat der praktischen Seite des Rechts Raum zur Beurteilung gegeben. Er hilft dem Bürger, die notwendige Phantasie aufzubringen, will er in politischem Handeln tragende Pfeiler eines Rechtsrahmens erkennen. Er begibt sich dabei auf einen Weg, den Politiker mit Dornen ausgelegt haben. Sie wollen den Gang zum Recht blutig gestalten! Reine Lehre und politische Gestaltung der Demokratie entwickeln sich mehr und mehr zu Erzfeinden.

Politisches Einkommen kennt keine wirtschaftliche Not. Die Bezüge werden bei Bedarf angepasst, oder über Betrug angeglichen, so es denn erforderlich erscheint. »Der Griff in die Kasse«! Herbert von Arnim hat im Detail aufgezeigt, wie ungeniert und hemmungslos Berliner Landespolitiker ihre Macht missbrauchen, um durch Betrug ihre persönlichen Vorteile zu suchen. Sie nutzen ihre politische Macht, um diese finanziellen Bedürfnisse durchzusetzen.

Ich wünschte mir eine Demokratie als geschlossenes und gefestigtes System, in dem die Bürger davon ausgehen dürfen, dass die fähigsten Menschen die Regierung bilden und unser Land führen. Auch solche Menschen brauchen eine kontrollierte Macht! Demokratisch gestaltete Gesellschaften können nicht ohne Autorität und Macht geführt werden. Macht, so sie demokratisch abgesegnet werden soll, muss auf Orientierungsüberlegenheit aufbauen. Derartige Autorität entsteht durch umsichtige Entscheidungen in schwierigen Situationen, die dann erfolgreich gemeistert werden. Erfolgreich heißt: Sie überzeugen diejenigen, die von solchen Entscheidungen betroffen sind. Sie erbringen die überlegene Leistung, sich in einer Situation zurechtzufinden, die der normale Bürger nicht überschauen kann. Diese Situation zufriedenstellend zu gestalten, bedeutet Orientierungsüberlegenheit und diese überlegene Orientierung berechtigt zur Machtausübung. Macht unterlegte Autorität muss also erst erworben werden. Die Orientierungslosen vertrauen sich den Orientierungsfähigen an. Sie erkennen deren Macht solange an, bis sie in durchsichtigen Egoismus umschlägt. Geradezu bösartig wird Autorität, wenn sie daraus erwachsene Macht zum eigenen Vorteil missbraucht. Macht dient dann nicht mehr der Allgemeinheit, sondern dem persönlichen Nutzen. Demokratische Umsetzung erfolgt anschließend mit der Forderung nach »Demokratisierung«.

»Demokratisierung« ist also das Zauberwort, mit dem neue Akzente in der »modernen« Demokratie gesetzt werden sollen. Diese Teufelsmagie rechtfertigt, nahezu jede politischen Vorgaben umzusetzen. Politiker können nach Belieben mit ihren Vorstellungen in das gesellschaftliche Leben eingreifen. Sie können damit des Bürgers Freiheit dramatisch »demokratisieren«. Im bürgerlichen Sprachgebrauch heißt das, sie können das bürgerliche Privatleben nach politischen Vorstellungen gestalten. Die Interpretation von Begriffen entscheidet über ausufernder Macht oder Demokratie. Demokratie war einmal dafür vorgesehen, bürgerliche Verantwortung herauszufordern und zu stabilisieren. Moderne Politiker haben bürgerliche Pflichten mit sozialen Maßnahmen demokratisiert.

Empfundene Ungleichheit, beherrschende Machtstrukturen, mehrdeutig ablaufende Vorgänge, alles und jedes wollen Politiker dann demokratisieren. Die Aufarbeitung »undemokratischer Prozesse« offenbart die absolute Wahrheit! Diese so gefundene Wahrheit wird dem Menschen als Lebenserfüllung per Gesetz auferlegt. Vorgänge zu demokratisieren heißt also, Gerechtigkeit zu verwirklichen. Wer sollte gegen Gerechtigkeitsfindung aufbegehren? Auf diese Weise erhalten politisch gelenkte Einschränkungen und staatliche Vorgaben auf demokratischen Weg Einzug in die individuelle Lebensführung des Bürgers. Politiker versichern immer wieder, dass es ihnen um Inhalte und nicht um die Verpackung geht. Doch urplötzlich gewinnen Sprache, Stil und vor allem der Ton an Bedeutung. Dann verstecken ausgesuchte, wohl kalkulierte Redewendungen Verstöße gegen demokratische Grundsätze. Der Bürger wird als Folge mit einer beängstigenden Systematik der Wirklichkeitsentstellung konfrontiert.

Ein Bürger, der an der Demokratie zweifelt, kann doch nur feststellen, dass politische Positionsgestaltung wie das Schilf im Wind schwankt – sich also ohne Kompass bewegt! Politisches Verhalten schafft ein Glaubwürdigkeitsproblem. Im Ernstfall will Deutschland von Amerika verteidigt werden, beabsichtigt aber zugleich, mit einer wirtschaftlich ausgerichteten Entscheidung zu Nord Stream 2 den potentiellen Gegner Russland zu stärken. Frau Merkel schüttet 54 Milliarden Euro zur CO_2-Bekämpfung aus, scheut sich aber, zwei Prozent für die Militärausrüstung der Nato locker zu machen, die letztlich eine relative Sicherheit unseres Landes garantiert. Was will die Bundesregierung? Eine Allianz mit China? Eine Vernetzung mit Russland? Ein Bündnis gegen Amerika? Europäische Machtdemonstration? Das System Merkel kennzeichnet eine Verhaltensweise, die »Gefühle« einseitig zu Aversionen verleitet, gegen ihr Handeln aufzubegehren. Wollen Merkel und und ihre Vasallen ausschließlich ihre Sicht der politischen Gesamtsituation festzurren? Was kommt auf den Bürger zu, wenn Deutschland im politischen Außenverhältnis wie eine heiße Kartoffel fallen gelassen wird? Was passiert mit unserem Land, wenn Amerika seine schützende Hand zurückzieht? Europäische Verteidigung mit veralterten Waffensystemen soll uns schützen? Was spielt sich ab, wenn landesintern demokratische Verhältnisse nur noch den Namen einer »Demokratie« tragen? Was geschieht, wenn politische Vorherrschaft unter diktatorischer Flagge zu bleibender Zerstörung menschlicher Werte führt? Alle diese hypothetischen Fragen stellten sich, bevor Russland am 28. Februar 2022 einen Krieg gegen die Ukraine begann! Von »heute auf morgen« verlangen diese Fragen nun eine Antwort!

Wie soll der Bürger einer Demokratiegestaltung Glauben schenken, die sich bereits landesinneren Problemen nicht gewachsen zeigt und bei internationalen Problemstellungen keine schlüssige Richtung anbieten kann? Die Kanzlerin gibt mit etabliertem Selbstbewusstsein und herrischen Worten vor, eine bedeutende Rolle zu spielen, an der die internationale Politik nicht vorbeikommt. Letztlich beschränkt sich ihr Betätigungsfeld auf drei Bereiche: Wirtschaft, ergänzt durch Menschenrechtsfragen, Klimaschutz und Abwägung von Lockdowns zur Corona-Pandemiebekämpfung. Das fehlende Engagement in der Außenpolitik tobt sie beim Bürger aus. Dieser muss dann eine Demokratie hinnehmen, die auf Merkels politische Ziele ausgerichtet ist. Wo diese mainstreamgesteuerte »Demokratie« dann hinführt demonstriert ein Akademiker in einem Leserbrief: »Ich möchte lieber russisches Erdgas als amerikanisches Fracking-Gas verheizen«. Wählerausgerichtete Wirtschaftsinteressen sollen den deutschen Staat schützen?

In »Dantons Tod« lässt Georg Büchner seine zentrale Figur Milde fordern, weil dieser aus eigener Erfahrung die Fehlbarkeit des Menschen kannte und um dessen Schwäche wusste: »*... der Mensch darf vernünftig oder unvernünftig sein, gebildet oder ungebildet, gut oder böse, das geht den Staat nichts an.*« Politiker mischen sich dennoch in die Privatsphäre des Bürgers ein, obgleich sie den Staat nichts angehen dürfte. Bürger müssen sich dann politischen Verfügungen und Anordnungen unter Androhung von Strafe unterordnen.

Politiker wissen, dass sie keine Schwächen haben. Deshalb sind sie in die Regierungsspitze vorgedrungen. Sie fühlen sich aufgefordert, den Bürgern ihre fehlerfreie Lebensweise verbindlich aufzuerlegen. Nur diese, ihre eigene Lebenseinstellung ist gut für den Menschen! Sie beuten ihre Machtfülle aus, um ihre Deutung von Wahrheit als verbindlichen Maßstab auf den Bürger zu übertragen. Hat ihr Machtanspruch verdrängt, dass sie mit staatlichen Vorgaben und Vorschriften mehr und mehr in die Freiheit des Bürgers eingreifen? Nutzen sie ihre Macht, um in der Wiege erwachsener Menschen zu schaukeln, also sich in ihrer Eitelkeit zu suhlen? Oder verspüren sie bloß eine Genugtuung, den eigentlichen Souverän seiner Rechte zu berauben und ihm ihre Vorschriften aufzuzwingen? Politisches Treiben eröffnet der Phantasie viele Fragen. Ihre zwiespältige Auslegung von Wahrheit und Freiheit begründen Politiker mit dem demokratischen Auftrag, den Bürger vor Unbillen zu schützen. Welche Hypothesen auch immer aufgestellt und welche Fragen aufgeworfen werden, sie haben eines gemeinsam: die Auswirkungen politischen Wirkens passen nicht mehr in die Grundkonzeption einer Demokratie, wie es den Verfassern des Grundgesetzes vorschwebte. Das Ende dieser Beziehungskette muss den Todeskampf der Freiheit bedeuten.

»Das öffentliche Wohl soll das oberste Gesetz sein.« Es muss im Mittelpunkt des öffentlichen Lebens stehen. Marcus Tullius Cicero hatte gezielt auf den tragenden Grundpfeiler der Demokratie hingewiesen. Er wurde 43 v. Chr. ermordet. Sind derartige Zeichen Symbole, die die Zerbrechlichkeit einer Demokratie bewusst machen sollen?

Politik verweist den Bürger in Schranken, die eine ohne Orientierungsüberlegenheit erworbene Macht ihnen ermöglicht. Bestrafung stärkt Rechtsbeugung! Sie verschließt Augen und Ohren und finden dubiosen Rechtfertigungen für Rechtsbrüche.

»Trotz raffinierter Verschleierungstaktik von Seiten der Politik und der Medien kommt ihr auf Lügen aufgebautes System immer mehr ins Wanken. Dank des Internets hat die Anzahl derjenigen, die ihre Propaganda durchschauen, in den letzten Jahren rasant zugenommen. Momentan ist aber den wenigsten bewusst, wie viel Macht wir Bürger eigentlich haben. Wir müssen nur erkennen, dass wir nicht ein einfacher Tropfen sind, sondern wenn die Tropfen sich alle miteinander verbinden ... dann kann daraus eine große Welle entstehen, die das bestehende System hinweg spült ...« [19]

Eigentlich ein richtiger Gedanke! Aber hat unsere Demokratie noch den Willen, Freiheit gegen politische Bevormundung durchzusetzen? Hat das Volk den Mumm und das Wollen, sich gegen Entmündigung aufzulehnen und als Souverän eine Demokratie zurückzugewinnen, der sich auch Politiker unterzuordnen haben? Oder sind die Bürger bereits einer Hörigkeit erlegen, die eine sich daraus ergebende Gemütlichkeit als Wohlgefühl empfindet!?

»Würden Sie ein Verbot von Inlandsflügen befürworten oder ablehnen?« Eine Umfrage von Clara von Civey.

Eindeutig befürworten: 27 %
Eher befürworten: 17,5 %
Eindeutig nein: 23 %
Eher ablehnen: 14,3 %

Staatliche Verbote haben Hochkonjunktur! Um diese Verbote zu rechtfertigen, gründen staatliche Institutionen Unternehmen zur Erforschung von Stimmungen im Land. Ein jeder kann Aufträge erteilen! Auch die Politik! Die Civey GmbH ist ein Berliner Start-up Unternehmen, das Online-Umfragen für Meinungs- und Marktforschung durchführt, wobei Ergebnisse unmittelbar angezeigt werden. Die Umfragen werden gleichzeitig auf verschiedenen Internetseiten eingeblendet. Die von Civey ermittelten »Echtzeitdaten« werden auch vom öffentlich-rechtlichen Rundfunk aufgegriffen. Die Investitionsbank Berlin (IBB) finanziert Civey im Rahmen des ProFit-Programms. Pro Fit ist das mit EU-Mitteln kofinanzierte, zentrale Innovationsförderprogramm des Landes Berlin, mit dem technologieorientierte Projekte in allen Innovationsphasen finanziert werden – von der Forschung bis zur Markteinführung.

Kunden können exklusive Umfragen oder Ihre Zielgruppen in Auftrag geben oder sie befragen. Auswertungen erfolgen nach sozialdemokratischen Merkmalen, wie Geschlecht, Religion, Wahlabsichten, Alter und vielen weiteren Kriterien.

Mietpreise: Soll der Staat eingreifen? »Wäre es Ihrer Meinung gerechtfertigt, wenn der Staat bei überhöhten Mietpreisen in den freien Wohnungsmarkt eingreift?«

Ja, auf jeden Fall: 47,5 %
Eher ja: 17,3 %
Nein, auf keinen Fall: 16,3 %
Eher nein: 12,8 %

Interessant ist bereits die Fragestellung. »Überhöhte Mietpreise«! Unrealistische Preise kann es nur in einer Planwirtschaft geben. Eine freie Marktwirtschaft lebt von Angebot und Nachfrage. Sie bestimmen den Preis. Ist das Angebot knapp, steigen die Preise, entsprechend fallen sie, wenn ein Überangebot besteht. Unter Zugrundelegung einer freien Marktwirtschaft, entstehen Mieten, die Kosten decken und natürlich auch Gewinne für den Unternehmer abwerfen. Unternehmer gehen mit Investitionen in ein Produkt Risiken ein. Geht die Rechnung auf, machen sie Gewinne, andernfalls bleiben sie auf Verlusten sitzen. Die Stellungnahmen der Befragten lassen nicht erkennen, dass sie sich diese Zusammenhänge vor Augen führen. »Überhöht« sind Mietpreise nur durch planwirtschaftliche Eingriffe, die letztlich immer mehr Bürger in soziale Abhängigkeit führen. Als Konsequenz müsste Politik also vielmehr Anreize schaffen, mehr Wohnraum zur Verfügung zu stellen. Sie gefällt sich stattdessen mehr und mehr in der Rolle, in die Verhältnisse einer freien Marktwirtschaft einzugreifen. Sie begründet diese Maßnahmen mit der Notwendigkeit, soziale Gerechtigkeit sicherzustellen. Derart human erscheinende Richtlinien kommen beim Wähler gut an! Die sich daraus ableitenden Folgen erkennen die meisten Bürgern nicht oder sie werden verdrängt. Politische Wohltaten führen zu indirekten Steuererhöhungen, die immer mehr Bürger in die Armut treiben, um letztlich vom politisch aufgebauten Sozialnetz eingefangen zu werden. In diesem Sinne stimmen sie für »ja, auf jeden Fall«. Der Strompreis ist in den Jahren 2014 bis 2020 für Privathaushalte um 21,7 Prozent und für Gewerbekunden um 38,8 Prozent gestiegen. Mit 31,94 Cent pro Kilowattstunde nimmt er eine Spitzenstellung in der Welt ein. Alle politisch herbeigeführten Kostensteigerungen müssen letztlich an den Bürger weitergegeben oder »sozial« aufgefangen werden. Der Staat verdient kein Geld! Er kann es nur ausgeben! Ein politisch herbeigeführter Teufelskreis!

Die von der Civey GmbH aufgeworfenen Fragen verlangen nahezu alle ein Spezialwissen, soll eine Entscheidung sorgfältig durchdacht sein. Über ein solches Spezialwissen kann der Bürger in den meisten Fällen nicht verfügen. Er lässt sich von seinen Gefühlen leiten! Insofern hilft seine Stellungnahme nicht der »Wahrheitsfindung«, sondern unterstützt lediglich Politiker bei der Mehrheitsfindung. Entsprechend der Auswertung der Umfrageergebnisse richten Politiker ihre Argumentation in Parlamentsdebatten aus, so sie denn überhaupt noch als seriöse Auseinandersetzungen einzuordnen sind. Auf diese Weise lotete Frau Merkel auch Volkes Stimmung zum zweiten Lockdown aus. Wählerstimmen haben ihn überwiegend befürwortet. Die russische Schriftstellerin Ljudmila Ulitzkaja hat dazu die Lebensweisheit einer 79-jährigen Dame angetragen: *»... Angst ist ein starkes Gefühl, es liegt in unserer Natur, wir brauchen die Angst, um zu überleben.«*

Wird das Fragespektrum von der Civey GmbH über einen längeren Zeitraum analysiert, so muss der Eindruck entstehen, dass der Bürger nicht mehr rational seine Verantwortung als Souverän wahrnehmen will. Verantwortung verliert seinen Einfluss! Volkes Stimme vertritt dann Meinungen, die nur mit der Ausrichtung auf eine gesicherte »soziale« Versorgung erklärbar sind. Zwangsläufig muss der Parteienwettbewerb um gerechte soziale Dienstleistung zunehmen und ständig ausgebaut werden. Brot und Spiele! Eine beängstigende Entwicklung! Ist sie noch aufzuhalten?

Den zunehmenden Verschleierungen wahrer politischer Ziele können wir Bürger nicht mehr wirklich begegnen. In dieses vorsätzlich herbeigeführte Dunkel wenigstens einen kleinen Splitter Licht eindringen zu lassen, darf nur der Phantasie vorbehalten bleiben. Wir Bürger sollen »höhere politische Ziele« als festgeschriebene Einrichtung hinnehmen müssen. Mit dem Hinweis auf Mentalitätswandel wollen Politiker eine von Ideenlosigkeit getragene Aktivitätslücke ausfüllen, bis sie einen Knochen gefunden haben, den sie abnagen können. Dazu setzen sie gern ein beliebtes, da bewährtes Mittel ein: Sie jonglieren mit der Angst! Erhält Angst einen Namen, so ängstigt sich der Mensch insbesondere bei Ereignissen, die er nicht überblicken kann. Wenn Politiker dann Weltuntergangsszenarien verbreiten, fühlt der Mensch sich total verunsichert. Er soll in solchen Situationen dann glauben, dass nur die starken Arme und die bewachenden Fittiche des Staates Sicherheit, Geborgenheit und prophylaxen Lebensschutz bieten können. Politisches Endziel beansprucht des Bürgers bedingungslose Aufgabe seiner Eigenständigkeit.

Daraus ergeben sich Konsequenzen! Grauen und Entsetzen kriechen vom Kopf bis zum Po hinunter und drücken als Gänsehaut tief verankerte Verzweiflung aus. Der Gedanke an die Zukunft lässt Planungen nicht hoffnungsfroh galoppieren, sondern unterliegt nur noch Ängsten. Ängste, die die Lebensfreude rauben. Diese Ängste beuten Politiker für ihre Machtgier aus! Unnachgiebig, gefühlskalt! Im öffentlich-rechtlichen Fernsehen präsentieren sie sich mit sterilem, einen aufgesetzten Lächeln, um ihre unerschöpfliche, unergründliche Bedeutung für die Demokratie hervorzukehren. Ihre Herzen sind längst zu Stein erhärtet. Steine kennen kein Leben und kennen folglich auch keine Skrupel. Erbeutete Macht hat die Seele getötet und führt in eine unehrliche Einsamkeit, die in einem heuchlerischen, pharisäerhaft gestalteten Dasein der Doppelzüngigkeit und hinterhältigen Doppelmoral ihre Erfüllung suchen muss. In der Folge müssen Machtgefühle dann Unzufriedenheit ersetzen! Dabei wäre es ihre vordringliche Aufgabe, Emotionen mit Vernunft zu begegnen.

Ginge alles mit rechten Dingen zu, so müsste das Recht auf demokratisch gestaltete Macht durch immer neue Orientierungsüberlegenheit nachgewiesen werden. Allein Orientierungsüberlegenheit rechtfertigt politische Macht! Es geht also im Grunde genommen um die Einschätzung, wem der Bürger in seiner Ausrichtung wann folgen kann. Das jedoch sind Wunschträume geworden! Er muss lernen zu gehorchen! Kommt er den politischen Anordnungen nicht nach, so gibt es zunächst Strafandrohungen. Geht er weiterhin seine eigenen Wege, so wird er bestraft. Eigene Entscheidungen darf der Bürger nur noch in seinen Träumen treffen! Ihm fehlen Alternativen! Alle Parteien tragen den gleichen Hut und werfen sich die gleiche Kutte über. Ziel ist, in der Machtsuppe der Regierungsbildung mit eintunken zu dürfen! Sie suchen Koalitionen, zimmern Gesetze zu ihrer Machterweiterung und verstoßen gegen juristische Auflagen. Kurz zusammengefasst: Es fehlt an Orientierungsüberlegenheit. Die Judikative lässt sie zu häufig gewähren, schließt sich in ausgesuchten Fällen als Partner an. Das politisch gekürte Führungspersonal des öffentlich-unrechtlichen Rundfunk ist hörig und folgt politischen Anweisungen. Es kennt die Konsequenzen: Rechthaber und Besserwisser werden gefeuert! Und die Presse? Sie unterwirft sich dem Mainstream! Demokratie wird aufgrund ihrer Anfälligkeit und Zerbrechlichkeit immer eine Gratwanderung durchmachen müssen, will sie ihr klassisches Fundament verteidigt. Die Merkel-Regierung moderiert die Demokratie in eine »moderne« Demokratie um, die bereits bei einer konsequenten Gewaltenteilung scheitert und sich immer mehr Verfahrensweisen einer Diktatur annähert. Wenn die Politik schließlich des Bürgers Würde und Freiheit erstickt hat, und der Bürger sich die Frage stellt, wo Demokratie in eine Diktatur einmündet, taucht der Begriff »Krise« auf. Die Demokratie befindet sich in einer Krise, so ist dann in nahezu allen Zeitungen zu lesen. Die Krisendeutung überspielt jedoch nur, dass Grundelemente einer Demokratie sich politischen Machtinteressen beugen müssen.

Politiker bezeichnen sich als »elitär« und geben vor, in die Sphäre philosophischen Gedankenguts vorzudringen. Tatsächlich genügt ihre praktische Ausrichtung jedoch nur, ihre Vorschriften und Verbote unergründlich auszuspinnen. Sie geben sich der Illusion hin, das Klima beherrschen zu können! Sie träumen davon, ein einheitliches Europa zu schaffen. Auf visionärer Sparflamme bauen sie Luftschlösser auf und zählen bis zum Jahr 2022 eine Millionen Elektroautos auf den Straßen. Sie wollen »Allrounder« sein, die für alles und jedes Lösungen anzubieten wissen. Der Bürger soll sein Leben in einen Gesellschaftsrahmen einfügen, den allein Politiker für geordnet halten. Sie entstellen oder unterbinden sachliche Informationen zur Beurteilung politischer Maßnahmen. Sie werden durch Behauptungen ersetzt. Bürgern wird keine lange Überlegungsfrist zu anstehenden Entscheidungen eingeräumt. Nicht einmal Folgeabschätzungen kurzfristig herbeigeführter Beschlüsse lassen sie zu. Das dritte Bevölkerungsschutzgesetz wurde in einer Nachtund Nebelaktion durch den Bundestag geprügelt! Die Gestaltung gesellschaftlicher Abläufe kennzeichnet Konzeptlosigkeit! Wer weder selbst einem Kompass folgt, noch anderen die Möglichkeit einer persönlichen Ausrichtung einräumt, weist jede Art von erarbeiteter Orientierungsüberlegenheit zurück. Orientierungslosigkeit führt den Zerfall einer Gesellschaft herbei. Sie rütteln Sehnsüchte nach moralisch gefestigten Vorbildern wach! Politik hat kein Gespür mehr für die Würde des Menschen. Sie treibt die Wähler als formlose Manövriermasse ihrer »höheren Ziele« vor sich her.

»Wenn aber weder Politik noch Öffentlichkeit ein Gefühl für Stil und demokratische Disziplin hochhalten, wird Vertrauen in Personen und Institutionen oft nur über den Rechtsweg wieder hergestellt. Da geht es dann aber schon nur um die dünne Decke der Zivilisation.« [20]

Erleben wir derzeit die politische Spielart einer selbst inszenierten Krise? Muss sich die Politik hinsichtlich demokratischer und sittlicher Werte infrage stellen? Die Partei die »Linke« und linke Sozialdemokraten sind überzeugt davon, keiner Ideologie, sondern der Vernunft zu folgen. Sie wollen sich vor Stellungnahmen und vor Fakten schützen. Die »rechten« Parteien versuchen, zu einer Geschlossenheit zurückzufinden. Und wie stand es um die nun abgelöste politische Führung selbst? Wie weit erkannte sie, dass sie sich von demokratischen Grundsätzen entfernte? Im Grundgesetz wurde ausdrücklich das demokratische Grundprinzip aufgenommen, dass alle Staatsgewalt vom Volk ausgeht. Vergangenheit! Theorie! Gesetzgebung (Legislative), Rechtsprechung (Judikative) und vollziehende Gewalt (Exekutive) muss ihre vom Grundgesetz auferlegtete Verpflichtung abgeben, sich gegenseitig zu überwachen. Politiker haben herausgefunden, dass »kluge« Entscheidungen nur in der Zusammenarbeit gefunden werden!

Die »heute« vorherrschende »Realpolitik« bildet Machtkämpfe ab und gestaltet Rechtsbeugung zu einem natürlichen Vorgang um. Merkel öffnet die Grenzen für Migranten und Asylsuchende. Wer Deutschland erreicht hat, kann bleiben. Eine das Recht brechende Lösung! Das Rechtssystem lässt Zweifel an der Beachtung streng demokratischer Merkmale aufkommen. Die Judikative erkennt zu oft politisch geformtes Recht unkritisch als rechtsstaatlich an.

»... Ein Rechtsstaat besteht nur, wenn die Einzelnen mit hinreichender Sicherheit und ohne allzu großen Aufwand feststellen können, was für häufig vorkommende Vorgänge und Sachverhalte geltendes Recht ist. Wenn alljährlich die Steuergesetze und ihre amtliche Auslegung geändert werden, und zahllose andere Gesetze als eine Art von Eintagsfliegen herumirren, ist der Rechtsstaat auch schon dann gefährdet, wenn irgendwo verbindlich festgestellt wird, was geltendes Recht sein soll.

Ein Recht, das nur noch von Spezialisten verstanden werden kann, wird immer mehr zum bloßen Herrschaftsinstrument, weil der Bürger unverhältnismäßigen Zeit- und Geldaufwand treiben muss, um den behördlichen Rechtsauffassungen zu widersprechen ...« [21]

Ein wesentliches Merkmal des Grundgesetzes ist seine revolutionsfeindliche Beständigkeit. Behutsame Textauslegungen stellten Stabilität und Wertbeständigkeit sicher. Die politisch ausgestaltete moderne Demokratie baut das Rechtssystem zu einer für den Bürger unverständlichen Rechtsprechung um.

»Das Rechtsempfinden der Bevölkerung darf in einem Rechtsstaat nicht entscheidend sein.« »*Der Respekt vor dem Staat nimmt ab*«, so deutete die Bundesjustizministerin Katharina Barley ihre Rechtsvorstellungen.

Abgehobene Arroganz hinterfragt nicht, warum der Respekt vor dem Staat abnimmt. Sie weiß, dass die Schuld nur und allein der Bürger trägt. Ausschließlich Politiker überblicken, was in einem Staat »richtig« abläuft, und nur sie wissen, was juristisch »richtig« sein darf. Fehlt dem Bürger die Einsicht und der Respekt vor dem Staat, so muss ihm das durch harte Bestrafung deutlich vor Augen geführt werden.

Technische und gesellschaftliche Umgestaltungen verändern auch politische Verhaltensweisen. Politiker dürfen nicht danach handeln, was sie wissen, sie müssen danach handeln, was sie wissen dürfen. Handeln muss so ausgelegt werden, dass jederzeit ein Rückzug möglich sein muss, ohne die Glaubwürdigkeit zu verlieren. Sich rechtskräftig zu binden gefährdet die Karriere! Heilsversprechen ersetzen Fakten. »Demokratisierung« und »Transformation der Demokratie« verwirklichen Demokratie als politisch geformte Lebensstruktur. Schulen, Universitäten, Kindergärten, Krankenhäuser, Gefängnisse, alles und jedes muss demokratisiert werden. Einfamilienhäuser beanspruchen zu viel Grundfläche! Sie müssen verboten werden! Verordnungen und Verbote beherrschen politische Basteleien. Grabenkämpfe ersetzen Streitereien über kulturelle Voraussetzungen einer Demokratie. Politiker, die noch nie in ihrem Leben wahre Menschlichkeit erfahren haben, drängeln sich in den Vordergrund. Sie haben nur charakterschwaches Streiten gelernt, um ihre Existenz vor sich selbst zu rechtfertigen und aufzuwerten. Menschliche Würde ist ihnen jedenfalls fremd. Phrasen und inhaltslose Worte müssen Charakter und Werte ersetzen. Politische Bedeutung schöpfen sie aus der Verständigung mit einer anonymen Gemeinschaft im Internet. In dieser Welt kann sich jeder Dummkopf tummeln und sich zu Wort melden, also auch Personen, die keinerlei sittliche Umgangsformen kennen und diese schon gar nicht pflegen.

Der gewaltsame Tod des Kassler Regierungspräsidenten Walter Lübcke ist ein trauriges Ergebnis der Art von Auseinandersetzungen im Internet. Walter Lübcke hatte anlässlich einer Bürgerversammlung zur Flüchtlingskrise im Oktober 2015 in Richtung Zwischenrufern gesagt: »Es steht jedem, der christliche Werte wie die Hilfe in Not nicht teilt, frei, das Land zu verlassen.« Lübcke hatte eine politische Auffassung vertreten. Sie hätte von einer anderen Meinung mit Hinweise auf das Recht relativiert werden können. Das wäre demokratisches Verhalten gewesen. Stattdessen wurde er während seiner Amtszeit beschimpft und bedroht. Er hatte sogar Morddrohungen erhalten und stand unter Polizeischutz. Schließlich wurde er hingerichtet! Wenige Tage nach seinem Tod konnte auf Facebook zu seinem Tod gelesen werden: »das Volk wehrt sich, die ersten Politiker fallen« ... »mich freut es« ... »selbst schuld« ...« ich hoffe, dass das Drecksschwein habe leiden müssen« ... »Ruhe in der Hölle Du Bastard« ... »jedem das Seine« ... »freut mich, dass er erschossen wurde. Eine widerliche Ratte weniger. Fehlen noch die anderen ... Ein Gruß an den/die Täter: jetzt bitte bei den grünen Schwachmaten weitermachen! Danke!« ... »bei den Leuten, die diese irrsinnige Politik rechtfertigen und verteidigen trifft so was, meiner Meinung nach, immer den/die Richtige(n).« Der AfD-Kreisvorsitzende in Dithmarschen (Schleswig-Holstein) schrieb: »Mord????? Er wollte nicht mit dem Fallschirm springen.« Moderne Demokratie im Internet!

Moderne Demokratie betrachtet nicht mehr den Bürger, beschäftigt sich nicht mehr mit dem Menschen, sondern denkt nur noch an Wählerstimmen.

»... Der Verfassungsrechtler Frank Schorkopf wurde unter anderem gefragt, ob es besser wäre, die soziale Marktwirtschaft im Grundgesetz zu verankern. Er antwortete wie folgt: Wir haben ein Wirtschaftsmodell, das sehr gut zum Grundgesetz passt, weil das Grundgesetz vom Menschen her denkt, den Menschen in den Mittelpunkt stellt und erst dann die Gemeinschaft folgen lässt ... Ich stelle fest: Das ganze linke Parteienspektrum, bis weit in die CDU/CSU hinein, stellt die Gemeinschaft, das Kollektiv in den Vordergrund.

Das entspricht somit nicht dem Grundgesetz, ist sozusagen gesetzeswidrig. Links sein heißt, die Individualität zu missachten ...« [21]

Das Bedürfnis, Freiheit auf Parteiinteressen einzuschnüren, findet immer mehr politisches Wohlgefallen, stabilisiert sich und verfestigt sich in allen politischen Bereichen. Politisch eingeschlagene Wege haben sich angewöhnt, der Wertschätzung des Grundgesetzes nicht die ihm gebührende Hochachtung zu erweisen. Das Bundesverfassungsgericht opponiert nicht! Der Bürger schlägt die Augen nieder! Er hat den Mut verloren, sich dagegen aufzulehnen!

Jeder Zweite traut sich nicht mehr, seine Meinung in der Öffentlichkeit oder im Freundes- oder Bekanntenkreis zu äußern. So einer Umfrage zufolge! Der Zusammenschluss von Ärzten aus der Rhein-Main-Region als »Freie Ärzte Netzwerk Rhein-Main« hat ein Protestschreiben verfasst. Um die Unterzeichner vor Diskriminierung zu schützen, verzichtete das Netzwerk, die Namen der Unterzeichner zu veröffentlichen. Selbstverständlich darf die Meinung gesagt werden, allerdings muss die Diskriminierung ertragen werden, wenn eine vom Mainstream abweichende Position vertreten wird. Die Mehrheit der Bürger ist also überzeugt davon, dass freie Meinungsäußerung im Großen und Ganzen gewährleistet wird.

Dieses Pauschalurteil aufgeschlüsselt ergibt, dass 41 Prozent vermeinen, als »rechts außen« eingestuft zu werden, wenn sie sich als Patrioten ausgeben. 59 Prozent sind überzeugt davon, dass sie in ihrem Freundes- und Bekanntenkreis ihre Meinung frei äußern können, im öffentlichen Raum halten nur 18 Prozent so etwas für möglich.

Zwei Drittel der Bürger glauben, dass es ungeschriebene Gesetze gibt, die festlegen, was gesagt werden darf und was verschwiegen werden sollte. Die Mehrheit der Bevölkerung vertritt die Auffassung, dass »man« sich auch geeinigt darüber hat, bei welchen Themengebieten eine Verständigung problemlos möglich ist. Dazu zählen Erörterungen, die für die Identität einer Gesellschaft von besonderer Bedeutung sein sollen. Konkrete Beispiele verharren im

Dunkel! Sie genießen nicht einmal politische Phrasentechnik! Verschleierungen müssen den Zusammenhalt der Gesellschaft fördern.

Derartige Ergebnisse einer Umfrage zur Meinungsfreiheit fordern Merkels Moderationsbegabung heraus! Sie »ermuntert jeden, seine oder ihre Meinung zu sagen.« Am 06.11.2019 verdeutlichte die Kanzlerin deshalb in einem »Spiegel«-Interview, wie Meinungsfreiheit in Deutschland abzulaufen habe. Sie sehe die Meinungsfreiheit in unserem Land nicht in Gefahr *»Die Debatte verläuft ja so, dass ein sogenannter Mainstream definiert wird, der angeblich der Meinungsfreiheit Grenzen setzt. Doch das stimmt einfach nicht.«* Warum das einfach nicht stimmt, ließ sie offen. Die Kanzlerin weiß ihre Position inzwischen so gefestigt, dass sie auf Begründungen verzichten kann. Sie fühlt sich deshalb in Behauptungen sehr viel wohler als sich durch Begründungen zu profilieren. Politische Begründungen könnten falsch verstanden werden und den Bürger nur verängstigen! Deshalb muss das Wort der Kanzlerin genügen. Es ist quasi Gesetz! Vergleiche zwischen der DDR und der heutigen Lage Deutschlands hält Merkel für »unpassend«. Auch hier muss das Wort der Kanzlerin genügen. Nur heimlich darf der Bürger denken, dass die Vorgänge tatsächlich direkt vergleichbar ablaufen. Er sucht nach Unterschieden! An eine uneingeschränkte Meinungsfreiheit in Deutschland glaubt offenbar nur noch die Kanzlerin und der von ihr geformte Stab.

Meinungsfreiheit ist ein Grundbaustein der Demokratie. Meinung ist ein Beitrag zur Wahrheitsfindung und ermöglicht, Falschaussagen richtig zu stellen. Die Bundeskanzlerin bevorzugt die Wahrheitsfindung über Moderation! Diese so gefundene Wahrheit benötigt keine rechtliche Grundlage, und der auf diese Art gefundene Wahrheitsnachweis lässt sich besser den tatsächlichen Gegebenheiten einer »modernen« Demokratie anpassen. Merkel weiß natürlich auch, dass alle Bürger der Gesellschaft dasselbe wollen. Deshalb kennt die Kanzlerin keine wirklich unterschiedlichen Strömungen in unserer Gesellschaft, um die Zukunft zu gestalten.

Alle wollen soziale Sicherheit und Wohlstand! Darüberhinausgehende Beschreibungen von Gemeinsamkeiten verschwinden im Nebel. Tabuthemen und Meinungen, die nicht in das politische Raster passen, sind indiskutabel und nicht tolerierbar! Sie sind wenig hilfreich! Allein die Bundeskanzlerin regelt, was demokratische Meinungsfreiheit ist! Interpretation politischer Wahrheiten und deren Umsetzungen hatte sie in der DDR gelernt! Sie weiß folglich, dass jedermanns Meinung richtig ist. Das schafft Gleichheit und Zufriedenheit! Sie will es allen »recht« machen! Deshalb hat Frau Merkel zutiefst verinnerlicht, dass unterschiedliche Meinungen zu Spannungen in der Gesellschaft führen. So etwas verängstigt den Bürger. Beängstigende Existenzgefahren aufzuzeigen und dafür Maßnahmen zur Abhilfe zu ergreifen, muss allein der Politik vorbehalten bleiben.

Hans-Georg Maaßen, stellte sich öffentlich gegen die Kanzlerin. Er wurde gefeuert! Parteimitglieder der AfD verlieren ihren Job im öffentlichen Dienst. Die AfD findet kaum noch öffentliche Räume, in denen sie ihre Veranstaltungen abhalten kann. Der Innenminister will geltendes deutsches Recht umsetzen, die Kanzlerin droht ihm mit Entlassung. Ganze Internetseiten werden geschwärzt, wenn sie nicht politische Meinung richtig wiedergeben. Das »Spiegel«-Interview ruft also sehr wohl DDR-Zeiten wach. Nur »demokratisch« verpackt! Die Stellungnahme der Kanzlerin verhöhnt die Menschen dieses Landes. Das gelang auch Honecker in der DDR!

Das Gegenteil von Demokratie ist Diktatur. Früher nutzten nur Diktatoren die Angst, um ihre Untertanen in die Schranken zu verweisen. Ungehorsam unterdrückten sie mit Tod und Verwüstungen. Putin führt derzeit plastisch vor Augen, was mit Menschen passiert, die sich seinen »politischen Zielen« widersetzen. Inzwischen ist Konservierung der Macht durch Angstgefühle nicht nur Tyrannen vorbehalten. Auch die moderne Demokratie bedient sich dieser Waffe. Nur nicht diktatorisch, sondern streng demokratisch! Die XXL-Koalition mit ihren überschwappenden Kompromissen hatte sich als Einparteienherrschaft bereits einem Diktaturcharakter angenähert. Ist Demokratie tatsächlich nur noch durch wortreiche Verklärungen gekennzeichnet?

Wenn zur DDR Vergleiche angestellt werden, so moderiert Merkel diese Gegenüberstellung als »unpassend«, als »wenig hilfreich«. Die Kanzlerin findet immer beschönigende Worte. Im Jahr 2015 wollte sie mit der Grenzöffnung »Humanität« demonstrieren! Die von ihr überstürzt ausgerufene Willkommenskultur hatte für Deutschland und die EU unübersehbare Folgen mit eklatanten, nicht nur finanziellen Belastungen. Sie spaltete die deutsche Bevölkerung in zwei Teile. Die einen wollten auf das Recht vertrauen dürfen, die ihnen die Regierung vorenthält, die anderen versuchten Humanität durchzusetzen. Merkel erreichte genau den Zustand, den sie vorgibt, vermeiden zu wollen. Sie spaltete die Gesellschaft! »Wir schaffen das!« musste weitere besorgniserregende Rechtsverstöße überspielen. Deshalb noch einmal:

»... Wenn Humanität gegen Recht ausgespielt wird, dann sollte zumindest eine ehrliche und grundsätzliche Diskussion darüber geführt werden, in welchen Bereichen des politischen und rechtlichen Lebens in Deutschland Humanität grundsätzlich Vorrang vor dem Recht hat. Oder bestimmt die mediale Berichterstattung darüber, wann dieses im Einzelfall zu geschehen hat?« [14]

Im nationalen Alleingang will die Kanzlerin Deutschlands CO_2Anteil von 2,08 Prozent, entsprechend 0,0000312 Prozent am weltweiten Ausstoß, »CO_2-neutral« gestalten. Gemäß Kyotovorgaben soll der CO_2-Ausstoß Deutschlands um 0,0000016 Prozent gesenkt werden, um das Weltklima zu retten. Kosten sind pillepalle! Hazardeurwiderspiegelnde Maßnahmen wie BER, die Berliner Staatsoper, die durchgeprügelte Rechtschreibreform, der Bologna-Irrweg, alle diese Entscheidungen kennzeichnen ein Abenteurertum, das eher der Vorgehensweise einer unehrlichen als einer wirklichen Demokratie entspricht. Der deutsche Sonderweg, in einem hoch entwickelten Industrieland gleichzeitig auf Kohle und Kernenergie zu verzichten, bezeichnen die Medien inzwischen als »Wette«. Politik geht eine Wette ein, um eine unverzichtbaren Energieversorgung im Land sicher zu stellen! Sie wird von sich widersprechenden Behauptungen genährt. Ein geläuterter Verstand räumt einem Sieg dieser Wette wenig Chancen ein! Wetten haben nichts mehr mit sorgfältigen, verantwortungsvollen Beschlüssen zu tun. Sie degradieren den Bürger zur Spielmasse der Machterhaltung.

Merkels absolutes Machtbedürfnis ist bekannt, also kein wirkliches Geheimnis mehr. Um diese Macht zu erhalten, hat sie sich bereits den Ruf der Regenbogen-Kanzlerin erobert. Sie zeigt sich für eine Koalition mit jeder Parteifarbe offen. Hier kann sie ihre Moderationsstärke ausspielen. Wenn es notwendig wäre, würde sie auch eine Koalition mit der AfD zu rechtfertigen wissen. Noch ist das ein Tabuthema! Von der Industrie verlangte sie im Februar 2019, also zeitaktuell, ein »sehr enges« Zusammenrücken von Staat und Wirtschaft. Der Staat will sich direkt in die Geschäftsstrategie privater Unternehmen einschalten. Auch das hat es bereits in der DDR gegeben! Nur noch einen Hauch kompromissloser! Extreme Ansichten hinterfragen inzwischen, inwiefern Frau Merkel versucht, politische Gestaltungsmerkmale der DDR in ihre moderne Demokratie einzubringen. Der Ausbau des »Erneuerbaren-Energie-Gesetzes« zielt in diese Richtung. Die DDR hat vorgemacht, wie durch Planwirtschaft Kapital vernichtet wird. Die Kanzlerin schlägt den gleichen Weg ein. Ihr Weg der Kapitalvernichtung ist nur weniger sichtbar, hat aber die gleichen Folgen! Die Auswirkungen müssen künftige Generationen ausbaden! Die höchsten Stromkosten in der EU moderierte sie als »Investition in die Zukunft«. In was für eine Zukunft? Ihr nationaler Alleingang, das Spurengas CO_2 auf nicht messbare Werte zu verringern, setzt das Sahnehäubchen auf die Geldvernichtung.

»Seit der Entscheidung der Vereinigten Staaten von Amerika, das Klimaabkommen zu verlassen, sind wir entschlossener denn je, es zum Erfolg zu bringen. Das Klimaabkommen ist unumkehrbar, und

es ist nicht verhandelbar.« Das ließ sie in ihrer Regierungserklärung vom 29.06.2017 verlauten.

Was versteht sie unter Erfolg? Den weltweiten CO_2-Anteil um 0,0000016 Prozent zu senken? Dieser Erfolg ist nur politisch messbar! Der nationale Alleingang hat in den vergangenen zehn Jahren allein durch das EE-Gesetz 290 Millionen Euro verbrannt. Zusätzlich wirft die Kanzlerin weitere 54 Milliarden Euro in die Flammen. Sie verspricht, dass weitere Scheine folgen werden, so der Führerin das notwendig erscheint. Diese Maßnahmen sind nicht nur DDR-Strategie, sondern auch ein Fall von Kindesmissbrauch. Die totalen Auswirkungen ihrer DDR-Politik treffen des Volkes Kinder und Enkel. Merkel hat keine eigenen Kinder, und sie selbst hat sich dann längst mit der Erde zu Staub vermischt.

Wie die Entscheidung zustande kam, den CO_2-Gehalt um 5,2 Prozent zu mindern, um die Welt zu retten, wird dem Bürger verschwiegen. *»Das Klimaabkommen ist unumkehrbar und nicht verhandelbar.«* Die Kanzlerin hatte in ihrer Regierungserklärung vom 29.06.2017 die politischen Fronten abgesteckt. Politiker entscheiden und nicht das Volk! Das Volk wird eingenordet und 500 Wissenschaftler und Fachleute der Klimawissenschaften, die u.a. fordern, dass Klimapolitik wissenschaftliche und wirtschaftliche Realitäten respektieren muss, werden abgebürstet. Klimapolitik dürfe nicht auf hypothetischen Computermodellen aufbauen, so mahnten die 500 Wissenschaftler. »Es gibt keinen Klimanotstand!«, wusste Merkel. Ihre Moderationsbegabung wird mehr und mehr ihr politisches Fundament! Deshalb darf der Bürger nur wissen, was die Regierung für notwendig hält. Die Politik hat entschieden, dass CO_2 die Welt vernichtet. Das muss der Bürger glauben, auch jene Bürger, die nicht zur »Friday for future«-Demonstration gehören!

»Immer mehr muss die Vielfalt der Natur
der Einfalt des Menschen weichen.«
Harald Schmid.

Die Zusammenarbeit von Judikative und Legislative mögen zwar eine »moderne« Demokratie gestärkt haben, aber sie belastet ein Rechtssystem, welches das Grundgesetz einfordert und das auch noch viele Bürger sich wünschen. Allerspätestens als Merkel 2015 die Grenze öffnen ließ und auf eine Kontrolle verzichtete, musste Recht sich moralischen Forderung unterwerfen. Moral bezeichnet in seinem Grundgedanken die Gesamtheit ethisch-sittlicher Normen, Werte, die das zwischenmenschliche Verhalten einer Gesellschaft regulieren, und die von verbindlicher Bedeutung sind. Moral erläutert demzufolge die Grenzen politischen Handelns. Sie beantwortet Fragen wie: Was darf die Politik unter keinen Umständen tun? Wozu ist die Politik verpflichtet? Den Raum dazwischen müssen Freiheit und von Verantwortung getragene bürgerliche Verpflichtungen ausfüllen. Darüber entscheidet der Bundestag. Der unterliegt jedoch dem Fraktionszwang der XXL-Koalition, will heißen, den Forderungen der Kanzlerin.

Sie, die Politiker, kennen nur ihre kleine Welt der Problemschaffung und ihrer eigenwilligen »Wahrheitsfindungen«! Dieses Konglomerat betten sie in eine sozial abgefederte Gesellschaftsordnung ein. Hier liegt der eigentliche Grundkonflikt, den uns die politisch geformte moderne Demokratie beschert und zumutet. Der östereichischdeutsche Soziologe Hellmut Schoeck (1922–1993) stellte in seinen Betrachtungen über »Neid und die Gesellschaft« fest:

»Das wirklich Tragische am sozialen Ideengut ist der Versuch, eine Volkswirtschaftslehre, ein Programm von Zwangsmaßnahmen aus der vermeindlichen Pflicht heraus zu spinnen, eine Gesellschaft der vom Neid erlösten Gleichen zu schaffen.«

Politiker beleben diesen Gedanken, indem sie mit populistischen Versprechungen glaubend machen, dass es Ansprüche auf Wohlstand gäbe, ohne etwas dafür zu tun. Sie können und wollen nicht wahrnehmen, dass soziale Vergünstigungen daran gebunden sind, das jeder Bürger sich bemüht, alles ihm Mögliche in die Gesellschaft einzubringen. Das »Mögliche« muss zwangsläufig unterschiedlich sein. Die Menschen kommen mit unterschiedlichen Gaben auf die Welt. Nicht jeder Mensch wird als Unternehmer geboren! Die Gesellschaft benötigt Personen, die bereit sind, Risiko zu tragen. Genauso gibt es nur wenige Menschen, die eine spezielle künstlerische Begabung auszeichnet. Aber gerade diese, nicht auf wirtschaftliche Erfolge ausgerichteten Menschen bestimmen das kulturelle Leben und setzen Akzente, warum Bildung dem Leben sinnvolle, notwendige Freiheit schenkt! Kunst gibt einer Gesellschaft eine spezielle, eigenwillige Ausstrahlung. Diese Variationsbreite menschlichen Lebens gebietet, dass Bürger, die sich zwar redlich bemühen, aber nur eine Leistung auf überschaubarem Niveau erbringen, von der Gesellschaft aufgefangen werden. Politiker sehen keine Erfordernisse, sich mit diesen Gegebenheiten menschlicher Vielfalt zu beschäftigen. Das hat ganz natürliche Gründe! Sie wissen nicht, was wirkliche Arbeit bedeutet. Beurteilung von Arbeitsqualität unterliegt politischen Maßstäben! Arbeit heißt politisch, viele, viele Stunden im Parlament oder bei sonstigen Debatten abzusitzen und durch »Verhandlungen« bis in die frühen Stunden eine überdurchschnittliche, unproduktive Belastbarkeit nachzuweisen.

Der 72-jährige Dr. Schäuble »verhandelte« bis 5.00 Uhr in der Früh in Brüssel. Um 9.00 Uhr erschien er pünktlich in Berlin im Bundestag. Dafür erhielt er sogar von Herrn Trittin Applaus. Politiker wissen längst, dass von der Natur auferlegte Gesetze für sie außer Kraft gesetzt worden sind. Konzentrationsschwäche aufgrund von Übermüdung zu überwinden, unterscheidet die politische Elite von sich abstrampelnden Mitläufern! Und natürlich vom gemeinen Volk! Unermüdlicher, erschöpfungsfreier Einsatzeifer qualifiziert ausgesuchte politische Spitzenkräfte! Sie bezeugen und manifestieren, was harte »Arbeit« bedeutet! Diese Arbeit führt in höchste diplomatische Ebenen. Folglich muss das Ergebnis der Schweigepflicht unterliegen. Unter den Folgen dieser Verschwiegenheit leidet dann der Bürger.

Die »moderne« Demokratie lässt ehemals undenkbare Dinge inzwischen als durchaus denkbar erscheinen. Politik verwirklicht Vorgänge, die noch bislang einer vorbelasteten Phantasie vorbehalten waren. Politische Entscheidungen haben bereits Einzug in meine Träume erhalten. Derartige Gedankenabläufe verlassen längst die neutrale Phase. Verachtung und Widerstand bestimmen die Einstellung zur Politik. Das Erschreckende und eigentlich wirklich Belastende derartiger Gedankenspiele ist jedoch, dass sie nicht mehr unwirkliche, von Erfindungsgabe gesteuerte Ausflüge eines Einzelgängers sind. Sie werden gleichermaßen von einer Vielzahl von Bürgern durchlebt. Derartige Denkprozesse sind seit langem nicht mehr Ausläufer einer übersprühenden Ideenvielfalt. Nachweisbare Gegebenheiten polstern sie ab. Im Gegensatz zur Politik dürfen Gedanken sich erlauben, aus Unsicherheit, Hirngespinsten und daraus sich erwachsener Verzweiflung kein Geheimnis zu machen. Politiker müssen ihre Ratlosigkeit hinter Arroganz und Behauptungen verstecken. Sie polstern ihr selbstgefälliges Unvermögen mit einem Bollwerk von Geltungsbewusstsein ab. Sie wollen sich nicht mit den Bürgern auseinandersetzen. Sie wollen nicht zugeben müssen, dass es auch für die Politik Grenzen gibt. Sie wollen weiterhin als unfehlbar gelten und sich auf allen Gebieten, zu jedem Thema sachkundig wähnen. Sollten sie tatsächlich Unterstützung benötigen, so muss so etwas unter den Teppich gekehrt werden! Normalerweise wissen jedenfalls Politiker alles besser! Diese außergewöhnliche Begabung müssen sie jedem Wähler mit vielen, vielen Versprechungen unter die Nase reiben. Ein Talent, das auch nicht vor der Interpretation von Bildung und deren Handhabung haltmachen kann.

Menschen sind zwar unterschiedlich, aber politische Vorstellungen kanalisieren solche Ungleichheiten mit der notwendigen Verpflichtung zur Chancengleichheit. Und sie bestimmen die Umgangsformen! Nur eine politische Schleuse, die menschliche Begabungen ordnet, kann zu irdischer Zufriedenheit führen. Eventuelle Andersartigkeiten bügeln Gesetze aus. Politiker wissen, dass alle Bürger dann glücklich und zufrieden sind, wenn sie ein luxuriöses Auskommen anstreben. Die Haushaltskasse muss klingeln! Geld ist der Schlüssel zum absoluten Glück! Diese Anschauung hat sich tief im politischen Bewusstsein verankert. Sie sichert Wählerstimmen! Das A und O politischer Bedeutung! Der Mensch muss anstreben, sein Glück ausschließlich im Gelderwerb zu finden. Er soll reich werden wollen! Seelische Belastungen und Unzufriedenheit, die sich in den Weg stellen könnten, werden mit Gesetzen wegretuschiert. Missstimmungen müssen unterbunden werden. Sie darf es nicht geben! Finanzieller Wohlstand einigt die Gesellschaft! Soziale Unterschiede müssen folglich politisch aufgearbeitet werden. Sie dürfen nicht die Freiheit belasten. Ein Langzeitauftrag! Schuldenfinanzierte Fördertöpfe, »grüne« Ziele, Transferleistungen an weite Teile der Bevölkerung! Der soziale Auftrag setzt Prioritäten! Die Zahl der Bürger, die davon abhängig werden, weitet sich zwangsläufig immer weiter aus. Politiker haben einen Kreislauf in Gang gesetzt, der weder aufzuhalten, noch rückgängig zu machen ist. Mit zunehmender Anzahl benachteiligter Personen steigt der gesellschaftliche und politische Druck, dieses System kontinuierlich auszubauen.

Eine Abkehr von diesem Verfahren käme einem Drogenentzug gleich. Geld ist allerdings auch der Schlüssel für Grundstimmungen wie Neiddebatten, abstruse Feindbilder, Pauschalierungen und jede Erscheinungsform von Vorurteilen.

Da »man« nichts Genaues weiß, kann jede Art Kritik gedeihen. Politiker investieren viel Sorgfalt, diese Auswirkungen von Silbertalern zu verdrängen!

Nicht Bürgers passives Handeln ist verwerflich, sondern die Umstände seines Umfeldes stempeln ihn zum Benachteiligten. Das Volk muss politisch geschützt werden. Der Bürger muss entlastet werden! Verantwortung zu tragen muss ausschließlich Aufgabe der Politik sein! Eine staatliche Fürsorgepflicht! Das politische Einfühlungsvermögen für diese erforderliche Gemeinnützigkeit muss entwickelt und ausbaut werden.

Frauen werden den Männern gleichgestellt. Industrieunternehmen wird vorgeschrieben, wie viel Frauen in Führungspositionen aufgenommen werden müssen. Die Politik hat für paritätische Verhältnisse zu sorgen. Nicht der einzelne Bürger ist für sein Verhalten zuständig, sondern die Gesellschaft. Vorschriften, Anordnungen und Gesetze zu organisieren muss das Wesensmerkmal der Gesellschaft festlegen. Ungehorsam wird bestraft. Bei leichten Vergehen genügen spürbare Geldbußen, für schwere Verfehlungen geht's ab in den Knast. »Rundfunkabgabe-Verweigerer« gehören in den Knast! Glücksspiel! Wer sich wann und wie lange auf der Internetseite eines Sportwettenanbieters einloggt, muss erfasst und durchleuchtet werden. Maßlosigkeit ist verboten! Was Exzess ist bestimmt die Politik! Bürger, die zu viel Alkohol pro Tag und Woche trinken, gefährden ihre Gesundheit. Der Staat muss ihnen helfen, also verbieten. Die käufliche Liebe ist unmoralisch. Gesetze müssen sie abschaffen. Der kulturelle Lebensraum muss »demokratisiert« werden. Sind Schüler nicht den Anforderungen des Schulunterrichtes gewachsen, muss die Unterrichtsgestaltung Chancengleichheit ermöglichen. Wer nicht lernen will, bleibt unwissend. Falsch! Wissen muss spielerisch beigebracht werden. Benotung gehört abgeschafft! Noten üben Zwang aus! Zwang schadet dem Selbstvertrauen und zerstört das Selbstbewusstsein. Übergewicht von Kindern ist nicht Folge von zu viel Essen. Die Familie leidet wirtschaftliche Not. Essen muss diesen Kummer überspielen. Eine soziale Aufgabe! Unsere Gesellschaft hat glücklicherweise verantwortungsbewusste Politiker! Jeder menschlichen Schwäche und Notlage bringen sie viel Einfühlungsvermögen und wohlwollendes Verständnis entgegen. Dieses Feingefühl haben Politiker sich mit Fleiß und persönlicher Selbstaufgabe angeeignet. Sie haben auch Maßnahmen entwickelt, um sich daraus ergebene missliche Umstände zu beseitigen. Der Bürger dankt Ihnen ihre Fürsorglichkeit bei Wahlen! Eine zwangsläufige Verkettung! Transferleistungen des Staates sind nicht wegzudenken. Diese Entwicklung zur umsichtigen und beschützenden Ausrichtung des Bürgers auf Bequemlichkeit konnte bereits die Führung der griechischen Demokratie in ihrem Endstadium erfolgreich umsetzen. Sie werden als »Brot und Spiele« überliefert!

»Moderne« politische Verhaltensweisen suchen demokratische Harmonie. Politiker, die Sachlichkeiten auf »Wahrheit« prüfen und beim Namen nennen, haben nicht begriffen, was politische Verantwortung bedeutet. Sie sind für höhere politische Ämter ungeeignet. Allein die Kanzlerin entscheidet, was falsch und was richtig ist. Zu viele Politiker entlassen sich aus ihrer verfassungsrechtlich auferlegten Verpflichtung dem Bürger gegenüber und flüchten in politischen Gehorsam. Mainstream und öffentliche Medien sorgen bei Aufmüpfigkeit für Konsequenzen. Bürger, die sich in dieses politische System nicht einfügen wollen, werden wirtschaftlich zur Rechenschaft gezogen, politische Delinquenten werden entmachtet. In diesem System bewähren sich Politiker, deren beruflicher Werdegang in der oberflächlichen Gestaltung politischer Aufgaben eine Erfüllung ihrer Geltungssucht findet. Der Bundesarbeitsminister Hubertus Heil hat noch nie einen normalen privatwirtschaftlichen Betrieb kennengelernt.

Nach dem Politologie- und Soziologiestudium durchlief er eine lupenreine Karriere als SPD-Abgeordneter und Parteifunktionär. Seine beamteten Staatssekretäre kennen das wahre Leben der Wirtschaft nur aus Lehrbüchern. Weitreichende Entscheidungen bei Arbeitsproblemen lösen politische Lehrmeinungen. Dabei gilt der Grundsatz, dass Nichtwissen Entscheidungen erleichtert!

Leonie Gebers hat sich von der SPD-Referentin durch die Ministerialbürokratie hochgearbeitet.

Der promovierte Volkswirt Rolf Schmachtenberg ist nach acht Jahren in der Friedensbewegung in den Staatsdienst abgebogen. Björn Böhning gelangte nach der Universität über den Juso-Chefposten nahtlos auf Spitzenplätze in der Berliner Staatskanzlei und von dort an die Spitze des Arbeitsministeriums. Die Arbeitswelt kennt auch er nur vom Hörensagen.

Politiker sind verpflichtet, öffentlich unanständig hohe Managergehälter anzuprangern. Dazu verpflichtet eine von Zeit zu Zeit erforderliche Neubewertung des Moralbegriffs. Das Verständnis breiter Gesellschaftsschichten kennt die Bedeutung von Wohlstand. Entsprechend positiv nehmen sie auf, wenn unsoziale Managergehälter bloßgestellt werden. Diese Aufgabe übernehmen Parteien, die den sozialen Gedanken als Schwerpunkt in ihren Parteiprogrammen aufgenommen haben. Verdiente Personen aus den eigenen Reihen werden bei derartigen Betrachtungen allerdings ausgeklammert. Die ehemalige Innenministerin von Niedersachsen, Frau Christine Hohmann-Dennhardt, war 13 Monate im Dienst von VW tätig. Die SPD-geführte Landesregierung übt als Miteigentümer einen beträchtlichen Einfluss auf dieses Weltunternehmen aus. Christine erhielt beim vorzeitigen Ausscheiden eine Abfindung von 15 Millionen Euro. Ihr Ressort: Integrität und Recht. Zusätzlich erhält sie eine Pension von monatlich 8.000,- Euro. Ihr Vertrag war auf drei Jahre angelegt. Sie ist Mitglied der SPD und wird derem linken Flügel zugeordnet. Sie hatte als hessische Landesministerin und Bundesverfassungsrichterin höchste Positionen inne, aus denen Ihr »Lebensabend« wirtschaftlich bestens abgesichert ist. Die soziale Untermauerung ihres Einsatzes bei VW werden hinter verschlossenen Türen geregelt. Finanzielle Zugeständnisse an würdige Personen fördern gemeinsame politische Grundsätze. Sie erleichtern Koalitionsverhandlungen!

Seit den achtziger Jahren ist die Wahlbeteiligung gesunken. Inzwischen beteiligen sich 40 Prozent bei Europawahlen, 50 Prozent bei Kommunalwahlen und 60 Prozent bei Landtagswahlen. In NordrheinWestfalen waren es noch 55 Prozent. Die Bundestagswahl im Jahr 2013 haben nur noch rund 70 Prozent der Wahlberechtigten begleitet. Erkennen Bürger zunehmend, dass politische Entscheidungen und Maßnahmen ohne des Bürgers Zustimmung der Politik wichtiger sind, als auf Volkes Stimme zu hören? Er soll als Souverän nicht mehr eingreifen! Politiker vergessen dabei, dass die Bürger und weniger sie das Volk bilden. So jedenfalls fordert es der demokratische Grundgedanke! Ansteigendes Misstrauen zu ihren Beschlüssen, und damit ein anwachsendes Spannungsverhältnis zwischen ihnen und den Bürgern müssen Folgeerscheinungen sein. Politikern ist es aber schnuppe, ob der Bürger sich mit ihren Entscheidungen auseinandersetzt oder darauf verzichtet. Sie bestimmen, was richtig ist! Das Verhalten des Bürgers ist indessen – wertneutral betrachtet – verständlich. Wenn Politik anordnet, was richtig ist, und dem Bürger Informationen fehlen, kann er nicht vernünftig, sachlich unterlegt, urteilen. Er kann sich kein Bild darüber machen, welche Gegebenheiten wirklich notwendige Veränderungen einfordern, und welche Entscheidungen politischer Profilierung dienen. Eine wirkungsvolle Opposition gibt es nicht mehr. Die Medien nehmen ihre eigentliche Aufgabe nicht mehr wahr, als »vierte Gewalt« zu fungieren und in dieser Rolle die Regierung kritisch zu bewerten. Sollten die Bürger sich inzwischen bewusst werden, dass sie mit ihrer Stimme nur ein Machtbedürfnis der Parteien unterstützen? Es wäre eine denkbare Auswertung der Wahlergebnisse. Es könnte aber auch sein, dass die Zahl der Bürger zunimmt, die den politisch erfundenen und ihn belastenden Einheitsbrei der Parteien satthaben, insbesondere den Zwang, bei Informationen auf fragwürdige Quellen zurückgreifen zu müssen.

- »Nach Merkel unterstützt nun auch die EU den Tübinger Impfhersteller CureVac.«
- »Merkel-Regierung bereitet Impfzwang-Gesetz vor.«
- »Olaf Scholz erlaubt EZB rechtswidrige Anleihekäufe.«
- »Jeder Dritte hat in der Rente weniger als 1.000,- Euro.«
- »Der Steuerschock: Jetzt wird klar, wie die Merkel-Macron-EU kassiert.«
- »Altkanzler Schröder: Grüne inhaltslose – teure Klimapolitik.«

- »Maskenpflicht im Kreißsaal: Gebärende erleiden Trauma.«
- »Brisantes Lobbytreffen aufgedeckt – Treffen zwischen Merkel und Karl Theodor zu Guttenberg.«
- »Betrugsfall Wirecard: Merkel setzt sich für Skandal-Unternehmen ein.«
- »Überwachungsinstrumente – wie weit die Experimente bereits sind.«
- »Klimaschutz im Auto – oder Kontrolle?« Zum 01.09.2020 ist in der EU ein sogenanntes Verbrauchs-Kontrollsystem installiert worden. In Neuwagen würde künftig gespeichert, wie viele Kilometer das KFZ fährt. Gespeichert wird auch die jeweilige Geschwindigkeit. Das »System« wird diese Daten per Direktübertragung an Behörden weiterleiten. Die Grundlage dieser Verordnung geht auf den 05.11.2018 zurück. »Leichte Fahrzeuge« sind demnach mit einer »Überwachung des Kraftstoffund/oder Stromverbrauch auszustatten.«
- »Trotz Corona: Merkel und alle Mitglieder der Merkel-Regierung bekommen ab 01.03.2020 mehr Geld (Diätenerhöhung).«
- »Versorgungskatastrophe? Deutschlands Strom reicht nicht mehr.«
- »Unfassbar: Bald ist der Blackout in Merkel-Deutschland da.«

Viele Gerüchte haben den Weg in die Gesetzgebung gefunden. Aber das ist nicht der eigentliche kritische Punkt für diskriminierende Missstimmung! Weniger entscheidend ist auch, ob Gerüchte tatsächlich zutreffen oder der Profilierung des Verfassers dienen. Belastend für den Bürger ist vielmehr, dass er jede Latrinenparole ernst nehmen muss. Fehlende politische Aufklärung lässt alles für denkbar halten! In zu vielen Fällen werden für problematische Themen Versuchsballons gestartet. Die Reaktion der Wähler wird zunächst ermittelt! Im nächsten Schritt wird der geeignete Zeitpunkt abgewartet, um im letzten Akt den Bürger mit Gesetzen zu überraschen.

Die Kritik des Bund der Steuerzahler an politischem Werkeln erfolgt aus steuerlicher Sicht. Ihre Informationen haben sich eine sachliche Wertung erarbeitet und die Gerüchteküche verlassen. Sie müssten folglich politisch ernster genommen werden. Politik ist zwar stark genug geworden, um sich auch darüber hinwegzusetzen, aber sie können nicht einfach die Einwände mit Verachtung strafen. Insbesondere dann nicht, wenn das Bundesverfassungsgericht sich bereits eingeschaltet hat.

- »Die Verfassung spielt keine Rolle mehr« – die Schuldenbremse wird missachtet.
- »Runter mit der Steuerlast!« – Die DSi-Steuerbremse. Körperschaftssteuer, Branntweinsteuer, Rennwettsteuer, Hundesteuer, Kirchensteuer, Tabaksteuer, Jagdsteuer, Energiesteuer, Abgeltungssteuer, Zweitwohnungssteuer, Luftverkehrssteuer, Grundsteuer, Umsatzsteuer, Biersteuer, Kernbrennstoffsteuer, Schenkungssteuer, Grunderwerbsteuer, Vergnügungssteuer, Alkoholpopsteuer, Feuerschutzsteuer, Abgeltungssteuer, Erbschaftssteuer, Einkommenssteuer, Kapitalertragssteuer ... ein kleiner Ausschnitt aus der Steuerbelastung des Bürgers.
- »Das Schwarzbuch« – Der Steuerverschwendung auf der Spur.
- »Kippt die schwarze Null?« – BdSt enthüllt unsinnige Ausgaben.
- »Wird unser Bargeld abgeschafft« – Gegen den Angriff auf die Freiheit.
- »Gebt uns unser Geld zurück!« – Volle Steuerkasse.
- »500 Abgeordnete sind genug!« »Weniger ist mehr!« – Der Bundestag muss kleiner werden – Bundestag im roten Bereich.

Der Bundestag gibt vor, eine effektive Arbeit zu erbringen. Derartige Beteuerungen sind eine seiner wichtigsten Aufgaben! Zu den übrigen Denksportaufgaben tragen jetzt 796 Abgeordnete bei. Die »Grünen« wollen ein Umweltministerium einführen. Noch mehr Phrasendrescherei und Schwafelei! Der Bund der Steuerzahler hält

500 Abgeordnete für vollkommen ausreichend. Wunschdenken! Koalitionszwang stärkt politische Parteien! Je mehr Parteikollegen im Bundestag, desto stärker der Einfluss! Phrasen beleben das Geschäft mit der Macht! Profilierung ist wichtig! Jeder Hansel muss deshalb seinen Senf dazu geben, um das politische Gericht genießbar zu machen.

»Diskussionen sind ein beliebter Zeitvertreib zur Selbstdarstellung.«
Das geltende Wahlgesetz lässt zu, dass Überhangsmandate vollständig ausgeglichen werden. Eine Beziehung zur Demokratie sucht der Bürger jedenfalls vergeblich.

2021 bis 2024 werden 796 Abgeordnete des Bürgers Portemonnaie belasten! Die Schwafelei kann nur in einem teuren Chaos enden!

»In zahlreichen Gesprächen mit Bundestagsabgeordneten habe ich nicht eine Meinung gehört, die eine Zunahme der Mandate rechtfertigt …« [22]

Allein 700 Mandate verlangen bereits mandatsbedingte Ausgaben wie Diäten, Kostenpauschalen oder Fraktionszuschüsse, Kostensteigerungen von knapp 100 Millionen Euro. Hinzu kommt die Aufstockung des Verwaltungspersonals des Bundestags.

Was diese Kostenexplosion mit Demokratie zu tun hat, könnte nur politischer Egoismus erklären. Zur Erinnerung: Abgeordnete kriegen jeden Monat rund 15.000,- Euro und sonstige Vergütungen, davon knapp 5.000,- Euro steuerfrei. Wofür eigentlich?

»In vielen Talkshows und Zeitungsartikeln werden … die europäischen Veränderungen der Parteienlandschaft auch mit der Entfremdung der Politik von den Bürgern begründet. Richtig!... Wir brauchen mehr rationale und sachliche Politik. Dazu tragen aber nicht mehr Abgeordnete bei! Stattdessen ist es besser, mit weniger Vertretern die Qualität zu steigern …« [22]

Wenn Politikern »Qualität« unterstellt wird, kann eine derartige Behauptung nur des Bürgers Hoffnungen auf eine bessere Welt steigern.

Überquellende Steuerkassen vereinfachen Entscheidungen über Ausgaben. Sie brauchen weder bedacht noch begründet zu werden. Steuerverschwendung wird zum ganz normalen Vorgang. Nicht Steuergelder sparen lautet die Devise, sondern neue Steuerquellen erschließen und dem Bürger mit vielen, vielen Worten im öffentlichen Fernsehen zu erklären, dass die Steuern gesenkt werden. Zur Abrundung dieser Thematik gehört, dass der Bürger nicht mehr in die Steuerausgaben Einblick nehmen darf. Politiker korrigierten ihre Fehlleistung aus dem Jahr 2005. Seinerzeit durfte der Bürger über einen entsprechenden Antrag beim Bundesfinanzministerium noch Auskunft über jede Art von Steuerausgaben erhalten. Für eine moderne Demokratie ist so etwas ein untragbarer Zustand! Selbstverständlich muss ein Verbot demokratisch erfolgen, könnte doch ein derartiger Beschluss den Weg in die öffentlichen Medien finden. In einer Mitternachtssitzung, in der nur noch zwei Prozent der Bundestagsabgeordneten anwesend waren, wurde das Informationsfreiheitsgesetz (IFG) aufgerufen. Zwei Prozent von 709 Bundestagsabgeordneten, also 15,2 Bundestagsabgeordnete, stellten sicher, dass der Bürger künftig keinen Einblick mehr in die Steuerausgaben erhält. Streng demokratisch! Einblicke in politisches Werkeln zu verhindern, zählt zu den vordringlichsten Aufgaben von Politikern einer modernen Demokratie! Sie bevorzugen, Gerüchte zu unterstützen!

Wenn sich Gerichte einschalten müssen, verlieren politische Operationen den Gerüchtecharakter. Gabriels wettbewerbsfeindliche Genehmigung der Übernahme der Kaiser-Tengelmann-Supermärkte durch Edeka im Jahr 2016 greift bestimmend in Marktverhältnisse ein. Politiker haben längst keine Skrupel mehr, ihre Vorrangstellung zur politischen Aufwertung ihrer Person auszunutzen. Davon machte auch die Kanzlerin gebraucht! Frau Merkel hat die politische Bühne verlassen. Herr Scholz hat sie abgelöst! Zahlenbereinigt, also ohne die Stimmen der Schwesterpartei und ohne Nichtwähler, hatten sich 18,85 Prozent der deutschen Bürger im Jahr 2013 für die CDU und für die Kanzlerin entschieden. Bei den Wahlen 2005 bis 2013 betrug der Wert durchschnittlich 16,39 Prozent. Die Civey GmbH beschäftigte sich mit der politischen Zeit danach.

»Werden Sie Merkel nach ihrer Amtszeit vermissen?« 52,2 % antworteten: Nein.

»Soll Frau Merkel nach ihrer Amtszeit in der Politik aktiv bleiben?« 59,7 % Neinstimmen, 28,9 % Jastimmen.

Offensichtlich war die Mehrheit der Bürger froh, dass das Wirken der Kanzlerin Merkel ein Ende hatte! Mit der Begründung »Abwicklung fortwirkender Verpflichtungen« stehen Frau Merkel bis an ihr Lebensende zwei Personen in leitender Position (je Einkommen bis zu 120.000,- Euro) zu, fünf Sachbearbeiter (je 41.900,- Dollar) und zwei Fahrer (je 40.000,- Euro). Neben ihren Pensionseinkünften von monatlich 15.000,- Euro belastet die Pensionszeit den Steuerzahler zusätzlich mit jährlich 529.000,- Euro. Die »Abwicklung fortwirkender Verpflichtungen«! So wurden diese dauerhaften Zahlungen begründet! Diese »Verpflichtungen« obliegen der neuen Regierung! Der Kanzleramtschef Helge Braun hatte zuvor noch gefordert, keine weiteren Personal- oder Strukturentscheidungen in den jeweiligen Ressorts zu treffen. Muss per Gesetz ein »Schweigegeld« sicherstellen, das zweifelhafte Politikpraktiken keinen Zugang zum Bürger finden? Auch der ehemalige Bundeskanzler Gerhard Schröder hat einen Anspruch auf »Abwicklung fortwährender Verpflichtungen«. Er nutzte sie, um die enge Freundschaft zu Putin zu vertiefen. Diese Kumpanei sichern sein wohldotiertes Einkommen in Russland ab. Eine menschliche Verbindung, die er auch nach dem Einmarsch Russlands in die Ukraine pflegt.

Alle diese letztklassig und ehrlos herbeigeführten persönlichen Vorteile sind Bestandteil politischer Schaffenskraft. Sie sind ein unübersehbares Indiz für die Persönlichkeit eines Politikers und der Handhabung ihm auferlegter Verantwortung für den Bürger. Sie vermitteln einen tieferen Einblick in den Charakter von Menschen, die ihre berufliche Erfüllung in der Politik suchen. Der Amtseid erteilt Politikern den Auftrag, sich für das Wohl und Wehe der Bürger einzusetzen. In der Umsetzung hat die »moderne« Demokratiegestaltung andere Vorstellungen! Sie muss persönliche Vorteile, verbunden mit Geltungssucht und Macht gewährleisten. Sie muss das Dasein auf der Erdkugel als sinnvolle Aufgabe rechtfertigen. Die Kanzlerin muss ihre Langeweile vertreiben und sie möchte auch noch als Rentnerin eine bedeutende Rolle in der Gesellschaft spielen. Dabei hätte sie Zeit, ausführlich darüber zu sinnieren, welchen Beruf sie eigentlich verfehlt hat. Möglicherweise als Physikerin! Aber irgendwann ist so ein Wissen altersbedingt nicht mehr gefragt! Manchmal droht sogar eine Frühpensionierung! Dagegen wird ein Mitmischen an politischen Geschehnissen im Untergrund bis an das Lebensende immer Bestand haben. Parteikoryphäen über den Tisch zu ziehen und Bürger zu verschaukeln, diese Umsetzung von Verschlagenheit altert nicht! Spitzenpolitiker unterliegen der Zwangsvorstellung, für die Menschheit unabkömmlich zu sein. Diese über die Jahre aufgebaute Überbewertung ihrer Person verbietet ihnen, die Grenzen ihres Geltungsbedürfnisses zu erkennen. Als Krönung einer solchen zunftgerechten Laufbahn erfolgen am Lebensende Nachrufe, die einen Menschen beschreiben müssen, dessen vielseitigen Veranlagungen während des Gastrechtes auf diesem Planeten nicht ausgeschöpft werden konnten. Wären sie einem vernünftigen Beruf nachgegangen, so würde ihnen nicht die Einsicht fehlen, bei Zeiten ein ausfüllendes Hobby aufzubauen. Sie würden auch nicht glauben, unabkömmlich zu sein. Sie werden sich bedauerlicherweise nicht ihres unerwünschten Einflusses bewusst und bringen nicht die Einsicht auf, ihre Bedeutungslosigkeit zu erkennen.

In der Persönlichkeit eines Politikers lässt sich auch problemlos der Umgang mit Steuergeldern in dunklen Kanälen einfügen. Er kann perfide Formen annehmen. Die Abgeordneten des Landes Berlin haben unrechtmäßig ihre Bezüge um 64 Prozent angehoben.

Sie bedeuten nur Steuerbetrug in Millionenhöhe, gehen deshalb in den allgemeinen Ausgaben in Milliardenhöhe unter. Wären diese Steuerverschwendungen nur Ausnahmen, also Ausdruck menschlicher Schwächen, so könnte der Bürger sich noch trösten. Es sind einmalige Patzer! Sie gewinnen jedoch konstant an Robustheit! Der Unterschied zwischen Verschwendung und Betrug verschwimmt!

Der »Soli«, der Solidaritätsbeitrag zur Wiedervereinigung von Ost- und Westdeutschland, wurde Anfang der neunziger Jahre eingeführt und auf ein Jahr begrenzt. Ein politisches Versprechen! Er sollte die finanziellen Belastungen der Wiedervereinigung abfedern. Mitte der 90-iger Jahre löste ein Gesetz diese Befristung auf »unbefristet« ab. Gesetze, die Steuereinnahmen sicherstellen, passieren problemlos das »Parlament«. Im nächsten Schritt versicherte die Regierung, den Soli nicht länger als »notwendig« beizubehalten, ein gängiges Manöver üblicher politischer Beteuerungen. Steuerverschwendungen machen immer Steuereinnahmen notwendig! Letztlich ist die Politik mit ihrem »Versprechen« dort angekommen, wo sie von Anfang an hinwollte: den Soli auf »ewig« festschreiben! Man denke nur an die Sektsteuer! Sie finanzierte die Kriegsflotte Kaiser Wilhelms. Schon ist ein »Ukraine-Soli« im Gespräch! Die Zuverlässigkeit, neue Steuerquellen zu erschließen und Versprechen nicht einzuhalten, bauen moderne Politiker weiter aus. Bedauerlicherweise nicht nur bei Wahlveranstaltungen! Steuern abzuschaffen, ist ein politisches Verbrechen, das die Höchststrafe verlangt! Und die »Notwendigkeit« des Soli? Schätzungen Mitte 2018 wiesen aus, dass der Soli 18,75 Milliarden Euro einbringen wird. Der Steuerüberschuss des Bundes betrug zu dieser Zeit bereits 19,5 Milliarden Euro. Der Soli ist natürlich weiterhin »notwendig«! Nicht nur wenn es um Abzocke der Bürger geht, sind politische Aussagen nichts wert. Veruntreuung von Steuergeldern ist ein fest eingeplanter und praktizierter Posten! »Moderne« Demokratie!

Ein Mehrparteiensystem und eine Koalition als Regierung mit einer wirksamen Opposition sollen den demokratischen Grundgedanken verwirklichen. Eine demokratische Grunderkenntnis besteht auch darin, dass die Herrschaft durch nur eine Partei lediglich eine Notlösung sein darf, insbesondere bei einer schwachen Opposition. Diktatorische Gefahren drohen! Diese Gefahr ergab sich lediglich zu Beginn der Merkelära. Später näherte sich die Regierungsform aufgrund herber Stimmenverluste der Notwendigkeit einer XXLGemeinschaft. Zunächst nahm Merkel die SPD mit ins Regierungsboot, um ihre Macht zu retten. Die SPD war als kleines Anhängsel derart wichtig geworden, dass sie die drei wichtigsten Ministerien erhielt. Den Grünen kam die Kanzlerin mit einer angepassten Umweltpolitik entgegen, so dass diese ihren Stimmenanteil soweit stabilisieren konnten, dass eine Regierungsbeteiligung nur eine Frage der Zeit sein konnte. Der politische Kurs der Kanzlerin durfte trotz abnehmender Zustimmung bei den Wählern nicht gefährdet werden. »Kompromisse sind das Ergebnis harter Arbeit«, so erklärt die Kanzlerin diese politischen Verhältnisse. Sie verbiegt durch Verständigungen im »Hinterzimmer« die demokratische Forderung nach öffentlichen Auseinandersetzungen mit unterschiedlichen Volksinteressen. Die Feuerprobe bestand die XXL-Gemeinschaft anlässlich Merkelscher Euro-, Energie- und Flüchtlingspolitik. Das Ergebnis der engen Zusammenarbeit der demokratischen Parteien war »alternativlos«! Die Kanzlerin fügt ein Bausteinchen zum anderen! Sie verlangte bei der Neubesetzung des Präsidentenamts des Bundesverfassungsgerichts einen gestandenen Politiker. Sie kriegte ihn! Ohne Gegenstimme! Streng demokratisch! Die XXL-Gemeinschaft macht's möglich!

Die Magna Charta forderte von Bürgervertretern noch ein, dass die Abgeordneten nach ihrem Gewissen entscheiden. Gewissen! Was beinhaltet ein politisches Gewissen? Bereits das Wort auszusprechen bereitet Schwierigkeiten! Eine Deutung bietet nur noch die Vergangenheit! Beschlüsse unterliegen Willenserklärungen, die dem Fraktionszwang Rechnung tragen. Wirtschaftliche Zwänge eines Politikers! Da gilt es, die weiße Flagge zu hissen. »Gewissen« kann es da nicht mehr geben! Abgeordnete, die sich der Parteiführung widersetzen, werden aussortiert. Eine solche Person ist für höhere Ämter ungeeignet! Eigentlich garantiert Art. 20 Abs. 2 S. 2 GG dem Bürger demokratische Abstimmungen, also Stimmabgabe nach dem »Gewissen«. Frau Merkel baute gewissensfreie Beschlüsse aus. Gewissen ist nämlich bei Abstimmungen »wenig hilfreich«.

Moderne Politik vervollständigt mehr und mehr ihre Kontrolle über den Bürger. Sie erzieht ihn dazu, Freiheit als das zu verstehen, was Gesetze und Vorschriften noch übrig lassen, also noch nicht abgeschnürt haben. Und sie arbeiten weiter daran, die Einschränkungen zu vervollständigen. Vermögen unklarer Herkunft sollen künftig eingezogen werden, so setzt der neue SPD-Vorstand auf eine erfolgreiche Zukunft der Partei. Jeder Bürger soll die Herkunft von Vermögen nachweisen müssen. »Wer nichts zu verbergen hat, braucht sich keine Sorgen zu machen«. Politiker versuchen, mit ihrer Art Logik Vertrauen zu erwirtschaften. Dieser Satz soll ein neutrales Rechtsbewusstsein widerspiegeln. Der Bürger soll optimistisch Zuversicht in staatlich sachgerechte Finanzabwicklungen aufbringen. Vertrauen, als Schlüsselwort für harmonisches Zusammenleben in der Gesellschaft, das gab es vielleicht einmal. Politiker haben es durch Beschlüsse wahrheitsentstellender Tatsachenverdrehungen ersetzt. Wie soll ein Bürger sich auf eine Institution verlassen können, die im Bedarfsfall nur von Betrug geleitet wird? Nun wollen sie Zutrauen ergaunern! Genau mit den Mitteln, wie sie dieses verspielt haben. Verordnende, freiheitseinschränkende Gesetze! Durch Beweisumkehrung wollen Politiker im privaten Lebensbereich des Bürgers nach Belieben herumschnüffeln können. 2019 hatte es 915.257 staatliche Kontenabfragen gegeben, 2020 waren es bereits 1.014.704, also rund zehn Prozent mehr. Sie läppern sich!

Und wie gehen Politiker untereinander mit sich um? Begegnen sie dem Menschen, gleichviel wer er sei und woher er kommt, als

Mensch? Sehen sie gemäß Theodor Heuss im Gegner den Partner? Frau Nahles wollte der politischen Konkurrenz eins auf die »Fresse« geben. Dann kriegte sie selbst eins auf die »Fresse«. Sie musste ihren Posten als Parteivorsitzende aufgeben. Genossen bekundeten öffentlich, dass ihnen ihre Vorsitzende peinlich sei. Der frühere Bundeskanzler Schröder sprach ihr die Kompetenz ab und Gabriel gab ihr die Empfehlung, zurückzutreten. Auch wurde ihr Kleidungsstil von ätzenden Kommentaren begleitet. Eine kleine Wanderung in diese politische Partnerschaft hat einen tieferen Einblick in die wahren Verhältnisse gegeben. Die Auseinandersetzungen haben keine Grausamkeit ausgelassen!

Hinterher kommen die Beteuerungen des Bedauerns. »So brutal darf Politik nicht sein«, schrieb der Linkenpolitiker Dietmar Barsch. Der Juso-Vorsitzende Kevin Kühnert bedauerte den unsozialen Umgang mit der gescheiterten Partei- und Fraktionschefin und sagte, dass er sich dafür schäme. Alles hinterher, im Nachhinein! Nach getaner Tat! Ronald Pofalla konnte die »Fresse« seines CDU-Parteikollegen Wolfgang Bosbach nicht mehr sehen, weil dieser »doch nur Scheiße redet«. Der ehemalige CSU-Vorsitzende Erwin Huber beklagte, dass der Erwartungsdruck in der Politik heute härter sei als im Profisport. Wird Politik immer mehr ein gnadenloses Profilierungsgeschäft für Spitzenpositionen, in der für Bürgerbedürfnisse kein Raum mehr ist?

Schonungslose Angriffe unter Politikern sind indessen nichts Neues, neu ist vielleicht nur, dass die Auseinandersetzungen durch die neuen »sozialen« Medien noch verstärkt werden und verbale Auswüchse fehlende Sachlichkeit ersetzen müssen. Statt Argumenten und Erklärungen bestimmen Phrasen die Unflätigkeiten. Gemeinsam ist allen Vulgaritäten und politischem Streben nach Spitzenpositionen, dass sie letztlich dem Bürger vorschreiben wollen, wie er zu leben hat. Sieht so die Suche nach einem Lebensstil aus, wie ihn sich Robert Tillmanns vorstellte? Soll der Bürger unter dieser Art Aufarbeitung des dritten Reiches eine Demokratie verstehen? Soll auf diese Weise der »letzte Wert« darin bestehen, »dass wir als Menschen, als Bürger eines Staates lernen, so miteinander umzugehen, dass wir uns gegenseitig ernst nehmen?«

Der Vermittlungsausschuss soll uns glaubend machen, dass er die politische Lösung für Sand im demokratischen Getriebe ist. Er sorgt dafür, dass Personen, die monatelang mit einer Wortgestaltung unter der Gürtellinie bearbeitet wurden und schließlich das Handtuch geworfen haben, für ihre erlittenen Qualen entschädigt werden. Sie werden in ertragreiche Ämter gehoben. Diese Vereinbarungen werden von Spitzenpolitikern im »Hinterzimmer« getroffen. Die Bundesländer betreiben rund 1.400 Staatsbetriebe. In diesen »volkseigenen Betrieben« lassen sich problemlos verdiente Spitzenpolitiker unterbringen, zumal diese »VEB« über mehr als 108 Milliarden Euro Schulden verfügen. Fragwürdige Geschäftstätigkeiten rechtfertigen diese Verbindlichkeiten. Da kommt es auf ein paar mehr Milliarden Schulden nicht an. Begleicht alles der Steuerzahler! Unter anderem mit dem Solidaritätsbeitrag!

Der Vermittlungsausschuss trat am 11.05.1950 zu seiner ersten Sitzung zusammen. Er sollte vorrangig Meinungsverschiedenheiten zwischen Bund und Ländern auflösen. Anlässlich des siebzigjährigen Bestehens haben zwei politische Spitzenkräfte aus CDU und SPD »ein Hoch auf den Kompromiss« ausgerufen und dessen bedeutungsvolle Leistung hervorgehoben. Zusammenfassend kommen sie zu dem Ergebnis, dass eine streitbare Demokratie besser ist als eine Diktatur mit Einheitsbrei. Dabei herausgekommen ist eine diktatorisch gesteuerte Demokratie mit Einheitsbrei.

Der im Vermittlungsausschuss gefundene Einigungsvorschlag kann nicht mehr nachträglich von Bundestag und Bundesrat geändert werden. Deshalb müssen so manche »schwierigen« Verhandlungen zuvor in die »Hinterzimmer« verlagert werden. Die Sitzungen sind nicht öffentlich, das Vermittlungsergebnis muss durch das Bundesverfassungsgericht – dem Hüter unserer Verfassung – überprüfbar sein.

Hinterzimmer beschreibt einen Raum innerhalb eines Gebäudes, hat jedoch seine Bedeutung im übertragenen Sinn gewonnen. Sinnbildlich bezeichnet »Hinterzimmer« einen Ort für Absprachen. Nur ein begrenzter, vertrauter Personenkreis hat also zu dieser Wirkungsstätte Zutritt. Hinterzimmer haben in der modernen Politik an Bedeutung gewonnen. Als Ergebnis solcherart verlagerter Besprechungen kommen Vereinbarungen heraus, die weniger der Sachlichkeit dienen, dafür aber Parteiideologien und parteilich geprägte Interessen berücksichtigen. Persönliches Vertrauen und Verlässlichkeit auf Diskretion sind unabdingbare Voraussetzung. So etwas erleichtert auch Koalitionsgespräche! Frau Merkel hat dieses System in sechzehnjähriger Regentschaft zum unentbehrlichen Gebot einer XXL-Gemeinschaft perfekt ausgebaut.

Die im »Hinterzimmer« gefundenen Kompromisse kosten natürlich Zugeständnisse. Die SPD erhält die Zusage, dass Frau Nahles Präsidentin der »Bundesanstalt für Post und Telekommunikation« wird. Damit setzte sich ihr Parteikollege Scholz durch. Sie bekleidet nun ein Amt, das ihr zunächst 180.000,- Euro Jahressalär einbringt. Einen Gegenkandidaten gab es nicht! Diese Institution ist dem Bundesfinanzminister Olaf Scholz zugeordnet. Aus grundsätzlichen Erwägungen wurde Frau Nahles ausgewählt. So lautete die offizielle Stellungnahme des Finanzministeriums. Über berufliche Erfahrung außerhalb der Politik verfügt Frau Nahles nicht. Nun ist Olaf Scholz Bundeskanzler geworden, und die frühere SPD-Vorsitzende Andreas Nahles wechselt von ihrer Übergangstätigkeit als Chefin in die Bundesagentur für Arbeit. Das teilten die Bundesvereinigung der Deutschen Arbeitgeberverbände und der Deutsche Gewerkschaftsbund in einer gemeinsamen Erklärung mit. In den obersten politischen Führungsebenen gehen verdiente Kolleginnen und Kollegen nicht verloren! Bei Postenverteilung steht die politische Gesinnung im Vordergrund, zu allerletzt geht es um die Interessen des Staates und der Bürger. Der frühere Parlamentspräsident Schulz (SPD) darf einen Ausschuss im Bundestag leiten mit Option auf einen EU-Posten. Die »Grünen« haben den Sprung in die Regierung geschafft. Frau Merkel wollte, dass Herr Dr. Harbarth Präsident des Bundesverfassungsgerichts wird, Nachfolger von Herrn Professor Dr. Voßkuhle. Nur die AfD geht leer aus! Sie ist die Böse. Damit sie nicht einen Vermittlungsausschuss über eine Mehrheit im Bundestag erzwingen kann, müssen sich einige Länder bei Abstimmungen enthalten. Alles verläuft streng demokratisch!

Diese Mauschelei und dieses Postengeschiebe schlüssig zu gestalten verlangt keine Intelligenz, sondern nur Bauernschläue. Bereits Sir Francis Baco (1561-1626) hatte festgestellt, dass nichts einem Staate mehr zum Schaden gereiche, als dass die Schlauen für klug gehalten werden. Immanuel Kants philosophische Erkenntnisse befreien Frau Merkel von moralischer Verbindlichkeit, folglich auch von Verantwortung. Klugheit wird auf banale Werte wie Schlauheit, Gerissenheit, Tücke und Verschlagenheit reduziert. »Ämterpatronage« sichert Merkels Position als unangreifbar ab. Max Weber bezeichnet in seinem Vortrag »Politik als Beruf« erfolgreiche Politiker als Ergebnis einer Ämterpatronage.

»Ämter aller Art in Parteien, Zeitungen, Genossenschaften, Krankenkassen, Gemeinden und Staaten, welche von den Parteiführern für treue Dienste vergeben werden. Alle Parteikämpfe sind nicht nur Kämpfe um sachliche Ziele, sondern vor allem auch um Ämterpatronage.«

Der frühere deutsche Bundespräsident Richard von Weizsäcker vervollständigte dieses Bild:

»Es sind die Parteien und ihre Fraktionen, die exklusiv über einen politischen Aufstieg oder Ausschluss entscheiden. Dabei pflegen sie eine tiefe Abneigung gegenüber jedwedem Quereinsteiger, es sei denn, sie versprechen sich von ihm einen unmittelbaren Zuwachs an Ansehen. Sie sichern durch Ämterpatronage ihren Einfluss bis tief hinein in die gesamte Gesellschaft. Treue Dienste werden mit Positionen aller Art belohnt. Stets bleibt für die Partei das Wichtigste der Weg zur Macht im Staat. Für den Einzelnen führt er über die Macht

in der Partei. Innerparteiliche Meinungseinheit soll den Machtkampf stärken. Ein System von Belohnungen und Bestrafungen zielt auf größtmögliche Disziplin. Abweichler werden zur Ordnung gerufen.«

Als Frau Merkel im Jahr 2005 den Grundstein zum Kanzleramt mit den Worten gelegt hatte, »sie wolle ein Fenster zur Freiheit öffnen«, waren viele Bürger von dieser in Aussicht gestellten Freiheit begeistert. Eigenverantwortlichkeit und selbständiges Handeln zählen doch zu den anspruchsvollen Werten einer Demokratie! Bereits nach relativ kurzer Zeit Merkelschen Wirkens tauchte bei einer zunehmenden Anzahl von Bürgern die Frage auf, wo und welches Fenster zur Freiheit sie angesprochen hatte, und welches Fenster sie genau habe öffnen wollen? So sich denn der Bürger angesprochen fühlen sollte, so wollte sie nur vielschichtige Hoffnungen wecken. Sollte das Fenster zur Freiheit tatsächlich einmal offen gestanden habe, so jedenfalls nur für die kurze Zeit der Wahl und nur für einen klitzekleinen Spalt. Das Ergebnis dieses Angebots von Freiheit führte dazu, dass CDU und CSU knapp die absolute Mehrheit verfehlten. Sechs Jahre Merkelsche Amtsführung als Bundeskanzlerin hat diesen Stimmenanteil auf 26 Prozent absacken lassen. Merkel hatte sich den Ruf erarbeitet, leichtfertig Versprechungen abzugeben, aber diese zu allerletzt auch einzuhalten. Als sie sich im Jahr 2017 erneut mit den Worten »Sie kennen mich« zur Wiederwahl stellte, war das nicht eine humoristische Einlage, sondern Merkel nutzte die Erkenntnis, dass der Einäugige König unter den Blinden ist.

Im Jahr 2015 entschied Frau Merkel bei der Migration und Asylproblematik, ohne parlamentarische Unterstützung auf Grenzkontrollen zu verzichten. Strafrechtler, Juristen und Rechtswissenschaftler wollten den gravierenden Rechtsverstoß nicht hinnehmen. Sie forderten, dass Bundeskanzlerin Merkel vor Gericht gestellt werde. Gegen die Kanzlerin waren seit Beginn des Flüchtlingsstroms über tausend Strafanzeigen bei der Bundesanwaltschaft in Karlsruhe eingegangen. Der Kanzlerin wird vorgeworfen, dass sie bei dem Flüchtlingsstrom gegen geltendes deutsches und europäisches Recht verstoßen habe. Doch die Zusammenarbeit mit dem Bundesverfassungsgericht war bereits so weit zu einer Arbeitsgemeinschaft ausgebaut und verdichtet worden, dass eine Sprecherin der Bundesanwaltschaft erklärte, alle Klagen gegen die Bundeskanzlerin hätten sich als gegenstandslos herausgestellt. Auf eine juristische Begründung wurde verzichtet. Der klaren Trennung von Legislative und Judikative als eines der bedeutendsten Elemente einer Demokratie fehlte der politische Bedarf! So die Gedanken der Kanzlerin! Im Fall der Grenzöffnung erschien es der Judikative wichtiger, Merkel und die »humane Notsituation« höher zu bewerten, als das Recht zu schützen.

Den Migranten des Jahres 2015 musste aus Gründen der Humanität geholfen werden. Keine Frage! Sie suchten Schutz in Staaten, deren Rechtsund Verfassungsordnung intakt ist. Das konnten ihnen ihre Heimatstaaten nicht bieten. Deutsche Gesetze fordern, dass dabei zunächst einmal zwischen Kriegsflüchtlingen und Migranten unterschieden wird. Wer verfolgt wird, aus welchen Gründen auch immer, hat das Recht auf Asyl in unserem Land. Allerdings nur solange die Verfolgung anhält! Aus diesem Recht kann ein Anspruch auf Daueraufenthalt und Familiennachzug nicht bewilligt werden. Asylrecht zu beanspruchen entfällt gleichermaßen, wenn mit Armut argumentiert wird. Wirtschaftliche Not, die Auswirkungen von Krisen und Kriegen oder Folgen politische Instabilität reichen nicht aus, um Asylrecht zu beanspruchen. Wer bereits in einem anderen Land Schutz gefunden hat und weiterzieht, um in einem anderen Land bessere Bedingungen zu finden, nimmt den Status eines Wirtschaftsflüchtlings ein. Eine zeitliche und inhaltliche Beschränkung des Schutzes ist nicht nur eine Aufgabe des Aufnahmelandes, sondern ist auch notwendig, um den notleidenden Staaten ihr wichtigstes Kapital zu erhalten: deren Jugend. Migranten dagegen suchen eine neue Heimat. Der deutsche Staat muss folglich herausfinden, ob die Emigranten überhaupt willens sind und die Fähigkeit zur Integration mitbringen. Zu dieser Bereitschaft gehört die Respektierung der Verfassungs- und Rechtsordnung, also auch die Beachtung der Landesbräuche. Wenn rund 70 Prozent der Flüchtlinge aus muslimisch geprägten Ländern stammen, kann die Bundeskanzlerin die Frage nach der Integrationsfähigkeit des Islams nicht mit dem Hinweis auf Religionsfreiheit abtun. Je strenger der Islam gelebt wird, desto kritischer muss die Integration in unsere Gesellschaft betrachtet werden. Die Scharia ist nicht mit dem Grundgesetz vereinbar. Ist also eine Einbürgerung dieser Menschen überhaupt möglich? Die Sprachprobleme! Derartigen Belastungen strapazieren die Schulen zusätzlich, die ohnehin bereits unter Personalsorgen leiden.

Die Differenzierung zwischen Asylsuchenden und Migranten ist also unerlässlich, schon allein deshalb ist der Staat zur Kontrolle seiner Grenzen verpflichtet. Alle diese rechtlichen Zusammenhänge wischte die Kanzlerin mit der Bemerkung vom Tisch. »Wir schaffen das!« »Alle Klagen sind gegenstandslos«! beurteilte das Bundesverfassungsgericht die sachliche Lage. Was soll der Bürger von der obersten Richterstelle im Land halten, wenn sie die Kanzlerin unterstützt, um ihre »höheren Ziele« umzusetzen?

Die Grenzöffnung im Herbst 2015 hatte eine Sogwirkung ausgelöst, und der Verzicht auf Grenzkontrollen hat nicht nur dem Land geschadet, sondern auch den Flüchtlingen. Kontrolle der Grenzen zählt zu den Grundvoraussetzungen für einen funktionierenden Staat. Der Bürger sollte in einer geordneten Demokratie davon ausgehen dürfen, dass alle diese Zusammenhänge zwischen rechtsverbindlichen Auflagen und Pflichten, sowie Solidaritätsgrenzen einer demokratischen Staatsführung vertraut sind. Sie sollten infolgedessen auch sorgfältig und umfassend eingehalten werden. Stattdessen hat die Bundeskanzlerin eine Entscheidung getroffen, die darauf abzielte, mit Appell an des Bürgers Hilfsbereitschaft die EU-Auflagen zu erfüllen und den Nachwuchsmangel zu entschärfen. Sie glaubte offensichtlich, mit der unkontrollierten Hilfszusage bei den Bürgern eine überwältigende Mehrheit für ihre Migrationspolitik zu erhalten. Der Schuss ging nach hinten raus! Nicht ihre politische Position wurde gefestigt, sondern ihr schlug ein massiver Gegenwind entgegen, der von der berechtigten Sorge getragen wurde, dass »wir es nicht schaffen«.

».… Europa ist in einem anscheinend ausweglosen Dilemma gefangen. Man kann dieses Dilemma mit härteren Worten beschreiben als Deckers sie gewählt hat: Europa sieht sich einer permanenten moralischen Erpressung ausgesetzt, die von kriminellen Schleuserbanden planmäßig inszeniert wird. Sie bringen Migranten mit deren Einverständnis absichtlich in Seenot und lösen damit einen menschenrechtlichen Imperativ aus, auf den Europa reagieren muss. Europa muss retten; wenn es nicht rettet, wird es für den Tod der Migranten verantwortlich gemacht. Rettet es aber und bringt die Menschen in europäischen Häfen an Land, leistet es den entscheidenden Beitrag dazu, dass das Kalkül der Schlepper aufgeht und immer mehr Menschen aufs Mittelmeer gelockt werden. Wenn Rettung aus Seenot die Eintrittskarte nach Europa ist, dann werden Menschen sich ohne Ende in vorgeplante Seenot begeben. Und was immer Europa tut, nicht alle werden gerettet werden können. Die Schlepper verdienen, und Europa versinkt immer tiefer in moralischer Selbstanklage.

Das Erpressungskalkül ist leicht zu durchschauen. Und die elementar dilemmatische Situation, in der Europa sich befindet, ist es auch. Eine wahrhaftige, redliche Diskussion müsste im klaren Bewusstsein dieser Ausgangslage geführt werden. Tatsächlich wird das Dilemma konsequent ignoriert und im Ton anklagender moralischer Empörung über das ›Sterben aus dem Mittelmeer‹ und die ›Schande Europas‹ gesprochen. Das heißt im Ergebnis nichts anderes, als dass die Medien mit ihren Bildern, die Kirchen mit ihren Appellen, die Demonstranten mit ihren Parolen sich von dem Erpressungskalkül ganz selbstverständlich instrumentalisieren lassen. Zu Ende gedacht, läuft diese Empörungshaltung auf die Forderung hinaus, allen Migranten, die sich auf den Weg nach Europa machen, die Tür Europas zu öffnen. Wer das für richtig hält, sollte es sagen und bereit sein, für die Folgen einzustehen. Konsequent wäre es dann, europäische Fährschiffe in die afrikanischen Häfen zu schicken. Wer das nicht für richtig hält, muss sich dem Dilemma stellen.

Die Einsicht, dass wir instrumentalisiert werden, ändert nichts daran, dass wir verpflichtet sind, die Menschen, die mit seeuntüchtigen Schlauchbooten auf dem Mittelmeer unterwegs sind, zu retten. Aber sie kann die Art und Weise verändern, in der wir miteinander reden. Sie kann, heißt das, bewirken, dass der Polarisierungsprozess in unserer Gesellschaft nicht immer weiter fortschreitet. Das wäre schon viel. Sie kann bewirken, dass wir uns ernsthaft an die Frage heranwagen, ob und wie sich die Verknüpfung der Rettung aus Seenot mit dem Eintritt in das gelobte Land auflösen lassen. Und sie könnte auf diesem Wege vielleicht sogar bewirken, dass endlich die Frage in den Mittelpunkt rückt, wie wir denen helfen können, die am hilfsbedürftigsten sind, und nicht nur einfach wahllos die ›belohnen‹, die es über das Mittelmeer schaffen.« [23]

Das Migranten- und Asylproblem ist also vielschichtig. Bislang ausgespart wurde die Frage, warum die Flüchtlingskonvention vor siebzig Jahren geschaffen wurde. Erst der militärische Einmarsch Russlands in die Ukraine hat in der westlichen Welt das Bewusstsein aufgefrischt, das der Kampf um das nackte Leben Hilfe einfordert. Die Flucht in andere Länder muss bedingungslos unterstützt werden. Die Flucht und die Schutzsuche in anderen Ländern soll nicht das Entkommen aus wirtschaftlicher Not unterstützen, sondern Menschen wollen sich vor einem militärischen Angriff auf die Zivilbevölkerung retten. Ein menschenverachtender, von Allmacht gesteuerter Geist mit dem Namen Putin will wehrlose Menschen eines Landes vernichten, um ein paar Quadratkilometer Land und dessen Bevölkerung zwangsweise in ein diktatorisches System einzuordnen. Dabei darf der Wert von Menschenleben keine Bedeutung haben.

Politische Führungspersonen sollten eigentlich bei der Beurteilung von Diktatoren über eine kritische Einstellung verfügen. Putin hatte in den vergangenen Jahren überdeutlich sein Visitenkarte abgegeben. Stellvertretend sei die Eroberung der Krim genannt. Gedanken und Handlungen nicht nur der Kanzlerin, sondern der geschlossenen politischen Führungselite orientierten sich nicht an diesen grundsätzlichen Überlegungen.

Als Migranten wirtschaftlicher Not entflohen, plädierte die Kanzlerin an Moral und Gefühle. Arme Menschen sollten ein besseres Leben in wirtschaftlich als stark geltenden Staaten finden. Diese Menschen sind mit Zuversicht auf ein sorgenfreies Leben in seeuntaugliche Boote gestiegen. Sie mussten viel Geld an »Schleuser« bezahlen, die aus hoffnungslos erscheinendem Elend Geschäfte machten. Nach den ersten Untergangskatastrophen mussten sie sich des Risikos bewusst sein. Sie vertrauten darauf, dass sie von patrouillierenden, wetterfesten Boten aufgefischt werden. Migranten brachten sich in Gefahr, um ihre wirtschaftliche Not zu lindern. Russische Macht, also das Diktat einer einzigen Person, will darüber bestimmen, ob Menschen überleben dürfen.

»Ich muss ganz ehrlich sagen, wenn wir jetzt anfangen, uns noch entschuldigen zu müssen dafür, dass wir in Notsituationen ein freundliches Gesicht zeigen, dann ist das nicht mein Land.«

Die Flüchtlingskonvention hatte vor siebzig Jahren den Grundgedanken einer verpflichtenden Unterstützung für Hilfe geschaffen, eine Situation, die jetzt durch den Krieg in der Ukraine herbeigeführt wurde. Anstatt der hoffnungsausgerichteten Versicherung der Bundeskanzlerin »wir schaffen das«, hätte der Bürger eine sorgfältigere Analyse dieser ausgesprochen schwierigen Thematik erwarten dürfen.

Sie stellt aber nur fest, dass »sie sich für ihr freundliches Gesicht in der Not nicht entschuldigen kann.« Wie aber soll sie Ursachen erklären und sich dafür entschuldigen, deren Auswirkungen sie selbst heraufbeschworen hat? Derartige Aufarbeitungen werden mainstreamgefällig umschifft – Schuldeingeständnisse könnten Wählerstimmen kosten! Die Folgen von Illusionen, diktatorischen

Machthunger ausschließlich diplomatisch zu zügeln, werden noch eine unüberschaubare Zukunft belasten.

Das Flüchtlingshilfswerk der Vereinten Nationen geht von 68,5 Millionen Menschen aus, die allein 2017 auf der Flucht waren und nennt 250 Millionen Menschen, die an Migration interessiert sind. Ein Land mit 80 Millionen Einwohnern muss bei diesen Zahlen die begrenzten Möglichkeiten erkennen und sie auch benennen. Der ehemalige Bundespräsident Joachim Gauck fasste diesen Umstand deshalb wie folgt zusammen: »Unser Herz ist weit, aber unsere Möglichkeiten sind endlich.«

Die kirchliche Stellungnahme kann nicht anders verfahren, als die moralischen Vorgaben zu vertreten und fordert, »*die unantastbare Würde all jener, die vor einer realen Gefahr fliehen und Asyl und Sicherheit suchen, anzuerkennen und zu wahren ... den Flüchtlingen und Migranten zu ermöglichen, voll und ganz am Leben der Gesellschaft, die sie aufnimmt, teilzunehmen*«. Diese kirchlichen Vorstellungen entsprechen ihrer Aufgabe, ausschließlich die humane Verpflichtung der Menschheit hervorzukehren, aber können nicht berücksichtigen, dass der aufnehmende Staat auch dazu in der Lage sein muss. Für die Kirche spielen auch Gesetze eine untergeordnete Rolle. Diese Ordnungsfunktionen zu sichern ist eine staatliche und somit politische Aufgabe und kann nicht kirchlichen Vorstellungen unterliegen. Die ausschließlich menschliche Beurteilung der Kirche gehört aber zu einer geordneten Demokratie!

Rechtsbeugung bedarf in einer Demokratie einer gerichtlichen Aufarbeitung und einer entsprechenden Richtigstellung. Das Justizsystem lebt davon, verallgemeinernde Gesetze auf den konkreten Fall auszulegen und die Rechtsmittel abzuwägen. Das soll normalerweise auch für politische Konflikte gelten! Das Grundproblem besteht nach wie vor in einer uneinheitlichen Betrachtungsweise von Rechtsproblemen.

In den vergangenen Jahrzehnten sind zahlreiche Regelungen in den Steuergesetzen vom Bundesverfassungsgericht als verfassungswidrig eingestuft worden. Dazu zählen u.a.:
- *Entscheidung zum Kinderfreibetrag vom 29. Mai 1990*
- *Entscheidung zum Grundfreibetrag vom 25. September 1993*
- *Entscheidung zur Erbschaftssteuer vom 7. November 2006*
- *Entscheidung zur Grundsteuer vom 10. April 2018*
- *Entscheidung zur Vollverzinsung vom 08. Juli 2021* [24]

Die Kanzlerin gestaltete das Zusammenspiel von Legislative und Judikative enger. Dadurch muss auf rechtliche Auseinandersetzungen bisweilen verzichtet werden. Ein verschwimmendes und instabiles Rechtssystem sind sichere Indizien einer bröckelnden Demokratie! Der ehemalige Bundestagspräsident Norbert Lammert hat einen bemerkenswerten Hinweis zu der Zusammenarbeit zwischen Legislative und Judikative geliefert. Er hob das besondere Verhältnis zwischen Regierung und Bundesverfassungsgericht hervor.

»… die ›obersten Richter‹ in Deutschland agieren vielmehr in einem Spannungsfeld, das manche Wissenschaftler wie Publizisten als ›Politisierung der Verfassungsjustiz‹ und ›Verrechtlichung der Politik‹ beschreiben. Die Vorstellung, Urteile aus Karlsruhe seien ausschließlich juristisch begründet und nicht auch politisch bedacht, ist jedenfalls ein bestenfalls gut gemeintes Missverständnis. Schließlich zeigt sich die Weisheit vieler Entscheidungen des Bundesverfassungsgerichts gerade im Bewusstsein für politische Implikationen, in der klugen Balance von juristischer und politischer Abwägung …« [25]

Die Aufhebung der Gewaltenteilung mag aus politischer Sicht ein Zugewinn sein. Sie stärkt die politische Macht, dürfte sich aber auf lange Sicht gesehen als nachhaltige Schwächung der Demokratie herausstellen. Die Bedeutung der Volksparteien nimmt ab und das politische Desinteresse am Bürger und dessen Belangen lässt den Wähler nach Alternativen suchen. Ein Indiz war der zunehmende Erfolg, den die AfD seit Merkels Kanzlerschaft bei Wahlen verzeichnen konnte. Manche Bürger vermissen konservative Einflüsse, was auch immer darunter verstanden wird. Auch stellt sich die Frage, ob diese Werte die AFD ausfüllt. Am Horizont zeichnet sich jedenfalls bereits jetzt die Sorge ab, dass die Regierungen sich immer häufiger aus »Splitterparteien« zusammensetzen, die sich aufgrund stark ideologisch geprägter Ausrichtung nur über gravierende Zugeständnisse »zusammenraufen« können. Die Folge einer solchen Entwicklung läuft darauf hinaus, dass der Politik ein übergeordneter Kompass genommen wird, und die Belange der Bürger immer bedeutungsloser werden. Zu viele gebündelte Parteiideologien müssen in einem Chaos enden. Eine Regierung wird handlungsunfähig!

Orientierungsüberlegenheit ist für die moderne Demokratie nicht mehr ein mit Inhalt versehener Begriff, an dem sich Politiker ausrichten wollen. Er nimmt ihnen die Möglichkeit willkürlicher Entscheidungen. Viele, viele neue Gesetze müssen herhalten, um politisch »höhere Ziele« zurecht zu biegen. Sie führen jedoch nur zu einer ungeordneten Veränderung einer taumelnden Gesellschaft. Was gestern noch straffrei war, ist heute verboten und umgekehrt. Eine harmonische Rechtskultur im Staat wird nicht mehr deutlich erkennbar. Heute so und morgen so! Warum sollten Politiker eine innere Ordnung schaffen, wenn das Chaos so widerstandslos zu programmieren ist? Der verunsicherte Bürger verfällt in Gleichgültigkeit! 434 Gesetze wurden allein in den Jahren 2013 bis 2017 zurechtgezimmert und verabschiedet. Sie verbieten, kanalisieren, sanktionieren und gestatten kein selbständiges Denken des Bürgers mehr. Was er als unabhängig empfinden darf, bestimmen Politiker. Sie legen Inhalt und Umfang fest!

»... Die Rechtsprechung soll Wertungen des Gesetzgebers weiterdenken. In einer Zeit fortschreitender gesetzlicher Beschränkungen der Freiheit greifen daher auch die Gerichte immer wieder in private Freiheitsräume ein. Das Grundmodell des Privatrechts, das einmal in der gleichen Ausstattung der Rechtssubjekte und Rechtsfähigkeit

und in der Freiheit des selbstverantwortlichen Handelns bestand, tritt allmählich in den Hintergrund. Mehr und mehr weicht es der Suche nach dem Machtgefälle zwischen den Parteien ...« [26]

Der Volksmund sagt: Wer vor den Richter tritt, begibt sich in Gottes Hand. Wappen oder Zahl – der Ausgang eines Gerichtsverfahrens erscheint juristisch nicht geordnet, sondern weitestgehend an die Gesetzesauslegung des Richters gebunden zu sein, insbesondere in den Fällen, in denen sich in der Rechtsprechung politische Wunschvorstellungen niederschlagen.

Eine repräsentative Umfrage des Instituts Allensbach im Jahr 2020 hat herausgefunden, dass im Großen und Ganzen eine Mehrheit der Bevölkerung Vertrauen in die Gerichte hat. Ein Drittel hat »großen Respekt« vor Richtern, jedoch nur ein Drittel ist überzeugt davon, dass Gerichte gewissenhaft und gründlich arbeiten. Vertrauen ist der wichtigste Schatz, den eine unabhängige Justiz hat. Wie unterstützte die Bundesjustizministerin Katarina Barley dieses notwendige Vertrauen? *»Das Rechtsempfinden der Bevölkerung darf im Rechtsstaat nicht entscheidend sein.«* Und sie stellt auch fest: *»Der Respekt vor dem Staat nimmt ab«*. Sie verleiht zusätzlich bürgerlicher Unsicherheit Auftrieb. Wo fängt politische Anmaßung an, und wo hört sie auf? Gesetze werden von Politikern erfunden. Otto von Bismarck bekannte bereits: *»Je weniger die Leute darüber wissen, wie Würste und Gesetze gemacht werden, desto besser schlafen sie.«* Nicht die Entstehung von Würsten untersuchen Richter und Rechtsanwälte, sondern sie legen Gesetze aus. Davon leben sie! Für jeden Rechtsvorgang kann nicht ein eigenes Gesetz geschaffen werden, deshalb ist die Auslegung ein normaler Vorgang. Dürfen aber Richter auch dann noch frei und ungebunden Gesetzestexte auslegen, wenn sie nur ihren Job behalten wollen? Das Urteil des Bundesverfassungsgerichts zur »Haushaltsabgabe« verunsicherte viele Bürger und erregt auch »heute« noch immer zu viele Gemüter! »Wem kann man noch glauben?« lautete die Überschrift einer bedeutenden Tageszeitung.

Die Besetzung der Richter in den höchsten Rechtsgremien, also Bundesverwaltungs- und Bundesverfassungsgericht, die von Politikern je nach Fraktionsstärke vorgenommen wird, setzt Fragezeichen. Nicht mehr die juristische Begabung ist offenbar bestimmend, sondern die »oberste« Rechtsbesetzung in unserem Land muss Wünsche der regierenden Parteien erfüllen. Eigentlich war Günter Krings, parlamentarischer Staatssekretär, ausersehen, die Nachfolger von Andreas Voßkuhle anzutreten. Die »Grünen« waren aber dagegen. Die offizielle Begründung war sein Amt als Staatssekretär im Bundesinnenministerium. Tatsächlich war aber die Abneigung gegen die bisweilen konsequent vertretene konservative Auffassung ausschlaggebend. Diese Haltung passte auch nicht zur Einstellung der SPD. Staatsrechtslehrer standen nicht zur Debatte, weil die Kanzlerin in diesen Zeiten unbedingt einen gestandenen Politiker wünschte. Diese Forderung hätte die Kanzlerin präziser abfassen müssen. Im Bundesverfassungsgericht vertretene Richter sind nämlich alle zugleich gestandene Politiker. Normalerweise haben sie alle politische Ämter inne. Herr Professor Dr. Stephan Harbarth wurde ausgesucht. 2009 wurde er im Rhein-Neckar-Kreis zum CDU-Bundestagsabgeordneten gewählt. Bis dahin war er nur stellvertretender Fraktionsvorsitzender. Nebenberuflich unterhält er eine eigene Anwaltskanzlei. Herr Professor Harbarth wird weiterhin in Heidelberg wohnen, aber als künftiger Präsident des Bundesverfassungsgerichts wird er die Kontakte zu Berlin nicht abreißen lassen. Dazu, so wird ihm nachgesagt, war er zu lange im Bundestag und ist zu gern Politiker. Dieses Personalbild passt in eine moderne Demokratie wie sie sich die Bundeskanzlerin vorstellt.

Wird einmal der Blick in die Vergangenheit gelenkt, so hatte sich die Führung des Bundesverfassungsgerichts immer schon recht flexibel politischen Vorstellungen gegenüber gezeigt. Die Berufung von Professor Dr. Dr. h. c. Paul Kirchhof als ehemaliger Präsident des Bundesverfassungsgerichts zur Ausgestaltung des Rundfunkbeitragsvertrages bekundet eine Aufgeschlossenheit gegenüber »höheren politischen Zielen«. Auch Hans-Jürgen Papier zeigte sich wandlungsfähig in seiner Gedankenführung. Er zählte im Jahr 2002 noch zu den Verfassungsrichtern, die das Lebenspartnerschaftsgesetz für grundgesetzwidrig hielten. *»Zu den Strukturprinzipien der Verfassung, die der Verfügungsgewalt des Gesetzgebers entzogen sind, zählt, dass die Ehe die Verbindung eines Mannes und einer Frau zu einer umfassenden grundsätzlich unauflösbaren Lebensgemeinschaft ist.«* Schaffe der Gesetzgeber demnach, *»wenn auch unter einem anderen Namen, eine rechtsförmlich ausgestaltete Partnerschaft zwischen zwei gleichgeschlechtlichen Personen, die im Übrigen in Rechten und Pflichten der Ehe entspricht, so missachte er dadurch ein wesentliches ›Strukturprinzip‹«*, so waren Herrn Papiers Worte. Damals! Im Jahr 2002! Die Einstellung der Bürger zur allgemeinen Ehe hat sich gewandelt. Dem glaubt die Politik, mit dem Beschluss zur Homo-Ehe Rechnung tragen zu müssen. »Heute« erinnert Herr Papier daran, dass das Grundgesetz verlange, wesentlich Gleiches auch gleich zu behandeln und spricht sich für die Gleichstellung der homosexuellen Ehe aus. Gewisslich, jedem Menschen sollte eine Weiterentwicklung seiner geistigen Einstellung zugebilligt werden, schließlich sind wir nicht als fertige Lebewesen auf die Welt gekommen. Aber ist es bei dieser Persönlichkeitsentwicklung nicht eigenartig, dass sie zufällig mit politischen Beschlüssen zusammenfällt?

Das Bundesverfassungsgerichts soll klarstellen, was ein Bundesstaat machen darf und was nicht, und es muss eine vom Grundgesetz losgelöste Rechtsprechung unterbinden, also die Auslegung der Gesetze überwachen. Das Bundesverfassungsgericht konzentriert sich jedoch zunehmend auf Lösungen von Einzelfragen, die im Grunde genommen in den Aufgabenbereich der Politik gehören. Dabei heraus kommt eine Entlastung der Politik, die zu dubios erscheinender Rechtsfindung führt. Urinieren auf die Deutschlandflagge, auf einem Buchrücken dargestellt, wird als »Kunst« gerechtfertigt. Wo ist die Rechtsgrundlage zu suchen? Inwiefern begründet die Rechtsbasis juristische Entscheidungen? Nehmen Beschlüsse zu, die persönliche Auffassungen der Richter widerspiegeln? Stellt das Bundesverfassungsgericht tatsächlich ein Funktionieren nach »innen« und nach »außen« sicher? Aufgrund mangelnder Fachkenntnisse muss der Bürger Vertrauen in diese oberste gerichtliche Instanz haben. Kann er aber noch Zutrauen zu einer Judikative haben, die enge Beziehung zur Legislative pflegt? Politisch unangenehme Entscheidungen kann die Politik auf das Bundesverfassungsgericht verlagern. Das führt jedoch nicht immer zu klaren rechtlichen Verhältnissen, die im demokratischen Sinne wünschenswert wären. Sie würden die Position des Bürgers stärken. Muss deshalb die Abgrenzung zwischen Legislative und Judikative schwimmend verlaufen?

Viele Juristen geben sich alle erdenkliche Mühe, ihre Welt durch die Auslegung von Gesetzen für den normalen Bürger unverständlich zu machen. Sie behaupten, dass bei der Interpretation der Gesetze Willkür ausgeschlossen sei. Dabei werden bei Rechtsauslegungen zu häufig dicht verschlossene »Hinterzimmertüren« genutzt, um dem »Recht« ein eigenwilliges Gesicht zu verleihen. Gefällt sich deshalb mancher Richter in der Rolle eines Verteidigers höherer Vernunft? Diese Verhaltensweise darf dann Menschen »da draußen« nicht mehr vermittelbar sein. Wo ist die Abgrenzung zu einer nicht gerechtfertigten Arroganz? Ihre Entscheidungen müssen sie noch nicht einmal für den Bürger verständlich begründen. Ob »richtig« oder »falsch« treffen sie nach ihrem persönlichen Ermessen. Die Spannweite rechtlicher Auslegung sollte Richter doch vielmehr anregen, auch über die Folgen ihres Handelns zu befinden. Wünschens- und erstrebenswert wäre es daher, wenn sich angehende Anwälte, Richter und auch Staatsanwälte, wie auch Juristen in Wirtschaft und Verwaltung nicht nur geltendem Recht im Alltag zuwenden würden. Sie sollten sich auch gewissenhaft damit auseinandersetzen, was ihre Entscheidungen für Auswirkungen haben können. Formale Qualifikationen und Normen sollten nur ein juristisches Merkmal kennzeichnen. Die Folgen von Entscheidungen zu bedenken, ist genauso wichtig. Schließlich kann schon die schlichte Bekanntgabe eines Ermittlungsverfahrens durch die Staatsanwaltschaft existenzvernichtend sein. Auch dem rechtsstaatlichen Umgang mit Fehlern sollte ein ausgefülltes Leben geschenkt werden.

Politiker verlangen bei der Suche nach Lösungen eine Sonderstellung. Menschlicher Ausgestaltung von Recht fehlen jedoch die geordnete Übersicht der Natur! Dennoch fühlen sich Richter und Juristen bisweilen als kleine Halbgötter. Dabei vergessen sie, dass sie Generalisten sind, die sich, ohne mit seiner Ausbildung in Konflikt zu geraten, vor jede Karre spannen lassen können. Der Jurist verteidigt den Mörder genau so, wie er den Betrug anklagt. Er muss nur die Auslegungsregeln beachten.

»Das öffentliche Wohl soll das oberste Gesetz sein!
Cicero

Gemäß Cicero sollten Gesetze nur flankierende Bedeutung haben. 434 verabschiedete Gesetze können aber keine flankierende Maßnahme bedeuten. Die Anhäufung von Gesetzen und Vorschriften, also doch für nahezu jeden Vorgang ein Gesetz zu schaffen, ist ungeeignet, ein »öffentliches Wohl« herbeizuführen. Eine Vielfalt von Gesetzen entspricht eher dem Verlangen nach einer »Lenkungsdemokratie«, die politische Ambitionen von Sendungsbewusstsein und Machtbedürfnis unterstützen und erfüllen. Sie erkennt weniger eine Verantwortungspflicht dem Bürger gegenüber. Eine Regierung, die das Grundgesetz mit Hilfe des Bundesverfassungsgerichts relativiert, will Macht und kein »öffentliches Wohl«. Eine solche Demokratie leidet an einer Krankheit, deren Erteilung der Sterbesakramente nur eine Frage der Zeit sein kann.

Dieses Bedürfnis, den Bürgern nicht mehr demokratische Verhältnisse anbieten zu wollen, sondern nur noch politische Macht zu erhalten, spiegelte in bedrückendem Ausmaß die künstliche Verlängerung der Zwangsehe von CDU und SPD wider. Zwangsehen fehlt das Verständnis füreinander und eine dadurch gegebene Harmonie. Die Konzentration ist nicht darauf ausgelegt, das Regierungsgeschäft verantwortungsbewusst und sinnvoll zu gestalten, sondern sucht Profilierung für die nächsten Wahlen. Streit beherrscht folglich politische Gestaltung. Die Schuld für Zerwürfnisse wird beim Ehepartner gesucht. Äußere Zeichen sind ausgiebige Moderationen der Kanzlerin, sowie zunehmende Beteuerungen, dass der Kompromiss das Ergebnis harter Arbeit sei. Derartige Verhaltensweisen beschreiben schlicht und einfach einen Kuhhandel, um eine brüchige »Große Koalition« über die Zeit zu schieben und die Macht der Akteure zu konservieren.

Die Zusammensetzung der letzten Merkel-Regierung folgte nicht demokratischen Vorschriften. Nicht das allein berufene Parlament, also die gewählten Abgeordneten, sondern die SPD-Basis hatte darüber abgestimmt, ob sie einer großen Koalition unter Führung von Frau Merkel zustimmen konnte. Die politische Führungsverantwortung wurde ängstlich an die Basis durchgereicht.

»... vergleichbar mit dem Piloten im Cockpit. Nach einer Reihe holpriger Landeversuche sollen die Fahrgäste entscheiden, wie man zur Erde zurückkommt. Die Piloten wollen nicht die Verantwortung für eine Bruchlandung übernehmen ... « [27]

Der Bundestag wird entmachtet, um eine Vorherrschaft der Parteien zu stärken. Vorgänge, die nicht mehr gesetzlichen Vorgaben entsprechen, machen offensichtlich Schule. Erinnerungen an einen Bundesminister werden wachgerüttelt, der von seinem Staatsamt entbunden werden wollte. Er wandte sich nicht an die Bundeskanzlerin, wie vom Grundgesetz vorgeschrieben, sondern an seinen Parteivorsitzenden. Wissen Politiker eigentlich noch ansatzweise, was im Grundgesetz verbrieft ist, oder haben sie von der Bundeskanzlerin die Gewohnheit übernommen, nur auf das Grundgesetz und sonstige Gesetze zurückzugreifen, wenn sie in das politische Konzept passen?

Wie eine Regierungsbildung im Rahmen einer Demokratie ablaufen muss, ist im Grundgesetz klar und deutlich festgelegt. Wenn die Parteien keine Regierungsbildung zustande bringen, so kennt das Grundgesetz in solchen Situationen das Verfassungsorgan »Bundespräsident«. Herr Steinmeier hätte angesichts des komplexen Wahlergebnisses in Ausübung seiner rechtlichen Kompetenz mit den Fraktionsvorsitzenden des Bundestages Gespräche mit dem Ziel führen müssen, dem Bundestag einen Bundeskanzler/Kanzlerin zur Wahl vorzuschlagen. Damit wäre die Entscheidung über die Bildung einer Regierung in die Hand des dazu allein berufenen Parlaments gelegt, das heißt der gewählten Abgeordneten. Gemäß Artikel 63 Grundgesetz wäre die Einhaltung einer Verfassungsvorschrift sichergestellt. Dann aber wäre Frau Merkel möglicherweise nicht mehr Bundeskanzlerin geblieben! Folglich ködert eine moderne Demokratie die SPD-Mitglieder mit unverhältnismäßigen, den Steuerzahler finanziell belastenden Geschenken, die der Bedeutung dieser Partei überhaupt nicht gerecht wird. Ein paar Monate zuvor bescheinigte die Bundeskanzlerin der SPD noch öffentlich, »nicht regierungsfähig« zu sein. Diese nicht regierungsfähige Partei erhält die drei wichtigsten Staatsämter! Mit diesen Opfergaben kann Frau Merkel weiterhin als Bundeskanzlerin eine GroKo vor sich herschieben. Eine moderne Demokratie stellt Machterhalt und Parteienkult vor den Wählerwillen. Politisches Handeln verlottert zu oberflächlichem Aktionismus. Werden einmal unverbindliche Füllwörter zur Seite gerückt, so besagen Schlagworte wie »neuer Zusammenhalt« »Neuer Aufbruch für Deutschland«, »Offensive für Deutschland« oder »neuer Aufbruch der Europäischen Union« inhaltlich nur das Ziel, politisches Gefummele aufrechtzuerhalten. Wie bisher! Beschönigend wird das »Verhandlungsgeschick« der Bundeskanzlerin hervorgehoben.

Verstöße gegen das Grundgesetz sind keine Ausnahme mehr, wenn es um politisch »höhere Ziele« geht. Der zirkusreifen Luftnummer dieser Regierungsbildung wird auch noch der Stempel »Demokratie« aufgedrückt. Ein niveauloser Kuhhandel wird tatsächlich mit dem Prädikat »Strategie« ausgezeichnet. Frau Merkel wird also weiterhin, wie bisher, die Fehler von gestern moderieren. Reizthemen wie Klimaschutz, Energiefragen, Familiennachzug, Einwanderungsgesetz verlieren auch weiterhin durch »Verhandlungen« ihre sachliche Grundlage. Der Bürger muss sich der Illusion hingeben, dass er nicht zum Spielball politischer Machtpolitik wird.

Lautstark setzen Politiker sich für die Pressefreiheit auf der ganzen Welt ein und wollen damit ein tief eingegrabenes und dicht verwurzeltes Demokratieverständnis bekunden. Kernige Grundbekenntnisse zur Pressefreiheit in der Welt sollen die schleichende Erosion unserer Demokratie überspielen, die diese Zunft aktiv und geradezu mit rührender Anteilnahme vorantreibt. Politischer Ehrgeiz verflacht, wenn er sich für rechtliche Vorschriften einsetzen soll und diese auch strebsam und leidenschaftlich zu befolgen hat. Sie bevorzugen, Rechtsauslegungen mit phrasendurchwebten Füllworten zu erläutern. Göttlichen Worten folgen dann teuflische Taten, so denn überhaupt Taten folgen.

Die überwiegende Zahl der Bürger bezeichnet Deutschland weiterhin unbekümmert als Demokratie. Die Ära Merkel zeigt wieder einmal die Schwäche einer Demokratie und deren Anfälligkeit. Es ist möglich, unser Land unter zweifelhaften demokratischen Verhältnissen mehr als sechzehn Jahre lang nach dem Willen einer Person auszurichten, die Recht ihren »höheren Zielen« unterordnet, obgleich ein sorgfältig aufgearbeitetes Grundgesetz eine stabile Demokratie verbürgt. Solche Verhältnisse sollten einen Bürger nachdenklich stimmen!

Politiker kreisen nur noch um sich selbst. Der Bezug zum Volk ist verloren gegangen. Sie begnügen sich mit einer Macht ohne Orientierungsobrigkeit.

»... Laut einer aktuellen Forsa-Umfrage empfindet jeder vierte Wahlberechtigte die Politiker, ihre großspurigen Rituale, die Fragwürdigkeit ihrer Leistungen und das ›Phrasenhafte ihres Auftretens‹ als das drängendste Problem der Gegenwart. Könnte das ›phrasenhafte Auftreten‹ mit der unter Politikern üblichen Gendersprache zusammenhängen?

Wenn eine Annegret Kramp-Karrenbauer in einem Interview sagt, die ›Brandenburgerinnen und Brandenburger‹ hätten eine wichtige Wahl vor sich, kann man nur den Kopf schütteln: So spricht kein normaler Mensch. ›Bürgerinnen und Bürger‹, ›Wählerinnen und Wähler‹, ›Nutzerinnen und Nutzer‹, ›Frankfurterinnen und Frankfurter‹: Das reflexhafte Verdoppeln in allen Äußerungen von Politikern und Linke bis CDU – nur Teile der CSU und die AfD entziehen sich dem Verdopplungszwang – schafft sofort Distanz. Man erkennt die Absicht und ist verstimmt. Hier wird nicht zum Bürger gesprochen, sondern zu den Bewahrern der politischen Sprachkorrektheit: Seht her, ich halte mich an die Gebote. Das ist nicht die Sprache des Volkes, sondern einer Kaste.« [28]

In einer Demokratie sollte alles, was der Staat und dessen Vertreter veranstalten, nach den Regeln der Verfassung und des Grundgesetzes ablaufen. Auch Politiker dürften dagegen nicht verstoßen! Demokratie und Rechtsstaat sollen dem Bürger in einem Guss das Gefühl von Sicherheit und Freiheit vermitteln. Eine klare Trennung zwischen politischen Aufgaben und Selbstverantwortung des Bürgers würde in diesem Sinne das demokratische Konzept vervollkommnen, zumal Selbstverantwortung ein tragender Pfeiler persönlicher Freiheit ist. Diese Konstruktion könnte Glaubwürdigkeit und bürgerliche Ungebundenheit bedienen. Könnte! Alle diese Werte, die über eine konsequente, nachvollziehbare Rechtsprechung abgesichert sein müssten, werden jedoch immer mehr Anspruch als Wirklichkeit. Demokratie und Rechtsprechung erfahren nicht die ihnen gebührende Würdigung. In einer gelebten Demokratie sind grundlegende, rechtsstaatliche Standards eine feste, etablierte Einrichtung. Ohne Rechtssicherheit kann es weder Selbstverantwortung, Ungebundenheit, Sicherheit, noch Freiheit geben. Gustav Radbruch hat diese Zusammenhänge knapp zusammengefasst:

»Demokratie ist gewiss ein preiswertes Gut, Rechtsstaat ist aber wie das tägliche Brot, wie das Wasser zum Trinken und wie Luft zum Atmen, und das Beste an der Demokratie gerade dieses, dass nur sie geeignet ist, den Rechtsstaat zu sichern.« (1878 – 1949)

Der Umkehrschluss folgert, dass etwas mit der Demokratie nicht stimmen kann, wenn der Rechtsstaat nicht mehr dieses tägliche Brot, das Wasser zum Trinken und die Luft zum Atmen garantieren kann.

Moderne Demokratie setzt sich nicht mehr mit angetragenen Theorien sachgerecht auseinander. Sie sucht die Umsetzung etablierter Ideologien. Der Juso-Chef Kevin Kühnert träumt davon, die soziale Marktwirtschaft zu begraben. Für ihn ist sie eine Spielart des Kapitalismus. Die wirtschaftliche Zukunft sieht er in einer »demokratischen Kontrolle« privater Unternehmen. Diese Unternehmen müssen keine Gewinne erwirtschaften.

Frau Merkel hat diesen Gedanken aufgegriffen und fordert eine enge Zusammenarbeit zwischen Staat und Wirtschaft. Noch verlangen nur gesellschaftliche Minderheiten lautstark die Durchsetzung solcher Art Weltanschauungen.

Das kann sich jedoch ändern! Ein Parlament, das sachkundige Auseinandersetzungen scheut, eröffnet viele bislang undenkbare Möglichkeiten. Es sucht nicht mehr klassische Lösungen, sondern hält nur noch nach Mehrheiten Ausschau. Die sich daraus ergebenen Konstellationen und deren Beschlüsse feiern dann Siege! Die Auseinandersetzungen und die Entscheidung zur Homo-Ehe setzten deutliche Zeichen!

Die Einbindung politischer Macht in unsere Demokratie hat vergleichsweise behutsam angefangen. Die Bundeskanzlerin verglich das Sicherheitspotential der Reaktorkatastrophe Fukushima direkt mit deutschen Kernkraftwerken. Seinerzeit ein harmloser politischer Vorgang, der Wählerstimmen einfangen sollte. 2015 öffnete sie eigenwillig die Grenze für Millionen Flüchtlinge der öffentlich-rechtliche Rundfunk musste mit gefälschten Archivbildern die überwältigende Zustimmung des Volkes demonstrieren. Diese Entscheidung setzte bereits rechtliche Verpflichtungen außer Kraft. Dazwischen lagen kleine Rechtsbrüche, wie die Festlegung der Koalition von CDU/CSU und SPD durch die SPD-Basis. Mit den Themen »Klima« und Corona-Epidemie dringt Merkel in neue Dimensionen vor. Dank der Beeinflussung durch das öffentlich-rechtliche Fernsehen kann sich politische Macht ausbreiten und sich von einer Demokratie immer mehr entfernen!

Gäbe es nur vereinzelte, verirrte Hinweise zu dieser Entwicklung, so könnten sie als Zeichen einer überforderten Bundeskanzlerin abgetan werden. Sie ist ja schließlich nicht mehr die Jüngste, obgleich das Alter in der Politik nicht ausschlaggebend ist. Adenauers Gehirn war noch mit neunzig Jahren taufrisch! Dieses besondere Geschenk der Natur bleibt nur Politikern vorbehalten! Aber Merkelsche Ausreißer haben Methodik! Der Rechtsexperte und Rechtswissenschaftler Professor Karl Albrecht Schachtschneider fühlte sich dazu aufgerufen, die politischen Rechtsvergehen aufzulisten, beim Namen zu nennen und an das Recht als demokratische Basisfunktion zu erinnern. Statt sachlicher Klärung bevorzugt die Bundeskanzlerin ihre Moderation, die Gefühle in das Zentrum politischen Handelns schiebt.

»... die Gesellschaft verabschiedet sich sukzessive und bewusst von der Orientierung an Fakten und lässt nur noch Wollen und Meinen gelten. Begriff und Diagnose suggerieren, dass wir aus einem Zeitalter der sachlichen, faktenorientierten Urteilsbildung kommen. Diese Zeit hat es so nie gegeben. Zahlreiche Untersuchungen aus den letzten Jahrzehnten belegen, dass es in der Bevölkerung immer eine mehr oder weniger ausgeprägte Neigung gab, sich gegen eine vorwiegend faktenbasierte Debatte zu stemmen, insbesondere in Zeiten der Polarisierung ...« [29]

Die politische Ausrichtung, die Gefühle der Gesellschaft zu bedienen, beschreibt der Begriff »Content Marketing«. Contect Marketing verlangt nicht die Verbreitung überprüfbarer und nachvollziehbarer Tatsachen, sondern ist darauf ausgerichtet, Emotionen anzusprechen. Nicht der Verstand, also sorgfältig abgewogene Schlussfolgerungen aus Überlegungen sollen die Qualität politischer Entscheidungen bewerten, sondern Gefühle! Content Marketing will den Verstand zwingen, sich Gefühlen unterzuordnen, um damit Entscheidungen zu rechtfertigen, die »höhere politische Ziele« bedienen. Gesetzliche Vorschriften werden bei Bedarf ausgeblendet. Unberücksichtigt bleibt beim Einsatz von Content Marketing, dass Gefühle letztlich noch schlechter beherrschbar sind, als der Verstand. »Gefühle lassen sich nicht betrügen«, das mag bei verliebten Menschen zutreffen, jedoch können politische Gefühle bewusst beeinflusst und gelenkt werden. Sie können den menschlichen Umgang miteinander und politische Auswertungen zu extremen Gegensätzen vorstoßen lassen. Derartige Polaritäten zeigen sich bereits bei eigentlich unbedeutenden Gegebenheiten, wie der Vorgang Wölfe belegt. Wahlen in östlichen Ländern standen an. Die unkontrollierte Vermehrung der Wölfe drohte im Osten dramatische Formen anzunehmen. Beim Volk riefen die Tiere unterschiedliche Emotionen hervor. Folglich drohte ein interner Streit zwischen den Koalitionsparteien zu explodieren. Die Bundeskanzlerin musste sich also wieder einmal mit ihrer Moderationsbegabung persönlich in diesen wichtigen Vorgang einschalten.

»Wirklich, sie war unentbehrlich, überall wo was geschah, sie war tätig, sie war da. Schützenfest, Kasinobälle Pferderennen, ohne sie da ging es nicht. Ohne sie war nichts zu machen, keine Stunde hat sie frei. Gestern als sie sie begruben, war sie richtig auch dabei.«

(Frei nach Wilhelm Busch)

Eine Karikatur von Lenz und Partner hat der einsamen Wichtigkeit der Kanzlerin und dem Thema »Wölfe« Rechnung getragen. Was sie aufgrund ihrer zeitlichen Belastung nicht für den Ehemann zu leisten vermag, hat sie eigens für die Wölfe eingerichtet. Sie hatte sich die Muße genommen, einen Pflaumenkuchen zu backen, um die Tiere gütig zu stimmen!

Die Endstufe dieser auf Content Marketing aufbauenden Politik könnte dann darin bestehen, dass sie ihre eigenen Kinder frisst. Es wird die Zeit kommen, da auch das Gefühl des Bürgers nicht mehr zu bändigen ist. Ideologien tragen ihre Hoffnungen nicht mehr in eine unüberschaubare Zukunft. Politisch eingeleitete Maßnahmen werden vom Bürger nicht mehr als zukunftsweisend anerkannt und widerspruchsfrei hingenommen. Über Mainstream hoch gepuschte Begeisterung fällt in sich zusammen, wenn die Umsetzung irgendwelcher Phantastereien Bürgers Geldbeutel überfordert und seine von Wohlstand getragenen Lebensverhältnisse drastisch einschränkt. Ein Beispiel dafür könnte »Klimaerwärmung durch CO_2« werden! Es wäre durchaus denkbar, wie noch aufgezeigt wird, dass CO_2 gar nicht die Ursache für die Erderwärmung ist. Politische Heilsversprechen, den Bürger vor dem Untergang der Welt zu bewahren, begleiten dann mehr Zweifel, als glücksverheißende Zukunftsprognosen. Der Bürger ist irgendwann nicht mehr politisch einzufangen. Die Endstufe dieser Entwicklung wird sein, dass sich quasi täglich neue Parteien bilden, und keine stabile Regierung mehr zustande kommen kann. Spätestens dann hat Content Marketing sich seine Kinder einverleibt!

Nach rund 50 Jahren praktizierter Demokratie ist deren Handhabung wieder an den Anfängen angekommen: Demokratie heißt in diesem Sinn streiten! Nur hat dieses Streiten menschenunwürdige Formen angenommen, die seine Erfüllung in primitiver Rechthaberei sucht. Diese Demokratie will nur noch siegen. Dabei bedienen sich Politiker aller zur Verfügung stehenden oberflächlichen Mittel der Kommunikation. Sie lachen in die Kamera, geben sich nachdenklich, sind leutselig, so es die Situation erfordert und erwecken den Anschein von Ernsthaftigkeit, wenn es der Wähler verlangt. Alles in allem bieten sie die vollständige Palette ihrer populistischen Gebärdensprache, um den Bürger über Content Marketing einzufangen.

Demokratischer Reformeifer mit entsprechender Dauerbeschallung strapaziert des Bürgers nervliche Substanz. Hinzu kommen die unzählbaren kleinen und großen Fehlleistungen, die der Bürger ertragen muss. Diese Zustände als Wahrheit verstehen zu müssen, verbreitet seelische Hoffnungslosigkeit! Was ist das für eine Demokratie, die bereits Gewaltenteilung von Judikative, Legislative und Exekutive nicht als Grundpfeiler etablieren will! Mit sprachlichen Redewendungen definieren Politiker den Bürger als Souverän! Tatsächlich muss er sich ihren Anordnungen unterwerfen. Muss er sich nicht verspottet vorkommen?

Theodor Heuss hatte 1946 gefragt: »*Was heißt Demokratie als Lebensform?*« Er hatte die Antwort selbst gegeben: »*Doch nur dies: dem Menschen, egal wer er sei und woher er kommt, als Mensch zu begegnen.*« Von diesem Grundgedanken der Demokratie haben sich Politik und Gesellschaft weit entfernt. Politiker bedienen sich wohlgeordneter und vieler Worte, um ihre moderne Demokratie zu erklären. Sie ist in der Tat erklärungsbedürftig! Deshalb braucht sie viele Worte! Diese verweisen auf das Grundgesetz. Dieses Signal darf nicht fehlen! Das Grundgesetz denkt jedoch vom Menschen her, stellt den Menschen in den Mittelpunkt. Politiker sehen zuerst einmal sich und die Partei als Dreh- und Angelpunkt. Dann kommen die Wählerstimmen! Der Mensch muss ganz hinten in ihrer Prioritätenliste Platz nehmen! Theodor Heuss erwartete, dass auch der Politiker dem Grundgesetz folgt und dem Menschen als Mensch begegnet! Aber in der Praxis wird die Vorrangstellung des Menschen längst geleugnet! Oder anders gefragt: Was haben »moderne« Politiker dazu beigetragen, den Grundgedanken zu festigen, dem Menschen als Mensch zu begegnen? Was haben sie unternommen, um eine Demokratie, die als solche den Namen verdient, in der Gesellschaft fest zu verknoten? Wie haben sie dieses Grundmotiv dem Bürger verständlich gemacht? Wo hat die Bundeskanzlerin diese Richtlinie zum Grundsatz ihres Handelns gemacht?

»Wir müssen offen sein für neue Kulturen, offen sein für andere Religionen und unsere Tradition erfährt eine Bereicherung durch die Aufnahme anderer Völker in unserem Land«.

Nicht die Einwanderer sollen sich den Menschen öffnen und den Bürgern als Mensch begegnen, sondern die Bürger sollen die verschlossenen Herzen der Einwanderer ergründen. Nicht selten spaltet Hass als Folgeerscheinung die Gesellschaft. »Ich wüsste nicht, was wir hätten besser machen sollen«. Hatte sich die Kanzlerin irgendwann einmal einsichtig gezeigt?

Beurteilungen, Bewertungen, Auslassungen, Missbilligungen, Stellungnahmen … alle diese Maßnahmen erreichen irgendwann einen kritischen Punkt, wenn Vorurteile jegliche Versuche von Objektivität erschlagen und jede Form von Scham vernichtet. Irgendeine Institution in der menschlichen Hülle wirft dann alle Bemühungen von Neutralität über Bord und drängt sich ungehindert in den Vordergrund. Eigentlich verwerflich! Und dennoch hat so ein Ausbruch persönliche Reize!

Ich habe von diesen sich wichtig nehmenden politischen Erziehern die Nase voll! Ich habe es satt, mir von irgendwelchen dahergelaufenen Hansel, Zungendreschern und Klugschwätzern vorschreiben zu lassen, was ich zu denken habe, und wie ich mein Leben gestalten muss. Eine Orwellsche Gesinnungspolizei kontrolliert Medien und zensiert Kommentare. Sie müssen politische Maßnahmen unterstützen! Der Überwachungswahn dehnt sich zwischenzeitlich auf immer unbedeutende Betätigungsfelder aus, und der Beaufsichtigungsirrsinn kontrolliert bald den Genuss jedes Glases Rotwein. Reine demokratische Fürsorglichkeit! Der soziale Gedanke nimmt Formen an, der sich in politisch inszenierten Neiddebatten erschöpft, die aber keine ernsthaften Bemühungen erkennen lassen, die »unten« wieder nach »oben« zu bringen. Personen werden unterstützt, die ein Leben ohne Arbeit als erfüllender empfinden, als sich den Anordnungen eines Vorgesetzten beugen zu müssen. Keiner der Neid anstachelnden Krämerseelen hat begriffen, dass Schwache nicht stark zu machen sind, indem Starke geschwächt werden. Auch funktioniert nicht, Schwache kraftlos zu machen, damit Starke noch stärker werden. Politiker haben ein in sich geschlossenes, sich vom Bürger abgekapseltes System geschaffen, das ihre Machterhaltung zementiert. Und die Bürger? Sie lassen zu, dass Politiker den Staat zu einer krankhaften und unnatürlichen Einrichtung verkommen lassen. Gefühle zweifeln an der heilsamen Kraft von Medizin, Lehrern wird ihre Motivation genommen, Wissenschaftler verlieren ihre Glaubwürdigkeit, das oberste Gericht zerstört die Verlässlichkeit von Recht und Gesetz, und Journalisten stärken den Mainstream. Politische Entfremdung vom Bürger und seinen Anliegen nimmt immer groteskere Formen an.

Gedanken zur Freiheit

Wenn wir das Recht verlieren, anders zu sein,
verlieren wir das Privileg, frei zu sein.
Charles Evans Hughes Sr.

Francis Fukuyama glaubte, dass sich weltweit die Einsicht durchsetze, dass Freiheit und Demokratie den absoluten Gipfel einer Gesellschaftsordnung bilden und kein Fortschritt mehr möglich sei – zumindest aus politischer Sicht.

Freiheit kann vieles und wenig bedeuten. Wer im Gefängnis eingesperrt ist, hat andere Vorstellungen von Freiheit, als ein Bürger, der politische Gesetze als Begrenzung seiner Freiheit empfindet. Den Bürgern der Ukraine demonstriert der Diktator Putin mit menschenverachtender Schonungslosigkeit, was Freiheit für einen unermesslichen Preis haben kann. Freiheit kann auch fehlgedeutet werden und jedwede Ablehnung von Zwang einfordern, also Haltlosigkeit beanspruchen. Und manche Bürger können mit der Freiheit nichts anfangen. Sie brauchen Autoritäten, die Leitlinien festsetzen und dadurch für ihre Orientierung sorgen. Die Literatur hatte herzbewegende, tragische Geschichten gestaltet, in denen Menschen ihr Leben gaben, um frei zu sein. Beethoven aktivierte mit der Oper »Fidelio« das Gefühl, um zu begreifen, was Freiheit bedeutet. Sie kann ihre Bedeutung auch ganz einfach im Geld scheffeln und im Vergnügen und Lustgewinn suchen, nach dem Motto: Wozu Freiheit, wenn sich auch anders gut leben lässt?

Freiheit eine wilde ungezügelte Kraft strömte aus diesem Wort! Freiheit hatte nicht um Erklärungen gebeten, sie lebte, sie erschütterte Menschen, brachte sie zu herzerweichendem Weinen, lockte verwegene, ausgelassene, fröhliche Glückseligkeit hervor, forderte Selbstbewusstsein, schaffte Ideen, provozierte Wut, Hass und ließ Völker politische Systeme stürzen. Träume der Vergangenheit?

Die Wirklichkeit deutet Freiheit enger! Die Beleuchtung dieser Freiheit gewinnt besondere Bedeutung, wenn sich Merkmale einer Diktatur einschleichen. Die Gesellschaft erlebt im Grunde genommen nur noch Alltagsthemen, Alltagsfabeln also Alltagsphänomene, die über Freiheit nicht mehr nachdenken lassen. Es lohnt sich aber, zu begreifen, welchen Wert die Freiheit bietet, wie wichtig sie ist, und wie wir alle uns verpflichtet fühlen sollten, diese Freiheit zu erhalten. So wie der Kern der Kirche der Glaube ist, ist der Kern der Ehe die Liebe, und so ist der Kern der Demokratie die Freiheit. Deshalb müssen alle menschlich zur Verfügung stehenden Kräfte sie verteidigen.

Sie sucht auch schon mal flüchtige Glücksgefühle außerhalb der Seele. Kratzen aber nicht solche Interpretationen von Freiheit nur an der Oberfläche einer Lebenserfüllung an? Verwirklicht nicht erst Freiheit eine geistige Selbständigkeit, die frühere Generationen in Bewegung setzten und dem Menschen Unabhängigkeit schenkten? Ist nicht allein diese Art Freiheit der Sauerstoff, der unsere Seele atmen lässt? Freiheit ist doch ein kleines Wunder unserer Schöpfung! Allein, sich bewusst zu werden, dass wir leben, bedeutet Freiheit. Wie kompliziert zusammengesetzt ist jeder einzelne Mensch auf dieser Welt. Was wir nicht begreifen, nicht begreifen dürfen, glauben begriffen oder tatsächlich begriffen haben, das alles ermöglicht doch nur geistige Unabhängigkeit, also Freiheit.

Was ist von dieser Freiheit geblieben? Sie ist zum verunsicherten, scheuen Tier verkommen. Verängstigt muss sie sich verbiegen, sich in versteckte Nischen verkriechen. Sie erfährt keinen Artenschutz mehr. Mit Lippenbekenntnissen wollen Politiker sie vor dem Aussterben bewahren. Ihren betörenden Charme haben sie ihr längst geraubt. Sie wurde in den Kerker gesperrt. Bei Wahlen präsentieren Politiker pathetisch, mit aufgesetztem, sterilem Gesichtsausdruck ihren blassen, ausgehöhlten Körper einem gehorsamen Publikum. Ihr Kleidchen wird dann sorgfältig herausgeputzt. Die Hülle soll gefallen!

In täglichen Abläufen musste die Freiheit längst das Lebensparadies verlassen. Politiker haben sie an bürokratische Ketten geschmiedet. Freiheit soll das Individuum Mensch auf wirtschaftlichen Erfolg in einer materiell ausgerichteten Gesellschaft trimmen. Politiker verändern die menschliche Natur, damit sie in die Welt passt und sie gleichen nicht die Welt an die menschliche Beschaffenheit an. Der Mensch erfährt die tiefste Form der Erniedrigung und Verachtung seiner Wertigkeit. Freiheit musste sich politischem Regulierungswahn unterwerfen. Brüderlichkeit soll sie im entmündigenden Wohlfahrtsstaat suchen, menschliche Individualität muss ideologischer und materieller Einebnung weichen. Politische Vorgaben bestimmen den Grad ihrer Unabhängigkeit. Vorbei die Zeit, in der Gedanken freien Auslauf hatten, in der Freiheit Betrug die Existenz entziehen konnte, sie frei wie der Adler in den Lüften dahin schweben vermochte, sie sich wie die Forelle im Gebirgsbach tummeln durfte. Bestimmungen, Verordnungen, Verbote und exzessive Regulierungen haben der Freiheit die Luft zum Atmen genommen.

»Lasst uns mehr Freiheit wagen.« Politisch aufgearbeitete, klebrige Phrasen sollten Hoffnungen wecken. Sie sollten aber nur die Tür zum Kanzleramt aufstoßen. Politische Worte, die wissen, wie Wählerstimmen eingefangen werden müssen. Diese in Aussicht gestellte Freiheit hatte ihr Leben bereits eingebüßt, als Worte sie geboren hatten. Die Europäische Union pickt die letzten Krümel bürgerlicher Freiheit auf. Politiker bemühen sich, jede Lücke auszukundschaften, um sie zu schließen. Gehorsam statt Freiheit! Eine kleine, in sich geschlossene Politikerelite sucht in einem isolierten, abgeschotteten, von außen unzugänglichem Verlies eine Demokratie, die den Bürger bis auf den nackten Leib ausraubt, ihm das letzte Hemdchen stiehlt.

Politisches Wortgeplätscher ergießt sich gern über Freiheit. Mit ausgefransten, aufgewärmten Wortschablonen leiten sie den Bürger in eine verbrauchte, abgestandene Welt von Gemeinplätzen. Die Bundeskanzlerin beschwor vor dem amerikanischen Kongress, Amerikas Freiheitsbedürfnis vergangener Jahrhunderte in die Zukunft zu tragen. Sie forderte »ein gemeinsames Verständnis von Freiheit in Verantwortung«. Für drittklassigen Sprachaufguss suchen Politiker einkalkulierten Applaus. Karriere betonte, geltungsbedürftige Worte und abgelutschte, substanzlose, neu aufpolierte Gedanken suchen im Popularitätsgerangel ihre Anerkennung. Politiker verurteilten Freiheit zum Tode, als sie Werten wie Humanität, Geist und Gemeinsinn der Kraft des Geldes opferten. Sie setzten den Stachel des Neides und der Ausbau materiellen Wohlstands sollte moralischen Rückhalt im Geld scheffeln suchen. Freiheit muss zur Legende verkommen, wenn Macht Absolutheit beansprucht.

Wenn wir im Alltag gut daran tun, nicht alles zu äußern, was uns an Nachdenklichkeit durch den Kopf schießt, und nicht alle aufwühlenden Gefühle zeigen wollen, die in uns rumoren, hat die Freiheit bereits ihren wahren Wert verloren. Gegenwärtige Politik lässt nur noch eine virtuelle Freiheit zu. Der Bürger wird in ein Gefängnis geworfen, dessen Türen und Mauern aus verlogenen Wortbekundungen bestehen und ein Entkommen unmöglich machen. Mit verordneten, regelmäßigen Spaziergängen im Innenhof ihrer erbauten Festung verbreiten Politiker Hoffnungen. Sie reden von demokratischen Wanderungen! Sie sollen glaubend machen, dass die Haftstrafe nicht lebenslänglich ist. Wieder und wieder machen sie dem Häftling Hoffnungen. Er lebe in einer uneingeschränkten Demokratie, sagen sie. Seine Freiheit sei grenzenlos, suggerieren sie ihm ein. Sie wissen längst, dass die Gefängnismauern mit soliden Rechtsbrüchen und diktatorischen Anordnungen verstärkt wurden und ein Entkommen unmöglich machen.

Nur Menschen können die Freiheit schätzen, die ein gelassenes Verhältnis zu sich selbst haben. So federleicht diese Einsicht sich zu Papier bringen lässt, so dicht ist der Weg dorthin mit eng verwobenem und dornenbespicktem Gestrüpp ausgelegt. Freiheit kann nur wahrnehmen, wer sensibel zwischen Abhängigkeit und

Unabhängigkeit unterscheiden kann und glaubt, diese Gegensätze durch ein ausgewogenes, inneres Gleichgewicht abstützen und zu einer kontrollierten Harmonie zusammenführen zu können. Politikers Bestrebungen zielen darauf aus, den Bürger von sich und ihren Maßnahmen abhängig zu machen! Sich dagegen aufzulehnen und zu wehren bedeutet Kampf! Kostenlos ist Freiheit nie gewesen, und sie wird auch niemals zum Nulltarif zu haben sein. Sie ist an Bildung, aber auch an wirtschaftliche Unabhängigkeit gebunden. Zur Freiheit zu finden, ist eine schwere Bürde, die der Mensch sich bewusst selbst auferlegen muss, will er in wirklicher Freiheit leben und seine Würde wahren.

Persönliche Freiheit ist nicht grenzenlos. Sie muss sich in die Gesellschaft einfügen. Die Bürger führen in diesem Verbund ein gemeinsames Leben. Nur ihr Handeln bestimmt die Qualität und den Zusammenhalt einer Gemeinschaft. Folglich muss es übergeordnete Gesetze geben, die für alle gleich gelten. Diesen Gesetzen muss sich der Einzelne mit seiner eigenen auferlegten Gesetzgebung unterordnen. Nur so kann Demokratie im engen Verbund mit Freiheit erhalten bleiben. Der Bürger kann sich jedoch mit Geboten nur unterordnen, so er sich Grundsätze geschaffen hat. Subjektive Freiheit kann also nur als selbstbestimmte Freiheit bestehen. Es darf jedoch kein Grundrecht geben, das erlaubt, mit sittenwidrigen Gepflogenheiten die Verletzung der Rechte anderer zu begründen. Sowohl die eigenen als auch staatliche Gesetze müssen folglich untadelichen, moralisch untermauerten Umgangsformen entsprechen und die Menschenwürde eines jeden Bürgers respektieren. Hier sind die Grenzen subjektiver Freiheit gezogen. Allein um diesen Anspruch zu verwirklichen ist Freiheit harte Arbeit!

Solcherart theoretische Überlegungen lassen sich in der Praxis nicht umsetzen. Das liegt schon ganz einfach daran, dass Politiker übergeordnete Gesetze beschließen, die nicht demokratischen Grundprinzipien unterliegen. Das Volk kann nicht unmittelbar, sondern nur mittelbar auf diese Gesetze einwirken. Politisch durchgefochtene Gesetze sind also nur bedingt freiheitstauglich, da sie politische Vertreter durchsetzten, die dem Fraktionszwang unterliegen. Gesetze verlieren ihre ordnende Kraft, wenn der Wille der Bundeskanzlerin und nicht der Wille der Bürger gilt und Quantität Qualität ersetzt. Nur die Entschlossenheit aller Bürger, die in einer Gesellschaft zusammenleben, entscheiden über die Abläufe in dieser Gemeinschaft. Deshalb sind Regierungsgewalt und Freiheit grundsätzlich verschiedene Zielsetzungen. Politiker suchen Macht, Bürger suchen den freien Geist. Allein dieser Gegensatz verlangt eine sorgsam abgestimmte Rechtsprechung. Doch nicht nur das Recht muss für Ausgleich sorgen! Grundwerte der Freiheit müssen bereits Eingang in die Schule finden und dort erörtert werden. Ein Grundbaustein ist Bildung, um über Freiheit befinden zu können. Die Aufklärung darüber, was Freiheit wirklich bedeutet, gehört indessen ins Elternhaus.

Politiker einer Demokratie dürfen Freiheit nicht nur mit Worten als Recht bekunden, sondern sie müssen sie als reelle Chance im praktischen Lebensablauf ermöglichen. Diese Verpflichtung beginnt bei der Meinungsfreiheit. Verbreitete Gedanken und veröffentlichte Meinungsäußerungen müssen dem Recht unterliegen. Bewusst verbreitete, unwahre Tatsachenbehauptungen und solche, deren Unwahrheit bereits im Zeitpunkt der Äußerung unzweifelhaft feststeht, dürfen keinen Anspruch auf politischen Schutz haben.

»Die Angst vor der Freiheit schließt die Menschen ein. Denn nicht Freiheit wollen die meisten, sondern das Glück der Sicherheit und der Bequemlichkeit. Freiheit dagegen ist anstrengend; man muss sie in heller, wacher Lebensführung leisten. Die verwaltete Welt ist deshalb für viele eine Wunscherfüllung. Der Paternalismus des vorsorgenden Sozialstaates wird ihnen nicht nur aufgezwungen, sondern sie begehren ihn auch, denn er entlastet sie von der Bürde der Freiheit.« [30]

Freiheit ist etwas Erworbenes, etwas Errungenes. Der Mensch muss sich gegen einen inneren Schweinehund auflehnen. In ihm wohnt der Wunsch nach Behaglichkeit und Faulheit. Nur wer diese natürlichen menschlichen Schwächen besiegt, hat einen unermesslichen Schatz gewonnen. Dieses erkämpfte wertvolle Heiligtum will die Politik zerstören. Ein zwangsweise auferlegter, versorgender Sozialstaat erzieht ihn zur Unmündigkeit und unterstützt seine innere Trägheit. Der Verstand soll eingeschläfert werden! Unterentwickelte Gedanken sind außerstande, wertneutral zu kritisieren! Nur Verstand und Würde, Bildung und finanzielle Unabhängigkeit ermöglichen ein vom Staat unabhängiges Leben zu führen. Eine gestandene, auf Bildung aufbauende Persönlichkeit muss folglich der größte Feind eines politisch gesteuerten Wohlfahrtstaats sein. Der Staat will als »Vater Staat« absolute Sorge dafür tragen, dass seine Kinder niemals mündig werden. Diese dauerhafte Bevormundung bezahlt der Bürger mit seiner Ehre!

»An die Stelle von Freiheit und Verantwortung treten Gleichheit und Fürsorge ... Dieser demokratische Despotismus entlastet den Einzelnen vom Ärger des Nachdenkens genauso wie von der Mühe des Lebens.« [30]

Die Ausgestaltung sozialer Versorgung ist in politische Obhut gelegt. So etwas kann bereits prinzipiell nicht funktionieren! »Menschliche Hände« können niemals »gerecht« sein, genauso, wie soziale Ansprüche niemals erfüllend sind. Der Bürger wird ständig an der Gerechtigkeit politischen Handelns zweifeln. Erwartung und Erfüllung sozialer Versorgung werden immer divergieren, müssen in einem Spannungsverhältnis stehen und verpflichten folglich die Politik, immer nachzubessern. Dieses erwartungsbespickte Verhältnis bewirkt beim Bürger eine chronische Unzufriedenheit und führt ihn in die politisch erwünschte Spur.

Dieser Gedanke erscheint möglicherweise zunächst verwirrend. Aber bereits »Gerechtigkeit« ist ein Wieselwort! Darunter versteht jeder etwas anderes, wie auch unter Ungleichheit und Chancengleichheit. Die Politik lebt von diesen unterschiedlichen Interpretationen! Sie liebt Ungenauigkeiten, die extrem unterschiedlich ausgelegt werden können. »Sozial« reiht sich in diesen vielseitig beschönigenden Zeitgeist ein. »Sozial«, einmal unabhängig vom Zeitgeist und ganz allgemein betrachtet, strebt nach dem Geld anderer Bürger. Die Politik verteilt diese Gelder. Sozial benachteiligte Bürger wurden politisch dazu erzogen, weniger über die Umstände ihrer »sozialen« Situation nachzudenken und eine Änderung dieses Zustandes zu erwägen, als vielmehr ihren Anspruch auf das Geld der Reichen zu rechtfertigen. Die Vermögenden besitzen soviel Geld, dass es ihnen nicht weh tun kann, die Not armer Bürger zu lindern. So die pauschale Auffassung! Was »arme Bürger« sind wird in das Ermessen des Einzelnen gestellt! Politische Ideologien geben diesem Anspruch Rechtscharakter. Diese Gelder müssen dann »gerecht« verteilt werden! Folglich muss politisches Handeln soziale Gerechtigkeit regeln. Der Wettbewerb unter den Parteien lässt den Bürger dann wissen, dass soziale Unterstützung permanent mangelhaft ist.

Folglich muss die Fürsorge immer weiter ausgebaut werden. Diese gedankliche Kette weitergeführt, verlangt von Politikern dann, dass sie den Eindruck vermitteln müssen, unsere Gesellschaft leide zu sehr unter den »Reichen«. Es besteht zu wenig Staat, der diese Missstände in menschliche Bahnen lenkt!

So unverständlich diese gesellschaftliche Entwicklung im Rahmen einer Demokratie erscheinen mag, so verständlicher ist der Veränderungsprozess. Die Ursache liegt in dem wechselseitigen Verhältnis von Freiheit und staatlichen sozialen Ordnungsprinzipien. Je freier der Bürger sich fühlt, desto abhängiger ist er von einem sich sozial gebendem Staat geworden. Diese geradezu widersinnige Beziehung gründet auf der Tatsache, dass Freiheit im Wesentlichen finanzielle Unabhängigkeit braucht und übergeordnetes Denken Bildung verlangt. Wirkliche Freiheit kann nur wahrnehmen, wer wirtschaftlich nicht auf politische Unterstützung angewiesen ist und mit Bildung nicht von vorgegebenen Denkmustern abhängt. Obliegenheiten übergeordnet zu beurteilen ist keine Momentaufnahme, sondern verlangt eine ständige Aktualisierung. Das gelingt nur durch die Bereitschaft, lebenslang zu lernen, ist folglich eine Bildungsangelegenheit.

Freiheit schenkt ein Leben, das durch selbständiges Denken und Handeln bewusst die Bedeutung von Selbstbestimmung wahrnimmt. Bildung verleiht ihm Mündigkeit zur eigenen Willensentscheidung. Drum legt das Grundgesetz ein Recht des Bürgers auf Bildung und Eigentum fest. Es sind Grundrechte, die dem Menschen Würde geben! Freiheit ist dabei ein bedeutendes Schlüsselwort. Die Judikative muss als überwachende Instanz Freiheit absichern und stärken. Das demokratische Prinzip lebt vom Willen der Bürger nach Freiheit und nicht von einer beschönigenden staatlichen Fürsorglichkeit. Fürsorglichkeit muss auf Einzelfälle begrenzt bleiben und darf nicht mit dem Füllhorn ausgeschüttet werden. Nur wenn der Bürger sich eigene Gesetze für sein Handeln auferlegen kann, ist er imstande, wahrhaftige Freiheit zu verwirklichen. Freiheit heißt inzwischen aber für den wirtschaftlich abhängigen Bürger, dass er zu gehorchen hat! Spurt er nicht, muss er befürchten, die soziale Unterstützung des Staates zu verlieren. Er muss seine eigenen sich auferlegten Anordnungen unkontrollierbaren, politischen Vorschriften unterordnen. Soziale Kontrolle erstickt nicht nur des Bürgers Würde, sondern zerstört auch sein Rechtsbewusstsein. Seine eigene Gesetzgebung verliert an Kraft! Mit Worten richten Politiker ihr Handeln »im Interesse des Bürgers« aus. Tatsächlich bringen sie ihn nicht nur um seine Würde, sondern verformen ihn zu einer beliebig knetbaren Menschenmasse. Sie modellieren ihn zu einem willkürlich zu gestaltenden Objekt um.

Kindergelderhöhung! Soziale Unterstützung soll bereits im menschlichen Entstehungsprozess dem ungeborenen Leben das Glück und unsere Freiheit rauben. Mit der Geburt »schenkt« der Staat dem werdenden Leben bereits Geld! Bereits wenn der Verstand noch nicht entwickelt ist, soll der winzige Bürger lernen, wie angenehm und wohlwollend die Welt sich ihm öffnet, wenn er sich in die Hände des Staates begibt. Diese politisch herbeigeführte Unmündigkeit kann einen kritisch eingestellten Verstand irgendwann bewusst werden lassen, Knecht des Staates zu sein. So denn diese Erkenntnis reift, kann Hass aufkommen! Der Staat betrügt mich durch seine Geschenke um meine Möglichkeit, von ihm finanziell unabhängig und damit frei zu sein. Dieser vom Neid gelenkte Groll sucht dann seinen Auslauf bei der Gegenüberstellung zur erkämpften Freiheit. Freiheit darf nicht mehr den Anspruch nach Individualität erheben, sondern sucht über politische Fürsorge eine staatlich gesteuerte Gleichheit. Gleichheit vor dem Gesetz muss durch Gleichheit durch das Gesetz ersetzt werden. Wer sich aus Bequemlichkeit oder zu Lasten eines Komfortverzichts nicht eine persönliche Freiheit erarbeitet hat, neidet die Freiheit anderer. Dem »anderen« darf es nicht besser gehen. Dieser Grundkonflikt sozial-politischer Auseinandersetzungen darf niemals beim Namen genannt werden. Der Staat muss sich folglich verpflichtet fühlen, auch willensschwache Menschen vor sich selbst zu schützen. Politische Aufgabenbereiche mussten vielseitig verschlungene und eng verflochtene Wege aufarbeiten, mit der Folge, dass nicht mehr der Souverän bestimmt, sondern der Bürger sich politischen Anordnungen zu beugen hat.

Ein dicht gesponnenes Gewebe von Vorschriften führt dann selbst in einfachsten Angelegenheiten in ein Gewebe von Abhängigkeit, das Politiker mit viel Umsicht geflochten haben. Durch weitere Verordnungen und Anweisungen wird dieses Netz systematisch ausgebaut. Der Staat züchtet sich durch seine soziale Fürsorge Bürger als Bittsteller und fördert deren Hilflosigkeit.

»Diese Überregulierung des Alltags verwandelt die Befolgung des Gesetzes aus einem Sollen in ein Gehorchen ... An die Stelle bürgerlichen Rechtsbewusstsein ist soziale Kontrolle geworden.« [30]

Wo liegt der Unterschied zwischen einer modernen Demokratie und einer Diktatur? Eine aufgebrachte, auf absolute Freiheit ausgerichtete Gedankenwelt führt mittlerweile zu einer derartigen, eigentlich absurden Frage. Politische Maßnahmen zur Absicherung und zum Ausbau ihrer Macht provozieren ein Gedankengut, das selbst vor extremsten Vorstellungen nicht Halt machen kann. Auch wenn diese Inspirationen übertrieben erscheinen, sollten sie die Gedankenwelt aufrütteln und einen geläuterten Geist zur Nachdenklichkeit führen. Ein konträrer Geist muss auch widersprüchlich denken dürfen und eine lebenserfüllende Freiheit neu und gründlich definieren wollen. Eine »Lenkungsdemokratie« will dem Bürger die Eigenverantwortlichkeit rauben. Dem sich chronisch ausweitenden politischen Machtbedürfnis steht eine bürgerliche Lebensart mit Eigenverantwortung im Weg. Eigenverantwortung ist Teufelswerk! So etwas dürfen Politiker nicht zulassen! Ungebundenheit muss im Keim bekämpft werden. Sofortmaßnahme: Die soziale Ausgestaltung muss angehoben werden. In einem zweiten Schritt wird über Mainstream aufbereitet, was »gut« und was »böse« ist.

Böse ist:
- Die AfD mit allen Menschen, die die Partei vertreten oder gar wählen.
- Rechtspopulismus und was da sonst noch alles unter diesen Hut passt.
- Dieselautos
- Kohlendioxid
- Victor Orban, die politische Situation in Ungarn sowieso
- Polen und seine politischen Verhältnisse
- Italien mit seinem Schmutzfinken Salvini
- Der Brexit und Johnson
- Vladimir Putin, keine Frage!

Gut ist:
- Angela Merkel und alle ihre heilbringenden Entscheidungen
- Die Grünen generell
- Kampf dem Klimawandel! Beifall für Greta und ihre »Friday for Future«-Demonstrationen!
- »Rettung« von Flüchtlingen

- Der moralische Anspruch Deutschlands, allein den Stein der Weisen gefunden zu haben.
- Die Europäische Union
- Alles, was »bio« ist
- Elektro-Autos

Demokratische Selbstverständlichkeiten verschieben Politiker in die Vergangenheit. Sie haben nur noch Erinnerungswert. Die Bürger bildeten einmal das Zentrum einer demokratischen Republik! Sie bildeten den Staat! Diese Aufgaben hat die Politik übernommen! Um eine problemfreie Befolgung »höherer politischer Ziele« sicherzustellen, suchte die Bundeskanzlerin Erfüllungsgehilfen, die ihre Anordnungen unwidersprochen befolgen. Sie hat sie gefunden!

> *»Der Staat strebe die Herrschaft des Gesetzes als politisches Ideal an, verhindere Gewalt und Betrug, schaffe alle Privilegien ab, sichere Vertragsund Gewerbefreiheit, schütze das Privateigentum, halte die Märkte offen für Wissen, Menschen Güter und Kapital, sorge für hochwertige öffentliche Güter, dann wird die eigennützige Triebkraft menschlichen Handelns zum besten wirtschaftliche Ergebnis für alle führen.«*
>
> *Adam Smith, (1723-1790)*

So etwas verlangt die Theorie! Sie kann, wie so oft, nicht angefochten werden! Warum kann sich die Politik bei der Gestaltung des gemeinschaftlichen Zusammenlebens nicht zumindest an derartigen Erkenntnissen orientieren? Jüngste Regierungen haben diese demokratischen Gedanken in eine von ihnen aufgebaute und ausgebaute soziale Ordnung umgeformt und als staatliche Einrichtung festgezurrt. Der Staat sollte lediglich Rahmenbedingungen festlegen, an denen sich der Bürger zu orientieren hat. Bürger werden stattdessen zu sozial verwalteten Wählern erzogen, die politische

Macht absichern, aber noch nicht einmal Adam Smith und seine Gedanken wertneutral beurteilen dürfen.

Alle diese durch Adam Smith bekräftigten Zusammenhänge entspringen einer Gedankenkette, die Freiheit als Zielsetzung auslegt, das Leben unabhängig vom Staat zu gestalten und vom Staat verlangt, dieses Bedürfnis nach einem Leben in Freiheit nicht zu bekämpfen. Die Interessenkollision besteht darin, dass Politiker keine innere Freiheit kennen. Sie sind nur mit Abhängigkeiten vertraut. Parteien schreiben Auflagen vor, die an die Macht führen. Diese Macht züchtet Sklaven, die weder menschliche Freiheit kennen, noch diese vorleben und schon gar nicht darüber urteilen können. Machtbedürfnis ist mit Freiheit einfach nicht vereinbar. Macht braucht Lügen, Freiheit sucht Wahrheit!

> *»Die Laus frisst das Gras, der Rost das Eisen, die Lüge die Freiheit.«*
>
> *Anton Tschechow*

Politische Freiheit bedeutet, eine von der Partei vorgeschriebene Meinung zu vertreten und diese im Volk zu verbreiten. Politische Ungebundenheit schränkt Verhaltensmaßregeln auf Gehorsam ein! Auch dieses politische Gefängnis benötigt weder Ketten noch Schlösser. Die Türen dieses Knastes sind durch Lügen abgesichert. Politische Selbstbestimmung bedeutet, bei Wahlen mit verlogenen Versprechungen X zu einem U zu verbiegen.

Freiheit zu verwirklichen ist belastend, anstrengend und mühevoll. Bereits die Wahrheit auszusprechen ist eine schwere Bürde! Sie verlangt eine aufgeschlossene Lebensweise. Diese Anforderungen eines besonderen Lebensweges scheuen viele Bürger. Immer die »Wahrheit« zu sagen, ist tatsächlich ermüdend. Es kann bei derartigen Vorgängen ohne weiteres passieren, dass ein Engagement für Freiheit den Bürger die Freiheit selbst vergessen lässt. Er macht sich nicht mehr bewusst, dass politisch geschenkte Sicherheit und

Bequemlichkeit vergängliche Werte sind. Die soziale Versorgung darf folglich keine Grenzen kennen. Der fürsorgliche Staat wird also dem Bürger nur bedingt aufgezwungen. Der Bürger wählt – im Allgemeinen unbewusst – zwischen den unbequemen Auflagen, die eine Freiheit mit sich bringt und der angenehmen Stallwärme einer staatlichen Versorgung. Aufgezwungen wird ihm nur die luxuriöse Ausstattung. Die dankt er dann bei Wahlen! Der Sozialstaat hat einen hohen Zuspruch erlangt. Er ist für eine zunehmende Anzahl von Bürgern zum Hoffnungsträger geworden. Den heimlichen Wunsch nach Bequemlichkeit zuzugeben, dazu fehlt zu oft der Mut. Selbst dann, wenn deren Abhängigkeit erkannt wird! Deshalb kann der Sozialstaat immer weiter vordringen! Er erfasst immer weitere Kreise! Der Bürger liefert sich dem Staat unabdingbar aus, indem er die ihm aufgezwungenen Wohltaten schließlich als lebensnotwendig hinnimmt. Daraus entsteht ein Konflikt. Einerseits entsteht Misstrauen dem Staat gegenüber, weil die soziale Versorgung immer unzureichend ist, andererseits ist aber keine grundlegende Kritik erlaubt. Sie könnte die Wohltaten einschränken oder gar sterben lassen! Dieses Spannungsfeld kennt keine Brücken! Die akzeptierte Abhängigkeit vom Staat und die moralisch geforderte Eroberung wahrhaftiger Freiheit führen zu einer Zersplitterung der Gesellschaft. Die Politik erkauft sich mit der Förderung von Unmündigkeit und dem Ausbau der sozialen Versorgung genau den Zustand, den sie vorgibt, bekämpfen zu wollen: Eine gespaltene Gesellschaft! Die moderne Demokratie verlangt, dass der Bürger seine Würde und seiner Freiheit bereits mit der Geburt an der Lebenseintrittsgarderobe abgibt. Der Staat will nicht Freiheit und Würde, er will Fürsorge und Gleichheit. Die Krone dieser Entmündigung hat die Regierung Merkel mit der Auflehnung gegen Naturgesetze geschaffen, gemäß dem Motto: Der Liebe Herrgott kann schon viel, aber Merkel und ihre Vasallen können alles besser!

»Früher« teilte sich die Gesellschaft in Arbeiter und Kapitalisten auf. Die marxistische Lehre wiegelte die Studenten auf, höhnisch, arrogant und gewalttätig gegen die Kapitalisten vorzugehen. »Heute« unterteilt sich die Gesellschaft in sozial Betreute, in politische Betreuer und in Bürger, die ihre Verantwortung in der Wahrnehmung von Freiheit erkennen. Glück darf nicht mehr unverwechselbar das Wohl eines einzelnen sein, sondern Glück ist, was die Politik der Gesellschaft als Gemeinschaft verordnet.

Ein paar aufgelesene Gedanken zur Freiheit:
- Freiheit fordert den Menschen heraus, Politiker zu wählen, die sich zur Aufgabe machen, unsere Freiheit einzuschränken.
- Was unserer Kultur verloren gegangen ist, ist Ehrlichkeit und Vertrauen, gewachsene Ausstrahlung, der Sinn für tatsächliche Freiheit.
- Wenn wir Freiheit definieren, verlieren wir sie, wenn wir sie begrenzen, zerstören wir sie.
- Freiheit zählt zu den wenigen Gütern, die nicht mit Geld zu kaufen sind, sie kann jedoch durch Geld verloren gehen.
- Das Geheimnis des Glücks ist die Freiheit; das der Freiheit aber ist der Mut.
- Freiheit ist nicht alles, aber ohne Freiheit ist alles nichts.
- Freiheit ist für mich die wichtigste Quelle für Kreativität.
- Freiheit bedeutet Verantwortung und das ist der Grund, warum die meisten Menschen sich so vor ihr fürchten.
- Freiheit und wirtschaftliche Unabhängigkeit sind in der aktuellen Gesellschaft nicht mehr zu trennen.

Politik braucht schlüssige Konzepte.

»Der Mensch hat dreierlei Wege, klug zu handeln: Erstens durch Nachdenken, das ist der edelste. Zweitens durch Nachahmung, das ist der leichteste. Drittens durch Erfahrung, das ist der bitterste«.

Konfuzius

Das Vertrauen der Deutschen in die Qualität der Regierungsarbeit und in die Stabilität des politischen Systems ist in den vergangenen vier Jahren signifikant gesunken. So eine repräsentative Umfrage des Instituts für Demoskopie Allensbach im Auftrag der Frankfurter Allgemeinen Zeitung aus dem Jahr 2018.

2015 bewerteten zur Hälfte der Legislaturperiode 81 Prozent der befragten Wahlberechtigten die politische Stabilität als die besondere Stärke Deutschlands. 2018 waren es nur noch 57 Prozent. Soweit die Beurteilung der politischen Stabilität! Der Anteil der Bürger, die in der Qualität der Regierungsarbeit eine Stärke des Landes sahen, vertraten 51 Prozent. Im Zeitraum 2015 bis 2018 verfiel die relativ positive Meinung «geradezu erdrutschartig« von 49 auf 26 Prozent.

»... Nichtwahl und Protestwahl haben durchaus ähnliche Ursachen. Denn wer der Wahlurne fernbleibt, ist mit der Funktionsweise der Demokratie weniger zufrieden und misstraut den etablierten Parteien. Die niedrige und ungleiche Wahlbeteiligung der vergangenen Jahre hätte als Warnsignal dafür verstanden werden müssen, dass ein Teil der Bevölkerung sich nicht gut vertreten fühlt und sich von den etablierten Parteien abgewandt hat ...« [29]

In der Allensbach-Analyse heißt es mit Verweis auf die Umfragezahlen, dass die Bevölkerung die Koalition nicht nur als uneinig, sondern auch als wenig handlungsfähig wahrnehme. Nur 19 Prozent empfänden die Regierung als stark, 58 Prozent der Befragten als schwach. Die Unzufriedenheit mit der Regierung unterminiere auch das Vertrauen in die Handlungsfähigkeit des Staates insgesamt. Noch vor einem Jahr habe die Mehrheit der Bürger auf die Handlungsfähigkeit des Staates vertraut. Inzwischen hätten nur noch 45 Prozent den Eindruck, dass die Handlungsfähigkeit des Staates gegeben sei. Deutlich stärker als im Westen vertreten Ostdeutsche Bürger diese Ansicht. Dort stellten 57 Prozent der Befragten fest, dass Deutschland einen schwachen Staat habe. So die Stimme der Kommunikationswissenschaft zu den demokratischen Verhältnissen.

Umfragen zu politischen Auftritten geben den Bürgern zwar in regelmäßigen Abständen Gelegenheit, ihre Stimmungen auszubreiten, aber sie ändern nichts Wesentliches an politisch herbeigeführten, grundsätzlichen Schwächen einer Demokratie. Die Politiker der modernen Demokratie haben sich ihre eigenen Gesetze geschaffen, die sie sorgfältig pflegen. Verdeutlicht werden diese inzwischen etablierten Regeln bei Wahlen und deren Auswertungen. Die Parteien bestimmen über die Regierungszusammensetzung und legen im Koalitionsvertrag die verschiedenen Geschäftsfelder fest. Je mehr kleine Parteien in die Regierungssuppe ein tunken wollen, desto dicker wird der Koalitionsvertrag und desto häufiger wird er gebrochen. Wortbrüche bestimmen das Tagesgeschäft! Ein konstantes Hin und Her sucht nicht Wahrheit zu verwirklichen, sondern Wählerstimmen einzufangen. Dazu müssen die Bedürfnisse der meisten Bürgern angesprochen werden! Politische Auseinandersetzungen, die in den Bundestag gehören, werden in Koalitionsverhandlungen verlagert. Die rechtlich vorgeschriebene Notwendigkeit, Entscheidungen auf der Grundlage des Grundgesetz zu treffen, verwässert. Das Grundgesetz verlangt und erwartet, dass das Volk nicht Parteifunktionäre wählt, sondern Abgeordnete, die in freiem gedanklichen Schlagabtausch die Zukunft unseres Landes ordnen. Nicht unvorhersehbare Krisen bestimmen Spannungen in der politischen Ehegemeinschaft. Sie decken Differenzen in der politischen Grundeinstellung auf, die vorher sorgfältig zugedeckt worden waren! Politisches Neuland beschleunigt diesen Knatsch. Der Profilierungszwang und die damit verbundene Unterhöhlung der Glaubwürdigkeit des politischen Gegners ist das Salz in dieser versauerten, ungenießbaren Regierungssuppe. Bereits der erste Löffel dieser vergammelten Brühe verleitet zur Übelkeit!

So manche Bürger verbinden mit dem Thema »Demokratie« noch Illusionen. Zu häufig prägen Gefühle solche Traumgebilde. Sie unterliegen gar nicht selten einem Wunschdenken und fühlen sich dadurch oft in einer Welt fern der Realität zu Hause. Sie verteidigen auch Lügen als Wahrheiten. Mir fällt es nicht schwer, mich in diese Welt gut hineinzuversetzen. Die Ursprünge für derart illusionsgeprägtes Verhalten liegen zumeist in der Jugendzeit begründet. Eltern schicken ihre kleinen Lieblinge mit Geschichten vor dem Einschlafen in ein verzaubertes Märchenland. Sinnlichkeit wird in ihre formbare Seele eingepflanzt. Kleine sensible Gemüter verlangen nach immer mehr. Die Geschichten werden zu einem nicht mehr wegzudenkenden Ritual. Diese Welt wird bereits fest im Gemüt verankert, wenn die kleinen Wesen noch nicht einmal laufen können. Der reifer werdende Verstand stabilisiert diese ehrbaren Werte als bedeutsame Lebensinhalte. Die Entwicklungsjahre können dann Wunschbilder nur überdecken, aber sie behalten als tief in der Seele verästelte Kostbarkeiten ihren Einfluss auf das Leben. Nur der Verstand setzt Grenzen! Die moderne Demokratie will diesen persönlichen Nutzen abwerten, ihn sogar zuschütten. Warum bloß? Wahrheitsfindung verlangt nicht nur Ehrlichkeit, sondern auch Phantasie. Aufrichtigkeit braucht nicht viele Worte! Diese Bürger suchen eine Wirklichkeit, die ihrem Leben einen Auftrag erteilt und ihm damit Sinn gibt! Über diesen Sinn zu grübeln, lohnt sich! Anstand, Umgangsformen, Takt, Moral, Tugenden, Lauterkeit, Anständigkeit, Fairness, alle diese menschlichen Werte sind Geschenke, die unauslöschbar die Tiefen der Seele ausgestalten. Aber ergeht sich nicht deren Verteidigung in nutzlosem Aufbäumen? Liegt nicht hier die Realitätsferne? Ihr fehlt die Kraft der Masse! Das Individuum kann sich nicht gegen Willkür auflehnen! Moderne Demokratie sucht nicht Qualität, sondern verlangt Mainstream. Entrüstung, innere Auflehnung und Selbstverteidigung, alle diese Belastungen versetzten beim täglichen Atemholen einer solchen Seele Tiefschläge. Können kulturelle Idealvorstellungen noch ihre nähere und weitere Umgebung beeinflussen? Oder anders gefragt: Wie viele Menschen erkennen noch, wie alle diese feinsinnig optimierten Zivilisationsmerkmale politische Stiefel platt treten? Diese Welt passt einfach nicht in Politikers einfach strukturiertes Machtbild! Sie scheitern bereits an einer einigermaßen objektiven Beurteilung ihrer Wertigkeit für die Gesellschaft! Sie glauben sich wichtig, aber sie können diese Wichtigkeit nicht sachlich beurteilen und begründen. Sie sind zur Orientierung von Pressemeinungen und Umfragen abhängig! Zwischen kulturellen Wertvorstellungen und ihren täglichen Auftritten liegen inzwischen Lichtjahre! Sie müssen sich mit ihrem Kampf darauf konzentrieren, für ihre selbsterfundenen Problemstellungen die Aufgeschlossenheit des Bürgers zu erkämpfen, damit er ihnen ihre Stimme gibt.

»Die Debatte verläuft ja so, dass ein sogenannter Mainstream definiert wird, der angeblich der Meinungsfreiheit Grenzen setzt. Doch das stimmt einfach nicht!«

Die Kanzlerin ordnet an, dass das so einfach nicht stimmt! Warum stimmt das einfach nicht? Möglicherweise weil nicht sein kann, was nicht sein sein darf? Auf dieses politische Denkmuster muss der Bürger ausgerichtet werden. Jedermann muss politisch »höhere Ziele« gutheißen und respektieren wollen. Der Bürger einer modernen Demokratie darf nicht seiner inneren Stimme folgen, sondern muss politisch auserkorene Moral umsetzen. Alternativen gibt es nicht! Andere Varianten sind »wenig hilfreich«! Noch vertrauen zu viele Bürger auf dieses Rechtssystem einer modernen Demokratie! Bürger und Politiker können nicht zu einer stabilen Gemeinschaft zusammenwachsen. Genauso wie Bürger politische Orientierungsstärke vermissen, fühlt die politische Seite sich nicht verpflichtet, Bürgerinteressen zu bearbeiten. Dieses gespannte Verhältnis kann bis zu einer soliden Feindschaft ausarten. Es fängt harmlos an. Grüne Flaschen wandern in die Behälter für Weißglas. Altpapier wird in den Müllcontainer geworfen. Schwer kontrollierbare Verbote werden bewusst nicht eingehalten. Auseinandersetzungen mit dem Staat werden künstlich herbei gestritten. Unzufriedenheit schaukelt sich von Tag zu Tag auf und artet schließlich in einen »Grabenkrieg« aus, ähnlich den gewaltsamen Auseinandersetzungen, wie sie die »gilets jaunes« in regelmäßigen Abständen in Paris präsentieren. Die Politik schafft demokratisch Gesetze, die den bedingungslosen Einsatz von Polizei und Bundeswehr erlauben. In Frankreich steht das »Sicherheitsgesetz« vor der Verabschiedung. Es soll verhindern, Polizeigewalt aufzudecken und unter Strafe zu stellen. Das »Sicherheitsgesetz« schützt Polizisten selbst bei brutalstem Einsätzen vor Strafverfolgung, selbst dann, wenn Todesopfer die Folge sind. Derartige menschenverachtenden Maßnahmen zu filmen ist unter Strafe gestellt. Bereits bisher wurden Protestler schwer verletzt. Teilnehmer der Gelbwesten-Proteste büßten wegen Gummigeschossen mit Metallkernen ihr Augenlicht ein. Andere wurden so schwer verletzt, dass sie Gliedmaßen verloren. Bekannt wurden diese Vorfälle nur, weil Demonstranten und Journalisten unter Einsatz ihres Lebens vor Ort die Verbrechen filmten. Der Massenprotest von 50.000 Menschen gegen das »Sicherheitsgesetz« am 28 November 2020 in Paris artete in einer Auseinandersetzung zwischen Bürger und Polizei in einen Gewaltakt aus, der durchaus die Bezeichnung »Bürgerkrieg« verdient. Würde sich dieses Gesetz bewähren, wäre es durchaus vorstellbar, dass es auch Eingang in die deutsche Gesetzgebung findet.

Zur Beruhigung der Gemüter, also das Volk gütig zu stimmen und von dem Wunsch getrieben, an der Macht zu bleiben, setzen Politiker dann auf die Spielkarte »Brot und Spiele«. Bürger sollen in wirtschaftlichem Wohlstand und spaßiger Unterhaltung Lebenserfüllung finden. Solche Verhältnisse mit Steuergeldern zu schaffen, kann auch einfachem Geist gelingen. Dazu genügt eine holprige Ausbildung im Parteienumfeld, Solidarität und der Wille nach Macht. Komplizierter werden die Verhältnisse, wenn die politisch angestrebte und eingeforderte Umformung zum willenlosen Bürger misslingt, also überwiegend nicht als Hilfe aufgenommen wird. Bürger, die nicht Reichtum suchen, sondern wirtschaftliche Unabhängigkeit, die Wahrnehmung ihrer persönlichen Verantwortung und damit ihre individuelle Freiheit verlangen, fordern andere Werte zur Lebenserfüllung als »Brot und Spiele«. Diese Wünsche zu respektieren, dazu fehlt der modernen Politik jedoch die Einsicht, ihr Machtbedürfnis zu begrenzen! Die Politik hat nur die Kraft, dem Bedürfnis, sich auflehnen zu müssen, mit Gegenmaßnahmen zu begegnen. Dabei dürfen demokratische Rechte keine Rolle spielen.

»Kinderrechte ins Grundgesetz«! »Kinder haben besondere Bedürfnisse, sie brauchen unseren besonderen Schutz.« »Wir wollen verdeutlichen, welchen hohen Stellenwert Kinder und ihre Rechte für uns haben.«

Politik will auch Eltern um ihr Privileg berauben, ihre leiblichen Kinder zu betreuen. Mit erprobter Phrasentechnik beteuert die Bundesjustizministerin eine leutselige Besorgnis! Welche geordnete Menschenseele weiß nicht, dass »Kinder besondere Bedürfnisse haben« und »eines besonderen Schutzes« bedürfen? Wer wollte da wohl widersprechen? Phrasen überspielen eine Kriegsführung, die Demokratie für »höhere Ziele« missbraucht. Die besorgt klingende Fürsorglichkeit analysiert, gestattet einen tiefer gehenden Einblick in politische Kampftaktik, um des Bürgers Freiheit streng demokratisch einzuschränken.

Der Begriff »Kinderrechte« tauchte erstmals 1989 in der UNKinderrechtskonvention auf. Sie beschäftigte sich aber nicht mit Rechten von Kindern. Brauchte sie auch nicht! In Deutschland erledigt das Grundgesetz das Schutzbedürfnis. Es schützt den Menschen unabhängig von seinem Alter, sogar schon vor seiner Geburt.

Artikel 6 GG: »*Allein den Eltern obliegt die Erziehung der Kinder. Sie entscheiden, welche Werte vermittelt werden. Nur wenn das ganz elementare Wohl der Kinder gefährdet ist, darf der Staat eingreifen.*« Das Grundgesetz garantiert generell das »*Recht auf Leben, körperliche Unversehrtheit, freie Entfaltung der Persönlichkeit*«.

Das Grundgesetz lässt also keine Notwendigkeit zu einer Änderung erkennen. »Kinderrechte« im Grundgesetz würde nur das Gleichgewicht zu Gunsten des Staates verschieben. Es geht also gar nicht um Rechte von Kindern! Eine Rechtlosigkeit von Kindern kann folglich nicht der wirkliche Grund sein, warum die große Koalition ausdrücklich Kinderrechte im Grundgesetz verankern möchte. Straftaten an Kindern, Verbrechen, die häufig aus dem sozialen Umfeld der Kinder kommen, bemächtigen sich der Herzen der Öffentlichkeit. In derartigen Fällen fühlt sich der Staat natürlich sofort aufgerufen, regulierend einzugreifen. Regulierend heißt, ordnen der Zuständigkeiten. Politik kann dann ermessen, wann sie Eltern ihre Versorgungsrechte nimmt.

Die geplante Neufassung lautet:

»*Die verfassungsmäßigen Rechte der Kinder einschließlich ihres Rechts auf Entwicklung zu eigenverantwortlichen Persönlichkeiten sind zu achten und zu schützen. Das Wohl der Kinder ist angemessen zu berücksichtigen. Der verfassungsrechtliche Anspruch von Kindern auf rechtliches Gehör ist zu wahren. Die Verantwortung der Eltern bleibt unberührt.*«

Künftig soll im Grundgesetz besonders hervorgehoben werden, dass die »Erstverantwortung« der Eltern unberührt bleibe. Moderne Verfassungslyrik lenkt davon ab, dass der Staat in den Aufgabenbereich der Eltern eingreift.

Ein juristisches Gutachten aus 1919 stellte fest: »*Ob eine solche Formulierung – die Elternrechte unberücksichtigt zu lassen – einen verlässlichen Schutz vor grundlegenden Veränderungen der Rechtsprechung zum Elternrecht bietet, ist gleichwohl zu bezweifeln, weil es für das Bundesverfassungsgericht trotz einer derartigen Formu-*

lierung kaum überzeugen dürfte, dass sich eine Änderung des Verfassungstextes nicht auf den materiellen Gehalt der Verfassung auswirken soll.«

Die juristischen Klimmzüge des Bundesverfassungsgerichts anlässlich der »Rechtsprechung« zur »Haushaltsabgabe« setzen tief gehendes Misstrauen frei! Bereits der Begriff »angemessen« ist vielseitig auslegbar! Der Staat hätte bei einer Änderung bei der Erziehung in jedem Fall ein Mitspracherecht. Als »Anwalt« der Kinder könnte er willkürlich definierte »Rechte« durchsetzen, sei es ein »Recht auf Impfschutz« (Zwangsimpfung), »Recht auf frühkindliche Bildung« (Kinderkrippenpflicht) oder »Recht auf Indoktrinierung, eine weltoffene Erziehung«, also den Kindern bestimmte politische Ideologien vorschreiben. Sofern Eltern sich dagegen wehren, könnten diese »Rechte« durch Entzug der Kinder durchgesetzt werden.

Ausgerechnet die Politik will in der Betreuung von Kindern eine anspruchsvollere Zuständigkeit geltend machen, als sie Eltern zu bieten vermögen! Besonderen Schutz sollen Kinder bei Politikern verwirklicht bekommen, die in künstlichen Streitereien ihre Daseinsberechtigung suchen, die sich in zänkischen Wortgefechten zu profilieren versuchen. Ein Staat, der es wirklich ernst meint mit dem Schutz der Kinder, sollte zunächst einmal dafür sorgen, dass bestehende Gesetze auch angewandt werden und nicht an Personalfragen scheitern.

Kulturelle Grundwerte und deren Veränderungen

»Was unsere Epoche kennzeichnet, ist die Angst, für dumm zu gelten, wenn man etwas lobt und für gescheit zu gelten, wenn man etwas tadelt.«

Jean Cocteau

»Die Demokratie ist die politische Form des sozialen Friedens, des Ausgleichs der Gegensätze, der gegenseitigen Verständigung auf einer mittleren Linie.«
Der Rechtshistoriker Hans Kelsen hatte 1932 in der Schrift »Verteidigung der Demokratie« mit kurzen Worten die theoretische Grundlage eines harmonischen Zusammenlebens in einer Gesellschaft beschrieben. Die vielseitigen Bürgermeinungen zu ordnen sollte die politische Aufgabe sein! Man könnte noch ergänzen: Die staatliche Rechtsauffassung hat einer Zerfaserung der Identität einer Gesellschaft entgegenzuwirken.

»Nichts ist so beständig, wie der Wandel!« Reformen, Umorganisationen, Umgestaltungen und Umstrukturierungen sind konstante Gegebenheiten einer Gesellschaft und natürlich auch der Politik. Politiker mischen Veränderungen zu einen Brotteig, den sie quasi täglich in ihren Aktionsofen schieben. Nach Macht strebende Mischungen fordern ständig geänderte Rezepte, die in den seltensten Fällen eine Bereicherung für den Bürger sind. Ist auch nicht das erstrebte Ziel! Politiker wollen verdeutlichen, dass ausschließlich sie das Geschäft mit der Gestaltung der Welt verstehen. Hauptsache der Bürger erhält etwas zu Kauen! Der Verdauungsvorgang ist dann des Bürgers Angelegenheit!

Vielen Menschen fällt es schwer, gesellschaftliche Umbrüche zu analysieren. Eingeschlichene Gewohnheit, Bequemlichkeit und Zweifel gestalten diesen Weg steinig und legen ihn mit Dornen aus. Sind die politisch vorgeschriebenen Lebensveränderungen wirklich notwendig? Zweifel bis hin zu einer inneren Zerrissenheit sind durchaus gerechtfertigt, kann doch die Qualität eines Wandels erst nachträglich beurteilt werden. Der Rückblick in die Weltgeschichte bestätigt, dass Gier nach Macht nie zum Wohl des Bürgers führte. Und sie vergleicht den modernen Menschen mit seinem Pendant aus dem Mittelalter. Sie kann ihm bescheinigen, dass er viel klüger geworden ist. Früher hingen Menschen naiven Vorstellungen an, wie denen, dass die Erde eine Scheibe sei. Der moderne Mensch rühmt sich seiner Entwicklungen, fühlt sich dem finsteren Mittelalter himmelhoch überlegen und lässt seine Existenz in einer leuchtenden Welt erstrahlen.

Das 16. Jahrhundert kennzeichnete dramatische Veränderungen der Wissenschaften und prägte ein neues Weltbild. Kopernikus konnte nachweisen, dass die Erde sich um die Sonne dreht und nicht – wie die allgemeine Auffassung – dass die Erde der Nabel des Universums sei. Die Fugger bildeten eine internationale Finanzmacht. Der Beginn des 20. Jahrhunderts bestimmte das Ende des Kaiserreichs und läutete den Beginn einer unsicheren Demokratie ein. Wirtschaft und Arbeitsmarkt durchliefen schwierige Phasen. Nicht jeder Wandel hat also das Format, in einem komplizierten Planetensystem Lebensveränderungen bereichernd zu gestalten. So denn die Spielregeln des Zusammenlebens auf der Erdkugel als Ganzes betrachtet werden, dürfte die wichtigste Erkenntnis in der relativen Wichtigkeit des Menschen liegen. Er beginnt zu begreifen, dass die Erde ein Krümel in der Unendlichkeit des Weltalls bildet, und dass er als Mensch mit seinem kurzen Gastrecht nicht von großer Bedeutung sein kann. Eigentlich glauben sich nur Politiker und eine abgehobene »Elite« für unabkömmlich. Die Beschreibung eines solchen Personenkreises greift auf Begriffe zurück, wie Geltungszwang, Bedeutung, Ansehen, Eitelkeit, Selbstverliebtheit, Profilierungssucht ...« Der Begriff »Bescheidenheit« taucht dabei jedenfalls nicht auf! Die illustrierende Aufzählende verleiht der tatsächlichen Bedeutung eine geradezu schmerzprovozierende Naivität. Aus der Vogelperspektive betrachtet belasten dann überflüssige Spannungen das Zusammenspiel von Natur und Mensch. Weitergehende Gedanken stellen dann fest, dass auch diese selbstsüchtigen Menschen für eine Gesellschaft notwendig sind. Sie fordern durch ihre Beschlüsse eine kritische Nachdenklichkeit heraus, die sich andernfalls mit geistiger Faulheit verbünden könnte.

Politisch herbeigeführte Wandel verlangen eine besonders differenzierte und sorgfältige Analyse. Im Gegensatz zu Mensch und Gesellschaft sucht die Politik ganz selten nach zukunftsweisenden Lösungen, sondern strebt nur eine Umgestaltung an, die ihre Bedeutung als Politiker hervorkehren soll. Manchmal wirken derartige Umstrukturierungen harmlos, bisweilen ist ihre Brisanz aber auch unmittelbar erkennbar. Politisch erzwungene Organspenden erscheinen beispielsweise einleuchtend, helfen sie doch, menschliches Leben zu erhalten. Sie sind jedoch rechtswidrig. Spurengas Kohlendioxid als Verursacher der Erderwärmung festzulegen, offenbart sich jedoch bei näheren Betrachtungen als oberflächliche Entscheidung. Die Coronapandemie weisen Politiker – nicht immer übereinstimmend – als beherrschbar aus, obgleich sie deutliche Zeichen menschlicher Grenzen aufdeckt. Sind politische Aktivitäten zur Umformung der Gesellschaft wirklich immer vorbehaltlos zu rechtfertigen? Die Beantwortung derartiger Suggestivfragen führen zu Untersuchungen, wie Politiker den Bürger in derartige Vorgänge einbinden. Eine pauschale Kritik wirft ihnen vor, dass sie ihre Macht stärken, um die Position des Bürgers zu schwächen. Sie schüren Zukunftsängste!

»Es ist doch eine allgemein menschliche Schwäche, sich von unsichtbaren und unbekannten Dingen allzusehr in Hoffnung zu wiegen und schrecken zu lassen.«
Gallius Julius Cäsar

Angst ist etwas Anonymes, also nicht konkret mit den Sinnen erfassbar. Sie ist bestenfalls mit dem Verstand erklärbar. Aber irgendwann setzt auch die Kraft des Denkens aus. Angst wird häufig mit Furcht gleichgesetzt. Furcht kann beschrieben werden. Der große Wolf oder die Maus lehren mich das Fürchten! Aber wirkliche Angst kann eigentlich nur der Tod herbeiführen. Diese Angst ist tief im menschlichen Körper verankert! Lebenswille ist eine übergeordnete Anweisung! Was würde passieren, wenn die Menschen nicht mehr leben wollen? Den Tod hat noch kein Mensch überlebt, so dass er darüber berichten könnte. Der Tod hat vielleicht schon einmal mit einem Auge geblinzelt. Es liegen aber keine konkreten Erfahrungen vor! Deshalb ist er nicht begreifbar! Sokrates räumt in seinen gedanklichen Auswertungen sogar die Möglichkeit ein, dass der Tod möglicherweise das größte Geschenk für den Menschen ist. Wie verheerend wären die Folgen, wenn der Mensch bereits zu Lebzeiten zu einer solchen Erkenntnis käme!

Ein gesunder Geist hängt also am Leben! Angst benötigt Phantasie! Angstgefühle von Menschen müssen folglich immer unterschiedlich sein. Phantasie könnte Gevatter Tod bereits am Horizont erscheinen lassen. Es könnte also etwas Bedrohliches auf mich als Mensch und Bürger zukommen. Mein wertvolles Leben ist in Gefahr! Diese Vorstellung schüren Politiker nach bestem, ihnen zur Verfügung stehenden Wissen. Sie nehmen Angst weitestgehend die Phantasie und hängen ihr ein leuchtend farbiges Gewand um. Möglichst alle Bürger sollen eingebunden werden! Kernenergie zerstört durch Strahlung qualvoll dein Leben! Politiker bauen Gefahren auf, die die Mehrzahl der Bürger nicht beurteilen kann, und die in einer unüberschaubaren Zukunft entstehen könnten. Sie könnten passieren! Politiker konkretisieren Zukunftsängste! Die Erderwärmung lässt die Polkappen schmelzen und wir alle werden jämmerlich ersaufen, wenn nicht wir, die Politiker eingreifen und CO_2 reduzieren würden. Wenn wir nicht den Corbit 19-Virus bekämpfen, werden die Menschen wie die Fliegen krepieren. Seither stirbt kein

Mensch mehr eines natürlichen Todes. Er stirbt an Corona! Meine Schwiegermutter ist mit 102 Jahren natürlich auch am Corona-Virus gestorben! Ein politischer Beleg dafür, dass ältere Menschen besonders gefährdet sind! Bereits im April 2020 informierte das italienische Gesundheitsamt darüber, dass das Durchschnittsalter der durch Corona Verstorbenen bei 83 Jahren liege, und dass so gut wie niemand ohne Vorerkrankung gewesen war. Teilweise hatten die Toten drei, teils schwere Vorerkrankungen, vor allem im Bereich Herz-Lunge gehabt. Das dürfen nur Gerüchte sein! Politiker kanalisieren die Informationen, die Gültigkeit haben dürfen. Verkehrstote verlieren ihren Schrecken. Im Zweifelsfall sind auch sie Corona-Opfer! Seit der Mensch existiert, konnte der Tod immer nur als ein nicht vorhersehbares Ereignis im menschlichen Leben eingeplant werden. Er kann täglich, stündlich, minütlich an die Tür klopfen und Einlass begehren. Der Tod kennt keine Besuchszeiten! Nur eines ist gewiss: Er kommt irgendwann! Charles Dickens hat in dem Roman »Oliver Twist« mit der Hinrichtung des Mörders Anges beeindruckend die Konfrontation mit dem Tod dargestellt, wenn ihm nicht mehr auszuweichen ist. Anfangs hatte der Mörder Anges über ihn gespottet! Die Gerüsterstellung des Galgens begleiten Hammerschläge. Sie verleihen dem Tod ein immer unaufhaltsamer konkretes Gesicht. Die sparsamen Strahlen der untergehenden Sonne beschreiben die unaufhaltsame Zeit und damit den festgelegten Termin des Todes durch den Strang. Rettung ist ausgeschlossen! Eine zunächst vorgegaukelte Hoffnung wird von der Wirklichkeit erstickt! Selbst die Phantasie findet keinen Ausweg mehr. In diesem Moment weicht Überheblichkeit einer bodenlosen Angst.

Politische Profilierungsspielchen geben dem Tod eine konkrete Gestalt. Anfang März 2020 zeigten die Medien furchtbare Bilder der Auswirkung von Corbit-19-Vieren in Italien. Überfüllte Krankenhäuser, Särge und Militär im Noteinsatz! Die Bilder verbreiteten Angst und Schrecken vor der »tödlichen« Pandemie. Am 22. März verhängte die Merkel-Regierung einen Lockdown. Politiker geben vor, den Tod durch ihre Maßnahmen aufhalten zu können. Revolutionierende technische und medizinische Entwicklungen verwirklichen und bestärken einen Glauben, der vom Lieben Herrgott unabhängig sein kann. Dabei wäre die Chance gegeben, »Demut« zu neuem Leben zu erwecken. Stattdessen schüren Politiker Angst und vernichten zugleich eine tief verwurzelte Dankbarkeit, dass unser Schöpfer uns das Leben täglich als wertvolles Geschenk empfinden lässt. Politik stärkt ein Existenzfundament, dass über Angst den Bürger in ihre Abhängigkeit zwingen möchte. Er soll auf ihre Hilfe und Unterstützung in einer ihm ausweglos erscheinenden Situation vertrauen. Statt ihm Handlungsspielräume zu eröffnen und ihm über seine Verantwortung Freiheit zu schenken, zwängt die Politik ihn in ein von ihr dicht gewobenes Maßnahmenkorsett hinein. Der Bürger muss die vermeintliche Hilfe schließlich unter Strafandrohung annehmen. Ihm werden Alternativen genommen. Politiker suchen des Bürgers Brieftasche, bieten aber keine wirklichen Lösungen. Politik hat das Interesse verloren, die Ursachen eines Problems zu ergründen. Regieren statt studieren! Behauptungen ersetzen systematische Analysen! Würden doch Politiker ihre Grenzen begreifen! Nicht menschlicher Verstand erschafft Leben, sondern diese komplizierte Vielseitigkeit wird von Händen einer übergeordneten Instanz geformt. Politischer Geist kann nur Leben nehmen. Er nimmt sich das »Recht« heraus, darüber zu bestimmen, wer existieren darf. Coronapatienten auf Intensivstationen zu verlegen und im Fernsehen einzublenden ist populärer als krebsbefallendes Leben über notwendige Operationen zu verlängern. Politisch erzwungene, dauerhafte Einsamkeit hat bei vielen Bürgern zu Depressionen geführt. Der Tod verliert dann seinen Schrecken und wird als Geschenk angenommen!

Demokratie kann nur wirklich homogen sein, wenn alle Bürger den gleichen Bildungsstand und das gleiche Wissen haben. So etwas kann es nur theoretisch geben! Im praktischen Ablauf klaffen Anschauungen jedoch oft weit auseinander, und sie können keinen

Anspruch auf Richtigkeit erheben. Die Jugend, das Elternhaus, die Ausbildung und der Werdegang nehmen eine bestimmenden Einfluss auf die Beurteilung des alltäglichen Lebens. Davon betroffen sind insbesondere menschliche Werte, die die Kultur einer Gesellschaft, eines Volkes kennzeichnen. Das nährt Zwietracht. Irgendwann kommen aber auch Streithähne zu der Erkenntnis, dass nichts Neues mehr zustande kommt! Streitigkeiten verlieren ihre Kraft und laufen wie eine Welle aus. Die Kluft bleibt jedoch und vertieft sich mit jeder eigenwilligen, nicht zu rechtfertigenden politischen Maßnahme. Sichtbar eingeführt hatte die Bundeskanzlerin diese Methodik mit der unkontrollierten Öffnung der Landesgrenzen. Eine Demokratie, in der die Bundeskanzlerin sich nicht an eine rechtlich abgesicherte Ordnung hält, sondern an den Gemeinsinn appelliert, muss eine Gesellschaft spalten. Die Ära Merkel konnte sehr wohl parteipolitische Vertiefungen zuschütten. Dafür hat sie im selben Ausmaß gesellschaftliche Gräben ausgebaggert. Der Kanzlerin ist politische Koordinierung und Einigkeit wichtiger! Sie ordnet harmonische Machtverhältnisse! Nur Wunschdenken kann glaubend machen, auf diese Weise kulturelle, politische und soziale Gemeinsamkeit herbeizuführen.

Für diese Art der Zukunftsgestaltung hat sich der Begriff »Populismus« durchgesetzt. Jedoch schaffen nicht nur politische Entscheidungen Raum für Populismus. Populismus und Radikalismus breiten sich auch aus, wenn sich das Gefühl einstellt, überall und nirgends »zu Hause« zu sein. Das Wesen »Mensch« benötigt einen Halt, den es schwerpunktmäßig in der Familie, aber auch in seinem Umfeld, also in einem zuverlässigen Staat sucht. Findet es diesen Halt nicht, nutzt es gern dieses freie Feld, um sachliche Einwände in die Enge zu treiben.

Wenn das Gefühl Populismus beschreibt, fallen spontan Begriffe ein, wie »demagogisch«, »fanatisch«, »volksverhetzend«, »Jugendterror«. Sie alle beschreiben ein offen dargelegtes aufwieglerisches Image. Einseitige gefühlsmäßige Darstellung von Populismus und seit Jahren geführte mediale Debatten haben zu einer Vielzahl von Veröffentlichungen geführt. Er kann nicht mehr nur als Schlagwort abgetan werden. Mediale und politische Strategien haben Populismus zu einer unübersehbaren Bedeutung verholfen.

Populismus charakterisiert nicht nur einen politisch banalen Gemeinplatz, der der Abwehr unbequemer Fragestellungen dient. Populismus bedeutet auch Angriff. Je nach innerer Einstellung erfährt er eine eigenwillige Interpretation. Er lebt deshalb inzwischen von einer Vielzahl an Deutungen.

Populismus soll Positionen stärken. Er soll einerseits auf sich aufmerksam machen, andererseits besteht eine Erwartungshaltung. Warum wollen Bürger hören, was Populisten anbieten? Die Angebotsseite verfügt über eine vielseitige, verschiedenartige Auslegung. Normalerweise wollen Gruppen und Parteien die Anhängerschaft ausweiten. Die Nachfrageseite wird seltener untersucht.

»Zumeist ist man sich darin einig, dass populistische Parteien oder Bewegungen der Demokratie fremd seien, weil mit dem bei ihnen zu findenden Slogan vom gerechten Kampf des Volkes gegen ihre korrupten Eliten der unhintergehbare Pluralismus der modernen Gesellschaft verleugnet werde.« [31]

Edward A. Shils, ein einflussreicher Soziologe an der Universit of Chicago, definiert *»Populismus als antiinstitutionelle Politik mit Hilfe der Beschwörung eines vermeintlich einheitlichen und zutiefst moralischen Volkswillens politische Unternehmer gegen bestehende politische Strukturen und insbesondere gegen traditionelle Hierarchien und Eliten mobil machen. Dabei speisen sich populistische Bewegungen aus Ressentiments bestehender Ordnungen und sie tragender Klassen.«*

Populismus gründet nicht auf einer Ideologie, wie beispielsweise der Marxismus. Populisten haben keine politische Basis. Deshalb ist eine eindeutige Definition nicht möglich. Jan-Werner Müller hat den Populismus als »Politikvorstellung« definiert, *»in dem einen moralisch, homogenen Volk stets unmoralische, korrupte* *und parasitäre Eliten gegenüberstehen – wobei diese Art von Eliten eigentlich gar nicht zum Volk gehören.«* Daraus folgt Herr Professor Dr. Andreas Voßkuhle: *»Die politische Ideologie zeichnet sich durch einen – moralisch fundierten – Alleinvertretungsanspruch aus. Populisten nehmen für sich in Anspruch, als Einzige den (einen) wahren Willen des Volkes erkannt zu haben und deshalb auch als einzige wirklich berechtigt zu sein, für das Volk insgesamt sprechen zu können.«*

Die Gegenüberstellung des »reinen Volkes« einerseits mit andererseits der »korrupten Elite« soll undemokratische Verhältnisse verdeutlichen. Die deutsche Demokratie baut auf diesem Grundsatz auf. Fünf Widersprüche populistischer Ideologien seien mit der vom Grundgesetz unterlegten deutschen Demokratie nicht in Einklang zu bringen, so die Aussage von Herrn Professor Voßkuhle.

1. Normale politische Themen lassen nicht immer eine absolute, immer gültige »Wahrheit« zu. Die Bürgerbewegung »Pro Deutschland« vertritt dagegen als populistische Vertretung die Überzeugung: »Das gemeine Volk weiß noch zwischen der Wahrheit und der Unwahrheit zu unterscheiden, es hat gemeinhin noch ein gesundes, unverfälschtes *Urteilsvermögen.«*

Es gibt kein menschliches Wesen, das im Besitz einer absoluten, allgemeingültigen Wahrheit ist. Wahrheit ist die Auswertung und Zusammenführung der Summe einzelner Meinungen. Diese Bemühungen zeichnen die Demokratie als die zufriedenstellenste Regierungsform aus.

»Wenn niemand für sich in Anspruch nehmen kann, am besten zu wissen, was für alle am besten ist, sind alle gleichermaßen dazu berufen, sich zu den Fragen des Gemeinwesens zu verhalten. Deshalb muss in einer Demokratie der jeweils andere Bürger als gleich und frei anerkannt, ihm also gleiche Mitwirkungsrechte in öffentlichen

Angelegenheiten zugestanden werden. Das demokratische Mehrheitsprinzip gewährleistet, dass die größtmögliche Zahl der Bürger ihren Urteilen über das Gemeinwohl entsprechend leben kann. Weil aber eine politische Einschätzung auch dann nicht zu einer umwandelbaren Wahrheit wird, wenn sie von einer noch so großen Mehrheit der Bürger geteilt wird, muss in einer Demokratie immer auch davon ausgegangen werden, dass sich vielleicht in der Zukunft eine abweichende Einschätzung als überzeugender erweist.« [31]

2. Populisten lassen nur ihre Vorstellungen von Wahrheit zu. Folglich können Medien mit ihren unterschiedlichen Betrachtungsweisen keine Bedeutung haben. Ihnen fehlt die Basis absolute Wahrheiten zu begreifen! Populisten lassen sich nicht von ihrem Sendungsbewusstsein abbringen. Auch dann nicht, wenn die Demokratie im Wege steht.

Einer Umfrage der Bertelsmann-Stiftung zufolge vertreten 30 Prozent der befragten Bürger die Auffassung, dass sie sich im Prinzip oft einig sind, was politisch zu geschehen habe. Störfaktoren seien die Politiker! Sie verfolgen andere, ihren eigenen Interessen entsprechende Ziele.

Demokratie kann kein homogenes Volk verlangen, aber sie sollte auch eine Spaltung der Gesellschaft vermeiden. Ein Ausflug in die theoretische Darstellung der Demokratie bescheinigt eine vorbehaltlose Anerkennung des anderen Mitmenschen, Verzicht auf Absolutheitsanspruch, Offenheit für jede Art Argumente, Loyalität gegenüber Mehrheitsentscheidungen ... zusammengefasst spiegelt sie also eine heile, politisch gesteuerte Welt wider.

3. Populisten wollen keine Ausweitung der Teilhabe des Volkes an der Willensbildung, sondern die Anerkennung einer Elite, die auf einer unterstellten Zustimmung des Volkes fußt.

Herr Professor Voßkuhle hat auf den Hinweis verzichtet, dass Parallelen zu der Regierung Merkel unverkennbar sind. Auch Frau Merkel will keine Willensbildung des Volkes, sondern sie will ihre »politisch höheren Ziele« durchsetzen. Dazu benötigt sie nicht die Zustimmung des Volkes! Zum Beispiel mussten die Tier- und Naturschutzgesetze geändert werden, um den Ausbau der Windenergie vorantreiben zu können. Dieser Ausbau dient dem »öffentlichen Interesse«, so hat sie festgelegt, allerdings weniger dem Nutzen des Bürgers. Der braucht auch landwirtschaftlich genutzte Flächen, um das tägliche Brot zu erzeugen. Auch den Schutz der Natur! Tiere müssen das Gleichgewicht in der Natur erhalten!

4. Populisten behaupten, dass Abgeordnete keine selbständigen Entscheidungen treffen können, weil sie immer aus wahltaktischen Gründen dem Willen der Bürger folgen müssten.

Dem gegenüber unterstellt das Grundgesetz, dass alle »*Vertreter des ganzen Volkes an Aufträge und Weisungen nicht gebunden und nur ihrem Gewissen unterworfen sind.*« Professor Dr. Voßkuhle leitet daraus ab, dass dadurch Abgeordnete an ihre moralisch-politische Verantwortung für das Gemeinwohl gebunden sind. Sie müssten auch selbstverantwortlich entscheiden, ob sie der Mehrheitsmeinung innerhalb ihrer Fraktion folgen. Diese Deutung steht nicht im Gleichklang mit der Praxis. Öffentlich bekannt wurde eine gewissenhafte Entscheidung der Abgeordneten nur einmal, als zur Homo-Ehe keine Einigkeit der Regierungsparteien herbeigeführt werden konnte. Als Kompromislösung stimmten die Abgeordneten per Gewissen ab. Dabei herausgekommen ist ein Happening im Bundestag mit einer Konfettieeinlage der Grünen. Politische Insider wissen, dass die politische Karriere zusammenbricht, wenn nicht den von der Parteiführung vorgegebenen Richtlinien gefolgt wird. Professor Dr. Voßkuhle beschränkt seine Kritik an politisch geführten Demokratieverhältnissen auf eine solche Fraktionsdisziplin, interne Abhängigkeiten bei Vergabe von Listenplätzen usw. In diesem Bereich gäbe es Funktionsdefizite. Der Präsident des Bundesverfassungsgericht erweckt den Eindruck, dass Regierungstätigkeit untadeliges Schaffen im Rahmen einer wohlgeordneten Demokratie liefert. Diese Auffassung kennzeichnet eher eine beängstigende Harmonie zwischen Legislative und Judikative, als dass sie die tatsächlichen Verhältnisse widerspiegelt. Es mehren sich die Bürger, die die politische Handhabung der Demokratie unterschiedlich beurteilen.

5. Populismus kann nichts mit vielgestaltiger Demokratie anfangen. Sie zielen auf die Zersetzung demokratischer Institutionen ab. *»Der populistische Staat wird mit der Begründung autoritär, nur so könne der wahre Wille des Volkes vollstreckt werden.«* [31]

Solche Verhältnisse darf eine Demokratie nicht zulassen, denn *»nur unter den Bedingungen eines offenen – und das heißt eben auch: ergebnisoffenen – Wettbewerbs der unterschiedlichen politischen Kräfte, kann das Ergebnis einer Wahl den tatsächlichen Willen des Wahlvolkes abbilden.«* [31]

Herr Professor Dr. Voßkuhle stellt als Präsident des Bundesverfassungsgerichts und Direktor des Instituts für Staatswissenschaft und Rechtsphilosophie der Universität Freiburg dem Populismus eine Demokratie gegenüber, bei der die Demokratie auch im täglichen Ablauf die heile Welt der Lehre verkörpert. Die praktizierte moderne Demokratie als Merkelismus gibt dem Bürger jedoch wenig Spielraum, diese theoretische Beschreibung wiederzuerkennen.

Soweit die Angebotsseite. Die Nachfrageseite erkundigt sich, warum immer mehr Bürger wissen wollen, was Populisten an Programmen anzubieten haben. Da das Grundgesetz die Notwendigkeit der Existenz von Populismus in seinen bestehenden Formen anzweifelt, erschien eine solche Analyse zunächst nicht notwendig.

Aber die Ausbreitung setzt unmissverständliche Signale! Herr Professor Dr. Klaus Segbers hat herausgefunden, dass die Gründe vielseitig sind, zusammenfassend könnte das Ergebnis auf eine wachsende Verunsicherung vieler Menschen infolge der Globalisierung hindeuten. Die bildungsrelevanten, beruflichen, sozialen, kulturellen und wirtschaftlichen Gegebenheiten ändern sich mit einer dramatischen Geschwindigkeit. Amerika ist Vorläufer einer solchen Entwicklung. Dort breiten Bürger bereits in Büchern ihre Sorge und Beunruhigung aus, die sich aufgrund von Abstiegserfahrungen eingestellt haben. Sie erlebten den Schwund an Zusammenhalt, den Verlust der Arbeit, die Vergänglichkeit persönlicher Werte und sie verloren den Glauben an Hoffnung. Sie haben keine Hemmungen mehr, ihre geistige Heimatlosigkeit zu veröffentlichen.

Diese Darstellung von Trostlosigkeit ist nicht das Ergebnis einer belasteten Phantasie, also einer Erfindung der Einbildungskraft, um sich in irgendeinen Mittelpunkt zu bringen, sondern solcherart Trübsinnigkeit und Seelenlähmung gründet auf nachweisbaren Tatsachen.

»In der amerikanischen Gesellschaft werden Weiße bald nicht mehr die Mehrheit der Bevölkerung ausmachen. Dieser Trend wird sich stark auf die Identität, das politische und wirtschaftliche Leben des Landes auswirken und eine größtenteils weiße BabyboomerGesellschaft in ein multiethisches Patchwork verwandeln. Ein weiterer Indikator für kulturelle und identitäre Irritationen ist die Suizidrate. In den Vereinigten Staaten stieg die Selbstmordrate bei Frauen mittleren Alters (von 45 bis 64 Jahren) in den vergangenen 30 Jahren um 63 Prozent. Bei Männern dieser Altersgruppe betrug der Anstieg 43 Prozent. Insgesamt steigerte sich die Selbstmordrate von 1999 bis 2014 um 24 Prozent. Unter männlichen Weißen stieg die Suizidrate stärker als in jeder anderen Ethnie oder Geschlechtsgruppe. Jüngste Forschungen beleuchten die Notlage der weniger gebildeten Weißen und zeigen eine Zunahme der Todesfälle durch Rauschgifte, Selbstmord, Lebererkrankungen und Alkoholvergiftungen. Dabei werden

die Weißen – und insbesondere die weniger gebildeten Weißen – noch eine Weile den relativ größten Teil der Wahlbeteiligten im Land ausmachen. Im kommenden Jahr werden sie noch 44 Prozent der Wahlberechtigten stellen.« [32]

Schlagworte wie »Democracy Perception Index« bestätigen ein Gefühl, dass Regierungen nur ganz selten oder nie im Interesse der Öffentlichkeit arbeiten. Viele Themen, wie Hochfrequenzhandel, Klimawandel, Flüchtlingspolitik, soziale Netzwerke, Rechtsprechung, werden von den meisten Bürgern nicht mehr verstanden. Politiker geben vor, alles zu begreifen. Müssen sie auch! Ihr Absolutheitsanspruch könnte leiden! Sie verbergen ihr Unwissen in besinnlich erscheinenden Phrasen. Bereits Fachleute haben Schwierigkeiten, den Durchblick zu bewahren. Hier schlägt die Stunde der Populisten! Je undurchsichtiger die Thematik, desto überzeugender können Populisten ihre Allheilmittel anbieten und mit ihren glücksverheißenden Versprechungen punkten. Die politisch geprägte »Demokratie« hat diesen auf Verzweiflung aufbauenden Wandel offenbar noch nicht verinnerlicht.

Der Mensch will irgendwo und irgendwie dauerhaft zu einer ihm vertrauten Gemeinschaft gehören. Als Einzelperson erlebt er, dass er seiner Umgebung gleichgültig ist. Er kann sich nicht mitteilen, nicht seine Empörung loswerden, nicht seine Wut, seinen Zorn kommunizieren, kurz, er kann nicht seine Seele entlasten. Er hat kein »Zuhause« mehr. Diese vielseitigen Gefühlsregungen kennen Populisten. Sie wissen diese Empfindungen mit ihren Verheißungen zu kanalisieren.

Überall in der Welt braucht und sucht der Mensch eine persönliche Würde, die er zur Selbstbestätigung mitteilen muss. Ein Naturgesetz! Er findet sie nicht in der Einsamkeit, sondern in der Kommunikation. Politiker machen sich über derartige Zusammenhänge keine Gedanken. Der Bürger ist ihnen egal geworden! Sie haben menschliche Anteilnahme verbuddelt! Ihr Streben nach Macht benötigt nur Wählerstimmen! Deshalb haben sich alle Parteien in ihren Programmen angenähert. Bürger können nur noch »höhere Zielsetzungen« wählen, die zu politischer Deutungshoheit führen und ihn damit zur Folgsamkeit zwingen. Bürgers Verhalten muss an eine zeitgemäße, glücksverheißende Welt angeglichen werden. Dafür fühlt sich die Politik zuständig. Politiker verdrängen oder wollen nicht wahrhaben, dass der Bürger eine lebenswerte Welt in einen gemeinschaftlichen Halt als Lebensfundament selbst suchen möchte. Sie glauben, ihn bereits fügsam gemacht zu haben! In ihrem macht ausgerichteten Verhalten wähnen sie sich ihrer Stammwähler sicher zu sein. Sie konzentrieren sich mit Geschenken auf kleine Gruppen, um diese hinzuzugewinnen. Neue Wählerstimmen! Amerika ist Vorbild! Dort setzen sich Politiker verstärkt für Minderheiten ein, wie Afroamerikaner, Einwanderer, Vorstandsfrauen, Behinderte oder Transsexuelle. Sie verloren die Stimmen der weißen Arbeiter. In unserem Staat spielt die menschliche Farbenlehre eine untergeordnete Rolle, aber gleichermaßen werden Randgruppen geködert. Die Konfettiparade der Grünen nach Verabschiedung des Gesetzes zur Homo-Ehe setzte deutliche Zeichen. Drei Prozent homosexuelle Bürgerstimmen könnten Machtverschiebungen bewirken! Sehen so ernsthafte Bemühungen aus, eine lebendige Demokratie zu verwirklichen? Darf sich der Bürger tatsächlich so politische Qualität vorstellen, die sich charakterfest, unbestechlich, verlässlich, unbeirrbar gibt, und die im Bundestag unparteiisch ihre Verantwortung wahrnimmt? Spiegelt sie nicht vielmehr eine Verfahrensweise wider, die Siege sucht und diese dann auf niedrigstem Niveau als Triumph feiert? Politische Vernunft bewertet offenbar gewissenhafte und verantwortungsbewusste Auseinandersetzungen mit den Regierungsaufgaben als untergeordnet. Können Regierungen unter solcher Art Prämissen noch als gestalterische Kraft ernst genommen werden? Gibt es an politischen Aufgaben wirklich nichts Wichtigeres zu erfüllen als im Bundestag ein Volksfest aufzuführen, das drei Prozent der Bevölkerung eine unverhältnismäßige Bedeutung zukommen lässt? Verantwortung und Ernsthaftigkeit einer obersten Behörde des Landes sollte andere Maßstäbe setzen!

Mit der üblichen Phrasenbanalität schloss die Kanzlerin ihre Regierungserklärung: »Deutschland, das sind wir alle.« Offenbar ist es nicht mehr selbstverständlich, dass »wir alle« dieses Deutschland sind. Die Gesellschaft im alten Stil kann es nicht mehr geben. Darauf haben Politiker massiv eingewirkt. Den Zusammenhalt der Gesellschaft als Folge eines demokratischen Prozesses muss die Kanzlerin mit Worten erzwingen. »Deutschland, das sind wir alle!« Die Koalition muss unter einem dichten Nebelschleier verbergen, dass es ihr nicht mehr gelingt, den Zusammenhalt einer Gesellschaft zu gestalten und zu festigen. Behauptungen müssen diesen Mangel ersetzen! Als Ausweg identifiziert sie sich mit gesellschaftlichen Minderheiten und hebt deren Bedeutung hervor, um sie dann gegen Diskriminierung zu verteidigen. Das erweckt den Eindruck einer grundsoliden demokratischen Einstellung und umgibt ihr Haupt mit dem Heiligenschein von Philosophen. Diese Masche muss ihre Hilflosigkeit überdecken, das »Ganze« zu überblicken. »Deutschland, das sind wir alle!« Was ist das »wir« der heutigen Gesellschaft? Nicht Argumente, sondern warme Luft muss die Definition eines allumfassenden »wir« ersetzen. Diese warme Luft muss auch noch die anonyme Atmosphäre einer europäischen Gemeinschaft versorgen! Politiker bringen noch nicht einmal ein stimmiges Zusammenspiel der Bundesländer in der Republik zustande und träumen bereits von einem harmonisch geeinten Europa. Die Überlastung des Staates mit Migranten und Flüchtlingen, Selbstverleugnung und Identitätslosigkeit, bezeichnet die Kanzlerin als Offenheit. Brauchen wir tatsächlich die Bedeutung anderer Sitten und Bräuche, weil die eigene Kultur verloren gegangen ist?

Politik heißt, verschiedene Themen in Bewegung zu setzen. Sigmar Gabriel hatte dieses politische Leitmotiv dem französischen Ökonom Thomas Piketty öffentlich und unverblümt zur Kenntnis gegeben: Hauptsache, es lasse sich mit politischen Maßnahmen ein politischer Wirbel in Gang setzen. Offenbar eine zum Palavern verpflichtende Grundregel! Politik vermeidet dabei aber sorgfältig, dem Bürger konkret deren Folgen aufzuzeigen. Was für Kosten und welcher Verzicht sind mit dem Wirbelsturm verbunden? Zurück bleiben Einschränkungen in des Bürgers Lebensweise und finanziell belastender Müll. Diese Art Verfahrensweise ebnet Populisten ihren Erfolg. Sie bieten den Bürgern mit ihren Verheißungen festen Boden unter ihren Füßen an. Sie werfen den Regierungen und Staaten Versagen vor. Typische rhetorische Behauptungen von Populisten sind: »Massenmedienlügen«, die »Schere zwischen arm und reich geht immer weiter auseinander«, oder »Politiker vertreten nicht das normale Volk«.

»Aus dieser unsicheren Situation heraus, die die Rückkehr zu einer liberalen Ordnung offenlässt, ergibt sich eine weitere, noch beunruhigendere Frage, nämlich ob die in westlichen Gesellschaften lange vorherrschende liberale Vision die Ängste und Leidenschaften der Menschen, ihre kollektiven Bindungen und Traditionen, ihren Bedarf nach Vertrauen und Heimat und ihre Empfindlichkeiten aus dem Blick verloren hat – und wenn ja, ob eine Chance besteht, die Aufmerksamkeit wieder darauf auszurichten ... wie das demokratische Ideal in der heutigen Welt überhaupt noch verwirklicht werden kann.« [33]

Kritisiert wird der Sprachgebrauch! Der Stil populistischer Kommunikation zeichnet sich durch Unhöflichkeiten, Grobheiten, Lügen und gezielten Regelverletzungen aus. Leere Versprechungen bilden die Basis, die Bürger für ihre Ideen einzufangen.

Herr Professor Dr. Segbes bezweifelt, ob Experten, Politiker oder Medien eine bündige Antwort auf populistische Bewegungen und deren Angriffe haben. Damit unterstellt er versteckt, dass Regierung und Abgeordnete frei von populistischen Gebaren sind. Stimmenverluste und zu viele sachlich belegte Beispiele demonstrieren jedoch, dass Politiker mit populistischem Wortschatz problemlos umzugehen wissen, sogar politisch getroffene Maßnahmen mit dieser Art Kommunikation begründen. Der politische Sprache wird aufgrund von Stimmenverlusten immer brutaler, wird mit Grobheiten, Lügen und gezielten Regelverletzungen unterlegt. Leere Versprechungen bestimmen ihre Vertrauensbasis zum Bürger. Moralische Defizite unterstützen mangelndes Verständnis für Bürgerkritik. Politiker scheuen auch nicht mehr vor Betrug zurück. »Der Griff in die Kasse«, Hans Herbert von Arnim hat die ungenierte Veruntreuung Berliner Landespolitiker aufgezeigt. Dieses Gebaren ist der Nährboden für Populisten und erleichtert ihnen ihre Arbeit! Der Bürger gerät bei Populisten vom Regen in die Traufe!

»... Man sollte nicht erwarten, dass populistische Bewegungen, wenn sie einmal an die Regierung kommen, ihre Legitimation verlieren und sich durch nicht bestandene Praxistests delegitimieren. So leicht lassen sie sich nicht enttarnen. Meist halten sie ihre Wahlversprechen. Wenn nötig setzen sie sich dafür auch über geltende Regeln hinweg. Kann ein Versprechen doch nicht eingelöst werden, liegt das dann nicht an der neuen Regierung, sondern an den inneren und äußeren Feinden, an den kein Mangel herrscht ...« [31]

Der ursprünglich ideologisch bedingte Gegensatz der großen Parteien in der sozialen Ausrichtung ist verloren gegangen. Diese gleichförmige Ausrichtung der Parteien macht es Populisten einfach, auch soziale, wirtschaftliche und kulturelle Themen an sich zu ziehen.

Weder die Politik will die Erosion etablierter Parteien wahrnehmen, noch will eine Vielzahl von Bürgern bewusst erkennen, dass die Kanzlerin Merkel eher Verhältnisse der Deutschen Demokratischen Republik herbeiführen wollte, als dass der Wunsch vorherrschte, der Demokratie zu einem soliden, stabilen Fundament zu verhelfen. Zu viele Bürger sind sich nicht bewusst darüber, dass sie von ganz neuen Verhältnissen überrollt werden könnten. Diese Gefahr relativiert Einzelkritik und führt zu einem wolkenverhangenen Blick in die Zukunft.

Die Wirklichkeit scheitert an politischen Träumen.

»Man kann einen Teil des Volkes die ganze Zeit täuschen und das ganze Volk einen Teil der Zeit. Aber man kann nicht das gesamte Volk die ganze Zeit täuschen.«
Abraham Lincoln (1809 – 1865)

»Ich werde ein Fenster zur Freiheit öffnen«, mit dieser Feststellung bereitete Frau Merkel die praktische Umsetzung ihres Machtbedürfnisses vor. Die Wählerherzen flogen ihr zu! Für den Bürger ist Freiheit also wichtig! Politische Versprechungen harmonieren jedoch nicht mit der Wirklichkeit. Wähler ausgerichtete Entscheidungen, wie Atomausstieg, Eurorettung und unkontrollierte Grenzöffnung ließen keinen Zusammenhang mit bürgerlichen Vorstellungen von Freiheit in Einklang bringen. Merkels soziale Aufbereitung des CDU-Programmes verwischte dann auch noch den Unterschied zu anderen Parteien und ließ die Wählerstimmen auf 26 Prozent absacken. Frau Merkel blieb weiterhin im Amt, musste jedoch den Parteivorsitz abgeben. Aus gesundheitlichen Gründen! Die CDU sucht dringend eine Nachfolgerin oder einen Nachfolger für das Amt des Bundeskanzlers. Diese Person muss Kurskorrekturen einleiten, die eine unter Merkel zerriebene Partei und eine gespaltene Gesellschaft wieder zusammenklebt. Dabei darf aufgrund ihrer langen Regierungszeit weder das Image von Merkel noch das der Partei beschädigt werden! Eine nicht ganz einfache Aufgabe!

Nur gemeinsam mit der SPD konnte die Kanzlerin ihre Macht erhalten. Eine Kanzlermacht unter diesen Umständen zu retten, verlangt Zugeständnisse. Sie kostete die drei wichtigsten Ministerposten. Machterhaltung fordert nicht nur seinen Tribut, sie verlangt auch Veränderungen im Programm. Sozialpolitik gewinnt Oberwasser! Auch in der CDU! Drei Koalitionen mit der SPD sind nicht spurlos vorübergegangen. Planwirtschaft wird ausgebaut. Besetzung der Vorstandsposten in wirtschaftlichen Großbetrieben wird vorgeschrieben, eine zwangsweise zu entrichtende »Haushaltsabgabe« muss das Bundesverfassungsgericht durchsetzen, sowie die Energieverteilung nach Art und Menge politisch bestimmt wird, wenn sie nicht ausreichend zur Verfügung steht. Die Kanzlerin leitet eine »enge« Zusammenarbeit mit der Wirtschaft in die Wege, um auch die ökonomische Zukunft unseres Landes politisch zu ordnen. Der neue Koalitionspartner der Regierung, die »Grünen«, fordert das Verbot von Einfamilienhäusern. Den Platz benötigt »umweltverträgliche« Windenergie! Die Bundeskanzlerin hat den Wert politischer Diktate erkannt, und sie pflegt folglich den Schutzgedanken: Arbeitnehmerschutz, Verbraucherschutz, Schutz sozialer Ansprüche, Klimaschutz, Datenschutz, Schutz vor Gentechnologie ... Kurz zusammengefasst erkennt Merkelismus die dringliche Aufgabe, eine veraltete Demokratie zu modernisieren!

In dieser modernen Demokratie fehlt vieles, auch der Anwalt der Wirtschaft, der sich für einen freien Wettbewerb einsetzt. Eine Wirtschaft, die für Steuern, Abgaben, Arbeit und wachsenden Wohlstand sorgt, kann weder die Folgen einer Planwirtschaft noch diktatorische Maßnahmen auffangen. Die CDU muss einer Kanzlerin vertrauen, die Unternehmen misstraut und Bürger zu Gehorsam erzieht. Ihr Ohr für Freiheit hört nur in eine Richtung: den Bürger sozial zufrieden zu stellen! Sie weiß, dass der überwiegende Teil des Volkes ein übergeordnetes Denken ablehnt und zufrieden ist, wenn er sozial geordnete Arbeitsverhältnisse, Brot und Aufstrich hat, manchmal ein Steak. Freiheit hat seine Bedeutung verloren! Der politisch erzogene, moderne Bürger sucht das Glück eines bequemen Lebens. Dazu gehört soziale Sicherheit. Diese Wunschvorstellungen umzusetzen fordert einen starken Staat, der umfassend und weitsichtig Volkes Lebensgestaltung überwacht und verwaltet. Dieses Bedürfnis kennt Frau Merkel aus DDR-Zeiten!

Aber noch gibt es auch die anderen Bürger! Die wollen keine Entmündigung. Die suchen eine individuelle Freiheit. Die Bundesregierung befleißigt sich, diesen Gegensatz verbal herunterzuspielen. Der soziale Zusammenhalt und die harmonische Ordnung der Großfamilie Deutschland seien in Gefahr. So äußert die Kanzlerin ihre Besorgnis! Folglich sieht sie Forschungsbedarf. Sie investiert 36 Millionen Euro in das »Institut für gesellschaftliche Zusammenarbeit«. Elf Wissenschaftler müssen herausfinden, wie die Zersetzung der Gesellschaft zu erklären ist. Im nächsten Schritt soll der Kitt erforscht werden, mit dem der »gesellschaftliche Zusammenhalt« wieder zusammengefügt werden kann.

Die Ära Merkel hat den Kontakt zu den Bürgern aufgegeben. Die Kanzlerin braucht den Bürger nicht mehr! Ihre Projekte werden ohne ihn durchgezogen! Merkel war frühzeitig bedacht, ihren Machtgedanken in den Vordergrund ihres politischen Handelns zu stellen. Die Bundesrepublik Deutschland war ihr zu eng geworden! Wichtig ist, die Vorherrschaft der Europäischen Union auszubauen. Die Europäische Union muss zur »Weltunion« ausgestaltet werden! Unter Merkels Führung! Die Wähler nehmen zu, die diese konkret eingeleitete Entwicklung nicht mittragen wollen, und es gibt keine etablierte Partei, die sich dagegen auflehnt. All diese vom Bürger als Irrwege erkannten Maßnahmen störte die Kanzlerin nicht! Das »Institut für gesellschaftliche Zusammenarbeit« wird es richten!

Will der Bürger in den Reichtum technischer Gestaltungsvielfalt moderner politischer Schaffenskraft tieferen Einblick nehmen, so muss er seinen Blick auf Experten, Gutachter, Institute und deren Standpunkte richten. Der Sachverstand eines vielseitig ausgebildeten, mit langen Erfahrungen versehenen Ministeriums reicht nicht aus, um sachliche Aufgabenstellungen zu ergründen, sofern die Meinungen im Volk gespalten sind. In diesen Fällen greift die Politik gern auf das besondere Fachwissen von Experten und Gutachtern zurück. In fünf Jahren verlangten ministerielle Beraterverträge mehr als eine Milliarde Euro. Ein Betrag, der kein Aufsehen erregt und in den allgemeinen Ausgaben untergeht. Unsere Volksvertreter greifen inzwischen selbst bei anspruchslosen Obliegenheiten auf deren Unterstützung zurück. Es diene ihrer Entlastung, so geben sie zu verstehen. Sie drücken damit aus, dass ihr persönlicher Schaffensdrang übergeordneten Sphären elitärer Schöpfungsvorhaben vorbehalten bleiben muss. So der generelle Tenor! Derartige politische Kreativität führt häufig in die Vergangenheit. Dort liegen geistige Schätze vergraben, die immer wieder neu gehoben werden müssen. Ihnen schenkt die Politik mit neuen Wortschöpfungen modernes Leben. Das Baukindergeld! Familien mit geringem Einkommen sollen mit staatlicher Unterstützung Wohneigentum bilden können. Bis 2006 gab es das Baukindergeld als Eigenheimförderung. Die sozialen Aktivitäten der Regierungen erscheinen nur in einem anderen Kleidchen! Das Programm damals und »heute« ist identisch. Elitäre, revolutionäre, politische Schöpfungsbegabung genialer Eingebungen! Das Projekt stellte sich mit gut 100 Milliarden Euro als die teuerste Subventionsleistung und zugleich größte Steuerverschwendung der Nachkriegszeit heraus. Nun soll es noch einmal für soziale Gerechtigkeit sorgen! Die wirklichen Geringverdiener konnten noch nicht einmal die erforderlichen Mindestkosten leisten, und die Bauträger hatten ganz schnell herausgefunden, wie die Kosten von Wohnungen und Häusern angehoben werden mussten, um die Subventionen der Eigenheimkäufer in die eigene Tasche zu lenken. Was letztlich blieb, war eine Preissteigerung auf dem Immobilienmarkt. Alle diese Abläufe wiederholen sich eins zu eins! Nur segeln sie unter anderer Flagge! Politische Gedankenrevolutionen bei sozialer Hilfestellung! Politische Maßnahmen werden sorgfältig und verantwortungsvoll abgeklopft, ausgewertet und zukunftsorientiert eingesetzt. So lauten politische Beteuerungen! Die einzige Änderung beim Vorschlag von Bauministerin Barbara Hendricks bestand darin, dass das Baukindergeld nur für bedrängte Wohnungsmärkte vorgesehen ist. Die wirklich Bedürftigen, also jene Familien mit geringem Einkommen, bleiben durch konkrete finanzielle Auflagen weiterhin ausgeschlossen. Ein Fünftel des Wohnungswertes als Eigenkapital und weitere 12 bis 15 Prozent für die Nebenkosten überfordert ihre finanziellen Möglichkeiten. Der Ideenreichtum der Regierungsarbeit konzentriert sich auf den Gewinn persönlicher Wertschätzung und auf die Auffrischung von Fehlleistungen, die bereits in der Vergangenheit die Qualität politischen Werkelns bestimmten. Der Bürger nimmt über Steuerbelastungen an dieser politisch vorbehaltenen, revolutionären Gedankenwelt teil. Alles in allem ein Hantieren, das auf des Bürgers Vergesslichkeit aufbaut. Steuerverschwendung muss Wahlen beleben!! Bedürftigen Familien wäre durch Ankurbelung der Bauwirtschaft über die Freigabe von mehr Bauland zu helfen, Nutzung von Baulücken oder Aufstockung vorhandener Wohngebäude. Bauland wird aber für die Ausschöpfung klimaschonender Windenergie gebraucht! Es gäbe viele durchdachte Anregungen! Taube Ohren blocken sie ab! Das haben wir schon immer so gemacht! Das haben wir noch nie so gemacht! Wenn Steuerquellen sprudeln, die Kassen voll, und die Prognosen vielversprechend sind, heißt es Fenster auf. Tonnenweise wird das Geld hinausgeschüttet. Streng demokratisch abgesichert! Die Geschenke können gar nicht so schnell eingesammelt werden, wie sie ausgeteilt werden. Mit abgenutzten Wortschablonen polieren Politiker und ihre Parteien abgegriffene Werte und Ideologien wieder auf. Der Bürger muss immer besser verstehen, warum Experten und Gutachter für das normale Tagesgeschehen zuständig sind und Politiker sich für elitäre Schöpfungsvorhaben zuständig fühlen.

Hinter vorgehaltener Hand geben auch Berater schon mal zu, dass bei so manchen Studien das Ergebnis vorgeschrieben wird. Diese Studien sollen nicht der Demokratie helfen, sondern der Karriere des Auftraggebers. Die Wissenschaft beschreibt diesen Vorgang mit »Verantwortungsverschiebung«! Um Klarheit zu schaffen, werden ausgesuchte Wissenschaftler eingebunden. Die kosten natürlich Geld! Solche Wissenschaftler kennen ihren Preis und sind auch mit der Kraft von Steuergeldern vertraut. Derlei politische Gepflogenheiten haben sich immer konsequenter stabilisiert und unterstützen eine Informationsgeschmeidigkeit, die viele Interpretationsmöglichkeiten zulässt und Fehlentscheidungen ausschließt. Sie verschleiern nicht nur den Einblick in die wahren Gegebenheiten, sondern sie unterstützen auch die politische Gabe, sich bei kritischen Analysen in Schweigen zu hüllen. Das ist zweifelsfrei eine Stärke dieser Innung!

Mehr Nähe zu den Bürgern wäre ein Schritt zur Lösungsfindung. Stattdessen: Wir schaffen das! 36 Millionen Euro Steuergelder für das Institut zur gesellschaftlichen Zusammenarbeit reichen aber nicht aus, um die in die Flucht geschlagenen kulturellen und sozialen Kräfte wieder einzufangen. So etwas verlangt mehr als Geld! Die Universität Frankfurt setzt zur Lösung auf die einigende Motivation der Uneinigkeit. In Erinnerung an die »Streitkultur« der neunziger Jahre sollen gegensätzliche Auffassungen die Gesellschaft einigen. Doch Streitkultur fordert ein Minimum an »gesellschaftlichem Zusammenhalt«. Politiker wollen gelernt haben, wie philosophisches Gedankengut übernommen wird, ohne deren Lehren zu beherzigen. Die Auswertungen reichen jedoch nur zu der Erkenntnis aus, dass unsere Gesellschaft unter zu wenig Staat leidet. Also muss mehr staatliche Unterstützung her. Eine Medizin, die zu einer weiteren Spaltung des Volkes führt! Einerseits der sozial unterlegte Freiheitsgedanke wie ihn inzwischen die Masse der Bürger verstehen muss, andererseits diejenigen Bürger, die eine Entmündigung durch den Staat ablehnen. Die Lösung dieser Problematik muss das Institut für Erforschung gesellschaftlicher Zusammenarbeit herbeiführen.

»Politische Prozesse in Demokratien sind aufwendig, weil sie kommunikativ auf die Gesamtgesellschaft ausgestaltet sind. Sie müssen für alle nachvollziehbar sein, haben öffentlich stattzufinden. Es geht in der Politik um kollektiv verbindliche Entscheidungen, die ihre Bindewirkung nur erreichen, wenn ein gewisses Maß an Nachvollziehbarkeit gesichert ist. Einzelne kommunikative Akte reichen daher

nicht aus. Wer Interessen anmeldet, der muss sich im Prozess mit Argumenten durchsetzen, Mehrheiten gewinnen.« [34]

Um die Probleme aktueller und zukünftiger Politik zu verdeutlichen, bedient sich Dr. Wolfgang Schäuble der Gedanken und Erkenntnisse von Max Weber. Max Weber sprach lieber »unbequeme Wahrheiten als bequemere Unwahrheiten« aus. Fühlte Herr Dr. Schäuble sich als Bundestagspräsident angehalten, Gedanken zur Gestaltung der »Tagespolitik« in die bedeutendste Tageszeitung unseres Landes zu verlagern? Konnten die daraus resultierenden Erkenntnisse im politischen Umfeld keine fruchtbaren Auseinandersetzungen mehr hervorrufen? Auch hob Dr. Schäuble hervor, dass Max Weber vor hundert Jahren vor Studenten grundsätzliche Feststellungen über Politik als Beruf – oder Berufung ausgeführt hatte, *»indem er das Spannungsverhältnis ausleuchtete in dem sich Politik, menschliches Handeln, immer vollzieht: Verantwortungsethiker schauen auf die Folgen ihres Handelns. Sie sind kompromissbereit. Gesinnungsethiker hingegen agieren, als gäbe es kein Danach. Unfähig, den begrenzten, aber realen Handlungsspielraum zu nutzen. Ohne selbst Verantwortung für die voraussehbaren Folgen ihrer Handlungen zu übernehmen. Der Gesinnungsethiker, so Weber, ertrage die ›ethische Irrationalität der Welt‹ nicht. Das disqualifiziere ihn für Entscheidungen mit dem nötigen Augenmaß.«*

Einerseits stellt Herr Dr. Schäuble fest, dass die gegenwärtige Globalisierung und Digitalisierung weitreichende Konsequenzen für den einzelnen Menschen und für den gesellschaftlichen Zusammenhalt haben. Andererseits bekundet er, dass die Globalisierung für ihn ein weltweites Wohlstandprojekt darstellt. Er registriert, dass die Beschleunigung des Wandels auf allen Ebenen als Entfremdung des Vertrauten wahrgenommen wird und viele Menschen überfordert. Er verzichtet bei seiner Synthese auf eine Stellungnahme, was die Politik unternehmen sollte, um die Spannungen abzubauen. Die meisten Menschen beherrscht die Besorgnis, dass es den Kindern und Enkeln schlechter gehen werde. Politik rühmt den geschaffenen Wohlstand und sieht den Schwerpunkt ihrer Aufgaben in der Stärkung dieses materiellen Wohlstandes unter dem Gesichtspunkt sozialer Gerechtigkeit. Spätere Generationen werden dabei ausgeschlossen. Sie sind wenig hilfreich für die aktuellen sozialen Probleme! Der Entfremdungsgedanke, den eine geschlossene, gemeinsame Weltpolitik durch Globalisierung haben könnte, wird unausgesprochen auf eine untergeordnete Bedeutung verschoben, benötigt folglich keine politische Unterstützung. Worte müssen die »heile Welt« aufzeigen und politisch herbeigeführte Spannungen überdecken.

»Glück und Zufriedenheit der Menschen entscheiden sich nicht daran, wie viele ... Autos in der Garage stehen ... sondern daran, ob man sein Leben so führen kann, dass man mit sich im Einklang ist. Dass man Bindungen erfährt, sich verwurzelt fühlt, geborgen ist, dass man Halt hat, ein Zuhause. Es gibt doch das Bedürfnis nach Zugehörigkeit, den Drang, sich mit etwas zu identifizieren.

Das ist keine Frage des Entwicklungsstandes eines Landes, das ist eine anthropologische Konstante. So ist der Mensch. Die Gefühle, entwurzelt zu werden, sind deshalb ein Problem, das sich hier genauso stellt wie in Ländern, denen es materiell objektiv schlechter geht als uns ... Und den materiellen Wohlstand zu mehren macht allein auch noch nichts besser. Das ist die Fehleinschätzung, der die Politik allzu gern unterliegt.« [33]

Politiker bedienen sich allzu gern der bewährten Methodik, eine solide Glaubwürdigkeit vorzuspiegeln, indem sie vorgeben, sich der wahren Gesellschaftsprobleme bewusst zu sein. Dabei helfen müssen Beteuerungen, dass politisches Handeln von ethischer Verantwortung gesteuert wird. Das soll der Bürger zwischen den Zeilen lesen. Ethik sollen politische Auseinandersetzungen prägen. Will Herr Dr. Schäuble eine Scheinwelt in eine Zukunft tragen, die vom Geltungsbedürfnis moderner Politikergenerationen gestaltet wird, und die nicht mehr die Notwendigkeit erkennt, einer wirklichkeitsnahen Welt Rechnung zu tragen? Soll sie die Wirklichkeit verschleiern und eine politische Wertigkeiten vorspiegeln, die über eine Frankfurter Allgemeine Zeitung in die Öffentlichkeit gebracht werden muss?

»Verantwortliche Politik muss den Menschen das Gefühl geben, dass ihre Bedürfnisse berücksichtigt werden: Sicherheit, der Erhalt sozialer Bindungen, Zusammengehörigkeit. Kurz: Auch im Wandel muss der Mensch Mensch bleiben können.« [34]

Politiker beschäftigen sich im täglichen Umgang mit den Bürgern nicht mehr mit Analysen, ob dieser Glück und Zufriedenheit sucht und zu finden hofft, um mit sich selbst im Einklang zu leben. Sie interessiert auch nicht, ob er auf menschliche Bindungen zurückgreifen kann, sich geborgen fühlt, oder das Bedürfnis nach Zugehörigkeit hat. Politiker suchen nur noch Wählerstimmen und die Macht! Das Konzept ist einfach und geistig anspruchslos! Konkrete Aussagen betten sie in ihre Phrasentechnik ein und mit Turnübungen am philosophischen Hochreck geben sie vor, übergeordnete Themen bewältigen zu können. »Radikal ist das neue realistisch« und »Demut statt Übermut!« Derartige Schlagworte müssen ihr Desinteresse verbergen, sich über Bürgers Zufriedenheit irgendwelche Gedanken zu machen. Ideologische Thesen und wohlfeile Worte verzaubern den Staat in ein Paradies auf Erden. Sie versprechen einen Staat, der sich bürgernäher, familienfreundlicher, gerechter und einfacher in der Abwicklung gibt, kurz, die perfekte Regierung.

Die Auswirkungen dieser entstellten Welt zeichnen natürlich ein ganz anderes Bild. Des Bürgers Lebensbedingungen werden nicht mehr auf eine weitreichende Zukunft ausgerichtet. Politiker beschließen und ziehen sich in ihre Wagenburg der Phrasen zurück. Der Bürger hat sich längst daran gewöhnen müssen, dass Reformen nicht mehr vom Ende her bedacht werden. Politische Sorgfalt ergießt sich in profanen Feststellungen! Sie kennt keine gedankliche Umsicht und keine gründlichen Analysen mehr. Menschliche Unvollkommenheit sei eine Konstante, sagen sie! Können gravierende Fehler nicht mehr verheimlicht werden, so werden berühmte Persönlichkeiten wie Solon zitiert. Der ehemalige Bundestagspräsident Schäuble hat offenbar von der Kanzlerin abgeguckt, die Gedanken auf eine unübersichtliche Zukunft auszurichten. Dazu genügen Wunschvorstellungen. Sie benötigen keine Belege! Sie begnügen sich mit Behauptungen! Die EU ist eine notwendige Einrichtung, um die Herausforderung der Globalisierung zu bewältigen! Der Kampf gegen die Natur und deren Klima durch Bezwingung von CO_2 ist ein unabdingbarer Vorgang! 434 Gesetze sind das Salz in der Regierungssuppe! Die Hoffnungen werden in eine unzugängliche Zukunft verschoben. Die gleiche Masche nährt die Corona-Epidemie. Sie rechtfertigen die Welt der Verbote und der Diktate: »Lockdowns« müssen den Bürger ruhig stellen.

Politik schottet sich mehr und mehr vom Bürger ab.

»Eine Regierung ist nicht der Ausdruck des Volkes Willen, sondern der Ausdruck dessen, was ein Volk erträgt.«
Kurt Tucholsky

Die CDU-Vorsitzende Kramp-Karrenbauer hatte angesichts der deutlichen Stimmenverluste ihrer Partei besorgt darauf hingewiesen, dass Klima- und Asylpolitik das Volk spalte. Sie hatte allerdings darauf verzichtet, mögliche Ursachen für ihre Feststellungen aufzuzeigen. Die Beurteilung muss jedem einzelnen Bürger obliegen. Politiker vermeiden konkrete Ursachenergründung. So denn sich unpolitische Quellen einschalten und das Versäumnis der Politik nachholen, diese Erkenntnisse aber nicht in das politische Bild passen, werden sie durch schwärzen unzugänglich gemacht. Sie könnte die brüchige Statik politischer Gerüste zum Einsturz bringen. Undurchsichtige Beschlüsse müssen doch Stabilität herbeiführen. Volkes Stimmung und die Wähler dürfen doch ausschließlich von politischer Erläuterungswilligkeit gelenkt werden. Dafür werden Experten eingeschaltet und Umfrageinstitute geboren!

Warum zerteilt Klima- und Asylpolitik das Land? Frau Kamp Karrenbauer hätte noch vieles andere bei ihrer kritischen Betrachtung mit einbeziehen können. Es gibt einfach zu viele Themen, deren gründliche Analyse eine aufgeschlossene, effektive Demokratie verlangen würde. Eine solche Demokratie will aber keine Partei mehr! Deshalb spalten einseitige, auf Umfrageergebnissen basierende, nach politischen Interessen sortierte Beschlüsse das Volk. Wesentliche Bereiche der Gesellschaft fühlen sich nicht mehr vertreten. Den Platz für sachliche Entscheidungsfindungen im Bundestag haben Profilierungsbedürfnisse und die Welt der

Phrasen eingenommen. Sachliche Erörterungen werden in Koalitionsgespräche verschoben! Positionen, die nicht zum fest geprägten Standpunkt der Entscheidungsträger passen, bleiben weitgehend ausgespart. Die Auffassungen von »sinnvoll« finden keinen gemeinsamen Nenner mehr. Natürlich ist es schwierig, eine Gesellschaft zu führen, die sich aus verschiedenartigsten Komponenten zusammensetzt. Politische Bemühungen, die von ihnen ausgebaggerten Gräben wieder zuzuschütten, sind nicht mehr erkennbar! Die Bürger sind der Politik gleichgültig geworden! Politik will nur noch das Volk beherrschen. Da kann es keinen wesentlichen Unterschied mehr in den Parteiprogrammen geben! Auch die Wege sind gleich. Jede Partei stellt den sozialen Gedanken in den Mittelpunkt und sucht Lücken im Wohlstandgefüge und in der Möglichkeit, Ängste zu gebären. Soziale Parteien entdecken weiterhin gravierende, existenzbedrohende Verdrießlichkeit in der finanziellen Grundversorgung wirtschaftlich benachteiligter Bürger.

Die »Mitte« schürt Lebensängste, und die »Grünen« aktivieren übersteigerte Umweltnöte, um die angst aufgefüllten Zwangsvorstellungen finanziell unabhängiger Bürgerschichten zu bedienen. Sie alle sorgen sich nur noch um Mehrheiten, um ihre Existenz zu sichern. Von einer politischen Führung verlangt der normale Bürger aber Orientierungsverantwortung. Auf dieser Basis darf Politik, dann auch tatsächlich, demokratisch berechtigt, ihre Macht ausspielen. Gibt es die aber nicht, müssen sich Bürger einen Ring durch die Nase ziehen lassen oder den Aufstand proben. Die Politik sollte also eigentlich ein Interesse daran haben, Juckepunkte zu entkitzeln und auf eine erträgliche Ebene zu verlagern. Sollte! Stattdessen unterschlägt sie bewusst der Sachlichkeit dienende Ermittlungen, so sie denn angestrebt werden und sogar vorliegen. Sie versteckt das Fieberthermometer, weil es Fieber nicht geben darf! Weitgehende Untersuchungen könnten möglicherweise sogar die parteiinterne Moderationsbegabung der Kanzlerin überfordern und ihre Macht gefährden. Deshalb sind Sondierungen wenig hilfreich! Der Demokratie müssen politische Zügel angelegt werden, sollte sie übermütig werden!

Politiker filtern immer wieder diesen gefühlsdurchtränkten Einheitsbrei aus der Homogenitätslake heraus und flößen ihn dann ihren demütigen, auf dem Boden dahinkrauchenden Sklaven in den Rachen. Diese müssen ihn runter schlucken! Den bei diesem Vorgang sich einstellenden Widerwillen bis hin zum Ekel wahrzunehmen und zu genießen, verlangt eine besondere Begabung! Den Abscheu und den Ekel ungefiltert zu beobachten, ist der Lohn uneingeschränkter Macht, deren Tür erst lange verwinkelte und verschlungene Pfade öffneten. Politiker wissen, dass selbst der Hofhund ihnen nicht mehr an die Karre pinkeln kann! Solche Art Genugtuung verfärbt ihre Nacht zu einer angenehmen Ruhestätte auf einem wohlig ausgepolsterten Ruhekissen.

Der Anspruch, dem ordinären Bürger und Menschen wahrhaftig überlegen zu sein, muss nicht zwingend zusammenschweißen, aber er bildet eine geschlossene elitäre Interessengemeinschaft. Wir sind etwas ganz Besonderes! Was wir machen und gestalten kann der gemeine Pöbel eh nicht begreifen! Deshalb erübrigen sich auch Erklärungen! Kritik ist unqualifiziert! Aus Prinzip! Die Europäische Union und Globalisierung wird die politische Sonderstellung noch fester zurren und sie noch tiefer verankern. Diejenigen Bürger nehmen zu, die wissen, dass mit jedem Schritt, mit dem Politiker sich vom Bürger entfernen, sie an den Standbeinen der Demokratie sägen. So jedenfalls waren die Verhältnisse vor dem militärischen Einmarsch der Russen in die Ukraine! Dieser unvorstellbare Vorgang hat die Gefahr vor zu viel Vertrauen in eine Weltfriedensgemeinschaft bewusst gemacht und einen Verteidigungsbund herbeigeführt.

»Früher« war Arroganz nicht nur das Vorrecht der Politik. Sie war gleichermaßen in der Gesellschaft verbreitet und wurde auch ungeniert umgesetzt. »Bello grüß den Herrn!« gemeint war der Bürgermeister und der Hund Bello war angesprochen. Eine beschämende

Erniedrigung des Menschen! Wo sich »heute« diese persönliche Erfüllung menschlicher Missachtung ansiedelt, müssen diejenigen herausfinden, die Arroganz ihre Existenz absprechen. Menschen, die sich in ihrer Bedeutung höherwertig einschätzen, begegnen den Menschen zu selten als Mensch und auf Augenhöhe. Menschen, die sich bedeutungsvoll wissen, haben die Gabe verloren, Menschen mit ihren Besonderheiten und Fehlern wirklich zu schätzen. Diese Menschen können nur noch mit vielen Worten vorgeben, sie als wertvolle Bereicherung der Gesellschaft wahrzunehmen.

Politische Arroganz hält wissentlich den Bürger unwissend. Der ehemalige amerikanische Außenminister David Dean Rusk hat politische Geheimniskrämerei feinsinnig in gefällige Worte gefasst: »*In der Politik bleibt nichts geheim, mit Ausnahme dessen, was öffentlich gesagt wird.*« Sie reden wie ein Wasserfall, wenn es gilt, unerwünschte Unterstellungen zu dementieren, und sie schweigen, wenn belastende Fakten nicht zu leugnen sind. Sie ergehen sich in Behauptungen, wenn sie ihre Blicke in die Zukunft richten. Sie weben ein Netz, das selbst schlimmste Verbrechen bis hin zum organisierten Mord nicht auffliegen lassen darf, wenn es politisch notwendig erscheint. In dieses Geflecht bringen sie ihre individuellen Werkzeuge ein, die einen Einblick in die dubiosen Praktiken unmöglich machen. Die Bundeskanzlerin lässt in ihrer nahen Umgebung nur Personen zu, die ihr absolut hörig sind und selbst gröbste Rechtsvergehen decken und im »Außenverhältnis« abblocken.

Fehlerfrei tätig zu sein bedingt bisweilen eine eigenwillige Arbeitsweise und Weitsicht. Sie fordern in der EU zu politischer Anerkennung heraus, auch wenn der Wert des Wirkens nicht erkennbar ist. Der politische Partner wird für Gegenseitigkeitsgeschäfte gebraucht. Macron wurde von der Kanzlerin mit einem Millionen-Budget für seine Eurozonenpläne gefüttert. Als Gegenleistung unterstützte er die Asylpolitik der Kanzlerin. Sie stellte Macron eine weitere Milliarde für seine Eurozonenpläne in Aussicht, wenn ihr Paris hilft, den CSU-Politiker Seehofer niederzuringen. Seehofer ist nicht mehr kanzlerhörig! Er widerspricht! Folglich muss er weg! Der deutsche Innenminister Karl Nehammer wollte bei der Gestaltung der Asylpolitik geltendes Recht anwenden. Die Bundeskanzlerin drohte ihm mit Entlassung!

Ideologische Verblendung will nicht wahrhaben, dass die meisten Bürger die banalen, inhaltslosen Auftritte einer Großen Koalition auf die Nerven gehen. Sie sind diese wirklichkeitsverschleiernden Beteuerungen alternativloser Maßnahmen überdrüssig! Umfragen müssen helfen, diese Unsicherheiten zu bereinigen. Ideologie hat längst als kreative Auseinandersetzung unterschiedlicher Politikgestaltung ihren Reiz verloren. Sinkende Wählerstimmen und deren falsche Analysen verunsichern das Führungspersonal. Der Reiter klammert sich an den Parteiensattel! Politische Ideenlosigkeit hat einen Namen gefunden: »GroKo«! Durch die phonetische Verwandtschaft zu »KroKo«, der Verniedlichung des Krokodils, wird die GroKo abfällig als Zeichen von Infantilität gedeutet. Politik verspielt ihre Ernsthaftigkeit. Die politische Wirklichkeit wird einem Puppentheater gleichgestellt. »GroKo« vergleicht die Regierungsarbeit mit Kleinkunstbühnen, die ihr einstudiertes Theaterprogramm als Wanderbühne präsentieren. »Eine neue Dynamik für Deutschland«, »neue Zusammenarbeit« und »Europa wird einen neuen Aufbruch erleben«! Die »neue« Regierung versprach revolutionäre Veränderungen! Sie ersetzen nur übliche, politisch geschürte Hoffnungen durch Schlagworte. Sie sollen Zuversicht verbreiten! Die erzwungene Ehe mit der SPD musste nur Merkels Macht erhalten. Steuergelder stellen den Kitt für diese künstliche Vernetzung zur Verfügung. Die Zwangspartnerschaft kann nur noch der Machtanspruch zusammen knoten. Mit neuen Worten werden Fehler und Versäumnisse der Vergangenheit aufgegriffen. Ihre Beschlüsse reichen nur noch aus, sich an Siegen zu ergötzen. Die Durchsetzung der Homo-Ehe feierten Politiker als Triumph über den politischen Gegner! Die Bundeskanzlerin nutzt die Zeit, um einen neuen

Ehepartner zu formen, der der CDU/CSU zur Mehrheit verhilft. Das kostet nicht nur Geld, sondern auch Zeit. Bis dahin muss die Zwangsehe mit der SPD halten und Neuwahlen verhindern! Kann sich eine Demokratie ohne eine von Orientierungsverantwortung geformte Führung von anderen Regierungsformen überzeugend abgrenzen? Mutlosigkeit verlangt nach Hoffnung!

Die Demokratie, westliche Werte, der liberale Rechtsstaat ist in Gefahr! Derartige, vom Gemüt aufgebaute Befürchtungen dringen sogar bis zur Politik vor und scheucht sie auf. Bundestagspräsident Frank-Walter Steinmeier hatte folglich zu einer Diskussion ins Schloss Bellevue eingeladen. Er wollte kundtun, wie relevant der unentbehrliche Nutzen eines liberalen Rechtsstaates für eine funktionierende Demokratie ist. Die Eingangsrede hielt die Bundeskanzlerin. Die üblichen Redewendungen übergingen keine der aktuellen Themen, auch wurde natürlich nicht der Rechtspopulismus mit seiner besonderen Bedeutung ausgelassen. »Offene Gesellschaft«, die beste unter den »schlechten Regierungsformen« und »kulturelle Identität in der globalen Moderne«, auf keine der üblichen politischen Phrasen wurde verzichtet.

Der zweite Referent, Heinrich August Winkler informierte anschließend noch einmal über die Hauptthesen seiner acht Bücher über den Westen. Nach gut fünfzig Minuten hatten zwei Redner im Grunde genommen nicht nur dasselbe gesagt, sondern Inhalte verbreitet, die alle schon kannten, weil sie nicht neu waren. So stellen sich bedeutende Politiker eine Debatte über Konfliktherde in einer Demokratie vor! Können klischeehaft eingepolsterte Worte den Verfall einer Demokratie aufhalten? Werden Debatten angeregt, nur weil den Verantwortlichen gar nichts einfällt, wie eine Demokratie wirkungsvoll zu stärken ist?

Statt neue Anregungen zu provozieren, werden rituelle Werte beschworen und damit die Bedeutung und der Wert der Demokratie begründet. Einerseits wird eine Welt voller »Herausforderungen« und Irritationen skizziert und andererseits sollen längst veraltete,

Beteuerungen wieder vertrocknete Blumen neu erblühen lassen. Dieses politische Gemenge phantasiearmer Hilflosigkeit soll eine gefestigte Demokratie demonstrieren und deren Bestand als gesichert garantieren. Entsprechend tiefsinnig ist das Resümee! »Zu großer Gelassenheit besteht kein Anlass«, aber »es gäbe auch kein Grund zum Alarmismus«. Derart politische Bekundungen, alles im Griff zu haben, hebeln ein Vertrauen in die politische Führung unseres Landes aus. Demokratie soll sich gegen Bedrohungen von rechts oder aus Russland und China oder gegen den Kapitalismus wehren. Aber stirbt sie nicht eher an Langeweile und Desinteresse? Politiker verstehen ihre Bedeutung offenbar darin, immer wieder den Geruch vertrockneter Redeblumen in neue Wortschläuche einzubetten. Wird der Demokratie damit ihrer Bedeutung gerecht? Der Bürger muss sich in Suggestivfragen üben! Warum und wozu, um alles in der Welt, hat diese Veranstaltung überhaupt stattgefunden? Um den üblichen Applaus einzusammeln? Merkelismus wird weiterhin Demokratie unterwandern! Demokratie wird zu einer vom Bürger weit entfernten westlichen Weltgemeinschaft um- und ausgebaut werden.

Wie zeichnet sich die eigene Existenz ab? Eine verängstigte Bürgerseele wünscht sich in seinen geheimen Träumen ein sorgenfreies Leben, frei von ungelösten finanziellen Belastungen. Sucht nicht diese Gefühlswelt gerade dann ein indifferentes Glück, wenn mangelndes Vertrauen sie belastet? Die Seele sucht erst dann neue Aufgaben, wenn unnötige Lebenseintrübungen abgearbeitet sind. Ideologien können nur einen Blick in die Sterne freigeben, die Lichtjahre entfernt sind. Sie können aber nicht eine kranke Seele heilen!

»... Bei der Betrachtung ihrer Struktur (der Ideologie) lassen sich drei Elemente ausmachen, die allen ideologischen Bewegungen gemein sind und denen sie ihre geschichtliche Wirkung verdanken: erstens die Überzeugung, dass eine abstrakte politische Idee mit unmittelbarer Handlungsanleitung ausgestattet die Welt verändern kann; zweitens ihre Einbettung in die Erzählung, die die besondere

historische Mission der Anhänger aufzeigt; drittens ihre Verwurzelung in klar identifizierbaren sozialen Lebenswelten, wodurch sich Anleitungen zur richtigen Lebensweise ergeben, die über die Politik weit hinausgehen ...« [35]

Kurz zusammengefasst heißt das: Es mehren sich die Politiker, die davon ausgehen, dass die Welt beliebig formbar ist. Erklärungen und Deutungen werden in ihre Interpretation von »Wahrheit« eingebaut. Zukunftslösungen als unerfüllbare Hoffnungsanker sollen den Bürger zufriedenstellen. Diese erfundene Realität kann jedoch nur flüchtige Träume zufriedenstellen. Verfestigt wird nur die Erkenntnis, dass

> *»Regieren die Kunst ist, Probleme zu schaffen, mit deren Lösung man das Volk in Atem hält.«*
>
> Ezra Pound

Politische Deutungen müssen immer Kinder bleiben. Als leere Versprechungen können sie nicht erwachsen werden. Sie bekommen nur neue Kleidchen umgehängt.

Die SPD sorgt sich um soziale Gerechtigkeit. Immer weniger Bürger verstehen diese Gerechtigkeit. Die gesellschaftliche Zusammensetzung hat sich verschoben. Der allgemeine Wohlstand hat zugenommen. Die steuerlichen Belastungen erfassen nun auch jene Bürger, die zuvor aus den Richtlinien der sozialen Gerechtigkeit ihre Vorteile herausziehen konnten. »Jetzt« müssen sie dafür bezahlen! »Das Wohl der vielen, statt des Profits der wenigen«, so lautet die SPD-Parole komprimiert zusammengefasst:

»Das sind fünf Leitlinien einer Wirtschafts und Finanzpolitik, die auf den sozialdemokratischen Werten der Freiheit, Gerechtigkeit und Solidarität beruhen. Diese ist nicht nur sozial notwendig, sondern auch ökonomisch sinnvoll und finanziell machbar. Damit es endlich wieder um das Wohl der vielen und nicht die Profite der wenigen geht.«

Jeder Bürger soll sich angehalten fühlen, ein politisch aufgebautes, kosten treibendes System auszubeuten. Dieses Ordnungsprinzip weckt und züchtet Egoismus. Eine solche Selbstvermarktung sieht dann persönliche Vorteile zu Lasten anderer Bürger als eine normale Einrichtung an. Tatsächlich führt Egoismus zu einer politischen Kontraproduktivität bei der Suche nach einer harmonischen Volksgemeinschaft. Genauso fehlt diesem politischen Egoismus die geistige Reife, Maßnahmen zu treffen, Bürgern den Weg in das Alter zu glätten. Ist der Körper gebrechlich geworden, ist er auf Unterstützung angewiesen. Aber welche Maßnahmen sollen Hilflosigkeit stärken, wenn die »Elite« bereits bei sozialer Unterstützung die finanzielle Versorgung behindert und den Bürger über Betrug ausbeutet? HartzIV führt nur einen Teil der vorgeschriebenen Rentenbeiträge ab. Direktversicherungen als persönliche Gestaltung der Altersvorsorge wurden bei deren Abwicklung einfach in den Topf der Betriebsrente geworfen. Damit wurde bei der Auszahlung der einmaligen Versicherungsleistung den Rentnern der volle Kranken- und Pflegebeitrag abgezogen, und sie somit um ein Fünftel ihrer privaten Vorsorge betrogen. Sechs Millionen Rentner wurden auf diese Weise um zwanzig Prozent ihres vorsorgenden Vermögens betrogen! Dabei hatte der Gesetzgeber im GKV-Modernisierungsgesetz klar die Beseitigung einer Umgehungsmöglichkeit der Verbeitragung festgelegt. Gemeint war damit die Gesetzeslücke, die die Umwandlung einer von vornherein als betriebliche Altersversorgung abgeschlossene Rentenzahlung in eine Kapitalabfindung gestattete. Gemäß Paragraph 263 Strafgesetzbuch war der strafrechtliche Tatbestand des Betruges erfüllt. Das Bundessozialgericht hat unter Berufung auf eine »ständige Rechtsprechung« diesen Betrug legalisiert. Richter setzten mit ihren Urteilen um, was die Politik von ihnen verlangte. Im Vieraugengespräch gab es Sozialrichter, die nach ihrem Urteil bekannten: »Ich pflichte Ihnen bei, kann aber nicht anders urteilen, sonst ist meine Karriere beendet.« Die moderne Demokratie schärft den staatlich auserkorenen

Juristen bereits bei der Ausbildung ein, dass sie Teil einer Elite sind. Diese Elite hat dann später die Aufgabe, einen in Gesetzestexten nicht zu lesenden Sinn zu erkennen und diesen im Interesse »politisch höherer Ziele« juristisch zu verbiegen. Andernfalls war's das mit der Karriere! Laut Aussage des ehemaligen Abteilungsleiters des Ministeriums hatte Olaf Scholz damals die Idee zur finanziellen Aufbesserung der Krankenkassen. Heute ist er Bundeskanzler!

Höhere politische Begabung führt den Bürger hinters Licht, ohne dass dieser es wahrnehmen kann. Sollte er den Betrug mitbekommen, muss verhindert werden, dass er sich dagegen wehren kann. Gerichte wissen, dass ihre Rechtsprechung in solchen Fällen politischen Vorgaben folgen muss. Dieses Bündnis zwischen Legislative und Judikative reicht bis zum Bundesverfassungsgericht. Bürgerliches Zwangsvertrauen in den Staat darf erst endgültig begraben werden, wenn die körperliche Kraft zerfällt, Gegenwehr sinnlos ist und wenn die Physis und der Geist Unterstützung verlangen. Dann aber ist es zu spät! Politik weiß um diese Verhältnisse!

Gesetze sind Tagesgeschäft geworden! 434 pro Legislaturperiode! Die Gesetze sind mit Spinnweben vergleichbar. Nur die kleinen Fliegen werden eingefangen. Hummeln und Hornissen stören die filigran geflochtenen Netze nicht. Sie bleiben darin nicht hängen. Vergleichsweise verfangen sich politisch kritische Themen nicht in Gesetzesvorgaben. Dringliche Beschlüsse erfahren eine besondere Bearbeitung. Sie verlangen unmittelbare Umsetzungen. Dazu haben sich »Nacht- und Nebelaktionen« als nützlich erwiesen. Derartige Aktionen werden in Mitternachtsstunden verlegt. Die Zahl der Abgeordneten im Bundestag ist in diesen Stunden ausgedünnt. Merkmal derartiger Verschiebungen ist das Bewusstsein, dass ausgiebige Erörterungen einen Beschluss infrage stellen können und fachliche Einwände den politischen Kerngedanken zerstören. 2005 wurde das »Informationsfreiheitsgesetz« beschlossen. Jeder Bürger sollte das Recht haben, in Behördenakten einzusehen, ohne dafür eine Begründung abgeben zu müssen, also auch Steuerausgaben beurteilen können! Tatsächlich gelebte Demokratie! Diese Offenlegung demokratischer Politik ging dem Merkelismus dann doch zu weit! In einer Nachtsitzung hatte der Deutsche Bundestag im Juni 2013 große Teile dieser neuen Rechtslage wieder ausgehebelt. Dazu gehörte auch der Einblick in die Steuerausgaben! Kurz vor Mitternacht waren noch zwanzig Abgeordnete anwesend. Das nutzte der stellvertretende Bundestagspräsident Eduard Oswald (CSU), um den harmlos klingenden Tagesordnungspunkt »Erstes Gesetz zur Änderung des Finanzausgleichsgesetz« aufzurufen. Der Gesetzesentwurf wurde im Schnellverfahren angenommen. Im Kern ging es um Anfragen der Bürger, die unter Berufung auf das »Informationsfreiheitsgesetz« vom Bundesrechnungshof genau erfahren wollten, welche Fälle von Steuerverschwendung dieser bei seiner laufenden Überwachungstätigkeit aufgedeckt hatte. Das Finanzausgleichsgesetz regelt diese Kontrolle in dem in der Finanzverfassung des Grundgesetzes festgelegtem finanzverfassungsrechtlichen Ordnungs- und Verteilungssystem. Es ordnet die finanziellen Beziehungen der Ausgaben und Einnahmen zwischen den Gebietskörperschaften. In der Nachtsitzung wurde der Bundesrechnungshof vom »Finanzausgleichsgesetz« ausgenommen. 2,8 Prozent der Abgeordneten hatten diese Behörde für den Bürger mundtot gemacht. Natürlich streng demokratisch, versteht sich! Nur über Internetkanäle hat der Bürger noch eine Chance, auf Gerüchteküchenbasis über Ausgaben von Steuergeldern informiert zu werden. Mit welcher demokratischen Berechtigung erhalten die AntifaAnhänger eine Millionen Euro aus dem Staatssäckel überwiesen? Vorbei die Zeit, da der Bundesrechnungshof die Bürger informieren durfte! Eigentlich schade, dass eine Demokratiezeit vorbei ist, in der politische Erhabenheit Politiker auszeichnete, in der Geheimhaltung nicht das Grundprinzip politischen Handelns bestimmte.

Das Justizministerium weiß, dass das Rechtsempfinden der Bürger nicht die Klärung juristischer Anliegen beeinflussen darf. Diese Feststellung findet bereits in der Gesetzesabfassung ihren

Niederschlag. Insbesondere Bürger, die sich nicht regelmäßig mit juristischen Angelegenheiten beschäftigen, werden in Einzelfällen verunsichert. Die Vorschrift für Paragraph 73 Absatz 1a Nr. 24 des geltenden »Infektionsschutzgesetzes« führt zu einer solchen Unsicherheit: Ordnungswidrig handelt, wer vorsätzlich oder fahrlässig ... einer Rechtsverordnung nach Paragraph 5 Absatz 2 Satz 1 Nummer 4 Buchstabe c bis f oder g oder Nummer 8 Buchstabe c, Paragraph 13 Absatz 3 Satz 8 oder Absatz 4 Satz 2, Paragraph 17 Absatz 4 Satz 1 oder Absatz 5 Satz 1, Paragraph 20 Absatz 6 Satz 1 oder Absatz 7 Satz 1, Paragraph 23 Absatz 8 Satz 1 oder Satz 2, Paragraph 28b Absatz 6 Satz 1 Nummer 1, Paragraph 32 Satz 1, Paragraph 36 Absatz 8 Satz 1 oder Satz 4, jeweils auch in Verbindung mit Satz 5, Absatz 10 Satz 1 Nummer 1 oder Nummer 1a, jeweils auch in Verbindung mit Satz 3, Nummer 2 oder Nummer 3, Paragraph 38 Absatz 1 Satz 1 Nr. 3 oder Absatz 2 Nr. 3 oder 5 oder Paragraph 53 Absatz 1 Nr. 2 oder einer vollziehbaren Anordnung auf Grund einer solchen Rechtsverordnung zuwiderhandelt, soweit die Rechtsverordnung für einen bestimmten Tatbestand auf diese Bußgeldvorschrift verweist.

Unrecht und Unehrlichkeit hielten sich in früheren Zeiten in zumutbaren Grenzen. Sie waren sogar leicht durchschaubar, weil sie nicht »politisch höheren Zielen« im Weg standen. Der Merkelismus hat eine andere Ära eingeläutet. Frau Merkel hat keine Ausstrahlung, die sie in die Nähe einer Persönlichkeit rückt. Deshalb benötigte sie die größte Volkspartei, um an die Macht zu gelangen! Sie braucht Tatsachenverdrehungen und Gesetzesbrüche, um Politik zu dem von ihr gewünschten Erfolg zu führen. Worte bekundeten stets eine streng demokratische Ausrichtung, aber sie unterlagen einer eingeübten Phrasentechnik aus DDR-Zeiten. Sind Meinungen und Argumente unwillkommen, so sind sie »wenig hilfreich«. Planwirtschaft zum Thema »Erneuerbare Energien« beschwafelt sie bei der Inbetriebnahme des Offshore-Windparks Arkona mit einem großen Weg in die Zukunft:

»... müssen wir es schaffen – und das ist ganz, ganz wichtig , die wirtschaftliche Bedeutung und die klimapolitische Notwendigkeit der erneuerbaren Energien so mit Wohlstand und Arbeitsplätzen zu verbinden, dass nicht der Eindruck entsteht, dass hier eine Spaltung der Gesellschaft passiert, dass die einen von und mit zukunftsfähigem Strom leben, und die anderen die Lasten tragen. Dieser Diskussion müssen wir eine große Bedeutung beimessen ...«

»Müssen wir es schaffen ...« Wer ist »wir«? Was ist »zukunftsfähiger Strom«? Wie kann man nur von »zukunftsfähigem Strom« leben? Alle ihre Entscheidungen zur »erneuerbaren Energie« hatten den Bürger zum Büttel degradiert. »Wir« soll ihn nun wieder einschließen. Der Kostendruck weht der Kanzlerin entgegen! Das »wie« muss mit einem unvorstellbaren Kosten/Nutzenverhältnis umgesetzt werden.

Die Kanzlerin gibt zwar vor, die Natur besiegen zu können, aber irgendwann wird auch selbst sie sich deren Regeln unterwerfen müssen. Dann wird sie ein paar Fuß unter der Erde liegen, und der Natur zwangsweise Tribut zollen. Ihre Kritiker werden dann die Bundeskanzlerin in politisch eingeübten Worten in ihre Einzelteile zerlegen. Die geschichtliche Aufarbeitung wird zu einer Beurteilung führen, die ihr zu Lebzeiten erspart geblieben war. Bereits zum Ende ihrer Herrschaft öffnen sich die Pforten ein wenig! Der hessische Ministerpräsident hatte anlässlich des Gesetzes der Not-Bremse zur politischen Pandemiebewältigung »Corona« einen kleinen Vorgeschmack gegeben. Die starren Ausgangssperren bezeichnete er als »verfassungsrechtlich problematisch«. Es sei niemandem zu vermitteln, warum Schulen bei einer Inzidenz von 164 geöffnet bleiben, bei 165 aber über Nacht geschlossen werden müssten. Schulen bräuchten Zeit, um Wechsel- und Distanzunterricht zu organisieren. *»Das kann man nicht über Nacht machen, Schulen brauchen ein Mindestmaß an Vorbereitungs- und Planungszeit. Ansonsten werden die Schulen verrückt, die Eltern, die Lehrer«*, mahnte Bouffier. »Wir müssen alle Kraft darauf legen, damit die

Menschen auch halbwegs verstehen, was wir tun, dann haben wir eine Chance, dass sie es akzeptieren.« Für ihn geht es dabei auch um den richtigen Ton. Das Wechselspiel von »Angst und Paternalismus« nach dem Prinzip »Wenn ihr nicht hört, müsst ihr fühlen« hält er für unangebracht. *»Ich bin zutiefst davon überzeugt, dass man in einem freien Land auf Dauer die Menschen nicht mit Verordnungen oder Gesetzen ... und im Fall ihrer Nichtbefolgung mit der Bereitschaftspolizei quasi zu ihrem Glück zwingen kann«*, das werde nicht gelingen. »Man braucht die Bürger als Partner«, und die Länder hätten die große Aufgabe, das alles zu vermitteln, ohne noch mehr Verwirrung zu stiften. *»Es geht nicht um die Frage, dass wir handeln. Es geht um die Frage, wie wir handeln.«* Der Ministerpräsident von Hessen bietet ganz andere Töne an, als sie dem Mund der Bundeskanzlerin entspringen. Sie bereitet bereits den dritten Lockdown mit noch stärkeren Freiheitseinschränkungen vor. Ein Abschiedsgeschenk ihrer Herrschaft als Bundeskanzlerin? Aktuell liegen die Inzidenzzahlen weit, weit über Tausend und sie steigen an. Schulen werden nicht geschlossen! Politische Konsequenz! Die Geschichtsbücher werden beurteilen, ob die Bundeskanzlern sich tatsächlich für das Wohl des Volkes einsetzte. Die Nachwelt hat sich immer bemüht, ein angemessenes Zeugnis auszustellen.

Sollte Merkelismus politisches Schaffen auch in die Zukunft tragen, so werden Politiker und Bürger sich weiterhin entfremden. Will sich das politische System wieder auf einer realistischen Basis abbilden, werden Koalitionen gefordert sein, deren Programme sich durch unterschiedliche Betrachtung gesellschaftlicher Bedürfnisse abgrenzen. Sie werden auch wieder politische Auseinandersetzungen mit geistigem Anspruch bieten und die Welt der Phrasen deutlich einschränken müssen. Wahre Demokratie bleibt nur erhalten, wenn Populisten kein Oberwasser erhalten, und Politiker dem Bürger nicht eine irreale Welt vorgaukeln, um ihre Machtbedürfnisse auszutoben. Der Weg zur Orientierungsverantwortung muss wieder Voraussetzung für politisches Handeln sein! Die Demokratie hält auch die unbequemsten Debatten aus. Das ist ihre wahre Stärke! Wenn aber solche Auseinandersetzungen unterbunden werden, sei es durch Fraktionszwang oder sonstige politische Maßnahmen, macht sich eine Demokratie überflüssig. Das Einzige, was in der Demokratie alternativlos ist, ist die Meinungsverschiedenheit.

Demokratie bedeutet Herrschaft des Volkes. Das kann jedoch nur im übertragenen Sinn richtig sein. Praktisch kann das Volk nicht regieren, also kann das Volk auch nicht herrschen. Rund sechzig Millionen Bürger können nicht eine politische Führung übernehmen. Führung aber setzt regieren voraus. Also verlangt regieren, Vertreter zu wählen, die die Interessen der Bürger wahrnehmen. Diese Vertreter werden in freien Wahlen unmittelbar oder mittelbar bestimmt. Hier liegt die eigentlich problematische Konstellation der Demokratie! Wahre repräsentative Herrschaft könnte nur mittels eines quasi täglichen Gedankenaustauschs zwischen Bürgern und den Volksvertretern gelingen. Die jeweiligen Themen müssten regelmäßig aufeinander abgestimmt werden. Die Umsetzung verlangt dann eine glasklare Durchsichtigkeit, kein nebulöses Verschleiern! Eine derartige Transparenz würde optimale demokratische Verhältnisse wiedergeben. In der praktischen Abwicklung des Tagesgeschäftes kann es so etwas nicht geben! Faktisch muss der Bürger das Vertrauen haben, dass Politik gemäß Wählerauftrag handelt. Die Regierung Merkel hat diese ursprünglichen Anforderungen an eine Demokratie über Druckerschwärze verschlüsselt. Das demokratische Ordnungsprinzip einer Mehrparteienregierung beseitigte die »Regenbogenkanzlerin« durch Kompromisse und auswuchernde Zugeständnisse an den Koalitionspartner zur Einebnung der kleinen Unterschiede in den Parteiprogrammen. Die »Opposition« köderte sie mit Koalitionsversprechungen. Den Bürger hatte die Kanzlerin längst in die Zuschauerrolle verbannt.

Das Spannungsfeld zwischen Politik und Bürgern verlässt das Babyalter. Die Verfassung schreibt der Bundesregierung vor, Bundestag und Bundesrat »umfassend und zum früh möglichsten Zeitpunkt zu unterrichten«. Diese Verpflichtung muss sich jedoch in die persönlichen Vorstellungen der Kanzlerin von Demokratie und in ihre weitsichtigen Zukunftspläne einer »Globalisierung« einordnen lassen. Darunter leidet die Verständigung zwischen Politik und Bürger!

Die politisch angebotene Informationspolitik erschwert den Medien seriöse Erklärungen abzugeben. Die Erforschung der tatsächlichen Gegebenheiten ist zu kompliziert geworden! Hinzu kommt eine Informationsfülle, die sorgfältige Analysen verhindert, so sie denn überhaupt gesucht werden. Mainstream und politisch gelenkter Einfluss nehmen zu. Der Bürger, der sich umfassender informieren möchte, als politisch und durch Mainstream vorgegebene Bescheide zu verarbeiten, muss auf das Internet zurückgreifen. Die Vielfalt der Stellungnahmen und persönlichen Einschätzungen lassen sich jedoch nicht zu einem geschlossenen Gedankengebilde bündeln. Sie sind einfach zu zahlreich und zu widersprüchlich. Den Quellen fehlt zu häufig journalistische Sorgfalt. Dem Bürger verlangt die moderne Demokratie viel Besonnenheit ab. Sie wird zu einem eigenverantwortlichen Prozess, der viel Umsicht einfordert. Politischen Entscheidungsprozessen fehlen zu häufig die sachlichen Vorgaben einer Demokratie.

Die Bundeskanzlerin lässt nicht erkennen, dass sie an diesen Verhältnissen etwas ändern will. Sie sucht nicht die Verständigung mit dem Volk, sondern sie verfolgt Eintracht und Harmonie im politischen Parteienverbund. Dieses Netz des gedanklichen Austauschs dehnt sich inzwischen auf die Europäische Union und die ganze Welt aus. Neuerdings rückt wieder Amerika verstärkt in ihr Blickfeld. Sie sucht auch Unterstützung in Russland bei Putin. Die Ausbeute dieser Kontakte werden dem Bürger vorenthalten. Ihre Ergebnisse kennen zu häufig keine Erklärungen, sondern sind in besonders schwierigen Fällen von »gegenseitigem Verständnis« geprägt. Übereinkünfte, so sie denn Auswirkungen haben, dürfen nicht den elitären politischen Kreis verlassen. Die Spaltung und

Kluft zwischen Bürger und Politik nimmt mit weltweiten Verständigungsversuchen zu.

Positive Beurteilungen der Politik außerhalb deren umfeldgeprägten Interessenssphäre zu finden, wird immer schwieriger. Die Beschlüsse mehren sich, deren Auswirkungen Politiker bewusst in die Zukunft verlagern, um die macht unterlegten Fehler nicht gegenwärtig sichtbar zu machen. Des Bürgers schwaches Gedächtnis und sein Desinteresse helfen dann, dass sie auch »später« keine Rechtfertigungen verlangen.

Eine Zwischenbilanz bescheinigt der Demokratie eine Existenz, die pessimistische Gefühle begleiten. Die Zeit ist vorbei, da Parteien und die Regierung sich verpflichtet fühlten, politische Ziele zu formulieren, diese den Bürgern zu erklären und zu begründen. Stattdessen verstecken sie sich hinter taktischen Winkelzügen, um die Bürger über ihre wahren Absichten im Dunkeln zu lassen. Sie verbergen Ratlosigkeit über selbst zu verantwortende Fehlentwicklungen mit »alternativlosen Rezepten« zu deren Behebung.

Und wie verantwortlich gehen Politiker im eigenen Lager mit Demokratie und Geld um? Der öffentlich-rechtliche Rundfunk begleitete mit viel Anteilnahme die lang anhaltende Diskussion über die Diätenerhöhung der Bundestagsabgeordneten. Sollen die Bezüge von 10.012,89,- Euro in einer Corona-Pandemie, da viele Unternehmer ums Überleben kämpfen, erhöht und den gestiegenen Kosten angepasst werden? Sind die monatlichen steuerfreien Aufwandsentschädigungen von 4.560,69 € noch zeitgemäß? Reichen die 12.000,- Euro für die Büroausstattung noch aus? Sollten nicht die monatlichen Aufschläge von mehreren tausend Euro für Fraktionsvorsitzende, parlamentarische Geschäftsführer einer Fraktion, Vorsitzenden der Ausschüsse und der Bundeskanzlerin den Verhältnissen durch Corona angepasst werden? Nach zähem Ringen haben »sie« auf die Anhebung der Diäten verzichtet. Dem öffentlich-rechtlichen Rundfunk war es indessen nicht eine Silbe der Erwähnung wert, dass die Abgeordneten der Regierung ihre Diäten selbstverständlich angehoben haben. Ein kleiner Einblick wie »alternativlos« Fehlentwicklungen verhindert werden!

Vor Jahren hatte sich die damalige Regierung verfassungsrechtlich eine Schuldenbremse auferlegt. Also eine für den Bürger nachvollziehbar sinnvolle Entscheidung! Statt jedoch Schulden zu tilgen, hat sie Steuermehreinnahmen für soziale Mehrausgaben genutzt. Wähler gewinnen! Corona war nicht eingeplant! Verständlich! Konnte auch nicht! Aber sollten Steuermehreinnahmen sogleich für soziale Wohltaten auf den Kopp gekloppt werden? Wäre es nicht angebrachter, Rücklagen für Notfälle einzuplanen, wie so etwas von jedem solide wirtschaftenden Privathaushalt erwartet wird, der die Möglichkeit für Rückstellungen hat?

Für nicht vorhersehbare Notfälle fehlen nun die finanziellen Mittel. Eine gängige Rechtfertigung der Kanzlerin lautet: »Ich kann nicht in die Zukunft sehen!«

Dabei blickt der Bürger in politisch eingefärbte Augen, die nur eine Sorge kennen: Wie kann ich meine Macht festigen und noch weiter ausbauen! Die Kanzlerin bringt ihre üblichen Phrasen, um die Folgen unpopulärer Beschlüsse in die Zukunft zu verlagern. Sie kann indessen sehr wohl und weit in die Zukunft sehen, wenn diese Zukunft sich in »politisch höhere Ziele« einordnen soll, wie die Verlegung der Wirtschaft in den Verantwortungsbereich der Politik, um die Planwirtschaft auszubauen. Merkels Blick in die Zukunft birgt Unsicherheiten, wenn sich konkrete Belastungen für die Bürger abzeichnen. Spezialisten bescheinigen bereits eine Zukunft, die aufgrund ausufernder Schuldenpolitik zur Bekämpfung des Corona-Virus weitreichende finanzielle Auswirkungen für die Gesellschaft haben wird. Letztlich wird eine Regierung nur zwischen vier Alternativen auswählen können: Drastische sparen, deutliche Steuererhöhungen vornehmen, Konkurs anmelden oder eine saftige Inflation herbeiführen. Diese wählerunfreundlichen Aussichten moderiert die Kanzlerin mit dem Hinweis: »Ich kann nicht in die Zukunft blicken!«

Viele deutsche Politiker träumen von einem europäischen Einheitsstaat. Kein Preis darf für ein solches Ziel zu hoch sein. Weiß doch die Kanzlerin, dass Deutschland nur noch im europäischen Verbund gegen China und Amerika bestehen kann! Politiker unterliegen doch tatsächlich der abstrusen Illusion, in dieses Krisselkrassel von 27 Staaten mit seinen über Jahrhunderte gewachsenen unterschiedlichen Mentalitäten und Kulturen noch weitere Staaten einbinden zu können und glauben tatsächlich auch, dieses unförmige Gebilde zu einer geschlossenen, harmonischen Einheit zusammenführen zu können. Auch in hundert Jahren wird sich Europa noch aus einem zusammengewürfelten Verbund individueller Nationalstaaten zusammensetzen. Politiker ziehen Vergleiche zu Amerika ohne deren Entstehungsgeschichte zu berücksichtigen! Heilige Einfalt! Sie haben ein Ungetüm in die Welt gesetzt, von dem sie überrollt werden. Es ist nur eine Frage der Zeit, bis dieses Ungeheuer seine Krallen zeigt! Die EU hätte gar nicht gegründet werden dürfen. Keine der Staaten hatte die Verschuldungsgrenze von drei Prozent des BIP und sechzig Prozent Gesamtverschuldung eingehalten. Gesetze, die politisches Handeln einschränken, zählen auch in der EU nicht mehr! Als die Rechtsverstöße im Fall Griechenland gegen die No-Bail-Out-Klausel und sonstige Rechtsvergehen einen Höhepunkt anstrebten, stellte Herr Dr. Schäuble fest: *»Wir sind auf dem richtigen Weg, die Vertrauenskrise in den Euro Schritt für Schritt zu lösen. Wir sind nicht über dem Berg, aber wir sind auf dem richtigen Weg.« Die Kanzlerin ergänzte: »Stirbt der Euro, stirbt Europa.«*

Die Politik züchtet mit unbegreiflichem Aufwand einen grenzüberschreitenden gesellschaftlichen Einheitsbrei, dem der Bürger ein Wohlgefühl abgewinnen soll. Der deutsche Bürger wurde nie gefragt, ob er diese macht unterlegt herbeigeführten Sinnesfreude haben will! Die Kanzlerin baute mit China eine törichte Angst auf, um ihre politisch »höheren Ziele« durchzusetzen. DDR-Verhältnisse gewinnen an frischer Gestaltungskraft! Muss nicht Nachdenklichkeit aufkommen, wenn die Kanzlerin in Berlin vor der dort versammelten Industrie ein »sehr enges« Zusammenrücken von Staat und Industrie verlangte? Als notwendige Einmischung des Staates in die Wirtschaft nannte sie die Systemunterschiede zu China. Das Ziel erkannte sie folglich darin, im ersten Schritt auf eine Wettbewerbskontrolle in Deutschland zu verzichten. Deutschland und die Europäische Gemeinschaft werden weniger auf ertragreiche neue Produkte setzen, als vielmehr zu lernen haben, auf eine politische Begabung für die industrielle Zukunft zu vertrauen und an ein politisches unternehmerisches Gespür zu glauben. Der Staat schützt die Unternehmen vor Konkurrenz, indem er die Kosten steuert und der Steuerzahler das betriebliche Risiko trägt. Das »Erneuerbare-Energie-Gesetz« ist der Vorläufer dieser wurmstichigen Wirtschaftsmasche.

Im zweiten Begründungsanlauf erfordert nicht nur China einen Zusammenschluss europäischer Staaten, sondern auch Indien, Brasilien und Amerika werden eingeschlossen. Die Kanzlerin weiß, dass die Gefahr umso größer ist, je mehr Staaten Deutschland wirtschaftlich bedrohen. Einzelstaaten, wie Deutschland, können politisch und wirtschaftlich nicht überleben, behauptet sie. Tatsächlich vergleicht die Kanzlerin Wirtschaftswettbewerb mit einem Krieg. Warum kann die Kanzlerin nur bei derartigen Themen weit, weit in die Zukunft blicken? Die diktatorisch geleitete Demokratie erhält ein immer dichter gewebtes Gewand. Dabei scheut die Kanzlerin sich nicht, sich der Lächerlichkeit preiszugeben. Politisch »höheren Ziele« entfernen sich immer weiter von einer Demokratie. Erinnerungen an die Deutsche Demokratische Republik werden wachgerüttelt!

Gehorsam ist das Gebot der Stunde! Ein zwangsweise auferlegter Gehorsam findet gleichermaßen seinen Niederschlag im europäischen System, nur ein wenig anders verpackt. Wie so häufig wird Geld in den Vordergrund geschoben, um politisch »höhere Ziele« durchzusetzen. EU-Richtlinien legen fest, dass ein Staat souverän, also sozial nicht gefährdet ist, wenn er den Normalbetrieb finanziert. Schwache Staaten im Staatenverbund erfahren eine andere Behandlung als vermögende Obrigkeiten. Der soziale Gedanke verlangt, dass der Schwache geschützt wird. Die Starken fordern dafür allerdings Zugeständnisse. Deutschland gilt als wirtschaftlich stark. Die Kanzlerin verlangt, dass sozial unterstützte Staaten auf ihre Souveränität verzichten. Anderen Staaten obliegt es nämlich, sie zu retten. Ein Verbund von 27 Staaten soll in ein System »moderner demokratischer« Grundregeln gepresst werden. Dazu gehört, dass diejenigen Staaten ein Durchgriffsrecht haben, die einspringen, wenn gegen EU-3Verträge verstoßen wird. Soziale Not muss der Macht des Geldes Tribut zollen. Die Kanzlerin will das nationale Machtgefüge auf die Europäische Union übertragen. Politische Macht verlagert sich nach Brüssel. Entscheidungen werden anonymer, noch undurchsichtiger. Nur noch Worte kennzeichnen eine Demokratie.

Der Weg der Demokratie ohne wirkliche Einbindung der Bürger hat bedenkliche, teils irreparable Ausmaße angenommen. Der Kurs führt auf ein uneinheitliches, unkontrollierbares Europa mit unterschiedlichen Demokratievorstellungen. Anonyme, den 27 nationalen Staaten unbekannte, aus europäisch eingegliederten Ländern kommende Politiker sollen 447 Millionen Bürger lenken. Diese auferlegten Verhältnisse sind bereits auf die Zielgerade eingebogen. Deutsche Politiker tun sich bereits schwer, im eigenen Land Ordnung zu schaffen.

Die europäische Gestaltung wird die Entfremdung zwischen Politikern und Bürgern in neue Dimensionen treiben. Die im eigenen Land auf kleiner Flamme zubereiteten Ordnungsprinzipien werden auf europäischer Glut im großen Stil umgesetzt. Hierfür sorgen personelle Besetzungen! Politisches Versagen auf nationaler Ebene wird mit Karrieresprüngen ins EU-Parlament belohnt, eine Verfahrensweise, die sich bereits gegenwärtig als politisches Zukunftsmodell abzeichnet. Im Fall der Berateraffaire von Ex-Verteidigungsministerin Ursula von der Leyen hatte Merkel vor dem Ausgang der Untersuchungen Ursulas Sprung in das Präsidentenamt der EU unterstützt. Ursula wurde nach Brüssel weggelobt. Derart herbeigeführte Dankbarkeit sicherte der Kanzlerin zugleich die Unterstützung ihrer »höheren Ziele« im EU-Gremium zu. Der Untersuchungsausschuss zur Leyenschen Berateraffaire hatte folgerichtig kein Interesse mehr an einer weiteren Klärung. Vielleicht auch deshalb nicht, weil zuvor sämtliche Daten von den Diensthandys verschwunden waren ... wieder einmal einer dieser sonderbaren Zufälle, wenn ein politisches Rädchen zuverlässig ins andere greifen muss. Sowohl in dem BRD- als auch im EU-System hackt keine Krähe der anderen ein Auge aus. Der Bürger, in seiner neuen Rolle als Zuschauer, muss versuchen, einen Hauch von Leben in dieser modernen Demokratie zu erkennen!

Das Bundesverfassungsgericht bringt es bisweilen noch fertig, die »heile Demokratie-Welt« aufzuzeigen. Es bezeichnet die Mitgliedsstaaten der Europäischen Union als »Herren der Verträge«, und es gesteht der EU nur begrenzte und bestimmte Befugnisse zu. Gemäß Artikel 23 des Grundgesetzes müssen alle Beschlüsse der EU »demokratischen Grundsätzen« entsprechen. Bedingung dieser demokratischen Grundsätze ist also, dass die Parlamente aller Mitgliedsstaaten den jeweiligen Beschlüssen zustimmen müssen. Politiker bezeichnen die EU als übergeordneten Verbund selbständiger Staaten. So die politisch geordnete Theorie! Tatsächlich ausgelegt und gehandhabt wird dieser synthetisch herbeigeführte Zusammenschluss als eine im modernen Sinn übergeordnete Demokratie. Sie erteilt Weisungen, die eine Demokratie repräsentieren sollen, die jedoch noch weiter von demokratischen Grundsätzen entfernt sind, als die im eigenen Land vollzogene »Demokratie«. Um diesen Verbund aus 27 Staaten zu gemeinsamen Beschlüssen zu führen, benötigt diese »Rechtsstaatlichkeit« viele Steuergelder. Beschlüsse stoßen nämlich bei einer Vielzahl von Staaten auf unterschiedlichen Nutzen. Diese besonderen Interessen müssen berücksichtigt werden, um streng demokratisch einstimmig zu beschließen. Das gelingt bei 27 Staaten in den meisten Fällen nur mit einem goldenen Handschlag. Geld hat schon immer Politiker einsichtig gemacht!

Aus der Sicht der Bürger stellt sich der übergeordnete Zusammenschluss der siebenundzwanzig Staaten wie der Blick durch ein beschlagenes und schmutziges Fenster dar: undurchsichtig und unzugänglich! Die EU ist kein Staat, sondern ein künstlich zusammengeklebter Verbund aus historisch verwurzelten Kulturen, die seinerzeit einen eigenen Staat suchten, um ihre Kultur zu pflegen. Diese Vielstaaterei mit der Bezeichnung Europäische Union sollen politisch zu einer Einheit zusammengeschraubt werden. Der Traum von den Vereinigten Staaten von Europa ist nicht nur ein illusionärer Traum, den Scheinheiligkeit begleitet, sondern eine hinterhältig aufgebautes Luftschloss zur Stärkung politischer Macht. Politische Köpfe träumten davon, dass undemokratische Staaten unter Einfluss der EU demokratischer werden. Halluzinationen! Drogen fürs Volk! Der Bürger durfte zwar gegen den politischen Erlass des Eintritts in die EU aufbegehren, der Widerstand war aber nutzlos! Vergeudete Kraftanstrengungen! Die Politik hat ihm jedwede Entscheidungen abgenommen und Protest mit Nichtachtung gestraft!

Je weiter sich die Politik vom Bürger entfernt, desto konsequenter wird er entmündigt. Bereits die »Bologna-Reform« verkörperte alle diese geheiligten Qualitäten, die politisch hervorgehoben und als objektive politische Direktiven verbreitet werden: Politische Neutralität, Uneigennützigkeit, Knowhow und natürlich Verantwortungsbewusstsein, kurz, alle diese notwendigen übergeordneten Eigenschaften einer Elite, die die Weltkugel in eine geordnete Zukunft führt.

»Wozu ruinieren wir mit vermeintlich angloamerikanischen Ideen unser Bildungswesen und lassen dabei die wirklichen Erziehungs- und Bildungsprobleme ungelöst? Hier denkt inzwischen mancher weiter: Das sind wohl eine Art verspätete Reparationszahlungen, bemerkte trocken ein Bildungsökonom neulich in der Kaffeepause

einer Tagung. Denn was schwächt eine starke Volkswirtschaft, der man nicht beikommen kann, mehr als deren Bildungswesen zu torpedieren?« [36]

So die Auswirkungen dieser geheiligten Qualitäten am Beispiel der »Bologna-Reform«, die nach einigen politischen Lustreisen sang und klanglos begraben wurde.

Der Politiker, der sich zu diesem System bekannte und sich zu diesem Kreis verpflichtet hatte, war ein verlogenes Lebensbündnis eingegangen. Er kann deshalb nicht irgendwann abspringen. Er beginge seelischen und existentiellen Selbstmord. Er müsste sich in den hintersten Winkel dieser Erde verkriechen, um sein Leben zu fristen. So, wie seinerzeit Honecker! Diese politisch herbeigeführte Ordnung ist unumkehrbar, und sie gilt bis ans Lebensende. Boykotteure werden vernichtet! Dieses Kollektiv ist inzwischen in der westlichen Welt festgezurrt. Politiker bezeichnen diesen Vorgang als Globalisierung. Über »effiziente Zusammenarbeit, Solidarität und Koordination« soll ein Konsens, soll eine internationale Ordnung geschaffen werden, eine Ordnung, die auf »Multilateralismus und internationaler Rechtsstaatlichkeit beruht.« Viele, viele Bürger müssen noch von den Vorteilen der Globalisierung überzeugt werden! Überzeugen heißt, Gehorsam erzwingen und einer etablierten Demokratie endgültig »ade« sagen. Politiker, die sich dieser Zukunft versperren und vor ihr weglaufen, haben eh verloren! Nicht mehr der Bürger bestimmt in dieser Demokratie den Geschäftsablauf, sondern »demokratische« Politiker legen in enger Absprache mit ihren demokratischen Kollegen fest, was für den Bürger notwendig ist. Dieser Weg demokratisiert politische Macht garantiert ihre Beständigkeit. In dieses Ordnungsprinzip wird der Bürger nur noch als Steuerzahler eingebunden!

Viele dieser Steuerzahler glauben noch illusorisch, dass sie diese ihnen zugewiesenen Verhältnisse nicht ohne weiteres hinnehmen müssen. Eine Einstellung, die Politiker nur mitleidig belächeln können! Demokratische Einfalt! Politikers Mission gilt »höheren demokratischen Zielen«. Naturgesetze und sonstige natürliche Richtlinien müssen politischen Absprachen weichen! Die Kanzlerin moderierte diese Verhältnisse als einen Kompromiss, den es als Ergebnis harter Arbeit zu finden gilt. Spätestens »Globalisierung« hat einen Keil zwischen politische und bürgerliche Vorstellungen von Demokratie getrieben.

Bereits als noch ansatzweise normale Demokratieverhältnisse zu verzeichnen waren, fragte sich bürgerliche Unbefangenheit viel zu häufig, wie Politik mit ihren getroffenen Maßnahmen welche Ziele verwirklichen will. Kann eine politisch vorgegebene Erneuerung wirklich sinnvoll und notwendig sein? Können politischen Beteuerungen geglaubt werden oder sollen sie nur Hoffnungen schüren? Zweifel nisteten sich ein. Fragen, deren Beantwortung Globalisierung mit »Multilateralismus und internationaler Rechtsstaatlichkeit« beantwortete. Die Stelle neutraler Ermittlungen nehmen Absichtserklärungen ein. Zurück bleiben Misstrauen und Befürchtungen. Bereits nationale Politik verstößt gegen geltendes Recht. Unaufrichtigkeit kennzeichnet eines der Grundelemente des politischen Berufsbildes. Was wird den Bürger erst erwarten, wenn das der Europäischen Union auferlegte Korsett sich verfestigt hat und Multilateralismus und internationale Rechtsstaatlichkeit die Staaten beherrschen? Der Weg zu einer in sich geschlossenen Globalisierung ist lang und wird sich in politisch sorgsam abgewogenen, weitsichtigen Schritten zu einem stabilen System entwickeln.

Haben deutsche Politiker den Bürger je gefragt, ob er eine Europäische Union mit allen diesen bedeutungsvollen europäischen Politikern haben will? Hat je eine Opposition aufbegehrt? Hat diese, sich als wichtig gebärdende demokratische Einrichtung, je Gedanken darüber verloren, was die Folgen sein könnten, wenn 27 total verschiedene, dazu überschuldete Staaten mit vollkommen differierenden Mentalitäten unter einen Hut gezwängt werden? Wo liegen die Vorteile dieses Zusammenschlusses für den Bürger? Sprachengewirr muss über Englisch auf gegenseitige Verständigung zurechtgebogen werden. Eine große Anzahl von Bürgern kann nur durch Übersetzungen in ihre Landessprache über die Abläufe eingebunden werden. Das verlangt Vertrauen! Woher soll der Bürger ein solches Zutrauen nehmen, führt doch bereits die vielfältige Auslegung der Landessprache zu politischem Betrug! Die Vereinsamung des Bürgers schreitet voran. Politiker haben niemals versucht, dem Bürger den Sinn dieser Vielstaaterei plausibel zu erläutern. Sie wollen es nicht! Warme Worte preisen die EU als das allein selig machende, als das wirtschaftliche und politische Überlebensinstrument an.

»Denn das Schönste an Europa ist seine Vielfalt! Es ist einfach wunderbar, dass in 27 Eurostaaten 27 verschiedene Sprachen gesprochen werden, oder sogar mehr! Es ist wunderbar, dass jede Region ihre eigene, komplizierte Geschichte hat, ihre Lieder, ihre Dichter! Dass es verschiedene Klimazonen und verschiedene Landschaften gibt, verschiedene Mentalitäten und verschiedene Geschwindigkeiten, verschiedene Auffassungen darüber, was wichtig, was schön, was lebenswert ist, und ich muss zugeben, dass ich seinerzeit sogar die verschiedenen Geldscheine schön fand. Ein bisschen unpraktisch, aber schön: die tausender-Packen der Lire in der Hand zu halten. Man hatte wirklich das Gefühl, im Ausland zu sein.«

Vorbei diese Zeit! Nostalgie! Der Bürger beginnt zu verinnerlichen, dass die nationale Souveränität weiter eingeschränkt wird und ihn als Bürger zwingt, sich einem immer anonymer gestalteten Obrigkeitsgebilde zu unterwerfen. Dabei hätte die Politik aus der Geschichte lernen können! Sie wollen es nicht, sie würde ihre Macht einschränken!

Die Europäische Union ist der vierte Versuch, eine europäische Gemeinschaft zu schaffen. Das erste Experiment, im Jahr 2005 einen Europäischen Verfassungsvertrag zu beschließen, war am Bürger gescheitert. Die niederländische und französische Bevölkerung lehnte das Vorhaben ab. Zuvor gab es bereits zwei Versuche von Zusammenschlüssen europäischer Staaten. Die »Skandinavische Münzunion« zwischen Schweden, Norwegen und Dänemark im Jahr 1872 hatte deutlich bessere Voraussetzungen zu einer dauerhaften Gemeinschaft, als das aktuelle Gebilde. Diese drei Länder waren sich hinsichtlich ihrer institutionellen Ordnung ähnlich. Zudem gründeten sie auf reinem Goldstandard. Ihr formelles Ende kam 1924. Der erste Versuch einer Gemeinschaftswährung war die »Lateinische Münzunion«. Sie wurde 1865 zwischen Frankreich, Italien, Belgien, der Schweiz und Griechenland geschlossen. De facto war sie 1885 zu Ende. Allen Versuchen gemeinsam war, dass es nur eine Frage der Zeit war, bis sie scheiterten.

Der erneute Versuch, das europäische Einigungswerk durch die Euroeinführung unumkehrbar zu machen, ist durch England behindert worden. Die Bürger Englands durften noch festlegen, besser eine Insel als ein Teil Europas zu sein. Über ihre Unabhängigkeit zu entscheiden, ist deutschen Bürgern verwehrt worden. Es gäbe möglicherweise keine Europäische Union! Eine Flut zweifelhafter Gesetze und Vorschriften macht das Leben bereits im eigenen Land schwer und teuer. Die Freiheit verliert sich in unergründlichen Tiefen. Die Einführung des Euros empfanden viele Bürger als nachteilige Belastung, letztlich war sie ein Tribut an Mitterrand, um der deutschen Wiedervereinigung zuzustimmen. Damit kam auch Merkel in die Bundesrepublik! Die Wiedervereinigung war zweifelsohne eine versöhnende Korrektur des von Hitler diktatorisch auferlegten Größenwahns. Tribut eines Volkes für den verheerenden Geist eines kranken Gehirns! Ist die Erweiterung zur Europäischen Union eine nachträgliche Bestrafung Deutschlands? Die Kräfte, die diesem Verbund politisch zugeschrieben werden, kann sie jedenfalls nicht erfüllen. Allein die englische Sprache und die politisch beeinflusste Übersetzung verhindert eine geschlossene Gemeinschaft!

Wie so meistens heißt es politisch: Erst einmal beschließen! Dann sehen wir weiter. Dieses »weiter« bedeutet, mit vielen Geldscheinen die gröbsten Unstimmigkeiten zu beseitigen. Uneinigkeit herrschte über das europäische Endsenderichtliniengesetz. Die in ein anderes EU-Land entsandten Arbeitnehmer sollen künftig den gleichen Lohn wie die Einheimischen erhalten. Tschechen und Slowaken stimmten erst für diese Reform, nachdem Herr Macron mit einem Koffer Goldklumpen vorstellig geworden war.

Die Felsbrocken, die es auf dem Weg zur Einigkeit aus diesem Weg zu räumen gilt, werden immer unförmiger. Was ist »Rechtstaatlichkeit« und was passiert, wenn dagegen verstoßen wird? Bei der Umsetzung geht es um ein Finanzpaket von 1,8 Billionen Euro. Zahlungen können eingestellt werden, wenn *»Brüche der Rechtsstaatlichkeit in einem Mitgliedstaat die wirtschaftliche Haushaltsführung oder den Schutz der finanziellen Interessen der Union in hinreichend direkter Weise beeinträchtigen oder ernstlich zu beeinträchtigen drohen«*. Ach so! Politische Interessen haben allein in Deutschland das Rechtsbewusstsein massiv verändert. Diese Verhältnisse mit 27 virtuellen Rechtsverletzungen multipliziert geben einen groben Eindruck, was für ein demokratisches Gebilde mit der Europäischen Union entstehen soll.

Politiker reden von einem Europa, das es gar nicht gibt. Sie schütten tonnenweise Euroscheine in ein Fass ohne Boden. Sie wissen, dass der Boden fehlt! Sie können dank ihrer erbeuteten Macht und ihrer skrupelfreien Gesinnung unabhängig vom Bürger schalten und walten. Der Bürger darf nur zuschauen und zahlen.

Nie endende Transferzahlungen überbrücken die Sprachbarrieren, und sie verhindern recht zuverlässig eine politisch in Aussicht gestellte Arbeitskräftewanderung. Die Mentalitäten westlicher Kontinente sind bereits unterschiedlich. Im Verbund mit östlichen Verhältnissen machen sie ein gemeinsames Denken und Handeln unmöglich. In zahlreichen telefonischen Abstimmungen versuchen Merkel und Macron bereits die Mentalitätsunterschiede zwischen Frankreich und Deutschland aufzuweichen. Europäische Vorgaben müssen bunte Vielfalt zuschütten. Ein Verehrer französischer Eigentümlichkeit und seiner begleitenden Sprache versteht das Frankreich von heute nicht mehr. Selbst französische Bürger räumen freimütig ein, dass sie ihr Land nicht mehr begreifen. Mentalitäten zu besiegen wird in östlichen Ländern noch weniger Erfolg haben! Politiker träumen aber weiterhin von einer Europäischen Union, die für China, Amerika und Russland ein adäquater Gesprächspartner sein will.

Die östlichen EU-Mitglieder sind viel zu unterschiedlich, um eine Einheit zu bilden, so das Resumée einer Diskussionsrunde in einem Kaffee in Bratislava.

Die Tschechische Republik ist gegen die Einführung des Euros. Sie tritt auch gegen verbindliche Aufnahmequoten für Flüchtlinge ein. Victor Orbán, Ungarns Ministerpräsident erklärte Ostmitteleuropa zur »migrantenfreien Zone«.

Ireneusz Pawel Karolewski, Politikwissenschaftler am Willy-Brand-Zentrum für Europastudien der Universität Breslau sagte: »*Die Spannungen zwischen Ost und West in der EU nehmen zu. Es besteht die Gefahr, dass sich das zu langfristigen Konfliktlinien zementiert, den sogenannten ›Cleavages‹. Das bedeutet aber nicht, dass sich homogene Blöcke gegenüberstehen.*« Polen und Ungarn ähneln sich im zweifelhaften Umgang mit Demokratie und Rechtsstaatlichkeit.

Bereits die Bevölkerungsmenge der EU von 447 Millionen Menschen verbietet, zu einer übergeordneten Demokratie zusammenzufinden. Der einzelne Mensch vermag keine Rolle mehr zu spielen und ihm wird es auch zunehmend gleichgültig werden, zur Wahl zu gehen. Er kennt doch die Hansel nicht, die vorgeben, seine Belange im Auge zu haben. Dieses Interesse an einer geordneten Demokratie fehlt doch bereits jetzt bei der nationalen Konstellation! Nur kleine tragfähige Einheiten eines Nationalstaates vermögen in der EU die Menschenwürde umzusetzen. Ein funktionierendes Europa kann nur eine Vernetzung freier Staaten bedeuten, in dem jeder Staat die Verantwortung für seine Bürger wahrnimmt und im Außenverhältnis durch eine übergeordnete, kooperierende Einheit in enger Abstimmung vertritt. Das jedoch ist Theorie! Eine derart geordnete Kooperation wird es in hundert oder tausend Jahren nicht geben! Die Europäische Union nach den Vorstellungen der Politik zu stabilisieren kann nur bedeuten, durch »Demokratisierung« eine zunehmende Entfremdung zwischen Politik und Bürgern erfolgreich in die Wege zu leiten.

Frau Merkel sieht »jetzt« die Europäische Union (EU) wegen der Corona-Krise seit ihrer Gründung vor der größten Bewährungsprobe. Diese »Bewährungsprobe« umschreibt nachweisbare politische Fehlleistungen, die nun mit faulen Erklärungen versucht werden, zu rechtfertigen. Nicht die EU wird wegen Corona »herausgefordert«. Dank intensiven Wahrenaustauschs und Flugzeugverkehrs sind davon mehr oder weniger alle Staaten betroffen, also nicht nur die EU. Das meinte die Kanzlerin auch gar nicht! Wie so häufig, müssen sich hinter ihren phrasendurchwebten Aussagen die tatsächlichen Gegebenheiten verstecken. Die Kanzlerin erhält jetzt die Antwort darauf, entscheidend an den Stellschrauben eines von Cäsarenwahn getriebenen, politischen Großprojektes gedreht zu haben. Die Konzeption sollte stabilitätsorientierte und überschuldete Staaten unter einem Dach vereinen, mit der allmählichen Vereinnahmung der finanziell schwachen Staaten.

Mit ihrer Bemerkung machte sich die Kanzlerin nicht einen Hauch von Gedanken, ob Rumänien, Polen oder Ungarn mit der CoronaKrise zurechtkommen. Vielmehr könnte es passieren, dass die Eurozone auseinanderbricht, weil einzelne Staaten die finanziellen Lasten nicht tragen können und sich hoffnungslos verschulden oder Konkurs anmelden müssen. Eigentlich ist vertraglich eine Obergrenze der Verschuldung festgelegt. Deutschland ist als Mitglied der Währungsunion in einer Haftungsgemeinschaft. Die durchschnittliche Schuldenquote im Euro-Raum liegt bei etwa hundert Prozent. Hier liegt Merkels Sorge begründet! Die Corona-Krise spielt dabei nur eine politische Rolle. Erinnert sei an Griechenland. Leichtfertig wurden kurz nach der Entstehung der EU bereits Verträge gebrochen. Griechenlands Wirtschaft war nicht mehr wettbewerbsfähig, und der griechische Staat war total überschuldet. Hätte Griechenland das Handtuch geworfen, so wären irgendwann auch andere Staaten abgesprungen. Das wäre es dann mit der Europäischen Gemeinschaft und den politischen Träumen gewesen! Damals setzte Sarkozy den Europäischen Finanzstabilisierungsfazilität (EFSF) und den Europäischen Stabilisierungsmechanismus (ESM) durch, in denen der größte Besitz in Form zinsgünstiger Kredite einging. Griechenland, ein kleines, wirtschaftlich unbedeutendes Land wird diese Kredite niemals zurückzahlen können. Und wie sieht es mit der vielbeschworenen Einigkeit aus? Außenpolitisch und wirtschaftlich suchen Ungarn, die Slowakei und Tschechen die Nähe zu Moskau, ähnlich Bulgarien und Rumänien, während Polen und das Baltikum gegen Russland eingestellt sind. Das war die Situation vor dem militärischen Einmarsch in die Ukraine. Die Angst beflügelt und hat eine abrupte Kehrtwendung eingeleitet. Die kann sich aber genauso schnell wieder ändern.

Jetzt gibt der Europäischen Union ein erbarmungsloses, im wahrsten Sinn des Wortes über Leichen gehendes Russland Gelegenheit, über die Notwendigkeit einer engen Gemeinschaft intensiver nachzudenken. Die Erkenntnis greift, dass einer menschenfeindlichen Diktatur nicht mit Diplomatie begegnet werden kann. Sie fordert einen weit über das übliche politische Geltungsbedürfnis sowie nationale Interessen hinausgehenden Zusammenschluss. Diktatur und ein zynischer und barbarischer, menschenverachtender, blutgieriger Überfall auf das kleine Nachbarland Ukraine sollen Demokratie zerstören und dieses Land mit seiner Bevölkerung in das Regime eines Alleinherrschers eingliedern. Putin nutzt brutal die Schwäche einer Demokratie aus, dass ein aufgeblähter Wohlstand nicht mehr die Kraft aufbringt, den Krieg als eine durchaus realistische Möglichkeit menschlicher Auseinandersetzungen zu betrachten. Was nicht sein darf, kann nicht sein!

»Es liegt nicht im Interesse Russlands, die Ukraine zu überfallen« (Sahra Wagenknecht). »Mit der Logik des Kalten Krieges, gut und böse, schwarz und weiß, wird man hier nicht weiterkommen« (Ralf Stegner). »Wir müssen alles unterlassen, was dazu führt, dass diese Kriegsdynamik weiter angetrieben wird« (Rolf Mützenich). »Die Geheimdienste sagen, die Russen würden einmarschieren, ich glaube das nicht« (Gregor Gysi). »Lügenmärchen des US-Geheimdienstes« (Sevim Dagdelen). »Manche haben geradezu Freude daran, den Krieg herbeizureden« (Rolf Stegner).

Allen diesen Aussagen liegen die politischen Vorstellungen zugrunde, mit dem Euro und einer starken Wirtschaft einen Krieg mit Russland ausschließen zu können. Demokratie zeigt eine ihrer gravierendsten Schwächen: ihr freiheitliches Denken! »Wir sind nur von Freunden umgeben!« Diese Auffassung kennzeichnet ein politische Generation, die davon überzeugt ist, dass Frieden ohne Waffen geschaffen werden müsse. Sie charakterisieren ein altes Verhaltensmuster: Kompromisse auf Kosten deutscher Steuerzahler herbeizuführen! Auseinandersetzungen zur Gestaltung der Bundeswehr führten zu Debatten, die unausgesprochen mit der Vergangenheit des Naziregimes kritisch unterlegt wurden. »Nie wieder Krieg!« Für die Sicherheit unseres Landes soll die Nato unter der Schirmherrschaft Amerikas aufkommen. Die Bundeswehr wird nur für Auslandseinsätze aufgerüstet. Der Anspruch, deutsche Sicherheit in die Verantwortung Amerikas zu verlegen, ermöglicht ein Schutzschild, unter dem sich wahlwirksam moralisieren lässt!

Europa hatte einen Zug auf die Reise geschickt, von dem Politiker nicht wussten, wo er hinfährt, und an welchen Stationen er halten soll. Bisher bildete Europa im Vertrauen auf diplomatische Erfolge eine Machterweiterung politischer Bühnenkünstler. Sie beschäftigten sich mit einem gemeinsamen Europa, das die Macht politischer Spitzenpolitiker stärken sollte. Gehört die Ukraine zu Europa? Ist Russland nicht auch Europa? Der russische Einmarsch in die Ukraine hat den Euro-Zug »über Nacht« auf andere Geleise gelenkt und ihm neue Kraft verliehen.

Dieser Überfall hat nun Politikern und Bürgern vor Augen geführt, dass Deutschland nur wenige Kilometer von der EU-Ostgrenze entfernt ist. Das Herz des Natoschutzschildes liegt sechstausend Kilometer entfernt. Würde die USA im Zweifelsfall einen Krieg gegen den möglichen Verbund von China und Russland riskieren, um einem EU-Ländchen wie Deutschland beizustehen? Deutsche Politiker haben durch den Überfall offenbar begriffen, dass die Gleichstellung von wirtschaftlicher und militärischer Macht eine Fehleinschätzung ist. Machthaber Putin hat unmissverständlich die Visitenkarte eines gefräßigen Diktators abgegeben, der sich weitere Länder einverleiben will! Er wird sich mit einer Unterwerfung der Ukraine nicht zufrieden geben, so sie denn gelingt. In der Armut eines Hinterhofes als überflüssiger Bestandteil einer Gesellschaft aufgewachsen, muss Putin nun der Welt seine eroberte Macht zeigen, die keine menschlichen Gesetze kennen darf. »Wenn Gänseschiss Pfeffer wird!«, so beschrieb mein Großvater eine solche menschliche Entwicklung. Putins Gefräßigkeit kann nur über die NATO gebremst werden, so die unerbittliche Einsicht nur wenige Stunden nach dem Einmarsch in die Ukraine. Militärisch ist Deutschland nämlich ein zahnloser Tiger und wird es auch bleiben!

Diese Politikergeneration muss nun kräftig zurückzurudern, um nicht politische Blauäugigkeit als Versagen an den wirklichen Verhältnissen erscheinen zu lassen. »Im Fall der Ukraine habe sich doch gezeigt, dass Abschreckung nichts nutze!«, so die immer noch von Unbelehrbarkeit getragene Behauptung, der Weltfrieden könne mit Diplomatie gesichert werden. Politiker machen keine Fehler! Politiker müssen jetzt demonstrieren, dass Politik und Bürger eine eng verschworene Gesellschaft bilden. Das fordert die Solidarität mit der Ukraine und der diplomatische Kampf gegen Putin! Derartige Beteuerungen geben indessen wenig Hoffnung, dass sich wirklich bei der militärischen Ausgestaltung der deutschen Verteidigung etwas ändern wird. Zu häufig haben sich politische Bekundungen, die in dramatischen Grenzsituationen politische Entschlossenheit demonstrieren sollten, nur als Absichtserklärungen herausgestellt.

Den schlimmsten Schaden für die Demokratie richten ruhmsüchtige Meinungsfürsten an. Sie lassen sich als gewiefte, mit allen Wassern gewaschene Demokraten feiern, steuern jedoch den Mainstream nur in die von ihnen gewünschte Richtung ihrer Demokratievorstellung. Herr Schröder war einmal Bundeskanzler! Bereits während seiner Zeit als Kanzler leitete er eine dicke Freundschaft mit Putin ein! Diese enge Verbindung sorgt auch nach seiner »Pensionierung« für eine für ihn notwendige politische Aufmerksamkeit und zudem für eine, seiner Bedeutung angemessene finanzielle Versorgung durch russische Gasunternehmen. Jetzt rückt er in die Betrachtungen der Weltdiplomatie! Schröder ist Vorsitzender der Nord Stream AG, die sowohl Nordstream 1 und 2 betreibt und 20 Millionen Euro für die Stiftung Klimaund Umweltschutz MV bereitstellt. Die Gas for Europe GmbH ist eine Tochtergesellschaft. Auf Netzwerk Linkedin äußert er sich zu der aktuellen Kriegslage:

»Der Krieg und das damit verbundene Leid für die Menschen in der Ukraine muss schnellstmöglichst beendet werden. Das ist die Verantwortung der russischen Regierung. Im Verhältnis zwischen dem Westen und Russland haben beide Seiten viele Fehler gemacht. Aber auch Sicherheitsinteressen Russlands rechtfertigen nicht den Einsatz militärischer Mittel. Bei den notwendigen Sanktionen ist jetzt darauf zu achten, die verbliebenen politischen und wirtschaftlichen und zivilgesellschaftlichen Verbindungen zwischen Europa und Russland nicht gänzlich zu kappen.« Zu seinem Posten in der Nord Stream AG schweigt er sich aus!

Wagenknecht, Stegner, Mützenich Guysi, Lavontaine, Schröder, Fischer, Merkel … kennzeichneten/kennzeichnen deutsche Politiker, die die Bedeutung unseres Landes durch die wirtschaftliche Stärke überschätzten. Entsprechend haben sie die Wichtigkeit ihrer Person beurteilt. Diesen Personenkult, dessen Fundament auf einem Wettbewerb in der sozialen Ausrichtung der Bürger ausartete, hat

Putin sorgfältig verfolgt und als Dekadenz erkannt. Einen ersten Versuchsballon startete er mit der Besetzung der Krim! Der gleichgültigen Reaktion des »Westens« folgte die Besetzung von Teilgebieten der Ukraine. Da alles wie am Schnürchen ohne westliche Proteste verlief, konnte Putin nun den militärischen Einmarsch in die Ukraine vollziehen. Er führte zu einem erschrockenem Erwachen. Die EU hätte aus Vorbilder der Machtergreifung lernen können, die sich in der Vergangenheit gleichermaßen brutal abgespielt hatten. Der Rechtsphilosoph und zeitweilige SPD-Politiker Gustav Radbruch (1878-1949) war von der legalen »Machtergreifung« Anfang 1933 und der Verhöhnung der Menschenund Bürgerrechte im NS-Staat zutiefst erschüttert. Er ordnete deshalb Demokratie 1946 hinter den Menschenrechten ein.

»Demokratie ist gewisslich ein preiswertes Gut, Rechtsstaat ist aber wie das tägliche Brot, wie Wasser zum Trinken und wie die Luft zum Atmen, und das Beste an der Demokratie gerade dieses, dass nur sie geeignet ist, den Rechtsstaat zu sichern.«

Diese Erkenntnis hat weder der Merkelismus, noch hätte die »Basis« der SPD oder der »Grünen« zugelassen und in der Politik verarbeitet. Das Bedürfnis nach Macht war ausgeprägter, als dem Tribut nach nationaler Sicherheit entsprechende Aufmerksam zu widmen! Aus der Geschichte die Lehre zu ziehen, wäre eine wichtige Erkenntnis des derzeitigen schmerzhaften Lernprozesses gewesen. Die Erfahrung zeigt indessen, dass ein solcher Entwicklungsprozess, geschichtlich gesehen, nur von kurzer Dauer ist.

Die erschreckenden Bilder der vergangenen Tage aktualisieren zwei Seiten der Demokratie: Ihre Anfälligkeit, sie als knetbare Einrichtung für politisch Machtambitionen zu missbrauchen und sie als unzerstörbare Institution einzuordnen.

Die »Haushaltsabgabe«, eine demokratische Zwangsabgabe.

»Das Leben zu verlieren ist keine große Sache, aber zuzusehen, wie der Sinn des Lebens aufgelöst wird, das ist unerträglich.«
Albert Camus

Seit der Gründung des Fernsehens am 06. März 1935 vor rund achtzig Jahren hatte die Politik bis 1945 genügend Zeit, Erfahrungen zu sammeln, um die Kraft des Fernsehbildes zu bewerten. Mit dem sich daraus ergebenen Einfluss wollte sie dann auf den Bürger einwirken. Die Alliierten hatten um die Durchschlagskraft des Fernsehens gewusst und sogleich am 04. Mai 1945, vier Tage vor dem offiziellen Ende des Zweiten Weltkrieges, die Sender unter ihre Aufsicht genommen. Sie sorgten für Vertrauen. Das von ihnen abgegebene Gelöbnis, das Fernsehen politisch unabhängig zu gestalten, war kein Lippenbekenntnis.

»Hier spricht Hamburg, ein Sender der Alliierten Militärregierung«, so lautete die erste Durchsage. Da besonders in den ersten Wochen nach der Kapitulation des Deutschen Reiches dem Rundfunk eine große Bedeutung zukam, machten die Siegermächte mit einer enormen Energieleistung die zerstörten Rundfunksender wieder flott. Sie wollten tunlichst die ganze Bevölkerung erreichen. Ziel war es, das deutsche Volk vom Faschismus zur Demokratie umzuerziehen.

Am 21. November 1947 wurde von der amerikanischen Militärregierung schriftlich gefordert, die Rundfunkanstalten *»als Instrumente des öffentlichen Dienstes einzurichten, frei von der Herrschaft irgendeiner besonders interessierten Gruppe von regierungs-, wirtschaftspolitischen, religiösen oder irgendwelchen anderen Einzelelementen der Gemeinschaft.«*

Der Begründer des deutschen Rundfunks, Hans Bredow, schrieb in seiner Denkschrift von 1947: »*… Die Berichterstattung soll wahrheitsgetreu und schlicht sein, Nachrichten und Stellungnahmen sind dazu deutlich voneinander zu trennen*«.

1970 trat ein landesrechtliches System eigenständiger Rundfunkfinanzierung in Kraft. Das Föderalismusprinzip ordnete jedem Bundesland eine eigene Rundfunkanstalt zu. Die Politik legte den Grundstein für eine ausufernde Expansion des öffentlich-rechtlichen Rundfunks, die schließlich Qualität durch Volumen ersetzte. Das Bekenntnis, unabhängig von politischen Interessen eine unkaputtbare Eigenständigkeit zu bieten, stellte sich als eine wertlose unaufrichtige Doppelstrategie heraus. Natürlich wurde wieder und wieder bekundet, dass der öffentlich-rechtliche Rundfunk unabhängig bleiben sollte. Als äußeres Zeichen dieser Beteuerungen durfte sein Betrieb nicht an Steuergelder gebunden sein. Die Gebühreneinzugszentrale (GEZ) übernahm also ab 1976 den Gebühreneinzug. Theoretisch waren die Wege zur Unabhängigkeit des öffentlich-rechtlichen Rundfunks also geebnet! Politiker wollten sich nur nicht diesem geordnetem Regelwerk unterwerfen! Für sie entsprach die Handlungsfreiheit des öffentlich-rechtlichen Rundfunks nicht den Vorstellungen einer aussagekräftigen Demokratie.

Adenauer erkannte bereits 1961, dass an dieser Ungebundenheit politisch gearbeitet werden musste. Er gründete die Deutschland Fernsehen GmbH. Er hatte Programme gekauft und auch Mitarbeiter eingestellt. Mit 49 Prozent wollte er die Länder beteiligen und 51 Prozent sollte der Bund halten. Der Bund sollte also das »Sagen« haben.

Die Länder lehnten ab! Zu viel Staat, so begründeten die Landesfürsten ihre Zurückweisung. Adenauer übertrug nun im Alleingang die Anteile der Länder treuhänderisch seinem Finanzminister. Die Länder zogen vor das Bundesverfassungsgericht.

»*Im Namen des Volkes: Der Bund hat durch die Gründung der Deutschen Fernsehen GmbH gegen Artikel 30 in Verbindung mit dem achten Abschnitt des Grundgesetzes sowie gegen den Grundsatz bundesfreundlichen Verhaltens sowie gegen Artikel 5 des Grundgesetzes verstoßen.«*

Das Bundesverfassungsgericht nahm seine Aufgabe als unabhängige Judikative noch uneingeschränkt wahr und verwies auf Artikel 5 des Grundgesetzes, der die Rechtsbasis des deutschen Rundfunkwesens festlegte. Es wollte noch die Informationsfreiheit des Bürgers garantiert wissen.

Der Münchner Dokumentarfilmer Stefan Eberlein resümiert aus einer 50-jährigen Fernsehproduktion, in der er vor allem für den WDR tätig war:

»Der öffentlich-rechtliche Rundfunk ist nicht reformierbar. In den Sechzigern wurde dieser föderale Bürokratiewahnsinn von der Politik verordnet, und er wächst sich weiter aus, mit immer weiteren Tochtergesellschaften, die sich der öffentlichen Kontrolle entziehen.«

Rechtliche Betrachtungen

»Gefängnisse werden aus den Steinen der Gesetze errichtet, Bordelle aus den Ziegeln der Religion.«
William Blake (1757-1827)

Bis zum 01. Januar 2013 war die rechtliche Welt der Rundfunkgebühr noch einigermaßen geordnet. Der Bürger besaß die Freiheit, darüber zu entscheiden, ob ihm das Programmangebot des öffentlich-rechtlichen Rundfunks das Geld wert war oder nicht. Er konnte es nutzen oder auch lassen! Er meldete sich folglich ab, wenn das öffentlich-rechtliche Angebot nicht mehr seinen kulturellen Vorstellungen genügte. Der Rundfunkbeitragsstaatsvertrag (RBStV) hatte dem Bürger »von heute auf morgen« diese Möglichkeit genommen. Am 01.01.2013 setzte die Politik das von ihr beschlossene Rundfunkabgabegesetz in Kraft. §11 des Rundfunkstaatsvertrages (RSTV) legt die »Vorschriften für den öffentlich-rechtlichen Rundfunk« fest:

»Auftrag der öffentlich-rechtlichen Rundfunkanstalten ist, durch die Herstellung und Verbreitung ihrer Angebote als Medium und Faktor des Prozesses freier individueller und öffentlicher Meinungsbildung zu wirken, um dadurch die demokratischen, sozialen und kulturellen Bedürfnisse der Gesellschaft zu erfüllen. Die öffentlich-rechtlichen Rundfunkanstalten haben in ihren Angeboten einen umfassenden Überblick über das internationale, europäische, nationale und regionale Geschehen in allen wesentlichen Lebensbereichen zu geben. Sie sollen hierdurch die Internationale Verständigung, die europäische Integration und den gesellschaftlichen Zusammenhalt in Bund und Ländern fördern. Ihre Angebote haben der Bildung, Information, Beratung und Unterhaltung zu dienen. Sie haben Beiträge insbesondere zur Kultur anzubieten. Auch Unterhaltung soll einem öffentlich-rechtlichen Angebotsprofil entsprechen.«

Politiker verdeutlichen in ihrer ausgeprägten Sensibilität dem Bürger gegenüber, dass alles seinen Preis hat. Ab dem 01.01.2013 soll der Bürger die Informationen des öffentlich-rechtlichen Rundfunks als verpflichtende Einrichtung hinnehmen wollen müssen. Unabhängig davon, ob er es nutzt oder nicht – er muss in jedem Fall zahlen. Politik formte ein Gesetz, das klar und deutlich gegen Artikel 5 des Grundgesetzes verstößt. Selbst einem juristischen Laien konnte nicht verborgen bleiben, dass die Politik dem Bürger mit der »Haushaltsabgabe« vorschrieb, wo und wie er sich zu informieren hat. Ein einschneidender Eingriff in seine Freiheit! Das Bundesverfassungsgericht hätte folglich eingreifen müssen! Hätte! Das aber durfte es nicht! Mit welcher Rechtfertigung es seine vom Grundgesetz auferlegten Pflichten nicht wahrnahm, wussten bei der Beschlussfassung nur die Götter, die Politiker und das Bundesverfassungsgericht. Der RBStV wurde jedenfalls am Grundgesetz vorbei aus dem Boden gestampft. Zunächst unterstützte vornehme Zurückhaltung des Bundesverfassungsgerichts die rechtlichen Irrwege. Nach fünf Jahren anhaltender Bürgerproteste verlieh es am 18. Juli 2018 dem Rundfunkbetragsstaatsvertrag Gesetzeskraft. Die Forderung der amerikanischen Militärregierung vom 21. November 1949 und die Denkschrift des Begründers des deutschen Rundfunks, Herrn Bredow, wurden zur Makulatur. Sie waren längst in der politischen Versenkung verschwunden.

Glücklicherweise gibt es hochdotierte Professoren, die politische »höhere Ziele« in juristische Gestaltungskraft einbinden. Herr Professor Dr. Dr. h. c. Paul Kirchhof ging bei seinem Modell zum Rundfunkbeitragstaatsvertrag von einer »Aufkommensneutralität« aus. Die Einnahmen durften nicht weniger werden! Die ursprüngliche Fassung des Haushaltsgebührenstaatsvertrages hatte vorgesehen, alle Bürger in die Zahlung der »Haushaltsabgabe« einzubeziehen. Also auch jene, die legal von der »Haushaltsabgabe« befreit worden waren. Die Befreiung gebot der soziale Auftrag! Dieses Geld sollte der Beitragsservice dann direkt bei der Kommune einfordern.

Dieses Detail der Deutung und Versinnbildlichung der »Haushaltsabgabe« öffnete einen kleinen Spalt der Einsichtnahme in das juristisch unterstützte politische Dickicht und belegte die wirkliche Aufgabe der »Haushaltsabgabe«. Es geht um Silbertaler! Die Politik erkannte zwei Probleme, die nur durch Demokratisierung des öffentlich-rechtlichen Rundfunks zu lösen waren. Wie Adenauer das bereits wünschte, hatte die Politik ein Interesse daran, den öffentlich-rechtlichen Rundfunk zu beherrschen und und damit den Bürger zu beeinflussen. Einfluss nehmen heißt, auf den Bürger mit politisch überarbeiteten Tatsachen einzuwirken. Andererseits musste sie feststellen, dass das von ihr ins Leben gerufene und dauerhaft unterstützte gigantische Rundfunksystem über abbröckelnde Beiträge nicht mehr finanzierbar war. Demokratisierung war folglich notwendig, um das Rundfunksystem für politische Wahrheiten eröffnet zu halten.

»Ein Meilenstein für unsere Medienordnung, der uns einmal mehr zum Vorreiter in ganz Europa macht, und dessen technologieneutraler Ansatz Vorbildfunktion für zahlreiche andere Staaten haben dürfte«, so urteilte Politiker Kurt Beck. Er aktivierte die politisch gern eingesetzte Waffe der Vorbildfunktion. Dieser Hinweis auf Deutschlands überragende Kreativität als Vorreiter für internationale Nachahmung musste von den rechtlich nicht haltbaren Zuständen ablenken. 4.500 Klagen und fünf Millionen Gegner verdeutlichten, dass das Volk die »Haushaltsabgabe« offensichtlich nicht als Meilenstein und »Vorbildfunktion für andere Staaten«, sondern als Einschränkung seiner Freiheit beurteilte. In der Schweiz wehrten sich 70 Prozent gegen dieses vorbildliche System! Kein anderes Land wollte sich diesem herausragenden, kreativen System anschließen!

Rund fünfzig Prozent der Bürger lehnten sich gegen die »Haushaltsabgabe« auf. Zu viele Bürger verstehen das Gesetz zur Zahlungsverpflichtung einer ehemals freiwilligen Rundfunkgebühr als eine ungerechtfertige Einschränkung ihres persönlichen Freiheitsbedürfnisses. Freiheit bedeutet in ihren Augen Informationsfreiheit gemäß Paragraph 5 Grundgesetz.

»Jeder hat das Recht, seine Meinung in Wort, Schrift und Bild frei zu äußern **und sich aus allgemein zugänglichen Quellen ungehindert zu unterrichten.**«

Das Bundesverfassungsgericht war nun verpflichtet, juristisch zu deuten, warum die öffentlich-rechtlichen Rundfunkanstalten politische Unterstützung benötigten, um die Informationsbedürfnisse der Gesellschaft zu erfüllen.

Auch nach gut sieben Jahren RSTV, können sich zahlreiche Bürger nicht mit der Zwangsabgabe abfinden. Die Politik verpflichtet das Volk, unabhängig von der persönlichen Nutzung, eine Einrichtung mitzufinanzieren, die »politisch höhere Ziele« erfüllt. Die Einsicht der Bürger fehlt! Sie begehren weiterhin auf! Sie wollen einfach nicht wahrhaben, dass das Bundesverfassungsgericht sie zu einem Konsumzwang verpflichtet, der auf der Basis des Grundgesetzes nicht zu rechtfertigen ist und deshalb anfechtbar erscheint! In dieser, vom Bürger gefühlten Ungerechtigkeit und seinem Aufbegehren liegt der eigentliche Bedarf, den Vorgang »Haushaltsabgabe« ausgiebiger zu untersuchen. Die ausschließlich von Hoffnung gestützte Erwartung, dass das Bundesverfassungsgericht sein Urteil vom 18.07.2018 korrigiert, dürfte jedenfalls aussichtslos sein. Es würde nicht nur dazu führen, dass der öffentlich-rechtliche Rundfunk Konkurs anmelden müsste, sondern auch müsste das Bundesverfassungsgericht sein juristisches Alleinstellungsmerkmal infrage stellen!

Das Urteil des Bundesverfassungsgerichts reiht sich im Fall der Rundfunkabgabe relativ problemlos in die politischen Vorstellungen einer »modernen« Demokratie ein. Die Politik orientiert sich nicht mehr am Grundgesetz, wenn ihre »höheren Ziele« erfüllt werden müssen. Gegen diese bewusste Abkehr von unserem Rechtssystem wehren sich viele Bürger! Die Furcht vor politischer Willkür wächst! Weiterführende Ermittlungen ergeben nicht selten, dass derartige Widerstände der Bürger nachvollziehbare Ursachen haben. Der ehemalige Bundespräsident Norbert Lammert hatte in seiner Darstellung »Produktive Spannungen« die Zusammenhänge mit einer politisch fein abgewogenen Formulierung ausgedrückt. Beschlüsse der Bundesverfassungsrichter genügen nicht mehr ausschließlich rechtlichen Anforderungen, sondern sollten auch mit politischen Interessen abgestimmt sein. Erst dann seien es kluge Entscheidungen! Eine solche Verständigung ist mit dem Grundgesetz unvereinbar und zerstört den Grundgedanken einer Demokratie. Judikative, Legislative und Exekutive sollen sich gegenseitig überwachen!

Der Verstoß der Unternehmung »Rundfunkstaatsvertrag« war offenbar von langer Hand vorbereitet worden. Diese dringliche Vermutung verfestigen jedenfalls nähere Untersuchungen. Sie gehen auf das Jahr 1986 zurück. Mich hat beeindruckt, mit welcher Weitsicht das Bundesverfassungsgericht sein Urteil vom 18.07.2018 juristisch unangreifbar machte. Bereits im Jahr 1986 leitete es eine versteckte Unterwanderung von Artikel 5 Grundgesetz ein. Im »vierten Rundfunk-Urteil« beschloss das Bundesverfassungsgericht das bis heute geltende duale Rundfunksystem. Duales Rundfunksystem besagt, dass neben dem öffentlich-rechtlichem Rundfunk auch private Sender zu Information und Unterhaltung des Volkes beitragen können. Das Urteil erweckt zunächst den Eindruck, Informationsmöglichkeiten ausweiten zu wollen. Der Bürger kann seither zwischen mehreren Anbietern wählen, könnte sich also umfassender informieren. Das konnte jedoch nicht das eigentliche Ansinnen dieser rechtlichen Regelung sein. Derartige Verhältnisse ordnet eine freie Marktwirtschaft. Eine freie Marktwirtschaft regelt das Verhältnis von Angebot und Nachfrage! Hat ein Produkt keinen Nutzen, so ist es unverkäuflich und verschwindet vom Markt. Ganz einfach! In diese Verhältnisse muss kein Bundesverfassungsgericht eingreifen! Oder anders ausgedrückt: Es sollte eingreifen, wenn eine freie Marktwirtschaft – aus welchen Gründen auch immer – nicht eingehalten wird. Warum mischte sich das Bundesverfassungsgericht dennoch mit dem »vierten Rundfunk-Urteil« in normale Abläufe einer freien Marktwirtschaft ein? Der Begriff »Grundversorgung« sollte als Begründung herhalten! Der öffentlich-rechtliche Rundfunk soll eine »Grundversorgung« sicherstellen, die private Sender nicht bieten können! Damit erhält der öffentlich-rechtliche Rundfunk eine Sonderstellung, deren juristische Absicherung nicht nachvollziehbar ist. Weder im Grundgesetz noch in sonstigen rechtlichen Vereinbarungen wird eine Grundversorgung gefordert. Wenn Richter politische Beschlüsse rechtfertigen müssen, versuchen sie normalerweise gern, sich durch ihren juristischen Sprachgebrauch vom normalen Bürger abzugrenzen. Im vorliegenden Fall pflegt es jedoch die verwaschene Sprache der politische Phrasenwelt.

- Die gesamte Bevölkerung muss die öffentlich-rechtlichen Programme empfangen können.
- Ein gewisser inhaltlicher Standard der Programme muss gewährleistet sein.
- Die Programme müssen zur Sicherung der Meinungsvielfalt beitragen.

Eine politisch angelehnte, schwammige Sprache muss eindeutige Aussagen verhindern, um nicht Rechtsbrüche einzugestehen. Warum muss sichergestellt werden, dass jeder Bürger die Programme des öffentlich-rechtlichen Rundfunks empfangen kann? Was bedeutet ein »gewisser inhaltlicher Standard«, und wie sollen derart misteriöse Vorstellungen umgesetzt und gewährleistet werden? Und schließlich sollen die Programme auch noch eine »Meinungsvielfalt« bieten! Artikel 5 Abs. 1 Grundgesetz besagt kurz und bündig: »*Jeder hat das Recht, seine Meinung in Wort, Schrift und Bild frei zu äußern* **und sich aus allgemein zugänglichen Quellen ungehindert zu unterrichten.**«

Das Grundgesetz will lediglich abgesichert wissen, dass jeder Bürger sich seiner Persönlichkeit entsprechend informieren kann. Das Grundgesetz schreibt nicht vor, **wo** und **wie** er sich unterrichten muss. Der Bürger braucht sich überhaupt nicht kundig zu machen, also überhaupt keine Ereignisse in der Welt nachverfolgen, so er es denn nicht will. Politik im Verbund mit dem Bundesverfassungsgericht wollen erzwingen, dass der Bürger die Botschaft des öffentlich-rechtlichen Rundfunks empfangen und überdenken wollen muss. Dafür soll er dann auch bezahlen wollen müssen! Egal, ob er sie nutzt oder nicht!

Das Urteil legt mit den drei Auflagen zur »Grundversorgung« den Grundstein, um die Informationsfreiheit des Bürgers mit dubiosen Denkbildern verbindlich zu gestalten. Die Bestimmungen kennzeichnen eine politische Handschrift, die über verschwommene illusionäre Vorstellungen vielseitige Interpretationen ermöglicht. Sie lassen jedoch in erschreckendem Ausmaß juristische Eindeutigkeit vermissen. Sollten sie tatsächlich von Juristen verfasst worden sein, so wäre Frau Merkel vermutlich sehr stolz, wie ihre Phrasentechnik beim Bundesverfassungsgericht Wurzeln geschlagen hat!

Das Grundgesetz hat immer nur des Bürgers Aktivitäten bei dessen Informationsbedarf gesehen und entsprechend hervorgehoben. Das Grundgesetz hat mit keiner Silbe vom Staat irgendwelche Initiative bei bürgerlichen Informationsvorgängen eingefordert. Es wollte nur sichergestellt wissen, dass des Bürgers Aktivitäten nicht behindert werden. Auch vom Staat und vom Bundesverfassungsgericht nicht! Das Bundesverfassungsgericht formt mit dem »vierten Rundfunk Urteil« den staatlich beherrschten öffentlich-rechtlichen Rundfunk von passivem zu aktivem Handeln um. Begründet wird dieser Vorgang mit der Notwendigkeit einer »Grundversorgung«. Der öffentlich-rechtliche Rundfunk soll eine allgemeine Erreichbarkeit sicherstellen, für einen »Qualitätsstandard« sorgen und eine »Meinungsvielfalt« verbürgen, was immer auch darunter verstanden werden soll. Diese Umwandlung des Artikels 5 Grundgesetz von passivem in aktives Handeln lässt sich nicht mehr mit juristischem Interpretationsspielraum richterlicher Auslegung von Grundgesetz-Texten rechtfertigen.

- Will der Bürger sich mit Unterstützung des öffentlich-rechtlichen Rundfunks informieren, so findet er dazu durchaus unverstellbare Wege. Ein Empfang ist per Internet problemlos möglich! Der Handel bietet zudem jedwede Unterstützung an! Dazu bedarf es keiner Hilfe des öffentlich-rechtlichen Rundfunks oder sonstiger politischer Institutionen! Im späteren Urteil des Bundesverfassungsgerichts vom 18.07.2018 heißt es dann: »*Der mit der Erhebung des Rundfunkbeitrags ausgeglichene Vorteil liegt in der Möglichkeit, den öffentlich-rechtlichen Rundfunk nutzen zu können.*« Lag hier die Triebfeder zum Beschlusses des »vierten Rundfunk-Urteils«? Forderte das Bundesverfassungsgerichts mit dieser weitsichtigen Entscheidung die Verpflichtung ein, dass die gesamte Bevölkerung den öffentlich-rechtlichen Rundfunk empfangen können muss?
- Die Forderung eines »gewissen inhaltlichen Standards« ist gleichbedeutend mit einer Entmündigung des Bürgers. Das Bundesverfassungsgericht unterstellt, dass der Bürger bei seiner Meinungsbildung nicht die unterschiedliche Qualität seiner Informationsquellen zu beurteilen weiß. Diese Bewertung und Begutachtung soll zwangsweise der öffentlich-rechtliche Rundfunk vornehmen! Dieser hat zu bestimmen, was der Bürger unter einem »gewissen inhaltlichen Standard« zu verstehen hat. Das Bundesverfassungsgericht rechtfertigt diese Forderung eines »gewissen inhaltlichen Standards« mit seiner vom Glauben getragenen Zuversicht, dass die Qualität der Programme des öffentlich-rechtlichen Rundfunks »am freien Markt« nicht erhältlich sind. Heilige Einfalt! Das Bundesverfassungsgericht darf sich nicht zu schade sein, eine Behauptung aufzustellen, die zwar die Welt des christlichen Glaubens belebt, der aber eine juristische Basis fehlt. Glaubensbekenntnisse der obersten Richter unseres Landes zwingen den Bürger, den öffentlich-recht-

lichen Rundfunk kostenpflichtig als notwendige Informationsquelle anzuerkennen! Der öffentlich-rechtliche Rundfunk wird rechtlich zwangsdemokratisiert!
- Die Programme müssen zur Sicherung der Meinungsvielfalt beitragen. Das Bundesverfassungsgericht weist mit dieser Forderung ein profundes Wissen auf, wenn es gilt, die Hilfsbedürftigkeit des Bürgers zu veranschaulichen und ihm Unterstützung in der Kommunikation anzutragen. »Sicherung der Meinungsvielfalt« unterstützt eine Politik, die mit ihrer bestimmenden Fürsorglichkeit den »gesunden Menschenverstand« des Bürgers ablösen möchte. Sie soll unter anderem politisch definierte Vorstellungen von Mitmenschlichkeit ersetzen. Der »gesunde Menschenverstand« gebot dem Bürger, sich »ungehindert ihm allgemein, zugänglicher Quellen« zu bedienen. So will es das Grundgesetz! Das Bundesverfassungsgericht will jetzt, dass er sich der Deutung des öffentlich-rechtlichen Rundfunks und der Politik unterwerfen muss. Es schreibt ihm vor, was er unter »Meinungsvielfalt« verstehen muss. Immer mehr Bürger hatten indessen festgestellt, dass diese Informationsquelle nichts taugt. Sie meldeten sich ab und zahlten keine Beiträge mehr. Das Beitragsvolumen schmolz so schnell dahin, dass die Pleitegeier sich bereits in Position brachten. Allein der Finanzbedarf von 6,5 Milliarden Euro Rentenansprüchen muss abgesichert werden. Der Finanzbedarf wächst weiter in astronomische Höhen! An dieser Situation konnte nur die Politik mit Unterstützung des Bundesverfassungsgerichts und dessen Glaubensbekenntnis etwas ändern! Die am freien Markt nicht erhältlichen Programme verharren jedenfalls weiterhin auf dem Niveau, die die Zuschauer in Scharen abwandern lässt. Sie müssen dennoch zahlen! Lag hier der politische Auftrag für das Bundesverfassungsgericht, eine kluge Entscheidung zu treffen?

Das Bundesverfassungsgericht als letzte Instanz legt mit seiner Rechtsprechung den Inhalt des Grundgesetzes für alle Verfassungsorgane des Bundes und der Länder sowie für alle Gerichte und Behörden verbindlich fest (Artikel 93 Grundgesetz. Paragraph 31, Absatz 1 Bundesverfassungsgerichtsgesetz). Der Bürger sollte daher voraussetzen können, dass eine strikte Trennung von Legislative und Judikative eingehalten wird, wie es eine geordnete Demokratie, unterstützt vom Grundgesetz, einfordert. Sollte! Das »sechste Rundfunk-Urteil« im Jahr 1987 fügte den letzten Baustein zum juristischen Aufbegehren gegen unsere höchste Rechtsinstanz hinzu. Der Kanickelfangschlag! Es gestaltete den Rundfunkstaatsvertrag zu einer uneinnehmbaren politischen Festung aus! Das Bundesverfassungsgericht gewährte dem öffentlich-rechtlichen Rundfunk eine »Bestands- und Entwicklungsgarantie«. Damit war der öffentlich-rechtliche Rundfunk auf »ewig« in seiner Existenz abgesichert! Das Bundesverfassungsgericht hatte sich mit diesem Urteil endgültig von einer sachlich juristischen Analyse des Artikels 5 des Grundgesetzes verabschiedet. Es verlässt die Basis einer demokratisch begründeten Rechtsprechung und begibt sich in die Welten der Träume und des Glaubens. Es verordnete dem Bürger, Rechtsprechung als Glaubensbekenntnis zu begreifen! Es will tatsächlich glaubend machen, dass nur der öffentlich-rechtliche Rundfunk Programme liefern kann, die am öffentlichen Markt nicht erhältlich sind. Dieses Glaubensbekenntnis und seine ideale Welt wird indessen durch die Wirklichkeit ad absurdum geführt! Wie so häufig greift die Erkenntnis, dass »man« nicht »alles« haben kann. Das Bundesverfassungsgericht hat den Glauben als Basis für seine Entscheidung gewählt und nicht das Grundgesetz! Die am freien Markt nicht erhältlichen Programme demonstrieren eine Qualität, die nur einem tief verankerten Glauben Rechnung tragen können.

Lichterkette für Flüchtlinge quer durch Berlin!

Die »Tagesschau« berichtete am 17. Oktober 2015 über eine von der SPD, den Gewerkschaften, der Partei Bündnis 90/Die Grünen und anderen großen Institutionen organisierte Lichterkette für Flüchtlinge. Die Demonstration sollte durch eine beeindruckende Menschenkette quer durch Berlin die Zustimmung des Volkes zu der humanitär begründeten Flüchtlingspolitik der Kanzlerin herbeiführen. »Wir schaffen das!« Statt der erwarteten 300.000 Personen kam jedoch nur eine »Handvoll« von Menschen. Also längst nicht genug, um das sichtbare Einverständnis als aussagekräftige Bestätigung der Flüchtlingspolitik zu veranschaulichen! Um dennoch das politisch erwünschte Ziel durchzusetzen, kramte das öffentlich-rechtliche Fernsehen im Archiv und zauberte Bildmaterial aus dem Jahre 2003 hervor. Damals nahmen mehr als 100.000 Menschen an einer Demonstration gegen den Irak-Krieg teil. Die eingespielten Aufnahmen konnten nun nachweisen, dass stellvertretend für das Volk eine riesige Anzahl von Bürgern spontan die Flüchtlingspolitik der Kanzlerin gut hieß. Ein fast überzeugendes Beispiel für die »Einhaltung einer Meinungsvielfalt«.

Russische Panzerkolonnen in der Ukraine.

Der Westdeutsche Rundfunk behauptete auf seiner Webseite im August 2014, dass russische Truppen und Panzer in der Ostukraine kämpfen würden. Der öffentlich-rechtliche Rundfunk begleitete mit Bildern über vorrückende Panzerkolonnen diese Aussage. Im Bildtext hieß es dazu: »Russische Kampfpanzer fahren am 19. August 2014 noch unter Beobachtung von Medienvertretern in die Ukraine ein«. Betitelt war der WDR-Artikel mit der Zeile: »Russland auf dem Vormarsch?« und »Russische Soldaten sollen weit ins Land eingedrungen sein«.

Tatsächlich stammten die Bilder aber aus dem Jahr 2008, genauer gesagt, aus dem Kaukasus und zeigten russische Truppen bei einem Militärmanöver. Der dpa-Bilderdienst Picture Aliance hatte die Bilder in seiner Datenbank mit der eindeutigen Bildunterschrift versehen: »Russian Armoured Personnel Carriers and tanks leave their position autside Gori, Georgia, 19 August 2008.«

Charlie Hebdo, eine Bildverfälschung!

Nach dem Anschlag auf die französische Satirezeitung »Charlie Hebdo« überschlugen sich die offiziellen Stellen mit Sympathiebekundungen, die in den Slogan einmündeten: »Wir sind Charlie«. Nur vier Tage nach dem Anschlag gingen Fernsehbilder des öffentlich-rechtlichen Rundfunks um die Welt, die die führenden 40 Staats- und Regierungschefs in Paris zeigten. Sie führten gemeinsam einen mehrere hunderttausend Menschen umfassenden Demonstrationszug an. Spitzenpolitiker zeigten sich als unmittelbarer Bestandteil der Menschen, die in Paris gegen den Terror demonstrierten. Vorne mit dabei war Angela Merkel, die Arm in Arm mit den anderen Staatschefs vor den Demonstranten einherschritt. Wir Politiker und das Volk, wir sind eine eng verschworene Gemeinschaft! So die Botschaft! »Die politische Weltelite auf der Straße – Seite an Seite mit dem Volk«, hieß es im ZDF. In der ARD kommentierte Jan Hofer: »*Seite an Seite im Gedenken an die Opfer der Anschläge von Paris. Mehr als 40 Staatsund Regierungschefs haben heute an dem Trauermarsch teilgenommen«.* Sie marschieren für Meinungsfreiheit und Toleranz und gegen den Terror. Das ZDF »heute« titelte: »*Mehr als eine Millionen Menschen gedenken in Paris der Anschlagopfer und senden ein Signal der Einigkeit. Insbe-*

sondere in schwierigen Zeiten ist dieser menschliche Verbund nicht zu trennen! So die emotionale Botschaft! *Unter ihnen Arm in Arm: Staats- und Regierungschefs aus aller Welt«.* Die Tagesthemen bliesen ins selbe Horn: *»Solidarisch und geschlossen unter den Millionen: 40 Staats- und Regierungschefs aus aller Welt. Auch sie wurden zu Demonstranten. Diese Bilder aus Paris sprechen für sich«.*

Der Griff ins Archiv gewinnt an Methodik, um mit Fotomontagen politisch zu konstruieren, was die Wirklichkeit nicht zu bieten vermag. Allerdings wurden in die Manipulationen nicht Fotos einbezogen, die von umliegenden Dächern mit Handys aufgenommen worden waren. Die zeigten ein ganz anderes Bild. Dort sah man zwar die 40 Staatschefs, aber von dem großen Demonstrationszug des Volkes war weit und breit nichts zu sehen.

Falsches Video zum Krieg in Syrien!

Am 15. April 2012 zeigte die ARD Tagesschau über Homs in Syrien ein Video, das als Beweis gebracht wurde, dass die syrische Armee den Friedensplan nicht einhält. Es wurde berichtet, dass bei diesen Kampfhandlungen angeblich drei Menschen getötet worden seien. Noch am selben Tag brachte das ZDF-heute journal dasselbe Video, diesmal angeblich aus Kabul, Afghanistan. Dort wurden dieses Mal die Taliban beschuldigt, unschuldige Menschen getötet zu haben. Dasselbe Video, nur eine andere Berichtserstattung.

In der Tat! Eine derart professionelle Entstellung der Tatsachen durch den öffentlich-rechtlichen Rundfunk ist als Qualitätssiegel für einen Alleinstellungsanspruch am freien Markt nicht zu finden. Alle Informationsquellen bemühen sich redlich, der »Wahrheit« nahe zu kommen. Deshalb will das Grundgesetz, dass der Bürger sich sein Urteil selbst bildet. Das aber wollen Politik und Bundesverfassungsgericht nicht! Sie wollen, dass der politisch beherrschte öffentlich-rechtliche Rundfunk die Meinung des Bürgers beeinflusst. Aber nicht nur die Korrektur der tatsächlichen Gegebenheiten zählt zu den Stärken des öffentlichen Rundfunks, er möchte auch das Herz der zwangsweise verpflichteten Beitragszahler für das Verständnis für Korruption und Betrug gewinnen. Tatsachenentstellungen, Korruption und Betrug kosten nämlich viel, viel Geld. Das können private Sender sich nicht leisten! Diese Vorrechte hat das Bundesverfassungsgericht nur dem öffentlich-rechtlichen Rundfunk eingeräumt. Dem Bürger wird eine Einsicht abverlangt, die nicht mehr mit Demokratie vereinbar ist. Einige Beispiele!

Seinerzeit brachte sich die Telfilm Saar, eine Tochter des Saarländischen Rundfunks, mit einem zwanzig Millionen Euro Betrug in die Schlagzeilen. Kein Einzelfall!

Odo Floh war Unterhaltungschef des Mitteldeutschen Rundfunks (MDR). Herr Floh lieh sich zehntausende Euro von Geschäftsfreunden und Produktionsfirmen. *»Zu welchem Zweck er sein Geldleihsystem betrieb, ist unklar«*, so die Stellungnahme eines Leipziger MDRInsiders. *»Der Vorgesetzte und verantwortliche Intendant Udo Reiter hat einfach weggeschaut. Das war der einfachste Weg.«* Der Vorgesetzte und verantwortliche Intendant konzentrierte sich offenbar auf die größeren Geschäfte. Mit einer Ecuador-Staatsanleihe hatte er sich dabei finanziell überhoben. 2,6 Millionen deutsche Mark kostete dieser freizügige Umgang mit den Geldern des Gebührenzahlers. Zu jener Zeit mussten rund 150.000 Beiträge dafür entrichtet werden. *»Wir waren risikobereiter, als wir es mit öffentlichen Geldern hätten sein dürfen«*, so die Einsicht.

Das Wörtchen »wir« hatte die Aufgabe, die Schuld zu verschieben. Nicht Herr Reiter, sondern der MDR-Verwaltungsdirektor musste seinen Hut nehmen. Herr Reiter blieb noch zwei Dekaden auf seinem Chefsessel. Er war politisch einfach zu gut vernetzt! Der Verwaltungsrat der ARD und Fernsehrat des ZDF waren fest in politischer Hand. 72 Prozent beim ARD und 78 Prozent beim ZDF. Politiker bestimmen die Geschicke der Sender.

Die Mitteldeutsche Zeitung berichtete über Reinhard Mirmseker, Unterhaltungschef beim Radiosender MDR 1 Sachsen-Anhalt in Magdeburg. Der Moderator und ehemalige DDR-Eiskunstläufer hatte dienstliche Interessen mit privatem Nutzen vermischt. Ihm wurde angelastet, zweifelhafte Firmenbeteiligungen nicht offengelegt und ohne vorherige Ausschreibungen an eine Firma vergeben zu haben, die sich im Besitz seines langjährigen Lebensgefährten befand. Der faule Handel war seit drei Jahren im Sender bekannt. Derartige »Geschäfte« können nur durch anonyme Anzeigen auffliegen. Politische Vernetzung verhindert, dass Gerichte eingreifen und »Außenstehende« in solche Strafbestände Einblick nehmen können. Politik bestimmt darüber, was straffällig und verurteilt werden muss, und was die Gerichte nicht wissen dürfen! Intendant Reiter blieb also weiterhin im Amt!

Das Handelsblatt veröffentlichte einen Korruptionsskandal im Hessischen Rundfunk (HR). Das Frankfurter Amtsgericht verurteilte den früheren HR-Sportchef Jürgen Emig zu rund 1,1 Millionen Euro Schadensersatz wegen Einnahmeausfällen. Anfang 2000 gründete ein Strohmann Emigs eine Firma zur Vermarktung von Sportevents. Der HR-Sportchef versorgte diese Firma mit Aufträgen. Laut Gericht hatte er allein zwischen 2001 und 2004 über 300.000,- Euro an Schmiergeldern und Schleichwerbung in die eigene Tasche gesteckt. 2008 hatte das Landgericht Frankfurt dann den Journalisten wegen Bestechlichkeit und Untreue zu einer Haftstrafe von zwei Jahren und acht Monaten verurteilt. Wie diese Straftat aufgeflogen war, ist nicht bekannt. Auch dieser Betrugsfall hatte keine Auswirkungen auf die berufliche Karriere des Intendanten Reiter. Ihm waren die Machenschaften seines Sportchefs nicht aufgefallen, bekundete er. Das genügte als Rechtfertigung!

Im Landgericht Kiel kann unter dem Aktenzeichen 5 KLs 4/12 der Betrug eines Redakteurs des Norddeutschen Rundfunks (NDR) nachgelesen werden. Im Frühjahr 2012 klagte die Kieler Staatsanwaltschaft diesen Herrn wegen gewerbsmäßiger Bestechlichkeit mit gewerbsmäßigem Betrug sowie Vorteilsnahme an. Der TVJournalist hatte zwischen 2003 und 2010 einen sechsstelligen Gesamtbetrag von Firmen, Verbänden und Politikern angenommen. Im Gegenzug versprach er, ihre Inhalte und Interessen im Gebührenfernsehen zu berücksichtigen.

Anfang Juli 2012 stand Doris J. Heinze in Hamburg vor Gericht. Frau Heinze war beim Norddeutschen Rundfunk (NDR) als Fernsehspielfilmchefin eine mächtige Frau. Sie entschied über einen Millionenbudget für die »Tatorte« aus Hamburg, Hannover und Kiel. »Polizeirufe 110« im öffentlich-rechtlichen gehörte auch zu ihrem Kompetenzbereich. Ende August 2009 war sie von ihrem Intendanten Lutz Marmor fristlos entlassen worden. Der 63-Jährigen wurde schwere Untreue in drei Fällen, Bestechlichkeit in vier Fällen und dazu Betrug vorgeworfen. Mitverantworten musste sich auch ihr Ehemann Claus Wilhelm Strobel und die Filmproduzentin Heike Richter-Karst. Das Trio war zwischen November 2003 und Juli 2007 für vierzehn Straftaten verantwortlich gewesen. Bis der Betrug aufflog, hatte die Chefin unter falschem Namen zwei selbstgeschriebene Drehbücher an ihren Arbeitgeber verkauft. Ein Drehbuch soll sie sogar zweimal veräußert haben. Vier Drehbücher ihres Ehegatten hatte sie der Anstalt untergeschoben. Das »Geschäft« lief denkbar einfach ab! Die Münchner Filmproduzentin Heike Richter-Karst hat die Drehbücher von Heinze erworben und zum Teil auch verfilmt. Heinze sorgte im Gegenzug dafür, dass ihre Anstalt die Filme bei Richter-Karst in Auftrag gab. Auch in diesem Fall ist nicht geklärt, wie der Betrug aufgeflogen war. Ihre Position als Fernsehspielchefin musste jedenfalls so sattelfest gewesen sein, dass das Risiko, im öffentlich-rechtlichen Rundfunk in höheren Positionen aufzufliegen, gering ist.

Der Kinderkanal KiKa hatte seine Zelte aus politischen Gründen in der thüringischen Landeshauptstadt aufgeschlagen. Der Gemeinschaftssender von ARD und ZDF verursachte nur Kosten. Spätestens seit das Bundesverfassungsgericht die Rundfunkgebühr als

Zwangsabgabe verordnete, hatten »rote« Zahlen keine Bedeutung mehr für den öffentlich-rechtlichen Rundfunk. Mit der Zwangsabgabe konnten die finanziellen Belastungen problemlos aufgefangen werden. Fernsehanstalten können Dauerverluste von einer Millionen Euro und mehr ohne Konsequenzen erwirtschaften. Der Verlust kann nachgewiesen und damit über die KEF mit einer Beitragserhöhung begründet und aufgefangen werden. Das Urteil des Bundesverfassungsgericht zur »Haushaltsabgabe« hatte folglich durchaus seine Berechtigung! Wie sollten alle diese Korruptions- und Betrugsfälle sonst finanziert werden?

So war es denn kein Zufall, dass die Spielsucht des Marco Kirchhof »problemlos« ablaufen konnte. Was war geschehen? Jahrelang wurde über Scheinrechnungen Gebührengelder in die eigene Tasche gewirtschaftet. Bei einem für öffentlich-rechtliche Rundfunkverhältnisse kümmerlichen Etat von 85 Millionen Euro hätte der Betrug eigentlich sofort auffallen müssen. Kontrollmaßnahmen bleiben aber ausschließlich den Ländern, also deren Politikern vorbehalten. Die Gerichte können erst einschreiten, wenn Anzeige erstattet wird. Die KEF darf keinen Einblick und keine Eingriffe in die Finanzstruktur eines Senders vornehmen. Die KEF kann folglich nur die Zahlen über die »Haushaltsabgabe glätten«. Ein politisches Rädchen greift reibungslos ins andere. Deshalb können Millionenverluste keine Bedeutung haben.

Der Betrug war nur aufgeflogen, weil den Geschäftspartner Gewissensbisse plagten. Er erstattete Selbstanzeige! Marco Kirchhof könnte vermutlich noch heute und in den kommenden Jahren seine Spielleidenschaft auf Kosten des Kinderkanals KiKa ausleben. 470.000 »Haushaltsabgaben« forderte diese Passion! Marco Kirchhof hatte zwischen 2005 und 2010 den Erfurter Sender um 8,2 Millionen Euro betrogen. Das Gericht wies ihm Bestechlichkeit und Untreue in achtundvierzig Fällen nach. Der Umfang der Betrügereien ist immer noch nicht restlos aufgeklärt. Der dritte Prozess wurde inzwischen beendet. Die Frankfurter Allgemeine Zeitung urteilte: »Der Betrug war kinderleicht!« Die Geschäftsführung gab sich völlig ahnungslos: »Mir ist das nicht aufgefallen, sonst wäre ich tätig geworden.« Korruption und Betrug herauszufinden gehören offensichtlich nicht in den Verantwortungsrahmen eines Intendanten. Nicht nur Marko Kirchhof wurden Handschellen angelegt. Sechs weitere Mitarbeiter des öffentlich-rechtlichen Rundfunks waren aus anderen Betrugsanlässen im darauffolgenden April abgeführt worden. Das Betrugsgeschäft im öffentlich-rechtlichen Rundfunk blühte! Wie gut, dass das Bundesverfassungsgericht durch die Bestands- und Entwicklungsgarantie die »Haushaltsabgabe« auf »ewig« eingeführt hatte und die KEF das finanzielle Fundament für Beitragserhöhungen liefert! Der Intendant des Westdeutschen Rundfunks hat bereits angekündigt, dass die Gebühren im Jahr um 5 Prozent angehoben werden müssen, um die »Qualität der Programme des öffentlich-rechtlichen Rundfunks zu erhalten«. Betrug und Korruption kosten viel Geld, sie sind offenbar enger und fester Bestandteil dieser Qualitätszusicherung!

In der Branche wird Degeto verächtlich die »Deutsche Gesellschaft für Totalschäden« genannt. Diese »Gesellschaft für Ton und Film« ist die Einkaufsorganisation des Sendeverbundes und sorgt für den Filmnachschub. Ihr Etat beläuft sich auf jährlich 250 Millionen Euro. An ihr kommt niemand vorbei! Auch der Zuschauer nicht! Sie ordert langweilige Filme, die eigentlich nur noch von »Gruftis« angenommen werden, also Menschen, die das 65. Lebensjahr bereits hinter sich gelassen haben. Fernsehen ist dann Freizeitgestaltung! Diese Bürger aber sind für die Politik als Wähler wichtig. Der freundliche Herr Jurgan war verantwortlich für den Einkauf. Ordentlich wirtschaften zählte nicht zu seinen Stärken! Im Herbst 2011 war es dann soweit! Der zuvorkommende Degato-Chef mit dem silbernen Vollbart und der randlosen Brille hatte die Etats für 2012 und 2013 bereits im Jahr 2011 verplant. Das Geld war weg! Glücklicherweise handelte es sich nur um einen dreistelligen Millionenbetrag! Die ARD musste dieses Geld über die »Haushaltsabgabe« bereitstellen, um die drohende Insolvenz zu verhindern. Gebührenerhöhungen haben also durchaus nachweisbare Gründe! Neue Aufträge wurden nicht erteilt, alte Projekte gestoppt. Die ARD entschuldigte sich bei den Produzenten, natürlich nicht bei den Abgabenzahlern. Warum auch? Es war doch noch nicht einmal richtiger Betrug! Und der Bürger muss eh zahlen! Zahlt er nicht, so landet er im Knast. Das halten die meisten Bürger für die zweitbeste Lösung. Also zahlen sie! Überraschend war nur, dass Herr Jurgan tatsächlich seinen Hut nehmen musste. Wegen lumpiger 300 Millionen Euro! Offenbar war er politisch ungenügend vernetzt!

So ist das im Leben! Man kann nicht alles haben! Der öffentlich-rechtliche Rundfunk verlegt die Prioritäten auf eine gute Beziehung zur Politik. Diese Kontakte sorgfältig zu pflegen hat sich als hilfreich für alle Beteiligten herauskristallisiert. Wenn persönliche Interessen im Vordergrund stehen, kann es natürlich keine geordneten Rechtsverhältnisse geben. Derartige intransparenten Netzwerke haben dann ihre eigene Dynamik! Die Wahrheitsfindung darf keinen hohen Stellenwert haben. Die Aufmerksamkeit muss darauf ausgerichtet werden, welche Betrügereien und Korruption auffliegen dürfen und welche ihr Dasein im Dunkeln fristen müssen. Das sind einleuchtende, sich daraus ableitende Gesetzmäßigkeiten. Die liegen doch auf der Hand!

»Fortsetzung folgt« bezeichnet normalerweise die Unterbrechung einer Erzählung und ist ein sprachliches Mittel, um den Spannungsbogen zu beleben. Der Leser soll von Ungeduld geplagt werden. Er will wissen, wie die Geschichte ausgeht. Im Fall des öffentlich-rechtlichen Rundfunks heißt »Fortsetzung folgt«, dass auch in den kommenden Jahren Betrug, Korruption und Missmanagement zum elementaren Handwerkszeug des öffentlich-rechtlichen Rundfunks gehören werden. Sie werden den Abgabenzahler zuverlässig wie einen Schatten begleiten. Die glaubensgestützte Entscheidung des Bundesverfassungsgerichts hat Korruption und Betrug ermächtigt, sich auch in der Zukunft im Unternehmen frei bewegen zu können! Die Folgen treffen den Bürger. Betrug und Korruption verschlingen viele Millionen Euro der »Haushaltsabgabe«. Wie viele und in welcher Höhe dieses irreguläre System tatsächlich verlangt, werden ein gut gehütetes Geheimnis des öffentlich-rechtlichen Rundfunks im Zusammenspiel mit der Politik bleiben. Anzeigen, so sie denn geschehen, erfolgen anonym. Eine ehrliche Verhaltensweise birgt zu viele Risiken! »Man« könnte gefeuert werden! Die im Verborgenen verübten Rechtsverstöße, die nicht den Weg zu Gerichten gefunden haben und damit der Öffentlichkeit verborgen blieben, mögen noch einmal denselben Betrag ausmachen. Sie können auch höher ausgefallen sein. Spielt aber keine entscheidende Rolle! Über die wahren Verhältnisse und die verbrannten Millionenbeträge hält die Politik ihre schützende Hand. Die »Rechtsprechung« mit einer »Bestands- und Entwicklungsgarantie« stützt dieses System zuverlässig ab und sorgt dafür, dass keine unerwünschte Störgröße dieses Netzwerk belastet. Auch in Zukunft wird dieses diffuse Geflecht intransparent bleiben. Fehlende Kontrollen werden Betrug und Korruption weiterhin verschleiern. Derartige »Qualitätsmerkmale« können sogar neue Blüten treiben und in ungeahnte Höhen vordringen. Sie bestätigen allerdings die Auffassung des Bundesverfassungsgerichts, dass derartige Programme nicht am freien Markt erhältlich sind. Sie sind einfach zu teuer!

»Sie (die Rundfunkinformation) bildet unter den Bedingungen der modernen Massenkommunikation eine notwendige Ergänzung und Verstärkung der Meinungsbildung; sie dient der Aufgabe, freie und umfassende Meinungsbildung durch den Rundfunk zu gewährleisten. Diese Aufgabe bestimmt die Eigenart und Bedeutung der Rundfunkfreiheit: Freie individuelle und öffentliche Meinungsbildung durch den Rundfunk verlangt zunächst die Freiheit des Rundfunks von staatlicher Beherrschung und Einflussnahme. Insoweit hat die Rundfunkfreiheit, wie alle klassischen Freiheitsrechte, abwehrende Bedeutung. Doch ist damit das, was zu gewährleisten ist, noch nicht sichergestellt. Denn bloße Freiheit bedeutet noch nicht, dass

freie und umfassende Meinungsbildung durch den Rundfunk möglich wird ... Es bedarf dazu vielmehr einer positiven Ordnung, welche sicherstellt, dass Vielfalt der bestehenden Meinungen im Rundfunk in möglichster Breite und Vollständigkeit Ausdruck findet und dass auf diese Weise umfassende Information geboten wird.«

Dieses von Phantasie und Wunsch geformte Verständnis der Richter des Bundesverfassungsgerichts für die notwendige Existenz des öffentlich-rechtlichen Rundfunks müssen die realen Verhältnisse verkennen. Politisch beeinflusstes, schöpferisches Gestalten muss eine ideale Welt herbeizaubern. Die höchste Richterinstanz weiß, dass kein Homo sapiens ihren Beschlüssen ausweichen kann! Der Bürger darf sich nur noch im Fall der »Haushaltsabgabe« fragen, warum er in einer Demokratie leben muss, die ihn zwingt, mit finanziellen Auflagen die Auswirkungen von Korruption und Betrug zu erforschen. Die Bundesverfassungsrichter favorisieren eine Rechtsbasis, die ein Bekenntnis zum religiösen Glauben höher einschätzt als juristische Werte, die sich am Grundgesetz orientieren. Können gottesfürchtiger Hoffnungsglaube und Mutmaßungen im täglichen gesellschaftlichen Ablauf Gesetzeskraft ersetzen, die dann dem Bürger im Fall der »Haushaltsabgabe« bindend vorschreiben, einen korruptionsdurchtränkten und von Betrug durchsetzten öffentlich-rechtlichen Rundfunk finanziell am Leben zu erhalten? Die so entstehenden Programme mögen einmalig am »freien Markt« sein, aber sollte eine Demokratie derartige Betrugsergebnisse tatsächlich schützen? Eine »Bestands- und Entwicklungsgarantie« gilt »ewig«, es sei denn die obersten Richter bekennen sich zu einem Irrtum. Das darf aber zuverlässig ausgeschlossen werden, zumal der öffentlich-rechtliche Rundfunk für die Politik unentbehrlich ist und dieses Netzwerk ohne die »Haushaltsabgabe« nicht existieren könnte. Schließlich bildete die finanzielle Not den Anlass für die »Rechtsprechung«! Ist in diesem Sinne die Aussage der ehemaligen Justizministerin Katharina Barley zu bewerten, dass das Rechtsempfinden der Bevölkerung in einem Rechtsstaat nicht entscheidend sein darf? Darf nur ein zwischen Politik und Gerichten abgestimmtes Recht Gültigkeit haben?

Die Phantasie der Richter des Bundesverfassungsgerichts hatte offensichtlich verdrängt, dass die Welt des Glaubens vorrangig in kirchlichen Bereichen ihren Niederschlag findet. Glauben ist normalerweise nicht die Basis der Rechtsprechung, selbst in ausgesuchten Sonderfällen nicht! Eigentlich sollte sie im weitesten Sinn auf den Vorgaben des Grundgesetzes erfolgen. Derartige Feststellungen verlangen kein juristisches Staatsexamen. Ein solcher Befund ist das Ergebnis einer einfachen Auswertung einer demokratischen Ordnung. Im Fall der »Haushaltsabgabe« auch das Resultat der Überprüfung der öffentlich-rechtlichen Rundfunkstrukturen mit ihren Fernsehprogrammen über einen überschaubaren Zeitraum. Zwischen deren Qualität und der privater Sender passt noch nicht einmal eine Dünndruckbuchseite. Wie die privaten Sender orientiert sich der öffentlich-rechtliche Rundfunk bei seinen Sendungen an Einschaltquoten. Sie strahlen Sendungen wie Krimis, Sport, Seifenopern, Volksmusik sowie Koch- und Talkshows aus. »Frag doch mal die Maus«, »Inas Nacht«, »Rekruten des Todes«, »Point Blank - Aus kurzer Distanz«, »München Mord«, »Der Kriminalist«, »American Gangster«, »Die schwarze Windmühle«, Beispiele aus einem Samstag-Abendprogramm von ARD und ZDF. Derartige Programme sind problemlos auch bei privaten Sendern abzurufen! Die obersten Richter mussten offenkundig auf eine sorgfältige Qualitätsanalyse verzichten. Es hätte möglicherweise die Welt ihres Glaubens beeinträchtigen können! Womit begründen sie ihre Sonderstellung bei der Qualitätsbeurteilung von Fernsehprogrammen? Mit ihrem Status als Richter des Bundesverfassungsrechts? Gäbe es für die Beurteilung von Bildungsprogrammen nicht begabtere und besser qualifizierte Personen? Oder hatte die Politik gar entsprechende Vorgaben gemacht? Wie auch immer, ihre Wertung steht jedenfalls im Gegensatz zur Qualitätseinschätzung zahlreicher Bürger. 42 Prozent der Bürger würden ihre Beiträge zum öffentlich-rechtlichen Rundfunk streichen! Jene Bürger nehmen sogar zu, die ARD und ZDF und ihre Programme für absolut entbehrlich halten, weil sie im krassen Widerspruch zu einem Kosten-Nutzenverhältnis stehen. Fehlen diese finanziellen Beiträge, so müsste der öffentlich-rechtliche Rundfunk Konkurs anmelden oder die Politik müsste ihn mit vielen, vielen Steuergeldern über Wasser halten. So etwas würde Untersuchungen und Fragen von Ausgaben von Steuergeldern aufwerfen.

Die Einschaltquoten beim öffentlich-rechtlichen Rundfunk waren über die Jahre gesunken. Ihre Programme erreichten nur noch Boulevardniveau. Diese Entwicklung konnte die ARD-Vorsitzende Karola Wille nicht einfach hinnehmen. Änderungen solcher Verhältnissen ähneln politischen Verfahrensweisen. Nicht an der Ursachenschraube wird gedreht! Also nicht die Programmqualität wird kritisch überprüft und geändert, sondern an der Einstellung des Bürgers zur Fernsehqualität muss gearbeitet werden. Ihre Einstellung zum öffentlich-rechtlichen Rundfunk stimmt nicht! Ihre Beurteilung der Programmqualität ist ungenügend! Deshalb muss sie aufgearbeitet werden. Die Ausstrahlungen entsprechen durchaus »dem gewissen inhaltlichen Standard«, den die Richter des Bundesverfassungsgericht sich erträumten! Nicht das Fernsehen, sondern die Bürger müssen also an sich arbeiten! Die Intendantin schaltete folglich die Sprachwissenschaftlerin Elisabeth Wehling ein. Das Ergebnis kurz zusammengefasst: Wer das System der Rundfunkzwangsbeiträge grundsätzlich kritisiert, ist ein Anti-Demokrat, der den »allgemeinen Willen des Volkes« missachtet. Kritiker und Verweigerer sind »Feinde des Volkes«. Wehlings Sprache ähnelt der totalitärer Systeme. Ihr Gutachten bildete einen einseitig ausgerichteten Sprachleitfaden auf einem Niveau ab, das an überschaubarer geistiger Ausrichtung kaum zu überbieten ist. So jedenfalls fiel das Urteil medialer Beurteilungen aus.

»... Bei der Aufregung über den ›Framing‹-Leitfaden, den die Sprachwissenschaftlerin Elisabeth Wehling für die ARD erstellt hat,

erstaunt vor allem die Banalität der Empfehlungen, nach dem simplen Motto: ARD gemeinnützig und gut, Privatsender profitorientiert und böse. Wer die Dame vor einigen Monaten im Fernsehen als Teilnehmerin einer Talkshow erlebt hat, konnte schon damals eine deutliche Diskrepanz zwischen Anspruch und Inhalt konstatieren, leider zum Nachteil des Letzteren. Das lässt auch die Berichterstattung der öffentlich-rechtlichen Sender über politisch umstrittene Themen wie Migration, Klimawandel, Umweltverschmutzung und soziale Gerechtigkeit in einem anderen Licht erscheinen; offenbar haben manche der verantwortlichen Redakteure ein ähnlich schlichtes Weltbild, das sie dem Gebührenzahler durch entsprechende Bild- und Informationsauswahl zu vermitteln suchen. Da hätte sich die ARD das viele Geld, 120.000 Euro entsprechen immerhin den Fernsehgebühren von fast 600 Haushalten, auch sparen können.« [37]

Muss richterlicher Glaube Auflagen des Grundgesetzes juristisch aushebeln? Alle diese mehr oder weniger vom Gefühl auferlegten rhetorischen Fragen führen zur Überzeugung, dass beim Urteil zur »Haushaltsabgabe« nicht die juristische Ausbildung der Richter des Bundesverfassungsgerichts maßgeblich war und die Akzente setzte, sondern ihre Dominanz in Rechtsangelegenheiten politisch genutzt wurde. Die sich aus der »Bestands- und Entwicklungsgarantie« ergebenen Konsequenzen verarbeiten Intendanten des öffentlich-rechtlichen Rundfunks dann mit einer auftragsgerechten Sorgfalt.

»Wir haben einen gesetzlichen Programmauftrag, dessen Finanzierung sichergestellt werden muss. Wir werden festlegen, was unabdingbar ist und worauf wir verzichten werden«, erklärte der Intendant Schächter nach dem Urteil des Bundesverfassungsgerichts vom 18.07.2018.

Als Markus Schächter nach zehn Jahren den Chefsessel des ZDF räumte, hatte er alle 3.600 Mitarbeiter zu einer riesigen Sause in die Mainzer Phoenix-Halle eingeladen. »Worscht un Woi zum Abschied«, so überschrieb das Spiegelmagazin seinen Bericht über diese ausschweifende Feier. Nichts war Herrn Schächter zu teuer!

Die Feier soll nach Schätzungen rund 28.000,- Euro ohne Miete der 5.000 qm großen Phoenix-Halle gekostet haben. Diese verschwenderische Großzügigkeit konnte Herrn Schächter nicht schwer gefallen sein. Auch derartige Abschiedsfeiern sind nämlich »unabdingbar« und für die Qualität der Programme unverzichtbar! Deshalb hatte der Beitragszahler zu dieser Abschiedssause eingeladen! Nur wusste er davon nichts! Frau Baumert war nicht bereit, die Aufwendungen für Herrn Schächters Abschiedsfeier mitzutragen. Sie verweigerte die »Haushaltsabgabe«! Sie flog ins Gefängnis!

»Der Rundfunkfunkbeitragsstaatsvertrag ist seit 2013 das Modell zur Finanzierung der öffentlich-rechtlichen Rundfunkanstalten in Deutschland. Diese sind gemäß Rundfunkbeitragsstaatsvertrag im öffentlichen Auftrag tätig. Für die Verwaltung der Rundfunkbeiträge ist der ARD, ZDF, Deutschlandradio Beitragsservice zuständig«, so die staatlich geformten goldenen Worte.

Ein Blick in die Schaffenskraft des öffentlich-rechtlichen Rundfunks vermittelt nicht den Eindruck, dass er tatsächlich ernsthaft bemüht ist, die Glaubens- und Wunschvorstellungen des Bundesverfassungsgerichts in die Wirklichkeit zu tragen. ARD und ZDF bauen eigene Fernsehproduktionsgesellschaften auf, die die Hälfte des Marktes beherrschen. Programme werden an private Sender vergeben, wie die von Jörg Pilawa und Günther Jauch. Die ARD wirbt Harald Schmidt vom Privatfernsehen ab, damit er weiter dasselbe Spaßprogramm betreibt, nun jedoch unter ARD-Flagge. Sie kupfern bei den privaten Sendern die Unterhaltungsformate ab, um ein paar Promille jüngere Zuschauer anzufüttern. Seit der »Bestands- und Entwicklungsgarantie« kennen ARD und ZDF keine finanziellen Engpässe mehr!

»Im Fernsehen wird schon lange nicht mehr für die Öffentlichkeit gearbeitet ... Das deutsche Fernsehen ist keine Produktionsanlage mehr, sondern eine Distributionsplattform.« [38]

Im Unterschied zu privaten Sendern ist im öffentlich-rechtlichen Rundfunk die Gesellschaft für Konsumforschung (GFK) für die

Qualitätsbeurteilung verantwortlich. Die ermittelten Zahlen sind nicht wirklichkeitsnah. Die täglichen GFK-Berichte bestätigen nur die hervorragende Arbeit der verantwortlichen Fernsehgeister. Das Qualitätsfundament baut folglich auf einer Quotenlüge auf, ist also reine Augenwischerei. Doch die Fernsehverantwortlichen schert das einen Dreck! Die »Haushaltsabgabe« gewährt ihnen ein luxuriöses, finanziell unabhängiges Leben. Was Grundversorgung oder gar »Kultur- und Bildungssendungen« sind, bestimmen die GFK-Berichte. Der öffentlich-rechtliche Rundfunk muss nur noch nachweisen, dass er dem Volksbildungs- und Bildungsauftrag nachkommt. Diese Mission wird ins Nachtprogramm verschoben, wenn Bürger den Schlaf bevorzugen.

»Die zwangsweise erhobenen Rundfunkgebühren sollen steigen. Dafür wird, wie das folgende Beispiel zeigt, das Angebot laufend schlechter. So brachte der Sender ARD-Alpha bis vor einer Woche täglich außer Sonntag ab 8.00 Uhr einen Englischkurs für Anfänger, anschließend je nach Wochentag Russisch, Englisch für Fortgeschrittene, Italienisch, Französisch und Spanisch. Für alle, die nicht beruflich bedingt außer Haus sind, war dies eine schöne Gelegenheit, alte Sprachkenntnisse aufzufrischen beziehungsweise eine Sprache neu zu erlernen. Dies hat sich nun geändert. Die Sprachkurse finden jetzt von 6.30 Uhr bis 8.00 Uhr statt, anschließend fünfzehn Minuten Gymnastik, schließlich herrscht 75 Minuten lang unsägliche Langeweile unter dem Titel ›Panoramabilder‹.

Die neuen Sendezeiten haben natürlich zur Folge, dass die meisten Teilnehmer auf die Sprachkurse verzichten müssen, denn wer steigt denn schon, wenn er nicht muss, um 6.00 aus dem Bett, um den Fernseher einzuschalten. Eine Nachfrage beim Sender ergab, dass die Programmumstellung aufgrund der Einschaltquoten erfolgte. Die Tatsache, dass sich ARD-Alpha – ein Sender, der sich damit brüstet, ›Bildungsfernsehen‹ zu sein – an ohnehin stets fragwürdigen Einschaltquoten orientiert, zeigt mehr als alles andere, wes Geistes Kind – besser: Ungeistes Kind – die betreffenden Redakteure sind. Wenn selbst im sogenannten ›Bildungsfernsehen‹ Einschaltquoten maßgeblich sind, ist es naheliegend, den öffentlich-rechtlichen Rundfunk ganz abzuschaffen.« [39]

Die Geschäftsgebahren der zwei Gebührenanstalten öffentlich-rechtlicher Rundfunk und Privatsendern gleichen sich nahezu wie ein Ei dem anderen, nur mit dem Unterschied, dass der öffentlich-rechtliche Rundfunk von den Härten des Marktes verschont bleibt. Der Rundfunkstaatsvertrag schützt das öffentlich-rechtliche Gebührensystem! Private Sender fordern ihr Entgelt über Ver- und Entschlüsselung ihrer Sendungen ein, müssen folglich eine Leistung aufbringen, die vom Zuschauer angenommen wird. Sie müssen den Gesetzen eines freien Marktes folgen. Der öffentlich-rechtliche Rundfunk setzte kostenintensiv die GEZ ein, die in den Haushalten herumschnüffelte, um nicht angemeldete Fernseher auszuspionieren. Jetzt muss der ARD ZDF Rundfunkbeitragsservice nur noch Erfüllungsgehilfen bezahlen, die bei Nichtzahlung der »Haushaltsabgabe« den Weg ins Gefängnis ebnen.

Lutz Marmor, stellvertretendes Sprachrohr aller Intendanten, stellte fest, dass »gute Programme viel Geld kosten«. Die üblichen Erklärungen! Sie sind gut geeignet, um die undurchsichtigen Verhältnisse im öffentlich-rechtlichen Rundfunk zu überdecken. Und sollte der Abgabensklave tatsächlich weitere Informationen einfordern, so heißt es nur schlicht, aber umfassend: die Konkurrenz! Die Konkurrenz darf keinen Einblick in die Kostenstruktur und die sonstigen Verfahrensabläufe erhalten. Damit hat sich die Notwendigkeit zu weiteren Erklärungen erledigt! Nur welche Konkurrenz ist eigentlich gemeint?

Gute Programme waren die Auftritte des Moderators Thomas Gottschalk mit »Wetten, dass ...«, oder die Auftritte von Günther Jauch mit seiner politischen Moderation, Jörg Pilawa, Anne Will, Maybrid Illner, Markus Lenz, Helen Fischer, Sandra Maischberger. Insider wissen, dass die Talkshow von Anne Will 3.164,- Euro pro Minute kostet, und die Moderation von Günther Jauchs Polittalk

4.487,- Euro. Für den Tatort fallen 15.500,- Euro an und für den Donnerstagkrimi 18.200,- Euro, jeweils pro Minute. 50 Prozent gehen für Gagen und Honorare drauf. Die Kosten für »Tagesschau«, »Tagesthemen« und »Nachtmagazin« nehmen sich dagegen bescheiden aus. Sie kosten rund 1.820,- Euro. Die BILD-Zeitung unterstellt, dass für die Jahre 2017 bis 2020 allein Sportübertragungsrechte etwa 1,6 Milliarden Euro beanspruchten. Sport fordert 26,8 Prozent der Programmbeschaffungskosten, gestaltet aber nur 12,6 Prozent der Sendezeit. Zur Fußball-Weltmeisterschaft entsandte ARD und ZDF 550 Mitarbeiter nach Südafrika. Im dopingverseuchten Radsport ist die ARD Medienpartner Nummer eins. Waren diese Zahlen dafür verantwortlich, dass das Bundesverfassungsgericht darauf verzichtete, herauszuarbeiten, was eine »Grundversorgung« beinhalten muss? Kann bei einem Entgelt von 4.487,- Euro in einer Minute noch tatsächlich von einem geistigen Gegenwert gesprochen werden? Ist es nicht wirklichkeitsnäher, von einer Beute zu reden, die den Bürgern abgejagt wird? Sind alle diese Gelder, die dieser »öffentlich-rechtliche Rundfunk« in sich hineinschlingt, und die er selbst von sehr armen Menschen eintreibt, gerechtfertigt, um diesen unersättlichen Vielfraß weiter zu mästen? So schwer das Bundesverfassungsgericht und die Politik die Beantwortung solcher Fragen gestalten, so einfach sind die Folgen bei Verweigerung der »Haushaltsabgabe« zu beschreiben. Der Bürger fliegt ins Gefängnis! Der Publizist Henryk M. Broder bezeichnet den öffentlich-rechtlichen Rundfunk als »Rentenanstalten mit angeschlossenem Sendebetrieb«. Das Bundesverfassungsgericht zwingt den Bürger, diese »Rentenanstalt« am Leben zu erhalten.

»... Der öffentlich-rechtliche Rundfunk ist eine tragende Säule der Demokratieund Kulturstaatlichkeit Deutschlands. Doch rechtfertigt dies den Griff in die Tasche der Bürgerinnen und Bürger zur Finanzierung auch solcher Sendungen, die im Vergleich zum Angebot der privaten Medien keinen qualitativen Mehrwert aufweisen? Ist die Beitragsfinanzierung von ›more of the same‹ zulässig? Auch

hierzu schweigt das BVerfG ... Einer kürzlich veröffentlichten repräsentativen Umfrage zufolge würden 42 Prozent der Bevölkerung für ARD und ZDF nicht freiwillig zahlen. Für sie stellt das Angebot des öffentlich-rechtlichen Rundfunks eine aufgedrängte Bereicherung dar, auf die man nur allzu gerne verzichten würde (›Zwangsgebühr‹) ... Beurteilt man die Dinge nicht aus der Perspektive des Systems, sondern des Einzelnen, der nach unserer Verfassung Ausgangs- und Bezugspunkt jedweden staatlichen Handelns sein muss, sucht man jedoch vergebens nach einem sachlichen Grund, der eine öffentliche Finanzierung von ›more of the same‹ rechtfertigen kann. Eine öffentliche Finanzierung verdienen nur Sendungen, die im Vergleich zu den Angeboten Privater einen qualitativen Mehrwert bieten. Der öffentlich-rechtliche Rundfunk muss von einem öffentlich finanzierten Vollversorger zu einem Qualitätsversorger umgebaut werden, der seinen Schwerpunkt im Informations-, Bildungs-.und Kulturauftrag hat ...« [40]

Die Bundeskanzlerin hat im öffentlich-rechtlichen Rundfunk ein Management gezüchtet, dem sogar die Qualität fehlt, sich für den Wettbewerb der Wolkenschieber zu qualifizieren. Das Führungspersonal muss nur eine gute Beziehung zur Politik pflegen, und sie muss Übung haben, die Tatsachen zu entstellen. Die Politik unter Kanzlerin Merkel hat Betrug im öffentlich-rechtlichen Rundfunk gesellschaftsfähig gemacht. Den Wunsch nach demokratischen Verhältnissen können derartige politischen Rituale nicht beleben. Der kritische Bürger muss immer besser begreifen, warum die Kanzlerin einen Präsidenten für das Bundesverfassungsgericht benötigt, der politisches Verständnis mitbringt. Die Kanzlerin kann mit einem politisch ambitionierten Juristen an der Spitze des Bundesverfassungsgerichts den Bürger einfacher »demokratisch« lenken, als mit einem leidenschaftlichen Vollblutjuristen, der politischen Forderungen eher mit Gleichgültigkeit begegnet. Fernsehprogramme einschließlich der Nachrichten soll der Bürger so aufnehmen und begreifen, wie die Kanzlerin das im Bedarfsfall für erforderlich hält. Sie formt eine moderne Demokratie, die eine namhafte Zeitung die Frage stellen lässt: »Wem kann man noch glauben?«

Der Zugang zur Rechtsprechung wird für den Bürger immer mühsamer. Ihm muss das Verständnis für jene Texte verborgen bleiben, deren Durchdringung eine voll bespickte Ansammlung von Fachausdrücken erschweren. Nur mit dieser Sprache vertraute Personen können derartige Inhalte analysieren. Wenn ein Richter Recht spricht, so bemerkte eine Gerichtsreporterin, gebrauche er Worte, wie sie »nur Juristen einfallen«. Sie greifen zu wohlklingender Wortgestaltung, die der Bürger bislang nur aus Politikers Mund kannte. In Anlehnung an diese Sprachgestaltung fallen dann aus Richtermund Worte wie »vorteilsgerecht«, »belastungsgleich«, »angemessen«, »individuell« oder »gleichheitswidrig«. Sie fachfabeln, dass der Gesetzgeber bei der Anknüpfung des Rundfunkbeitrages an Wohnungen nicht einen »Wirklichkeitsmaßstab« wählen muss, sondern die »Wahrscheinlichkeit« reiche. Die »strafbare Handlung« fällt nicht unter diesen Wortschatz! Das Wort ist geläufig und die Auslegung scheint unproblematisch zu sein. Dabei setzt der Begriff eine erhebliche Abstraktionsleistung voraus. Aus dem alltäglichen Ablauf unseres Tuns und Lassens muss eine Handlung herausgelöst werden, um sie als strafbar bewerten zu können. Möglicherweise wird die strafbare Handlung erst durch die isolierte Betrachtung eines Dritten als strafbar bewusst. Eine einzelne körperliche Berührung kann beispielsweise herausgeschnitten und als sexuelle Nötigung bestraft werden. Oder eine lange E-Mail aus überlegten und weniger überlegten Behauptungen kann einen Meinungskampf um Ehre und Unehre auslösen. Laut Hegel wird der Rechtsbrecher durch die Strafe »als Vernünftiges geehrt«. Er soll begreifen, was er getan hat. Aber kann er das überhaupt, wenn selbst Juristen bei der »begrifflichen Aufklärung« bereits Probleme haben? Ist es nicht durchaus verständlich, dass bereits widersprüchliche Auffassungen gestandener Juristen zum Thema »Haushaltsabgabe« beim Bürger zu Zweifeln an deren Rechtmäßigkeit führen müssen? Alle Analysen und Ausarbeitungen, sowie Stellungnahmen einschließlich die des Herrn Professor Dr. Dr. h. c. Paul Kirchhof umschifften sorgfältig den einzigen Artikel des Grundgesetzes, der den Informationsanspruch des Bürgers regelt. Sie haben den winzigen Nachteil, dass der Herr Professor sich im falschen juristischen Zimmer austobte, wie sein Kollege, Herr Professor Dr. Matthias Lehmann feststellte. Demnach gehört die »Möglichkeit der Inanspruchnahme« der Sendungen des öffentlich-rechtlichen Rundfunks zum Gebührenrecht und hat mit dem »Beitrag« des öffentlichen Beitragsrechts nichts zu schaffen. Der »Möglichkeit der Inanspruchnahme« steht die Gebühr als »Zwangsentgelt« gegenüber. Der Bürger kennt sie beispielsweise als Grundgebühr beim Bezug von Frischwasser. Er muss »für die Wasseruhr« bezahlen. Beim elektrischen Strom muss er »für den Zähler« aufkommen. Früher musste er auch für den Telefonapparat blechen. Stets liegt ein Anschluss als Voraussetzung vor. Dem Haushalt ohne Rundfunk- bzw. Fernsehgerät fehlt dieser Anschluss als Voraussetzung, um die »Möglichkeit der Inanspruchnahme« des Fernsehangebots mit einer Gebühr, also mit einer »Entgeltabnahme« zu verbinden. Die Deutsche Bahn erfüllt auch eine öffentliche Aufgabe, so wie dem Fernsehen unterstellt wird. Ihr fehlt aber ein Anschluss wie bei der Stromabnahme. Deshalb muss der Bürger auch nicht für die »Möglichkeit der Inanspruchnahme« zahlen. Das erscheint im ersten Gedankendurchgang verwunderlich, arbeitet doch die Deutsche Bahn höchst defizitär. Weitergehende Überlegungen stellen fest, dass die Bahn für politische Beweglichkeit keine dringende Notwendigkeit hat. Flugzeug und Auto sind die relevanten Beförderungsmittel!

Geht es um »politisch höhere Ziele«, so werden alle sie unterstützenden rechtlichen Belange sorgfältig abgeklopft, ausgewertet und in die juristische Waagschale geworfen. Diese Sorgfalt hielt die Kanzlerin im Fall der zwangsweisen Eintreibung der »Haushaltsabgabe« für wenig hilfreich!

Dagmar Hartge, die vorsitzende Datenschutzbeauftragte des Bundes und der Länder, hatte in der Stellungnahme des Arbeitskreises vom 7. Oktober 2010 zu dem Staatsvertragsentwurf (RBStV-E) Stellung bezogen und notwendige Korrekturen aufgezeigt:

»*Aus datenschutzrechtlicher Sicht widersprechen die Datenverarbeitungsbefugnisse des Staatsvertragsentwurfs durch zu umfangreiche Ermächtigungen der Rundfunkanstalten und ihrer Hilfsorgane den Grundsätzen der Verhältnismäßigkeit und Datensparsamkeit sowie den Grundsätzen der Normklarheit und Transparenz.*«

»*... Wohnung ist eine ortsfeste, baulich abgeschlossene Raumeinheit, die zum Wohnen oder Schlafen geeignet ist oder genutzt wird.*«

Welche »Raumeinheit« ist zum Schlafen geeignet, welche wird dazu auch genutzt? Diese Formulierung fordert eine interessengebundene Auslegung der öffentlich-rechtlichen Anstalten geradezu heraus und ist ein Nährboden für Klagewellen.

»*Wenn jemand beispielsweise eine Party veranstaltet und ein Gast nicht mehr in der Lage ist, den Weg nach Hause zu finden, wäre der Geräteschuppen sicherlich ›geeignet‹, diesen Menschen seinen Rausch ausschlafen zu lassen. Was ist mit separaten Kellereingängen oder Gästezimmern? Auch spannend ist der Begriff ›Vorraum‹: Ist eine große Wohnung, die von einem langen Flur ausgehen, eine oder mehrere* »*Wohnungen*«? *Schließlich ist auch eine Raumeinheit, die von einem* »*Vorraum*« *betreten werden kann (Flur?) eine* »*Wohnung*«.* [41]

»*Aus der Sicht der Beitragsgläubiger stellt die Fiktion der Wohnungsinhaberschaft eine Erleichterung bei der Durchsetzung des Rundfunkbeitrags dar. Denn der Gesamtschuldner schuldet grundsätzlich die gesamte Leistung, d. h. den gesamten Rundfunkbeitrag für die Wohnung, in der er wohnt, und zwar unabhängig davon, ob er selbst Inhaber der Wohnung oder bloßer Mitbewohner ist ... Insofern wäre ein grundlegendes Umsteuern des Entwurfs in dem Sinne, dass nur eine Person pro Haushalt Beitragsschuldner ist, mehr als nur wünschenswert*«, so die Datenschutzbeauftragte Dagmar Hartge.

Bürgerliche Interessenwahrung verlangt Eingriffe in die Grundrechte.

»In § 5 Absatz 5 RBStV-E wird einem Betriebsstätteninhaber eine Befreiung vom Rundfunkbeitrag gewährt, wenn er glaubhaft macht und auf Verlangen nachweist, dass seine Betriebsstätte für mehr als drei Monate stillgelegt wird. Auch hier ist nicht erkennbar, welchen Umfang die Nachweispflicht hat. Aufgrund der Unklarheit ist anzunehmen, dass im Einzelfall auch gesundheitliche, familiäre oder sonstige private Tatsachen belegt werden müssen. Eine erzwungene Offenlegung stellt regelmäßig einen erheblichen Grundrechtseingriff dar.«

Warum sollten die Rundfunkanstalten daran interessiert sein, zu erfahren, aus welchen Gründen ein Beitragsschuldner die Abmeldung vornimmt? Der Betroffene könnte nach der Formulierung im Staatsvertrag gezwungen werden, Gesundheits-, Sozial-, Finanz- und/oder Steuerdaten zu offenbaren.

Daten dürfen nur vom Betroffenen eingeholt werden.

»In § 11 Absatz 4 RBStV-E werden die Landesrundfunkanstalten ermächtigt, die für die Beitragserhebung notwendigen Daten ohne Kenntnis des Betroffenen zu erheben. Die Befugnis erstreckt sich auf öffentliche und nicht öffentliche Quellen. Diese Ermächtigung bricht mit dem fundamentalen Prinzip, dass Daten grundsätzlich beim Betroffenen zu erheben sind. Eine Abweichung von diesem Grundprinzip wäre nur bei zwingender Notwendigkeit akzeptabel. Dies ist hier jedoch nicht der Fall.«

Die Gefahr mit falschen Daten zu arbeiten.

»Die Art der zu nutzenden nicht öffentlichen Quellen ist in keiner Weise konkretisiert. Es kommen also alle denkbaren Möglichkeiten, wie zum Beispiel Arbeitgeber, Versicherungen, Versandhäuser, Inkassounternehmen und Auskunfteien in Betracht ... Hinzu kommt, dass hier keine Möglichkeit für die Rundfunkanstalt besteht, die Qualität der nicht öffentlichen Datenquelle zu überprüfen, und somit ein erhebliches Risiko besteht, hier mit falschen Daten zu arbeiten, was sich in der Vergangenheit immer wieder gezeigt hat.«

Der Betroffene kann seine Interessen nicht wahrnehmen.

»Auch hinsichtlich der Möglichkeit der Datenerhebung bei öffentlichen Stellen ist eine Begrenzung zu fordern. Das Fehlen jeglicher sachlicher Grenzen widerspricht dem Gebot der Normenbestimmtheit. Die Einhaltung dieses Gebots ist umso wichtiger, als der Betroffene keine Kenntnis von der Datenerhebung hat und somit seine Interessen nicht selbst verfolgen kann. Unter diesen Gesichtspunkten stellt sich die Befugnis der Rundfunkanstalten, die Datenerhebung beim Betroffenen oder öffentlichen Stellen zusätzlich auch auf private Quellen auszuweiten, als unzulässig dar.«

Eine partielle Löschung nicht benötigter Daten ist nicht möglich.

»Nach den vorgesehenen Vorschriften wäre die Rundfunkanstalten berechtigt, zum Nachweis der Berechtigung sich eine Bescheinigung oder die Originalbescheide bzw. beglaubigte Kopien dieser Bescheide vorlegen zu lassen und diese zu speichern. Der Entwurf orientiert sich dabei ausschließlich an praktischen Belangen der Rundfunkanstalten, wonach die gesamte Eingangspost bei der Gebühreneinzugszentrale (GEZ) (jetzt ARD ZDF Rundfunkservice) eingescannt wird. Nur deshalb erfolgt eine vollständige Erfassung der Bescheide. Nach eigenen Aussagen der GEZ ist bei dieser Verfahrensweise eine partielle Löschung nicht benötigter Daten nicht möglich. Allein deshalb werden auch sensitive Gesundheits- und/oder Sozialdaten gespeichert, die von niemandem bestritten für die Entscheidung über eine Befreiung nicht erforderlich sind.«

»Datenschutzgerecht wäre es hier, die Nachweispflicht auf die Vorlage von Leistungsbescheinigungen zu beschränken, die lediglich den Leistungsgrund und den Leistungszeitraum erkennen lassen.«

Konkrete Nachweispflichten in sogenannten »Härtefällen« sind nicht gegeben.

»Ein weiterer Befreiungstatbestand (§ 4 Absatz 6 RBStV-E) soll nach dem Staatsvertragsentwurf in sog. Härtefällen vorliegen. Welche konkreten Nachweispflichten hier bestehen, ist dem Entwurf nicht zu entnehmen. Es ist jedoch anzunehmen, dass hier neben

der Übermittlung von Gesundheits- und/oder Sozialdaten auch die Offenlegung von Finanz- und Steuerdaten erforderlich ist.«
Nicht benötigte Daten werden gespeichert.

»Zur Erfüllung ihrer Aufgaben hält die im Rahmen einer nichtrechtsfähigen öffentlich rechtlichen Verwaltungsgemeinschaft betriebene Stelle die kompletten Datensätze aller beitragspflichtigen Bürger der gesamten Bundesrepublik vorrätig ... Wurde beim jetzigen Finanzierungsmodell noch an eine Person angeknüpft, die ein Empfangsgerät bereithält, ist zukünftig eine Wohnung oder Betriebsstätte Anknüpfungspunkt für die Zahlungspflicht. Da diese in der Regel ortsfest sein werden, ist nur noch der Zugriff einer Rundfunkanstalt auf die Daten erforderlich, die sich auf Wohnungen und/oder Betriebsstätten im eigenen Sendegebiet beziehen. Jede weitere Möglichkeit der Datenverarbeitung wäre unverhältnismäßig und damit unzulässig.«

Der Grundsatz der Datensparsamkeit wird nicht eingehalten.

»Der Entwurf des Staatsvertrages sieht in § 14 Absatz 9 RBStV-E vor, dass die Rundfunkanstalten innerhalb einer Frist von zwei Jahren ab Inkrafttreten des Staatsvertrages von allen Meldebehörden einen festgelegten Datensatz aller volljährigen Personen übermittelt bekommen, um eine Bestands- und Ersterfassung der Beitragsschuldner zu ermöglichen. Dieses gewählte Verfahren erscheint mit dem Grundsatz der Datensparsamkeit nicht vereinbar ... Auch sollte zumindest die Anzeigepflicht nach § 14 Abs. 1 RBStV-E gestrichen werden, da eine voraussetzungslose und umfassende Anzeigepflicht privater Bedenken im Hinblick auf den Verhältnismäßigkeitsgrundsatz begegnet; Beitragsausfälle dürften aufgrund der Vermutungsregelung kaum eintreten und Streitfälle ließen sich durch konkrete Datenanforderungen bei den Meldebehörden lösen, auch existiert bereits jetzt eine Meldedatenübermittlllungsermächtigung in den Landesmeldegesetzen.«

Nicht nur der Bundestag hatte bei seinem Gesetz zur »Haushaltsabgabe« alle diese Einwände offenbar verworfen, sondern auch das

Bundesverfassungsgericht hatte keine Einwände. Am 18. Juli 2018 erhielt der Beschluss seine endgültige Rechtskraft. Das Bundesverfassungsgericht urteilte:

1. *Das Grundgesetz steht der Erhebung von Vorzugslasten in Form von Beiträgen nicht entgegen, die diejenigen an den Kosten einer öffentlichen Einrichtung beteiligen, die von ihr potentiell – einen Nutzen haben.*
   Der mit der Erhebung des Rundfunkbeitrags ausgeglichene Vorteil liegt in der Möglichkeit, den öffentlich-rechtlichen Rundfunk nutzen zu können.
2. *Auch eine unbestimmte Vielzahl oder gar alle Bürgerinnen und Bürger können zu Beiträgen herangezogen werden, sofern ihnen jeweils ein Vorteil individuell konkret zugerechnet werden kann und soweit dessen Nutzung realistischerweise möglich erscheint.*
3. *Die Landesgesetzgeber durften die Rundfunkbeitragspflicht im privaten Bereich an das Innehaben von Wohnungen in der Annahme anknüpfen, das Programmangebot des öffentlich-rechtlichen Rundfunks werde typischerweise in der Wohnung in Anspruch genommen. Auf das Vorhandensein von Empfangsgeräten oder einer einen Nutzungswillen kommt es nicht an.*
   Die Nutzungsmöglichkeit zu betrieblichen Zwecken rechtfertigt die gesonderte Inanspruchnahme von Inhabern von Betriebsstätten und von nicht ausschließlich zu privaten Zwecken genutzten Kraftfahrzeugen zusätzlich zur Rundfunkbeitragspflicht im privaten Bereich.
4. *Ein Beitragsschuldner darf zur Abschöpfung desselben Vorteils nicht mehrfach herangezogen werden.*
   Inhaber mehrerer Wohnungen dürfen für die Möglichkeit privater Rundfunknutzung nicht mit mehr als einem vollen Rundfunkbeitrag belastet werden.

In der Urteilsbegründung hieß es:

»Die einheitliche Erhebung des Rundfunkbeitrages pro Wohnung verstößt nicht gegen den Grundsatz der Belastungsgleichheit. Der Rundfunk steht für eine äquivalente staatliche Leistung, nämlich ein umfangreiches, so auf dem freien Markt nicht erhältliches Angebot in Form von Vollprogrammen, Spartenprogrammen und Zusatzangeboten anzubieten. Darin eingeschlossen sind Bildungs-, sowie zahlreiche Hörfunkprogramme und Telemedienangebote.

Auch materiell ist die Rundfunkbeitragspflicht für Erstwohnungen mit der Verfassung vereinbar. Insbesondere werden die Anforderungen des allgemeinen Gleichheitsgrundsatzes aus Art. 3 Abs. 1 GG eingehalten. Darin, dass sich mehrere Wohnungsinhaber den Beitrag untereinander aufteilen können und dadurch weniger belastet werden als Einzelpersonen, liegt zwar eine Ungleichbehandlung vor. Diese beruht jedoch auf Sachgründen, die den verfassungsrechtlichen Anforderungen noch genügen. Die Landesgesetzgeber stützen die wohnungsbezogene Erhebung des Rundfunkbeitrags darauf, dass der private Haushalt in der Vielfalt der modernen Lebensformen häufig Gemeinschaften abbildet, die auf ein Zusammenleben angelegt sind, und dass die an dieser Gemeinschaft Beteiligten typischerweise das Rundfunkangebot in der gemeinsamen Wohnung nutzen. An diese gesellschaftliche Wirklichkeit darf der Gesetzgeber anknüpfen. Die Gemeinschaften fallen darüber hinaus vielfach unter den Schutz des Art. 6 Abs. 1 GG. Die Regelung ist vom weiteren Einschätzungsspielraum der Landesgesetzgeber gedeckt. Die Ungleichbehandlung kann auch deshalb hingenommen werden, weil die ungleiche Behandlung das Maß nicht übersteigt, welches das Bundesverfassungsgericht in vergleichbaren Fällen angelegt hat. Die Leistung des öffentlich-rechtlichen Programmangebots ist auch dann der Beitragshöhe äquivalent, wenn der Inhaber eines Einpersonenhaushalts zu einem vollen Beitrag herangezogen wird.

Der öffentlich-rechtliche Rundfunk soll unabhängig von Einschaltquoten und Werbeaufträgen ein Programm anbieten, das den verfas-

sungsrechtlichen Anforderungen gegenständlicher und meinungsmäßiger Vielfalt entspricht ... Er hat hierbei insbesondere auch solche Angebote aufzugreifen, die über die Standardformate von Sendungen für das Massenpublikum hinausgehen. Der Rundfunkbeitrag wird speziell zur Finanzierung des demokratiewesentlichen Auftrags des öffentlich-rechtlichen Rundfunks erhoben, ohne den Druck zu Marktgewinnen die Wirklichkeit unverzerrt darzustellen, das Sensationelle nicht in den Vordergrund zu stellen und professionell die Vielfalt der Meinungen abzubilden«.

Die Urteilsbegründung verzichtete auf jedweden Hinweis zu Artikel 5 Grundgesetz. Die Welt des richterlichen Glaubens hatte bereits im »Vorfeld« die juristisch anfechtbaren Bereiche der »Haushaltsabgabe« abgehandelt und ausgeschaltet. Die Welt des Glaubens hat die Rechtskraft des Grundgesetzes ausgehebelt. Deshalb konnte auch Artikel 5 Grundgesetz bei der Urteilsfindung ausgespart und übergangen werden. »*Jeder hat das Recht ... sich aus allgemein zugänglichen Quellen ungehindert zu unterrichten.*« »Ungehindert« könnte auch umschrieben und ergänzt werden mit »selbständig, geistig unabhängig, emanzipiert, eigenverantwortlich, frei, unkontrolliert, aufgeklärt, frei denkend, weltaufgeschlossen, frei zugänglich ...« Alle diese so beschriebenen Freiheiten in der Informationsmöglichkeit hat das Bundesverfassungsgericht erstickt, indem es einfach behauptete, dass das Informationsangebot auf dem freien Markt nicht ausreichend sei und demzufolge der Staat über den öffentlich-rechtlichen Rundfunk diese Lücke kostenpflichtig ausfüllen müsse.

Herr Professor Dr. Hubertus Gersdorf arbeitete auf, was das Bundesverfassungsgericht offenbar für überflüssig hielt. Er vermeidet in seiner Stellungnahme zum Urteil des Bundesverfassungsgerichts unter dem Titel »Muss das sein?« juristische Sprachverschlüsselungen. Seine Argumentation nährt den Verdacht, dass »Rechtsprechung« nicht mehr die ausgemachte Stärke des Bundesverfassungsgerichts ist, eine Entwicklung, die aus Bürgersicht bedenklich erscheinen muss. Konnte er doch bislang das Vertrauen haben, dass gesetzliche Unregelmäßigkeiten bei der Verfolgung »politisch höheren Ziele« korrigiert wurden. Die Zusammenarbeit von Legislative und Judikative, um kluge Entscheidungen zu treffen, werfen kritische Fragen auf.

Professor Dr. Gersdorfs systematische Ordnung der Gedanken tut in der Gegenüberstellung der phantasiegefütterten Tatsachenentfremdung des Bundesverfassungsgerichts wohl. Er stellte zunächst einmal fest, dass das Bundesverfassungsgericht zu Recht davon ausging, dass der Rundfunkbeitrag eine Vorzugslast ist. Vorzugslast beschreibt eine individuell zurechenbare, im vorliegenden Fall vom öffentlich-rechtlichen Rundfunk erbrachte Leistung. Die »Rundfunkgebühr« eröffnet eine abstrakte Möglichkeit, innerhalb der Wohnung die Angebote des öffentlich-rechtlichen Rundfunks in Anspruch zu nehmen. Mit der »Haushaltsabgabe« wird sie zur Pflicht. Bei einer Vorzugslast stehen sich Leistung (Angebot des öffentlich-rechtlichen Rundfunks) und Gegenleistung (Rundfunkbeitrag) gegenüber. Der Einzelne darf zur Finanzierung einer öffentlichen Einrichtung beziehungsweise einer Leistung nur herangezogen werden, wenn sie für ihn tatsächlich oder potentiell von Nutzen ist. Das durfte Karlsruhe im Fall der »Rechtsprechung« zur »Haushaltsabgabe« nicht berücksichtigen! Im Sinne ihrer definierten und damit vorgeschriebenen »Grundversorgung« unterstellten die Richter, dass angesichts der gegenwärtigen Ausstattung der Bürger mit stationären und mobilen Rundfunk und Internetempfangsgeräten die Möglichkeit des Empfangs der öffentlich-rechtlichen Angebote besteht und genutzt werden kann. Der Gesetzgeber hat das Recht zur »Typisierung«. So die Begründung. Folglich muss die »Haushaltsabgabe« diesen Vorteil durch die »Haushaltsabgabe« ausgleichen.

»... Laut Statistik ist in 97 Prozent der Wohnungen mindestens ein Fernseher vorhanden, in 96 Prozent mindestens ein Radio und in 77 Prozent Mindestens ein internetfähiger Computer. Dann aber ist es gerechtfertigt, nicht mehr an die Rundfunkgeräte selbst anzuknüpfen,

sondern an jene Raumeinheiten, in denen diese Geräte typischerweise bereit gehalten werden. Es handelt sich also um eine zulässige Typisierung, weil die zugrunde gelegten Annahmen – wie darlegt – in mehr als 90 Prozent aller Fälle zutreffen. Erst wenn mehr als 10 Prozent der Einzelfälle von den typisch gesetzgeberischen Annahmen abweichen, wären die jeweiligen Regelungen rechtswidrig. Dies ist angesichts der statistischen Daten zur Ausstattung mit Rundfunkempfangsgeräten offenkundig nicht der Fall. Daher ist die Erhebung eines Rundfunkbeitrags selbst dann rechtmäßig, wenn in der betroffenen Wohnung überhaupt kein Rundfunkgerät vorhanden sein sollte. Erst recht ist es zulässig, einen vollen Rundfunkbeitrag unabhängig davon zu erheben, ob im konkreten Fall nur ein Radio oder auch ein Fernseher vorhanden ist ...« [42]

Zunächst einmal stellt sich die Frage, warum gerade zehn Prozent der statistisch ermittelten Fernseher in Wohnungen die Schlüsselgröße für eine rechtswidrige gesetzgeberische Maßnahme ist. Ansonsten kann diese Argumentation nachvollzogen werden. Aber warum werden nicht die vom öffentlich-rechtlichen Rundfunk ausgestrahlten Sendungen – wie es die privaten Sender handhaben – verschlüsselt angetragen? Verschlüsselte Sendungen stellen sicher, dass nur derjenige die öffentlich-rechtliche Botschaft verwerten kann, der dafür bezahlt. Dazu bedarf es keiner neuen Empfangsgeräte. Die Programme des privaten Rundfunks machen es vor. Sie strahlen die Signale verschlüsselt aus. Das gilt für die Kabelverbreitung, die terrestrische Ausstrahlung und die Aussendung von HD- bzw. UHD-Signalen über Satellit gleichermaßen. Die Ver- und Entschlüsselung ist kein technisches Problem mehr.

Warum verfährt der öffentlich-rechtliche Rundfunk nicht in gleicher Weise? Begründet der Gesetzgeber die Finanzierung des öffentlich-rechtlichen Rundfunks mit Bezugnahme auf die Vorzugslast, so darf er nur diejenigen zur Zahlung verpflichten, die den öffentlich-rechtlichen Rundfunk empfangen wollen. Der einzelne Bürger ist also nicht zur Nutzung verpflichtet! Mit der Begründung

»Vorzugslast« ist also die Zwangsfinanzierung des öffentlich-rechtlichen Rundfunks nicht zu rechtfertigen. Diese juristische Leistung sollte die höchste Rechtsinstanz unseres Landes doch auch vollbringen können. Warum hat sie diesen Sprung in diesen Rechtstümpel nicht geschafft? Stattdessen zieht der Staat den einzelnen Bürger zu einer Gegenleistungsabgabe heran, auch wenn dieser den abzugeltenden Vorteil nicht in Anspruch nehmen möchte!

Reaktionen auf die kritischen und deshalb einleuchtenden Ausführungen des Herrn Professor Dr. Gerstdorf erfolgten auf die übliche Weise. Der ehemalige Minister Professor Dr. Schwarz-Schilling nutzte die Veröffentlichung seines Leserbriefs in der F.A.Z. und folgte dem politischen Brauch, sachliche Einwände durch Langeweile zu entkräften. Langatmig plauderte er über seine politischen Verdienste in der Vergangenheit, um schließlich »sachlich« festzustellen, dass die Stellungnahme von Herrn Professor Dr. Gersdorf nur Polemik sei. Der öffentlich-rechtliche Rundfunk sei als »Grundversorgung« unerlässlich. Alle Leserbriefe sich wichtig wähnender Persönlichkeiten tuteten in dasselbe politisch vorgegebene Horn! Diese Bürger fühlen sich verpflichtet, ihr Geltungsverlangen auf diese Weise in die Öffentlichkeit hineinzutragen. Juristen und akademische Grade sind besonders anfällig. Glücklicherweise bilden die Negativbeispiele die Ausnahme! Fachchinesische Begriffe decken die »Sache« mit oberflächlichen Gedanken zu. Diese wichtigen Personen haben das tief in ihrem Körper eingegrabene Verlangen, ihr spezielles Fachwissen auszuweisen. Sie haben offensichtlich nie gelernt oder im Laufe ihrer Karriere verdrängt, die Folgen ihrer Rechtsauslegung vorurteilsfrei zu betrachten. Im Teich gleichgesinnter zu paddeln, ist einfacher, als mit Fachwissen gegen den Mainstream-Strom anzuschwimmen. Sie befinden sich mit ihrer individuellen Auslegung von Gesetzestexten in einer Festung, die von normal Sterblichen nicht angegriffen werden kann. Dieses Wissen führt zu einem unangenehmen, an Arroganz grenzenden Selbstbewusstsein, ihre Rechtsauslegung als absolut und unanfechtbar hinzustellen. Die Grundversorgung rechtfertigt die Zwangsabgabe! Sie bauen einen »Mainstream« auf, der in überdehnten Betrachtungen eine Bedeutung erfährt, den die tatsächlichen Gegebenheiten aber nicht zulassen. Ein juristisch morsches Brett wird überbelastet, um in höheren Fachkreisen Anerkennung zu finden. Die »Grundversorgung« scheitert bereits bei der Begriffsdefinition!

Ein solcher Personenkreis ermöglicht die unbarmherzige politische Schlachtung von Persönlichkeiten wie den ehemaligen ZDF-Chefredakteur Brender. Er wollte die Unabhängigkeit des öffentlich-rechtlichen Rundfunks von der Politik verwirklichen. Nikolaus Brender wollte sich nicht politischer Macht beugen, die sich auch in der Programmgestaltung niederschlagen muss. Im Jahr 2000 gab er öffentlich bekannt.

»Als ich kam, war es noch üblich, dass Parteivertreter, Generalsekretäre, Minister oder deren Sprecher unmittelbar im Programm herumfuhrwerkten. Dass dort in laufende Sendungen hinein angerufen wurde und Ähnliches. Und ich habe dann so reagiert, dass ich gesagt habe: Wenn das noch mal vorkommt, veröffentliche ich das. Das muss veröffentlicht werden, weil diese Einflussnahme kein Privatvergnügen ist. Es belastet die Journalisten, es tangiert die Freiheit des Unternehmens. Und deswegen habe ich in den Verwaltungsräten bzw. im Fernsehrat eindeutig gesagt: Wehe, das geschieht noch mal, derjenige wird veröffentlicht.«

Sein folgenreicher Irrtum ordnete die Macht des politischen Systems nicht richtig ein! Er wähnte den öffentlich-rechtlichen Rundfunk tatsächlich unabhängig von politischer Beeinflussung. Den Vorwurf von Naivität muss Herr Brender sich gefallen lassen! Brender war für Roland Koch, dem damaligen Ministerpräsidenten von Hessen, nicht mehr tragbar geworden. Brender erhielt seine Papiere! Der öffentlich-rechtliche Rundfunk musste ohne seine Unterstützung auskommen! Derartige Prozesse ordnet die Politik auf ihre diskrete Art. Der hessische Ministerpräsident Roland Koch setzte

2009 im unionsdominanten ZDF-Verwaltungsrat mit freundlicher Unterstützung der SPD durch, Brenders Vertrag als Chefredakteur nicht zu verlängern.

Alle Personalabstimmungen bis zur Abteilungsleiterebene erfolgen im engen Schulterschluss mit der Politik. Als die Nachfolge der »Degeto«-Führung, der »Deutschen Gesellschaft für Ton und Bild« neu geregelt werden musste, nahm nach einer vorübergehenden Zwischenlösung im Juli 2012 Christine Strobl, die Ehefrau des badenwürtembergischen CDU-Vorsitzenden und älteste Tochter des ehemaligen Finanzministers Schäuble, das Zepter in die Hand. Ulrich Wilhelm war von 2005 bis 20010 Chef des Bundespresseamts und Merkels Regierungssprecher. Jetzt ist er BR-Intendant! Steffen Seibert war zuständig für »heutejournal«, »heute«, »Hallo Deutschland«. Frau Merkel berief ihn zu ihrem Sprecher. Er ist »jetzt« deutscher Staatssekretär und Chef des Presse und Informationsamts. Ein paar Beispiele, wie harmonisch und wohlgeordnet die Abstimmung der Personalprofile mit der Politik in der praktischen Umsetzung gelingt. Alle diese Zusammenhänge, die in eine breite Öffentlichkeit vorgedrungen waren, sind an den Richtern des Bundesverfassungsgerichts offenbar »vorbeigegangen«. Sie hielten an ihrer vom Glauben diktierten Behauptung fest, dass Programme, wie sie der öffentlich-rechtliche Rundfunk biete, am Markt nicht erhältlich seien! Ihnen fehlte zudem das juristische Verständnis für eine geordnete Auslegung des Paragraphen 5 Grundgesetz!

Manche Bürger lehnen Fernsehen aus grundsätzlichen, wohl begründeten Erwägungen ab. Es sei an Untersuchungen erinnert, die ergeben haben, dass Grundschulkinder, die ohne Fernsehen heranwachsen, nach vier Jahren in der Leseleistung Schülern mit Fernsehen um ein Jahr voraus sind. Diese Bürger besitzen auch keinen Fernseher, sind über Fernsehkanäle nicht erreichbar! Das Bundesverfassungsgericht baut auf Grundversorgung und setzt sich mit der Verordnung von Zwangsabgaben darüber hinweg! Auch Kinder sollen Fernsehen glotzen!

Die Folgen einer Abgabenverweigerung

»Man kann der Verantwortung für morgen nicht dadurch entkommen, ihr heute auszuweichen.«
Abraham Lincoln (1809-1865)

Im Fall der Haushaltsabgabe ist der Weg ins Gefängnis wohl geordnet und durchorganisiert. Richter und Politiker betreiben mehr Aufwand, Menschen, die sich der Zahlung der »Haushaltsabgabe« widersetzen, ins Kittchen zu verfrachten, als die Rechtmäßigkeit der »Haushaltsabgabe« zu ergründen. Zwang und Bestrafung erscheinen der modernen Demokratie geeigneter zu sein, den Bürger zu überzeugen, als sorgfältig geprüfte rechtliche Mittel einzusetzen, die auch Bestand haben.

Frau Baumert hatte es gewagt, sich gegen die »Haushaltsabgabe« aufzulehnen. Sie bezahlte die Abgabe nicht, und sie verweigerte eine Vermögensauskunft. Damit waren die Gegebenheiten erfüllt, sie in den Knast zu verfrachten! Juristen beschreiben das Ergebnis mit dem Begriff »Erzwingungshaft«.

Frau Baumert wurde ein mit Beitragsnummer versehenes Schreiben zugestellt, in dem sie zur »Zahlung der Rundfunkbeiträge« aufgefordert wurde. Es bleibt weiterhin beim Wort »Beiträge« obgleich es »Abgaben« sind. Sie hatte mit der Einrichtung ARD ZDF Rundfunkservice niemals ein Vertrag abgeschlossen, oder irgendein Beitragskonto eröffnet, noch eine sonstige Berechtigung für diese Forderung erteilt, dennoch wurde sie »zur Zahlung der Rundfunkbeiträge« ermahnt. Normalerweise gibt es noch vorher eine Erinnerung. Der besondere Kundendienst des Beitragsservice verwöhnt ihre »Kunden« mit einer überproportionalen Bestrafung! Frau Baumert hat die Möglichkeit, den öffentlich-rechtlichen Rundfunk zu empfangen! Folglich muss sie bezahlen! Also wird auf den eingeforderten Betrag ein Säumniszuschlag von 7 Prozent, entsprechend 8,- Euro erhoben. Die Nachfolgeeinrichtung der GEZ, der ARD ZDF Rundfunkservice, braucht nicht mehr zu prüfen und sich zu rechtfertigen, sondern kann die Beitragspflicht zwingend voraussetzen. In besonderen Fällen spielen bei diesem Vorgang auch Rechtsverstöße keine Rolle! »Wer nicht zahlt, ist Schuldner«. Das erste Anschreiben des Rundfunkservice ist eine Datenanfrage, mit der geklärt werden soll, ob die angeschriebene Person schon gemeldet ist. Wenn dann irgendwann der Beitragsbescheid eintrudelt und kein Widerspruch eingelegt wird, ist dieser Erlass nach einem Monat »bestandskräftig«. Ein solcher Bescheid lässt sich nachträglich nicht mehr anfechten. Bei Nichtzahlung erfolgen Säumniszuschläge und schließlich Zwangsvollstreckung.

Zwangsvollstreckung hat die Aufgabe, die finanzielle Versorgung des Systems öffentlich-rechtlicher Rundfunk sicherzustellen. Die Erzwingungshaft ist dann das letzte Druckmittel! Wenn der Bürger es ablehnt, die »Haushaltsabgabe« zu bezahlen und sich weigert, eine Vermögensauskunft zu erteilen, wird Haft angeordnet. Seit dem 01. Januar 2013 hat der Gesetzgeber eine »Menschseinsabgabe« eingeführt. Damit löst wohnen und alle damit verbundenen unumgänglichen Verrichtungen menschlicher Grundbedürfnisse einen Zahlungszwang in Form der »Haushaltsabgabe« aus.

Bleibt der Bürger die »Haushaltsabgabe« länger als sechs Monate schuldig, geht die Behörde davon aus, dass er nicht zahlen kann oder nicht zahlen will. Will er nicht zahlen, so bezeichnet der Rundfunkstaatsvertrag ein derartiges Verhalten als Ordnungswidrigkeit. Die Ahndung unterliegt streng geregelten Vorschriften. Der Rundfunkservice leitet dieses Verfahren ein. Er selbst ist nicht rechtsfähig. Er beantragt Rechtshilfe. Die kann vom Finanzamt kommen, von der Kommune, aber auch von der Stadtsparkasse oder einem Gerichtsvollzieher. Die Vorgehensweise handhaben die jeweiligen Bundesländer unterschiedlich. Konten- und Lohnpfändungen gehören zu den gängigen Maßnahmen. Manche Kommunen arbeiten auch mit Parkkrallen oder legen mit speziellen Ventilaufsätzen das

Auto eines aufmüpfigen Bürgers still. Im Extremfall kann ein Auto versteigert werden, allerdings nur dann, wenn der Bürger nicht auf das Auto beruflich angewiesen ist. Auch bei dieser Maßnahme wird bisweilen geschlabbert. Die Durchsetzung der »Haushaltsabgabe« hat einen höheren Stellenwert als rechtliche Vorschriften zu befolgen. Der bürokratische Ablauf läuft in fünf Schritten ab.

1. Zahlungserinnerungen, Mahnschreiben
2. Festsetzungsbescheid: Darin werden die rückständigen Rundfunkabgaben für einen bestimmten Zeitraum nebst Säumniszuschlägen zusammengefasst. Wird kein Einspruch eingelegt, trägt der Briefträger einen »unanfechtbarer, vollstreckbarer Titel« ins Haus.
3. Bei Zahlungsverweigerung stellt der Rundfunkservice ein Vollstreckungsgesuch aus.
4. Dann folgt die Pfändung! Im Vorfeld fordert der Vollstrecksbevollmächtigte eine Vermögensauskunft des Beitragsverweigerers ein. Die Abgabe der Vermögensauskunft führt automatisch zu einer Eintragung bei der Schufa – unabhängig davon, ob die Vermögensauskunft freiwillig erfolgt oder verweigert wird.
5. Verweigert der Bürger eine Vermögensauskunft, so wird das Verfahren dann an das zuständige Vollstreckungsgericht – dem Amtsgericht im Wohnbezirk des Schuldners – weitergeleitet, das einen Haftbefehl erlässt. Der Rundfunkservice-Schuldner wird dann vom Vollstreckungsbeamten in Beisein von zwei Polizisten verhaftet. Der Schlüssel ist die Vermögensauskunft! Wird sie erteilt, wird eine Verhaftung und Gefängnisstrafe unterbunden. Ohne Vermögensauskunft droht eine Zwangs- und Beugehaft. Das ist eine normale Maßnahme nach Paragraph 96 Ordnungswidrigkeitsgesetz: »Anordnung von Erzwingungshaft«.

Die Erzwingungshaft gründet auf der Zivilprozessordnung (ZPO). Sie trat 1879 in Kraft, wurde jedoch seitdem ständig reformiert.

Die sogenannte Mutter aller Prozessordnungen wird bei bürgerlich rechtlichen Auseinandersetzungen angewandt. Sie ist ein Zwangsmittel im Vollstreckungsverfahren, um eine Handlung, Duldung oder Unterlassung in jenen Fällen durchzusetzen, in denen es nicht möglich ist, ein Zwangsgeld einzutreiben. Zunächst ist die Anordnung eines Zwangsgeldes notwendig. Die Ersatzzwangshaft bleibt ihr gegenüber nachgeordnet.

Die Vollstreckung der Erzwingungshaft ist keine Strafe wie bei der Vollstreckung eines Haftbefehls wegen Nichtzahlung, oder eines sonstigen begangenen Rechtsvergehens. In solchen Fällen wird Haft in Form einer Ersatzstrafe verbüßt. Erzwingungshaft dagegen ist eine Beugehaft, um die Bezahlung eines Bußgeldes zu erzwingen. Im Fall der »Haushaltsabgabe« befreit demzufolge der Vollzug der Haft nicht von der Zahlungspflicht, jedoch die Bezahlung befreit vom Vollzug der Erzwingungshaft. Nach sechs Monaten Haft darf der Bürger zwei Jahre außerhalb des Gefängnisses verbringen. Begleicht er in dieser Zeit nicht die Schulden der »Haushaltsabgabe«, so geht's für weitere sechs Monate wieder ab ins Kittchen. Dieses Wechselspiel endet erst mit dem Tod oder mit einer Auswanderung. Es sei denn, der öffentlich-rechtliche Rundfunk erkennt eine solche Bestrafung als unangemessen an. Die wohlwollende Einmischung der Politik, wie bei Uli Hoeneß, dürfte beim normalen Bürger ausgeschlossen sein. Die gewöhnlichen Bürger zahlen keine außergewöhnlichen Steuern, bekleiden keine hohen Ämter, haben keine Beziehungen zu wichtigen Entscheidungsträgern oder können sonst wie nicht auf demokratische Prozesse einwirken. Also braucht politisch keine Rücksicht genommen zu werden.

Für den Vollzug der Erzwingungshaft gelten gemäß Paragraph 171 des Strafvollzugsgesetzes die Vorschriften, die dem Vollzug einer Freiheitsstrafe entsprechen. Eine gemeinsame Unterbringung mit »kriminellen« Gefangenen ist nur mit Einwilligung des Betroffenen zulässig. Ebenfalls muss der Häftling keine Anstaltskleidung tragen und darf auch eigene Bettwäsche benutzen. Im Gegensatz zu Kriminellen ist er nicht verpflichtet zu arbeiten. Alle diese als Besserstellung erscheinenden Vorzüge haben eine ganz einfache Erklärung: Die Unterbringung im Knast gehört mit zum Strafvollzug und ist daher vom Häftling zu bezahlen, so er denn dazu in der Lage ist. Sonst muss der Staat einspringen. Er kann beitragsfrei Fernsehen und auch Radio hören. Die Gefängniszelle fällt unter »Gemeinschaftsunterkünfte«. Die sind beitragsfrei.

Die Erzwingungshaft soll den Willen des Menschen brechen und im Fall der »Haushaltsabgabe« ihn zur Einsicht für politische Gerechtigkeit zwingen. Deshalb ist das Ritual von sechs Monaten Haft und zweijähriger »Freiheit« ein bis zum Lebensende dauernder Prozess.

Sieglinde Baumert weigerte sich, diese Art politischer Vorstellung von Gerechtigkeit zu übernehmen und sie für ihre Lebensgestaltung bindend zu machen. Sie musste folglich ins Kittchen! Sie hatte die Doktorarbeit »Das derartige System der Finanzierung ist verfassungswidrig« von Anne Terschüren studiert. Die »Haushaltsabgabe« ist also nicht gerechtfertigt! Frau Baumert lehnte folglich die Bezahlung die durch Säumniszuschläge aufgepäppelten Außenstände von 191,- Euro ab. Auch verweigerte sie die ihr auferlegte Vermögensauskunft. Aus Überzeugung! Einen derartigen Ungehorsam durfte Vater Staat nicht durchgehen lassen! Da dem öffentlich-rechtlichen Rundfunk das finanzielle Wasser nicht nur bis zur Halskrause, sondern bis zur Lippenunterkante steht, darf es weder Ausnahmen noch Diskussionen und Einigungsversuche geben. Die Bürger müssen begreifen, dass »höhere Ziele« politisch sorgsam abgewogen werden und somit keine Gegenwehr dulden. Nichtbeachtung muss also Gefängnis zur Folge haben. Die Saat mit der Abschreckung ging im Fall Baumert jedoch nicht auf! Tonnenweise lieferte der Briefträger mitfühlende und zugleich empörte Briefe in der Haftanstalt Chemnitz ab. Die Entrüstung eskalierte dermaßen, dass sich die ARD-Geschäftsleitung genötigt sah, die Wogen zu glätten. Mit einem schleimigen, buttrigen Spruch steuerte sie in ruhigeres Fahrwasser. *Wir streben stets eine gütliche Einigung mit dem Beitragszahler an.* So, so! Der MDR hatte dann die zuständige Vollstreckungsbehörde gebeten, den Antrag auf Vollzug des Haftbefehls gegen die Schuldnerin zurückzunehmen. Frau Baumert durfte nach 61 Tagen das Gefängnis verlassen. Ein Einzelfall! An der »Haushaltsabgabe« als Zwangsgebühr darf natürlich nicht gerüttelt werden! Sie unterliegt auch keiner erneuten juristischen Prüfung! Das hieße doch, künftige, gemeinsam mit dem Bundesverfassungsgerichts herbeigeführte Beschlüsse zu torpedieren. Und wie soll denn der öffentlich-rechtliche Rundfunk finanziell überleben?

Die Politik dehnt auch ihren weitreichenden Einfluss auf die Exekutive aus. Uli Hoeneß hinterzieht Steuern im Wert von 28,5 Millionen Euro. Auch Uli musste in den Knast! Dem Bürger wird über den öffentlich-rechtlichen Rundfunk deutlich vor Augen geführt, dass vor dem Gesetz alle Bürger gleich sind. Auch wichtige Persönlichkeiten müssen sich dem »Recht« beugen! Kennzeichen einer rechtschaffenden Demokratie! So die politische Botschaft! Uli brauchte, wie Frau Baumert, nur einen Bruchteil der Strafe zu verbüßen. Im Gegensatz zu Siglinde Baumert fehlte dafür allerdings die wohlwollende Anteilnahme der Bürger und eine juristische Begründung. Seit dem 02.03.2019 war Uli endgültig ein freier Mann. Nach nur wenigen Monaten Haft. Das Landgericht Augsburg hatte im Steuerstrafverfahren gegen den Präsidenten des FC Bayern München die zur Bewährung ausgesetzte Reststrafe erlassen. Ein Reporter errechnete, dass Uli hätte 23 820 Jahre absitzen müssen verglichen mit dem Haftvorgang von Frau Baumert. Diese zwei Tatbestände lassen sich natürlich nicht eins zu eins übertragen und vergleichen, schon allein deshalb nicht, weil ein Mensch normalerweise nicht 23 820 Jahre alt wird. Der Vorgang legt aber unabhängig von den Zahlen die Vermutung nahe, dass politische Hände gleichermaßen in die Exekutive eingreifen, um auch in diesem Bereich die von der Politik gefundene Wahrheit in demokratisch geforderte Gerechtigkeit einfließen zu lassen. Alle Menschen sind vor dem Gesetz gleich! Manchmal müssen Gerichte natürlich politisch angewiesene feine Unterschiede erarbeiten!

»Im Fall von Sieglinde Baumert war der Mitteldeutsche Rundfunk nach Überprüfung und Bewertung zu dem Schluss gekommen, dass die Verhältnismäßigkeit nicht mehr gewahrt gewesen sei.«

Die »Verantwortlichen« haben ihre juristische Auslegung im Fall Baumert in einer abgespeckten Kurzfassung angetragen. Juristen sprechen vom Übermaßverbot und wollen damit sicherstellen, dass eine gesetzliche Regelung oder andere Maßnahmen örtlicher Gewalt dann zu unterbleiben haben, wenn Nachteile für den Betroffenen nicht im Verhältnis zum beabsichtigten erzieherischen Erfolg stehen. Dieser juristische Spielraum bei der Auslegung von Gesetzen hat in der modernen Demokratie an Bedeutung gewonnen. Er findet konkrete Anwendung, wenn »politisch höhere Ziele« die juristische Auslegung des Grundgesetzes belasten, und die Wogen der Empörung überschwappen könnten. So ein Vorfall könnte Wählerstimmen kosten!

Eine Mutter aus Bergisch-Gladbach mit ihrem Kleinkind war »säumig« geworden. Die beiden wurden in eine Zelle eingesperrt. Der Lebenspartner wurde aufgefordert, unmittelbar die Abgaben zu bezahlen. Die »angestrebte gütliche Einigung« der ARD Geschäftsleitung bestand darin, dass der jungen Familie mit dem Jugendamt gedroht wurde. Die Tochter müsse künftig vom Jugendamt betreut werden. In lausige Familienzustände muss Vater Staat eingreifen und für Zucht und Ordnung sorgen! Die Tochter in die Hände des Jugendamtes und die Eltern ab ins Kittchen. Es sei denn, der Lebenspartner würde unmittelbar die offen stehenden »Haushaltsabgaben« bezahlen. So lautete die Alternative!

Dem Bürger muss beigebracht werden, dass er bereits mit einem Bein im Gefängnis steht, wenn er nicht rechtzeitig die »Haushaltsabgabe« begleicht. Trotz der eindringlichen Bitte, Frau und Kind nicht einzusperren, sondern im Geschäftszimmer warten zu lassen, während »Männe« das Geld besorgt, wurde abgelehnt. Haft wurde angeordnet. Die sich als Gerichtsvollzieher ausgebende Person war allerdings nur Erfüllungsgehilfe des Rundfunkbeitragsservice. Das Gesetz schließt diese Art von Amtshilfeersuchen eigentlich aus. Eigentlich! Im Fall der »Haushaltsabgabe« ticken die Rechtsuhren jedoch anders!

Daniel Thielemann weigerte sich seit Jahren, die Rundfunkabgabe zu zahlen. Zahlreichen Zahlungsaufforderungen folgten Einsprüche, wie sie viele Haushaltsabgabe-Gegner formulierten. Er verfasste sie vergeblich! Seine Schulden wuchsen auf 758,46 Euro an. Die Vollstreckungsbeamten pfändeten das Auto im Wert von 20.000,- Euro. Würde er nicht zahlen, so lautete die Drohung, dann würde es zu einer Zwangsversteigerung kommen. Das Auto gehörte dem Unternehmen, das Daniel beschäftigte. Seine wirtschaftliche Existenz war bedroht! Diese Art von Erpressung, die eigentlich gesetzlich nicht gestattet ist, muss sich dem Zwang der »Haushaltsabgabe« unterordnen. Moderne, vom Bundesverfassungsgericht abgesegnete Rechtskorrekturen!

»Die Ursache für die Erzwingungshaft ist nicht die Nichtzahlung der Rundfunkbeiträge. Vielmehr handelt es sich um ein Instrument der Vollstreckungsbehörden, um den Schuldner zur Abgabe der Vermögensauskunft zu bewegen. Die Erzwingungshaft kommt nur in Betracht, wenn der Schuldner dem Termin zur Vermögensauskunft fernbleibt oder die Abgabe grundlos verweigert.«

Nur der Teufel verzichtet bei seinen Werken auf Ausreden und Begründungen! Die obersten, politisch gesteuerten Marionetten des öffentlich-rechtlichen Rundfunks haben immer harmlos klingende Erläuterungen zur Hand, wenn sie Eingriffe in des Bürgers Privatsphäre verniedlichen und schönfärben und Betrug in einen soliden Rechtsmantel einhüllen müssen.

Große Firmen haben den Versuch gewagt, die »Haushaltsabgabe« gerichtlich als das hinzustellen, was sie im Grunde genommen ist: eine Steuer! Das hätte allerdings zu dramatischen Folgen geführt! Die Abgabe hätte eingestampft werden müssen. Die Eintreibung der »Haushaltsabgabe« ist nämlich Länderangelegenheit und Länder dürfen keine Steuern erheben. Allein schon aus diesem Grund musste bereits das Bundesverwaltungsgericht eingreifen und diese Angriffe abschmettern. Außerdem besteht der Grundgedanke der Steuer in unserem Land darin, dass der Steuerpflichtige nach seiner finanziellen Leistungskraft belastet wird. So jedenfalls sollte es sein! Bezieher kleiner Einkünfte werden folglich von der Steuer befreit oder zahlen, je nach Einstufung in der Steuerprogressionskurve, nur geringe Abgaben. Die »Haushaltsabgabe« verlangt jedoch ungespaltene Silbertaler! Also auch Bezieher kleiner Einkommen, Rentner oder kinderreiche Familien, Mütter mit behinderten Kindern, Seh- und Hörgeschädigte, sie alle müssen die »Haushaltsabgabe« in voller Höhe entrichten, Der öffentlich-rechtliche Rundfunk müsste bei Ausbleiben dieser Gelder Konkurs anmelden. Politische Übersicht könnte blaue Flecken kriegen!

Es ist nicht auszuschließen, dass der Druck im Abgabenkessel, in dem die fünf Millionen Abgabenverweigerer eingezwängt werden, unbeherrschbar wird. Der Weg in den Knast wird vom Bürger irgendwann, wenn die Abgabenbelastung unerträglich wird, und die Inflationsrate überdimensionale Formen annimmt, als weniger belastend angesehen werden, als der Weg in den Knast. Diese Bürger könnten dann auch im Knast frei wohnen. Dann müssten viele, viele Gefängnisse gebaut werden, und auch die lebenslange Unterbringung würde den staatlichen Haushalt belasten. Die Politik müsste zu der Einsicht gelangen, dass eine soziale Unterstützung dieser Bürger kostengünstiger ist. Die »Haushaltsabgabe« wird natürlich für vermögende Bürger aufrechterhalten werden. Sie würde nur eine Angleichung an die Ausfälle einfordern! Schließlich verfügt der öffentlich-rechtliche Rundfunk über die vom Bundesverfassungsgericht bereits 1986 abgesegnete Verfügung der Bestands- und Entwicklungsgarantie.

Personalkosten

»Die ärgerlichste Kritik besteht in der Benennung von Fakten.«
Dr. Michael Richter

Im Volksmund heißt es: »So gewonnen, so zerronnen!« Der öffentlich-rechtliche Rundfunk braucht die für seine Existenz benötigten Gelder nur zum Bruchteil erwirtschaften. Sie fließen automatisch durch die »Haushaltsabgabe«! Die vom Bundesverfassungsgericht in das öffentliche Rundfunksystem hineingeschobenen Gelder dürfen folglich mit der gleichen Unbekümmertheit, wie sie eingenommen wurden, auch wieder verteilt werden. Möglichkeiten gibt es zuhauf. Bei Geldverschwendung brauchen ARD und ZDF keine Schulungen! Die nächsten Betrugs- und Korruptionsfälle müssen finanziell bereinigt werden, die nächsten Fehlplanungen, die leichtfertig vereinbarten, lebensbejahenden luxuriösen Altersversorgungen, und, und, und ... Allein für die Altersversorgungen müssen Rückstellungen von 6,5 Milliarden Euro finanziert werden. Das Thema »Altersversorgung im öffentlich-rechtlichen Rundfunk« für den Bürger zugänglich zu gestalten ist nicht einfach! So etwas ist allein schon deshalb schwierig, weil die Renten der Geschäftsführungsebene nicht ausgewiesen werden müssen. Für den Bürger ist nur ersichtlich, dass wieder an der Abgabenschraube gedreht werden muss, sollten die vielen Milliarden nicht ausreichen. Für die Anpassung der Fehlbeträge ist dann die Kommission zur Finanzermittlung (KEF) zuständig. Wenn des Bürgers Haushaltskasse über die »Haushaltsabgabe« beliebig angezapft werden kann, warum sollte an diesem eingespielten, in sich geschlossenen System etwas geändert werden? Eine Logik, der sich nur der belastete Bürger widersetzt. Der muss sich aber den politisch beeinflussten Anordnungen des Bundesverfassungsgerichts beugen! Gegen diesen gemeinsamen Verbund ankämpfen zu wollen, bedeutet jedoch, aus Sand einen Strick zu flechten!

Die Gehälter des öffentlich-rechtlichen Rundfunks müssen veröffentlicht werden. Die Rentenzahlungen bleiben Geheimsache. Allein die Intendanten verlangen Jahr für Jahr eine Anpassungen ihrer Bezüge und Pensionen von normalerweise 3 bis 4 Prozent. Im Einzelnen aufgelistet ergeben sich für die Gehälter folgende Zahlen:

ARD-Intendant Tom Buhrow:	395.000,- Euro
BR-Intendant Ulrich Wilhelm:	388.000,- Euro
NDR-Intendant Lutz Marmor:	365.000,- Euro
SWR-Intendant Kai Kniffe:	343.000,- Euro
HR-Intendant Manfred Krupp:	286.000,- Euro
MDR-Intendantin Karola Wille:	275.000,- Euro
RB-Intendantin Yvette Gerner:	270.000,- Euro
RBB-Intendantin Patricia Schlesinger:	261.000,- Euro
SR-Intendant Thomas Kleist:	245.000,- Euro
ZDF-Intendant Thomas Bellut (2018)	369.000,- Euro

Manche Bürger halten die Bezüge des Fernsehmanagement für überzogen. Deshalb der Hinweis, dass es sich bei diesen Angaben nicht um Monats- sondern um Jahresgehälter handelt! Die Gehälter der NDR-Direktoren liegen zwischen 170.424 und 239.868 Euro. Die der Programmchefs und Abteilungsleiter zwischen 123.816 und 166.512 Euro. Redakteure erhalten zwischen 44.172 und 128.736 Euro.

Lohnverhandlungen in den öffentlichen Sendeanstalten unterliegen nicht Marktverhältnissen. Die obere Hierarchieebene des öffentlich-rechtlichen Rundfunks beschließt im engen Schulterschluss mit der Gewerkschaft Verdi die Löhne. Sie werden zwanglos den Bedürfnissen angeglichen. Die finanzielle Gestaltung der Pensionen erfordert einen Unterschied zwischen Gewerkschaftsmitgliedern und den anderen Mitarbeitern. Der Gebührenzwang gestaltet die »Verhandlungen« zu einem einfachen, mühelosen und unbeschwerlichen Vorgang. »Neuerdings« durch die Rückendeckung der »Bestands- und Entwicklungsgarantie«! Die finanzielle Abwicklung erarbeitet dann die KEF.

Einkommen und Pensionsbezüge sind eng aneinander gekoppelt. Dank Stärke des Personalrats und einer harmonischen Beziehungen der Geschäftsleitung zur Gewerkschaft und der Politik kann diese Sonderstellung auch in finanziell angespannten Zeiten beibehalten werden. Selbst bei negativen Zinsen werden die Gehälter jährlich komfortabel angepasst.

»Die Höhe der Rückstellungen wird auf der Basis zahlreicher Faktoren berechnet, dazu gehören Gehalt, Betriebszugehörigkeit, statistische Sterbewahrscheinlichkeit«, erläutert der Journalist Birand Bingül.

Gespart wird seit 2015 bei den Renten für normale Mitarbeiter! Nicht bei der Geschäftsführung! Die Hinweise begrenzen sich auf einige sparsame Zahlen.

Tom Buhrow:
2013: Rückstellung von 2,9 Millionen Euro
2018: 5,2 Millionen Euro
Monika Piel, die Vorgängerin von Tom Buhrow:
3,2 Millionen Euro
Für sechs Mitglieder der Geschäftsleitung von ARD:
17,3 Millionen Euro.

Dazu die Stellungnahme eines Gewerkschaftlers: *»Die guten Rentenzusagen waren damals Teil eines Deals. Die Gehälter sind deutlich niedriger als im Privatrundfunk, dafür sind die Renten besser.«* Hinter vorgehaltener Hand wird bekundet, dass manche Mitarbeiter früher deutlich mehr Rente gehabt hatten, als sie zuvor brutto verdienten. Eine harmonische Lösung! Sie verdient besonders hervorgehoben zu werden! Eine harmonische Beziehung zur Politik gestaltet die Leistung von Management und Personal und eine entsprechende Vergütung zu einer unkomplizierten unbürokratischen Abwicklung.

Der Rundfunkvertrag garantiert den fest angestellten Mitarbeitern des öffentlich-rechtlichen Rundfunks alle zwei Jahre einen automatischen Aufstieg in eine höhere Gehaltsklasse. Beispielsweise beträgt das Einstiegsgehalt für Redakteure (Gruppe 15) 4.642,- €, mit dem 13. Dienstjahr sind 6.308,- € erreicht (Stand 2009). Das liegt an den Arbeitsverträgen.

Die gemeinsam verabschiedete »Kölner Resolution zum öffentlich-rechtlichen Rundfunk« gibt Einblick in die gefällige Zusammenarbeit zwischen den Landesrundfunkanstalten und dem Deutschen Gewerkschaftsbund. Die Spitzenvertreter forderten unter anderem bereits im Jahr 1999 in einem Fünf-Punkte-Papier, die Einheitsgebühr sowie die Mischfinanzierung des öffentlich-rechtlichen Rundfunks aus Gebühren, Werbung und Programmsponsoring beizubehalten. Neu hinzugekommen ist die »Haushaltsabgabe«!

»Wenn jemand fünf Jahre im System ist, kann ihm nichts mehr passieren«, beschreibt ein KEF-Kontrolleur die Ausgangslage, »*die Personalräte sind zu stark.*«

Auch »sonstige Kosten« belasten dieses System: Zwei Dutzend Rundfunkorchester und Chöre kosten jährlich 200.000,-Millionen Euro. ARD zahlte in den Jahren 2007 bis 2010 an Günter Netzer und Gerhard Delling 6,22 Millionen Euro, 2,36 Millionen Euro für 13 Sportmoderatoren in den Jahren 2018/2019. Der Bürger versteht immer besser, warum sich das Bundesverfassungsgericht aufgefordert fühlen musste, ein durch das duale System untermauertes Gesetz zur Bestands- und Entwicklungsgarantie des öffentlich-rechtlichen Rundfunks zu erlassen!

Alle diese Gewohnheitsrechte des unsortierten Umgangs mit den Gebühren mussten Einfluss auf die Einnahmen haben, zumal nur wenige finanzielle Posten Einmalzahlungen waren. Insbesondere die in familiärer Atmosphäre zwischen Gewerkschaft und der Geschäftsleitung des öffentlich-rechtlichen Rundfunks vereinbarten Löhne und deren regelmäßige, noble Anpassung führten zu einem statisch labilen Finanzgerüst. Im Jahr 2016 soll ein Gesametat von 6.6 Milliarden Euro zur Verfügung gestanden haben, davon entfallen 5.6 Milliarden auf Beitragseinnahmen. Wird einmal zugrunde gelegt, dass 42 Prozent der Bürger den Vertrag mit dem öffentlich-rechtlichen Rundfunk kündigen würden, so entfielen 2.35 Milliarden dieser Einnahmen. Bereits diese Zahlen veranschaulichen, dass das finanzielle Gerüst ohne die Unterstützung der »Haushaltsabgabe« zusammenbrechen würde! Die Rundfunkgebühr musste also zwangsläufig durch eine »Haushaltsabgabe« ersetzt werden! Eine finanzielle Schraube, an der beliebig gedreht werden kann! Der öffentlich-rechtliche Rundfunk wäre anders nicht am Leben zu erhalten! Diese Erklärung dürfte jedenfalls dem harmonischen Eingreifen von Politik und Bundesverfassungsgericht näherkommen, als das hilflose Glaubensbekenntnis der obersten Richter. Aber was bleibt diesem juristischen und politischen Gespann auch anderes übrig, das politisch erschaffene Ungetüm »öffentlich-rechtlicher Rundfunk« zu einem uneinnehmbaren Bollwerk auszubauen? Ihnen verbleibt doch nur noch die Möglichkeit, den Bürger zwangsweise zur Zahlung zu verpflichten. Und Betrug ist zur Erfüllung »höherer Ziele« zur politischen Routine geworden!

Korruption und Betrug muss sich natürlich in Kosten niederschlagen! Alle Aufwendungen aufaddiert gestalten den öffenlich-rechtlichen Rundfunk des kleinen Deutschland zu der teuersten Institution der Welt. Das politische Horoskop von Kurt Beck, dass die »Haushaltsabgabe« Vorbild für Europa werde, hat jedenfalls auch in acht Jahren nur politisch übliche, falsche Prognosen bestätigt.

Soziale Untersuchungen

»Gott gib mir die Gelassenheit, Dinge hinzunehmen, die ich nicht ändern kann, den Mut, Dinge zu ändern, die ich ändern kann und die Weisheit, das eine vom anderen zu unterscheiden.«

Reinhold Niebuhr

Bis zum Januar 2013 bestand die politische Definition von »sozial« darin, dass nur derjenige Bürger die »Haushaltsabgabe« bezahlen musste, der die Sendungen des öffentlich-rechtlichen Rundfunks nutzen konnte, wollte und auch von dieser Möglichkeit Gebrauch machte. Diese Auslegung von »sozial« ist Vergangenheit. Die »Haushaltsabgabe« ist schuld! Soziale Betrachtungen müssen sich unterordnen!

Der Sozialdemokrat Kurt Beck stellte folglich fest, dass die »Haushaltsabgabe« nicht nur ein Meilenstein für die Medienordnung und ein Vorbild für andere Staaten sei, sondern dass es sich um eine solidarische Finanzierung handelt. Solidarisch hat etwas Wohlmeinendes! Es hebt besonders hervor, dass es sich um eine gemeinschaftliche Leistung im Interesse der Gesellschaft handelt. »Solidarisch« regt das Wir-Gefühl einer Nation an.

Die Bürger sollen sich einer unteilbaren Zusammengehörigkeit bewusst werden. Sie sollen sich verpflichtet fühlen, diese Gleichgesinnung als Mittelpunkt ihres Lebens zu begreifen. Sie müssen die gegenseitige Hilfe als notwendige Unterstützung ihres Vaterlandes erkennen. Vom Vaterland sprechen Politiker gern dann, wenn sie dem Bürger noch brutaler in seine ausgebeuteten finanziellen Taschen greifen! Arme wie vermögende Bürger müssen folglich einsehen, dass Solidarität im Fall der »Haushaltsabgabe« eine höhere Wertigkeit beinhaltet, als soziale Maßnahmen! Und sie zahlen bis zum Lebensende! Es sei denn, sie werden unsolidarisch und wandern aus. Oder, noch schlimmer, sie wählen den unsolidarischen Weg in den Knast. Der Staat könnte undemokratisch erscheinen. Viele Gefängnisse kosten zudem viel Geld! Knast wäre also der Gipfel von unsolidarisch!

Der betroffene öffentlich-rechtliche Rundfunk kann dem Begriff »solidarisch« wenig abgewinnen. Er will auch nicht sozial sein! Er liebt das luxuriöse Leben! Und das ist teuer! Deshalb ist der öffentlich-rechtliche Rundfunk auf jeden Cent angewiesen, damit er sein Residieren in Prunk und Glanz eintauchen kann. Auch taubstumme, blinde, verkrüppelte, mittellose und alle sonstigen körperlich und geistig geschädigten Menschen müssen zur Finanzierung beitragen. Die Solidarität dieser Bürger muss ein bisschen ermäßigt werden. Eine politische, soziale Aufgabe! Das verlangt eine moderne Demokratie! Solidarität wurde bereits frühzeitig auch von Gerichten konsequent eingefordert. Stellvertretend sei das Urteil des Göttinger Verwaltungsgerichts aus dem Jahr 2006 genannt, Aktenzeichen 2 A 13/06.

Wird das Urteil zusammengefasst auf den Punkt gebracht, so sind ein geringes Einkommen, hohe Schulden und der Umstand, eine zum Haushalt gehörende zu 100 Prozent schwerbehinderte Tochter zu betreuen, kein Rechtfertigungsgrund, von der »Rundfunkgebühr« befreit zu werden.

Der Tatbestand: Die Klägerin hält seit August 2001 ein Radio- und ein Fernsehgerät zum Empfang bereit. Sie ist alleinstehend und hat zwei Kinder. Ihre Tochter M. ist schwerbehindert mit einem anerkannten Grad von 100 Prozent und lebt mit in ihrem Haushalt. Tochter M sind die Merkzeichen RF, G, H und B zuerkannt. Tagsüber hält sich die Tochter im Landesbildungszentrum für Hörgeschädigte in Hildesheim auf. Abends kommt sie nach Hause. Nach Angaben der Klägerin sieht die Tochter viel fern, eine Aktivität, die zu den wenigen Höhepunkte ihres Lebens zählt. Die Klägerin hat einen Nettoverdienst aus unselbständiger Tätigkeit in Höhe von ca. 600,00 Euro im Monat. Es konnte nicht ausbleiben, dass sich hohe Schuldverpflichtungen angesammelt hatten.

Am 1. August 2005 beantragte die Klägerin bei dem Beklagten, sie von der Rundfunkgebührenpflicht aus sozialen Gründen zu befreien. Die Beklagte lehnte mit Bescheid vom 10. Dezember 2005 ab. Die Begründung: Die Klägerin sei als Haushaltsvorstand Rundfunkteilnehmer und erfülle in ihrer Person nicht die Voraussetzungen für eine Rundfunkgebührenbefreiung. Es reiche nicht aus, die Tochter der Klägerin wegen des »RF-Vermerks« von der Rundfunkgebührenpflicht zu befreien.

Hiergegen hat die Klägerin am 10. Januar 2006 Klage erhoben. Sie meinte, die Befreiungsvoraussetzungen wären bei einer Gesamtbetrachtung ihrer wirtschaftlichen und persönlichen Verhältnisse gegeben. Sie wies auf die besonders belastende Behinderung ihrer Tochter hin. Die Klägerin beantragte,
- die Beklagte unter Aufhebung ihres Bescheides vom 10. Dezember 2005 zu verpflichten, sie von der Rundfunkgebührenpflicht zu befreien.
- Die Beklagte beantragte, die Klage abzuweisen. Sie berief sich zur Begründung im Wesentlichen auf den angefochtenen Bescheid und ergänzte diesen dahingehend, dass die schwierige wirtschaftliche Situation der Klägerin alleine eine Befreiung von der Rundfunkgebührenpflicht nicht rechtfertige.

Die Klage der Mutter wurde abgewiesen. Die Beteiligten haben übereinstimmend auf die Durchführung einer weiteren mündlichen Verhandlung verzichtet.

Welche Gefühle müssen eine Mutter begleiten, die eine Rechtsprechung hinnehmen muss, die sich mehr an solidarischen Betrachtungen orientiert, als soziale Gegebenheiten zu berücksichtigen! Ein Einkommen von 600,- Euro muss einen Haushalt mit zwei Kindern ernähren, von denen eins schwerbehindert ist. Nur das Boulevard-Niveau des öffentlichen Fernsehens erleichtert das schwere Los der Tochter, ihr Leben ein wenig erträglicher zu gestalten! Die Mutter wird verpflichtet, weiterhin Millionäre zu unterstützen, die einen Lastwagen benötigen, um die Goldklumpen des Verdienstes auch nur eines Abends nach Hause zu karren. Begründung: Es existiert ein Fernseher und dieser wird von der Klägerin als Haushaltsvorstand auch genutzt!

Von 800.000 Menschen, die von der »Rundfunkgebühr« aus gesundheitlichen Gründen befreit waren, werden nun wieder zwei Drittel über die »Haushaltsabgabe« zur Zahlung gezwungen. Arme Menschen sollen ärmer werden, damit Intendanten nicht nur ein fürstliches Gehalt, sondern auch eine wohldotierte Pension erhalten. Steine können nicht wärmer werden, indem kälteren die Wärme entzogen wird. Ein Naturgesetz! Dem Verbund aus Bundesverfassungsgericht und Politik gelingt so ein Phänomen! »Solidarität« ersetzt »soziale Gerechtigkeit« und schon geben kalte Steine Wärme ab. Gesetze und deren Auslegung besorgen den Rest!

Dem Jahresbericht 2015 des Rundfunkbeitragsservice zufolge gibt es 44,67 Millionen Beitragskonten im privaten wie nicht privatem Bereich. Die Mahnmaßnahmen sind von 14,9 Millionen in 2013 auf 25,4 Millionen in 2015 emporgeschnellt, genauso die Zahl der Zwangsmaßnahmen. Diese Zahlen demonstrieren, warum das Bundesverfassungsgericht »Recht« sprechen musste. Sie geben einen Einblick, wie die Zwangsgebühr von den Bürgern aufgenommen wird. Ein Meilenstein und Vorreiter für ganz Europa!

Gemäß § 140 SGB III sowie 10 SGB II *»sind Arbeitslosen sämtliche Tätigkeiten zumutbar, welche seiner Fähigkeiten entsprechen und gegen die keine allgemeinen oder personenbezogenen Gründe sprechen ... Auch ist einem Arbeitslosen durchaus zuzumuten, eine befristete Tätigkeit anzunehmen, auch eine solche, die eine doppelte Haushaltsführung notwendig macht«.*

Dieser ordnungspolitischen Pflicht kann nicht widersprochen werden. Jeder Bürger muss doch tunlichst sein Leben eigenhändig, also eigenverantwortlich in die Hand nehmen, um es entsprechend seinen körperlichen und geistigen Möglichkeiten selbst zu formen. Die Politik kann den Menschen nicht auf Dauer abnehmen, was sie selber erledigen müssen. Zur Lebensgestaltung gehört auch die Arbeit! Tätigkeiten im Rahmen von § 140 SGB III werfen kein Vermögen ab. Bereits durch die doppelte Haushaltsführung besteht auf der Ausgabenseite eine finanzielle Grundbelastung. Eine solche ohnehin finanziell eingeengte Person, die nun möglicherweise nicht mehr arbeitslos ist, also nicht mehr Hartz IV empfängt, musste die »Haushaltsabgabe« gleich zweimal entrichten. Solidarität für den öffentlich-rechtlichen Rundfunk! Zwei Haushalte benötigten zwei Dächer über einem Kopf, also auch zwei Haushalte! Logisch! Behördlich erhobene Gelder werden nur über eine Klage zurückgezahlt. Sonst sind sie auf »ewig« in des Staates Schlund verschwunden! Diese Gelder sind für den Hartz-IVEmpfänger für »immer« verloren!

Mit einem Monatseinkommen von rund 10.100,- Euro plus einer steuerfreien Pauschale von 4.560,- Euro bei regelmäßiger Anpassung kennen Politiker keine wirklich finanzielle Not. Die Abgeordneten sind sich auch immer schnell einig, dass Diäten jährlich aufgestockt werden müssen. Zweifel müssen aufkommen, ob Menschen, deren Einkommensverhältnisse nur wirtschaftlichen Überfluss kennen, sich wirklich in die Lage armer Menschen und deren soziale Belange hineinversetzen können! Also Politiker, die nicht nur mit wohl sortierten, profilierungsausgerichteten Worten ihre soziale Verantwortung bekunden, sondern auch deren Auswirkungen beurteilen können. Fünf Jahre lang mussten die Hartz IV-Empfänger die »Haushaltsabgabe« doppelt bezahlen! Weigerten sie sich, so ging's ab hinter »schwedische Gardinen«! Ihr mühsam ergatterter Job war in Gefahr! Warum musste erst das Bundesverfassungsgericht aufgrund einer Klage, die die grundsätzliche Berechtigung der »Haushaltsabgabe« infrage stellte, diesen, das Rechtssystem belastenden Stein aus dem Weg räumen? Die »Haushaltsabgabe« blieb natürlich erhalten! Und der kostenpflichtige Antrag auf eine Abgabenbefreiung bleibt genauso bestehen! Politiker wissen um ihre Stärke, ihre Beschlüsse sorgsam auf politische Belange abzuklopfen!

Beispiele für politisch definierte »soziale Gerechtigkeit« gibt es zu Hauff. Sie sind nicht auf einzelne, wenige Ausnahmen begrenzt. Die von den Maßnahmen betroffenen Personen, Rentner und Geringverdienende haben nicht die Kraft, sich gegen die Deutung von sozialer Gerechtigkeit aufzulehnen. Bürger, denen es besser geht, interessiert das Elend anderer Menschen nur in Ausnahmefällen. Manche fühlen sich sogar aufgerufen, darüber zu spotten. Der öffentlich-rechtliche Rundfunk müsste sich im Grunde genommen verpflichtet fühlen, sich für derartige bedrückende Verhältnisse einzusetzen. Das aber ist politisch unerwünscht! Was soziale Gerechtigkeit ist, darüber entscheiden ausschließlich Politiker. Und sie wachen auch akribisch darüber, wie sie ausgelegt wird! Das weiß auch der öffentlich-rechtliche Rundfunk!

Eine grundsätzliche Aufgabe der Politik besteht darin, die Bürger auszubeuten! Dazu bedarf es keinerlei Begründungen! Ein Gewohnheitsrecht! In besorgniserregenden Fällen kann der Bürger versuchen, dagegen juristisch aufzubegehren. Er kann durchaus probieren, gegen eine eigenwillige Rechtsprechung anzugehen! Unter eine solche Rechtsprechung fällt auch die »Haushaltsabgabe«! Der Bürger müsste den Mut aufbringen, eine mit hohem Risiko behaftete Klage einzureichen. Er kann versuchen, sein Recht durchzusetzen. Ein Erfolg ist jedoch ausgeschlossen und daher aussichtslos! Das Bundesverfassungsgericht hatte auf politisches Geheiß zugeschlagen und seine Muskeln spielen lassen! Selbst Millionäre kommen dagegen nicht an! Die brauchen es auch nicht! Die »Haushaltsabgabe« ist für sie ein durchlaufender Posten! Den gemeinen Bürger belastet indessen diese Zwangsabgabe! Er kann einen Antrag auf Befreiung stellen. Der ist natürlich kostenpflichtig! In diesem Antrag muss er eine Bedürftigkeit nachweisen. Zum Service des Beitragsservice gehört, dass er einen vielseitigen Antrag verlangt, in dem der Bürger sich bis auf das letzte Hemd entkleiden muss. Viele Bürger empfinden bereits diese Bloßstellung als Schmach. Sie fühlen sich ihrer Würde beraubt. Eigentlich garantiert das Grundgesetz diese Würde! Das Grundgesetz darf bei der »Haushaltsabgabe« keine Rolle spielen! Die »Haushaltsabgabe« fordert politische Gerechtigkeit und keine Gerechtigkeit, die das Grundgesetzes verlangt! Politische Gerechtigkeit bedeutet, dass alle Bürger den gleichen Beitrag zahlen sollen! Deshalb musste die »Haushaltsabgabe« demokratisiert werden! Wird der Antrag auf Befreiung von der »Haushaltsabgabe« nicht genehmigt, muss er zahlen! Nero hatte seinerzeit launenabhängig mit seinem Daumen über Leben und Tod entschieden. War am Ende eines Gladiatorenkampfes der Schwächere unterlegen und der Daumen nach unten gerichtet, so war's das mit dem Leben. Ähnlich verfährt der Staat bei der »Haushaltsabgabe«. Nur gibt es hier keinen Kampf! Der schwache Bürger ist immer der Verlierer! Und die Hoffnung auf gute Laune entfällt! Der Daumen zeigt immer nach unten, und das Gefängnis öffnet seine Pforte. Politik sorgt dann dafür, dass dort immer ein Platz frei ist!

Die »Haushaltsabgabe« ist bürokratisch lückenlos durchorganisiert! Der Bürger muss sich beim Rundfunkbeitragsservice abmelden, wenn er vorübergehend das Land verlässt. Der Melderegisterabgleich funktioniert nur in eine Richtung. Er kann nur erfassen, wenn der »Haushaltsabgabe«-Pflichtige sich abgemeldet hat. Dieser ausgeprägte Gerechtigkeitssinn spiegelt sich in nahezu allen staatlich kontrollierten Einrichtungen wider. Beansprucht der Staat Geld vom Bürger, so sorgt eine automatische Archivierung dafür, dass keine Lücke entsteht. Möchte der Bürger seine Rechte einfordern, muss er sich rechtfertigen und umfangreiche Nachweise einreichen. Bis zur Klärung muss er selbstverständlich Zahlen! Will er ungerechtfertigtes Geld zurückhaben, so muss er klagen und Geld für den Streitwert bereitstellen. Geld, was der Staat einmal verschlungen hat, gibt er nicht freiwillig wieder heraus!

Auch Flüchtlinge, die vorübergehend in Sammelunterkünften untergebracht sind, müssen einen Antrag auf Befreiung stellen. Später, wenn sie irgendwann einmal ein »eigenes« Dach über dem Kopf haben, müssen sie sonst rückwirkend die Beiträge leisten. Sie haben versäumt, sich abzumelden. Laut offiziellen Informationen sind achtzig Prozent der Flüchtlinge Analphabeten. Für diese Menschen dürfte es eine besondere »Herausforderung« sein, die umfangreichen Schriftsätze auszufüllen! Bei der finanziellen Abwicklung werden sie natürlich sozial entlastet! Die anfallenden Kosten übernimmt der Rundfunkbeitragsservice. Soziale Gerechtigkeit! Später in der »eigenen« Behausung können sie dann mit den vom Fernsehen ausgestrahlten bildungs- und kulturdurchtränkten Programmen ihre Persönlichkeitsentwicklung ergänzen. Sie müssen sich nur einen Fernseher leisten können. In jedem Fall müssen sie aber die »Haushaltsabgabe« zahlen. Für Soldaten gilt das Gleiche! Auch sie müssen sich beim Rundfunkbeitragsservice abmelden, wenn sie einen Auslandseinsatz haben. Die betroffenen Soldaten müssen lediglich im eigenen Interesse abwägen, ob die für die Abmeldung erhobenen Kosten nicht belastender sind, als die Kosten der »Haushaltsabgabe« durchlaufen zu lassen. Sie haben keinen Anspruch auf soziale Unterstützung. Der Intendant Schächter bezeichnet das System als einfach, transparent und er hilft mit seiner Erklärung jenen Bürgern, die das noch nicht begriffen haben. Politiker schmieden immer einfache, transparente und sozial gerechte Gesetze! Diese politisch auferlegte Pflicht gilt ganz besonders für die finanzielle Unterstützung des öffentlich-rechtlichen Rundfunks. Deshalb verlangt eine moderne Demokratie, dass der Rundfunkbeitragsstaatsvertrag zur finanziellen Anpassung regelmäßig überarbeitet und angepasst wird.

 Auch die Wirtschaft hat sich an die sorgsam ausgearbeiteten Regeln zur »Haushaltsabgabe« zu halten. Unternehmen müssen nun für jede Betriebsstätte zahlen. Bei dieser Art politischer Deutung von Gerechtigkeit fallen noch mehr Goldtaler in den Rundfunktopf. Das ist natürlich purer Zufall! Ein Betrieb, der ausschließlich an einem Ort produziert und 9.000 Angestellte hat, zahlt 80 Rundfunkbeiträge, also 1.438,40 Euro. Ein Unternehmen mit 200 Filialen und jeweils 45 Angestellten, das also in der Summe auch 9.000 Angestellte versorgt, zudem höhere Kosten durch die verschiedenen Standorte hat, muss 17.980,- Euro bezahlen. Pauschale Regelungen! So die politische Begründung! Politische Deutung von »sozialer Gerechtigkeit« hat viele Interpretationsmöglichkeiten, so sie denn »höhere politische Ziele« erfüllen muss. Die richtige Auslegung sozialer Gerechtigkeit kennen nur Politiker. Verzweigte Betriebe sorgen dafür, dass auch Menschen, die auf dem Land wohnen, mit Brot und Wasser versorgt werden. Der ausgeprägte soziale Gerechtigkeitssinn übersieht bei der Überprüfung der Belastung dieser mittelständigen Betriebe, dass solche Arbeitsstätten das Rückgrat der Wirtschaft bilden. Politik versucht, denen das Existenzwasser abzugraben, die ihr ermöglichen, die Steuerkasse zu plündern.

Wird die Definition von »Wohnung« der privaten Haushalte auf einen nicht privaten Bereich »Betriebsstätte« erweitert, so bieten sich auch hier durch das Wort »oder« zahlreiche Deutungsspielereien an. Schließlich muss Geld in die öffentlich-rechtlichen Rundfunkkassen fließen! Wie weitreichend Auslegungen im Interesse staatlich gesteuerter Einnahmen konstruierbar sind, hat der Bayrische Rundfunk vorgeführt: ein Landwirt aus Grafing in Bayern muss für seine Kühe die »Haushaltsabgabe« entrichten. Was im ersten Gedankenanlauf verwunderlich erscheint, klärt sich bei näherer Betrachtung doch recht schnell auf. Die im Stall stehenden Kühe sind nämlich in einer »Betriebsstätte« untergebracht. Für eine »Betriebsstätte« müssen gemäß RBSTV die Rundfunkgebühren entrichtet werden. Allein bereits die Möglichkeit, dass die Kühe Musik hören und Fernsehen gucken könnten, rechtfertigt also die Zwangsabgabe. Der Landwirt könnte Notebooks aufstellen und jederzeit ein Stromkabel legen, und damit wären die Voraussetzungen für eine Betriebsstätte durch den Empfang von Musik und Fernsehen gegeben. Politisch ausgerichtete Wissenschaftler finden dann heraus, dass derartige Maßnahmen die Milchproduktion steigern, und die Milchqualität aufwerten. Ertragsmaximierung!

Herr Professor Kirchhof hatte heraus getüftelt, dass das Rundfunkangebot sich an den Menschen wendet. Folglich muss auch der Abgabentatbestand auf den Menschen ausgerichtet sein und nicht auf das Empfangsgerät. So begründete Herr Professor Kirchhof die »Haushaltsabgabe«. Der ARD-Vorsitzende Ulrich Wilhelm teilte dann ergänzend mit, dass »aus Gründen der Beitragsgerechtigkeit die Beitragspflicht durchgesetzt werden muss, dazu verpflichtet uns auch die KEF«. Ein sonderbarer Hinweis! Die KEF darf nur Vorschläge unterbreiten. Für verpflichtende Maßnahmen fehlt ihr die Vollmacht. Ein ARD-Vorsitzender weiß das nicht? Das Management wird fürstlich entlohnt, damit es im Bedarfsfall auch lügen können muss, dass sich die Balken biegen!

Vorbei die »Macht« des Bürgers, durch Abschalten des Fernsehers oder gar durch Kündigung des Rundfunkbeitrags auf Qualitätversprechungen der Ausstrahlungen Einfluss zu nehmen. Wie wohl würde es mir als Bürger tun, wenn nur eine der sich sozial gebenden Parteien aufbegehren und sich gegen diese unrühmlichen, einer Demokratie unwürdigen Verhältnisse aufbäumen würde. Zumindest Zweifel aufwerfen würde! Sie bräuchte noch nicht einmal versuchen, eine Änderung herbeizuführen. Allein der Protest gäbe dem Bürger wohltuende Hoffnungen! Er könnte Aktivitäten erkennen, dass eine Demokratie noch politische Unterstützung erfährt. Aber ein derartiges Aufbegehren würde die Möglichkeit nehmen, mit in den Regierungsfleischtopf einzutunken. Diesen Deckel macht Frau Merkel nur für hörige Kolleginnen und Kollegen auf. Darauf hat sie schließlich sechzehn Jahre hingearbeitet!

Eine transparente Analyse des öffentlich-rechtlichen Rundfunks

»Je mehr Verbote, um so ärmer das Volk.«

Voltaire

Bereits die Bezeichnung »öffentlich-rechtlich« ist eine Irreführung. Öffentlich soll ausdrücken, dass jeder Bürger ungehinderten Einblick in die Geschehnisse dieser Institution nehmen kann. Die rechtlichen Abläufe dieses gigantischen Monstrums »öffentlich-rechtlicher Rundfunk« sollen dem Bürger aber versperrt bleiben.

»Jeder öffentliche Haushalt, sei es der Bundeshaushalt, der Haushalt der einzelnen Länder oder der Haushalt jedes Landkreises, jeder Stadt und jeden kleinen Dorfes ist in der Bundesrepublik Deutschland grundsätzlich transparent ... Man sollte doch meinen, dass ein ähnliches, transparentes Vorgehen für eine öffentliche Institution wie die Rundfunkanstalten ebenfalls selbstverständlich sein sollte, ja, dass die Zwangsabgabenzahler doch geradezu ein grundsätzliches Recht haben sollten, zu erfahren, was mit ihren Geldern passiert, wie sie ausgegeben werden.«

Die öffentlich-rechtlichen Rundfunkanstalten und die Bundeszentrale für politische Bildung verschleiern diesen natürlichen Wunsch und sprechen von dem gelebten Beispiel eines staatsfernen Rundfunks. Müssen sie auch! Schließlich hatte das Bundesverfassungsgericht diese Direktive vorgegeben! »Staatsferner Rundfunk« soll offenbar die Freiheit der Programmgestaltung hervorheben. Irgendeine politische Nötigung bei der Gestaltung der Programme soll es also nicht geben! Dann aber drängt sich doch die Frage auf, was das Bundesverfassungsgerichts beim öffentlich-rechtlichen Rundfunk unter Unabhängigkeit versteht. Soll der öffentlich-rechtliche Rundfunk geistig selbständig sein? Oder sollen die Ausstrahlungen unabhängig vom Nutzen der Zuschauer sein? Sollen die Informationsbedürfnisse unabhängig vom Beitragszahler sein? Alles Fragen, denen eine schlüssige Antwort fehlt! Der »Fall Brender« ist jedenfalls längst Geschichte!

Die mangelnde Klarheit in der Begriffsbestimmung können vermutlich nur eine Aufgabe haben: die wahren Verhältnisse zu verschleiern und zu beschönigen. Die Wirklichkeit gestaltet die Politik! Das Bundesverfassungsgericht hat seine Entscheidung mit Behauptungen begründet und sich damit der politischen Verfahrensweise angeschlossen! Die oberste Rechtsinstanz hat entschieden, dass der öffentlich-rechtliche Rundfunk politisch unabhängig ist. Und es hatte auch herausgefunden, dass diese Einrichtung Programme zur Verfügung stellt, die auf dem freien Markt nicht zu finden sind! Die Informationsperle »öffentlich-rechtlicher Rundfunk« darf dem Volk also nicht verloren gehen! Folglich musste die oberste Rechtsinstanz eine Bestand- und Entwicklungsgarantie aussprechen!

Nun könnte sich so manche menschliche Seele fragen, warum der Staat dem Fernsehen eine so unverhältnismäßig hohe Bedeutung zumisst. Würde das Fernsehen plötzlich nicht mehr zur Verfügung stehen, so würde sich ein Loch, ein Krater auftun. Die Menschen unserer Gesellschaft würden wohl nicht nur in eine »traumatische Leere« stürzen, sondern es käme vermutlich einem Drogenentzug gleich. Bei den liebsten Freizeitbeschäftigungen der Deutschen sind Medien die Gewinner der vergangenen fünf Jahre. Sieben bis neun von zehn Aktivitäten in der Freizeit wird heute von Fernsehen, Radiohören, Telefonieren oder Smartphone-Nutzung geprägt. So die Ermittlungen des »Freizeit-Monitor«! Auf der Strecke bleiben dagegen immer häufiger echte Sozialkontakte, wie Besuche bei Oma, Treffen mit Freunden bis hin zum Plausch mit dem Nachbarn. Dazu kommt eine rastlose, umorientierte Freizeitgestaltung ohne konkrete Zielsetzungen – pro Woche sind es heute im Durchschnitt 23 Ereignisse. Vor zwanzig Jahren waren es erst zwölf. Diese Rastlosigkeit, die sich nicht konkret beschreiben lässt, zeigt sich aber schon länger, möglicherweise durch ein undefiniertes In-den-Tag-hineinleben manifestiert.

»Ich hatte die Hoffnung, dass sich das dreht«, sagte Ulrich Renhardt, der wissenschaftliche Leiter der Untersuchung. »Denn viele seien nicht glücklich mit dieser Entwicklung. Sie wünschten sich in ihren rund 2500 Mußestunden im Jahr mehr Zeit für sich und andere. Zwischenmenschliche Beziehungen sind wie sozialer Kitt, der das Land zusammenhalte.« [43]

Die Folgen einer menschlichen Existenz ohne Fernsehen sind nicht mehr vorstellbar. Möglicherweise hält diese Abhängigkeit gegen die »Haushaltsabgabe« die Proteste bisher in politisch beherrschbaren Grenzen. Sollte die Politik nicht einen öffentlich-rechtlichen Rundfunk gestalten, deren Programme sich tatsächlich den phantasiegetriebenen Träumereien der obersten Richter unseres Landes angleichen und sich lautlos in politisch neutrales Fahrwasser bewegen? Bürgerliche Luftschlösser, die selbsttäuschende Wunschbilder kreieren! Diesen von Adenauer eingeleiteten Kampf, dem nun das Bundesverfassungsgericht die Steigbügel zur absoluten Beherrschung der Bürger gehalten hat, geben die Parteien nicht mehr freiwillig aus ihren Krallen! Politik hat ihre Macht erweitert, um mit einer von ihnen gestalteten Welt auf den Bürger einzuwirken. Seit dem 31.12.2012 hat sich ein öffentlich-rechtlicher Rundfunk-Mainstream gebildet, den politischer Einfluss fest verankerte. Der Fernsehdirektor Jörg Schönborn traute sich sogar eine Qualitätsbewertung zu:

»Der Rundfunkbeitrag passt gut in dieses Land. Er ist, genau genommen, eine Demokratie-Abgabe. Demokratie fußt auf der Urteilsund Entscheidungsfähigkeit ihrer Bürgerinnen und Bürger. Und die ist in einem 80-Millionen Land nur mittelbar herzustellen, ›medial‹ durch Medien eben.«

Die Stellungnahme kennzeichnet das Qualitätspotential der Führungsebene des öffentlich-rechtlichen Rundfunks. Bereits das Wort »Demokratie-Abgabe« ist bezeichnend! »Abgabe« charakterisiert bereits den Zwang, qualifiziert die Freiwilligkeit. Sie raubt der Demokratie ihre Freiheit. Auch die Macht des öffentlich-rechtlichen Rundfunks ist inzwischen derart angewachsen, dass die überschäumende Intelligenz der begnadeten Führungsebene in der klaffenden Demokratiewunde mit Genugtuung herumrühren darf. Führungspositionen bis zum Abteilungsleiter dürfen nur mit Genehmigung der Bundeskanzlerin oder deren verlängerten Armen besetzt werden. Das ist bezeichnend! Um diese Machtverhältnisse zu stabilisieren, darf bei der Besetzung von Spitzenpositionen im öffentlich-rechtlichen Rundfunk nichts schieflaufen. Aus dem »Fall Brender« hat die Politik ihre Lehren gezogen!

Vorstellbar ist, dass irgendwann die Mehrzahl der Bürger das »more of the same« des öffentlich-rechtlichen Rundfunks als eine innere Leere verbreitende Einrichtung satt haben. Fernsehen kennt keine herausfordernden Bildungsbemühungen. Fernsehen gibt sich mit anspruchslosen Alltäglichkeiten und Monotonie zufrieden. Politische Auseinandersetzungen werden in vorgegebenen Bahnen moderiert. Alles in allem bildet der öffentlich-rechtliche Rundfunk eine Anstalt ab, die 42.000 Angestellte und freie Mitarbeitern durchfüttert. Auch das Management darf als Rentner keine finanzielle Not leiden!

»Deutschland hat mit einem Gebührenaufkommen von rund 8,5 Milliarden Euro den größten und teuersten öffentlich-rechtlichen Rundfunk der Welt«, mit dieser einleitenden Feststellung beginnen Justus Haucap, Christiane Kehder und Ina Loebert eine Studie und verbinden mit dieser Aussage die Frage, ob der Rundfunk noch angemessen und zeitgemäß ist. *Die technologische Entwicklung hat doch die frühere Frequenzknappheit längst vergessend gemacht. Die Kosten für den Markt technologischer Medien – vor allem Internet – sind drastisch reduziert worden und haben zu einer Medienvielfalt geführt, zu der viele beitrugen, denen zuvor diese Möglichkeiten nicht gegeben waren. Mehr als 400 Sender sind in Deutschland zu empfangen. Zudem bereichern zahlreiche Video-on-Demand-Angebote*

und neue Kommunikationskanäle die Rundfunkwelt. Diese Angebotsvielfalt sorgt für die Bereitstellung einer Meinungsbuntheit, die insbesondere durch das Internet ein zuvor nicht da gewesenes Ausmaß erreicht hat.« Umso verwunderlicher finden es die Gutachter, dass diese Reichhaltigkeit »zu einer noch weiteren Expansion und aktiver Verdrängung privater Inhalte, insbesondere im Internet«, geführt haben soll. Will heißen: Das öffentlich-rechtliche System eines Achtzig-Millionen-Einwohner-Landes müsste zu günstigeren Konditionen senden können als eines, dem dieselbe Qualitätsproduktion in einem ungleich kleineren Staat mit sehr viel weniger potenziellen Zuschauern abverlangt wird.

»Der internationale Vergleich zeigt jedoch, dass einem Finanzaufkommen von einer Million Euro bei ARD und ZDF 4143 Zuschauer gegenüberstehen, in Großbritannien sind es 7429, in Frankreich 8537, in Italien 15371 und in Neuseeland gar 163793 Zuschauer. Die Bundesrepublik rangiert in der Kostenbelastung auf den schlechtesten Plätzen und wird nur von Skandinavien und der Schweiz übertroffen. Eine einsame Spitzenstellung nehmen ARD und ZDF bei den Einnahmen in absoluten Zahlen mit rund 8.5 Milliarden Euro ein. Es folgen Japan mit 6,4 Milliarden Euro, Großbritannien mit 4,6 Milliarden, Frankreich mit 3,2, Spanien mit 2,3, Italien mit 1,7 Milliarden Euro und in Neuseeland sind es gerade mal lumpige 69 Millionen Euro.«

Deshalb schlugen nun diese drei Gutachter vor, *»die öffentlich-rechtlichen Sendeanstalten weitgehend zu privatisieren und aus den Privatisierungserlösen einen Stiftungsfonds zu gründen, mit dessen Mitteln gesellschaftlich bedeutsame Programminhalte bezuschusst werden können ...«*.

Allen diesen Überlegungen zur Umgestaltung ist gemeinsam, dass sie die Notwendigkeit einer bahnbrechenden Veränderung des öffentlich-rechtlichen Rundfunks erkennen. Ob die eingebrachten Vorschläge plausible Anregungen sind, wie eine Lösung letztlich aussehen könnte, sei zunächst einmal dahingestellt. Die Auflistung dieser Vergleichszahlen macht jedenfalls deutlich, wie dringend notwendig der öffentlich-rechtliche Rundfunk einer Reform bedarf. An vernünftigen Vorschlägen fehlt es also nicht! Die Kanzlerin kommt jedoch gegen den starken Personalrat nicht an. Zu viele sozial eingebundene Wähler könnten bei einer wirkungsvollen Auseinandersetzung abgeschreckt werden. Deshalb kann sich an den bestehenden Verhältnissen nichts ändern! Der Zug, den öffentlich-rechtlichen Rundfunk auf wirtschaftliche Verhältnisse zu verpflichten, ist also längst abgefahren! Der politisch bequemere Weg bindet die Macht des Bundesverfassungsgericht ein, um den Wünschen einer modernen Demokratie gerecht zu werden.

Wird der Blick zurück in die Gründerzeit der öffentlich-rechtlichen Sendeanstalten gelenkt, also in das Jahr 1947, so herrschte eine andere Grundeinstellung zum Fernsehen und deren Programmen vor. Die Mannschaft um Herrn Bredow war entschlossen, ein Unternehmen auf- und auszubauen, das ihren Beitragszahlern objektive Wahrheiten anbieten wollte. Ihre Programme sollten Grundinformationen und Kultur unterstützen. Das war in den sechziger Jahren, also in einer Zeit, in der Worten auch noch Taten folgen durften! Sogar in der Politik!

Und was ist aus dieser Geburt geworden? Die Eltern haben ein blasiertes, dünkelhaftes, versnobtes, verhätscheltes, schwabbeliges Kind aufgezogen, das erwachsen sein will, aber nur das Geld verprasst, zu dem »Vater« Staat ihm verhilft. Jedenfalls gibt es kein Jugendamt, das eine rechtmäßige Versorgung und Behandlung dieses Kindes sicherstellt. Allein die Eltern wachen darüber, wie die Aufzucht erfolgt. Zwangsläufig sind alle Intendanten in den Aufsichtsräten vertreten und werden für dieses Sorgerecht mit vielen Euros im Jahr entlohnt. Viele, viele Bürger, die die »Haushaltsabgabe« als finanziell überfordernde Zwangsabgabe entrichten müssen, wären glücklich und würden Politikern demutsvoll die Füße küssen, wenn sie allein über dieses Zusatzeinkommen der Intendanten verfügen dürften.

Der wissenschaftliche Beirat hat die Aufgabe, Politiker in Sachfragen zu unterstützen. Normalerweise muss davon ausgegangen werden, dass der wissenschaftliche Beirat des Bundesfinanzministeriums die politisch vorgegebene Linie uneingeschränkt unterstützt. Er ist doch von diesem Ministerium abhängig. Überraschend und zugleich bemerkenswert war deshalb ein Gutachten des Jahres 2015, das von ungewöhnlicher Klarheit und Deutlichkeit die derzeitige Finanzierung des öffentlich-rechtlichen Rundfunksystems in Frage stellte. Auch der wissenschaftliche Beirat verlangte, dass die Sender ihr Angebot auf das konzentrieren sollten, was die privaten Sender nicht liefern. Der Abgabenzwang soll durch ein nutzungsabhängiges Modell ersetzt werden. Nutzungsabhängiges Modell bedeutet, dass die Ausstrahlungen des öffentlich-rechtlichen Rundfunks codiert und beim Empfänger gebührenpflichtig entschlüsselt werden. Alle fachlich begründeten Analysen führen zu dem gleichen Ergebnis: Der Bürger soll seinen Beitrag freiwillig entrichten und nur für das bezahlen, was er nutzen möchte, und was private Sender nicht bieten wollen. Auch der wissenschaftliche Beirat suchte also eine wirklich demokratische Lösung. Er durfte jedoch nur eine Empfehlung aussprechen! Demokratische Beschlüsse herbeizuführen ist nicht die Stärke der Bundeskanzlerin und schon gar nicht dann, wenn sie sich mit einem starken Personalrat anlegen müsste. Ihre Begabung sucht sie darin, ihre Anhänger durch weitreichende, teure Zugeständnisse zu deren Lasten zufriedenzustellen, ohne ihnen zu geben, was sie haben wollen. Diese politische Glanztat bindet sie in freundliche Worte ein! Sie bevorzugt den Kuhhandel, den sie im Ergebnis als Kompromiss harter Arbeit bezeichnen kann. Die Auswirkungen derartiger Kompromisse finden dann in Gesetzen ihren Niederschlag. In besonderen Fällen muss das Bundesverfassungsgericht dazu die Steigbügel halten! Der Bürger ist das Pferd, das dann zu Schanden geritten wird!

Wenn die KEF sich aufgefordert fühlen muss, für 2020 laut und vernehmlich eine Beitragserhöhung in Betracht zu ziehen, so verfällt die Politik wieder in ihre übliche, eintönige, uniforme auf Wählerstimmen ausgerichtete Bewertung der Verhältnisse. Gewaltige Worte der Empörung! FDP-Chef Christian Lindner sagte der Heilbronner Stimme: »*Statt einer Erhöhung der Beiträge sollten die Ausgaben des öffentlich-rechtlichen Systems kritisch geprüft werden … Ich halte es eher für nötig und möglich, dass die Beitragshöhe sinkt. Das stärkt auch die Akzeptanz des Systems.*« Wie war das noch? In der Politik ist nichts geheim, mit Ausnahme dessen, was öffentlich gesagt wird! Politiker wissen natürlich, dass das »System nicht akzeptiert wird«. Also heißt es dazu in ihrem Wahlprogramm: »Wir Freien Demokraten fordern eine Neudefinition des Auftrages des öffentlich-rechtlichen Rundfunks, verbunden mit einer Verschlankung.« Sie will eine »grundlegende Modernisierung« des öffentlich-rechtlichen Rundfunks vorantreiben, die sich in der Struktur und dem Angebot an den Bedürfnissen des Menschen orientiert, die ihn bezahlen. Mit markigen Worten stellt der FDP-Medienpolitiker Thomas Nickel fest: »*Es ist höchste Zeit, dass endlich auch einmal der öffentlich-rechtliche Rundfunk Maß hält … Wir brauchen einen präzisen und klar auf Qualitätsangebote in den Bereichen Bildung, Informationen und Kultur ausgerichteten Funktionsauftrag.*« Bayerns FDP-Generalsekretär bläst ins gleiche Horn: »*Deutschland hat den teuersten abgabenfinanzierten Rundfunk der Welt. Der öffentlich-rechtliche Rundfunk ist schon heute eines der teuersten Pay-TV-Angebote, die es in Deutschland gibt. Trotzdem bekommen ARD und ZDF den Hals nicht voll genug.*« Wenn der Bürger nicht wüsste, dass diese markigen Worte keinem ehrlichen Bedürfnis entspringen, sondern nur Wählergunst erobern wollen, so könnte er Hoffnung schöpfen.

Der russische Sender »Doschd« und der öffentlich-rechtliche Rundfunk – eine Gegenüberstellung.

»Bisweilen macht es Freude, einen Menschen in Erstaunen zu setzen, dass man ihm nicht ähnelt und anders denkt als er.«
Maxim Gorki

Eine Beurteilung, ob und wie ein Sender einen demokratischen Auftrag erfüllt, ist selten eindeutig abzuschätzen und durchsichtig verständlich zu machen. Einzelfälle können bei einer derartigen Untersuchung belebend wirken. Der russische Sender »Doschd« ist ein solcher Einzelfall. Er kämpft in seinem Land um Demokratie. Die Anstrengungen sind zugleich ein Kraftakt ums Überleben. Die russische Journalistin und Chefin dieses staatlich unabhängigen Fernsehsenders, Natalja Sindejewa, hat einen Einblick in die Problematik gegeben.

Das Motto des Senders »Doschd« ist: *»Wir reden mit Menschen über wichtige Dinge mit Menschen, die uns wichtig sind«*. Diejenigen Menschen sind wichtig, die noch denken, und die sich noch leidenschaftlich für andere Dinge einsetzen, als sich mit blindem Gehorsam einer diktatorischen Staatsführung zu ergeben. Die Journalistin bekennt sich bewusst zu ihrer Verantwortung, diese Menschen nicht im Stich zu lassen. In ihrem Land ist so etwas mit persönlichen Gefahren verbunden. Reporter ohne Grenzen haben in der Rangliste zur Pressefreiheit Russland auf Platz 148 von 180 eingestuft. Das war vor dem Ukraineüberfall! Der Kampf für die Freiheit erfordert also wahrlich in einem solchen Land eine Zivilcourage, die von tief eingegrabener Überzeugung und von Begeisterung getragen wird!

Im Jahr 2014 war »Doschd« die größte Fernsehplattform in Russland, auf der sich Menschen mit unterschiedlichen Meinungen öffentlich austauschen und auch streiten konnten. Es wurde jedoch politisch nicht gern gesehen, dass ein geistreicher, herausfordernder und anregender Sender so viele Menschen erreicht, also so beliebt ist. Der Kabelanbieter kündigte alle Vereinbarungen. Der Sender stand kurz vor dem »Aus«. Ohne die Zuschauer würde es »Doschd« nicht mehr geben. Gleich nachdem die Kabelverträge gekündigt wurden, hatte »Doschd« eine Spendenaktion gestartet, mit der der Sender sich über Wasser halten konnte. 65 Prozent der Einnahmen kommen jetzt von den Abonnenten, 15 Prozent durch Werbeanzeigen – vor 2014 waren es noch 95 Prozent – und bis zu 20 Prozent bezahlen ausländische Sender für Inhalte, die ihnen zum Kauf angeboten werden.

»Das Schlimmste ist aber, das ich nicht das Gefühl habe, dass die Mehrheit der russischen Gesellschaft darin ein Problem sieht. In der russischen Geschichte wurde Journalismus lange Zeit durch Propaganda ersetzt. Deshalb sehen die meisten Menschen nach wie vor keinen Sinn darin. Für sie sind Journalisten Werkzeuge des Staates oder der Oligarchen. Wenn man diesen Menschen erklärt, dass Journalismus eine kritische Funktion hat, Autoritäten in Frage stellen und aufdecken soll, was in der Gesellschaft passiert, reagieren viele immer noch ungläubig«, erklärt Natalja Sindejewa

»In einem Interview haben Sie gesagt, dass Sie sich persönlich immer frei fühlen. Auch heute noch?«

»Ja! Es ist eine innere Freiheit, die mir keiner nehmen kann. Um es mit einem russischen Sprichwort zu sagen: Man kann diese Freiheit nicht wegtrinken. Sie ist ein Teil von mir und durch nichts zu ersetzen.«

Doschd und öffentlich-rechtlicher Rundfunk, zwei gegensätzliche Gesellschaftsformen in zwei unterschiedlichen politischen Systemen! Ohne den Staat würde es den öffentlich-rechtlichen Rundfunk nicht mehr geben! Die Beitragszahler würden haufenweise abspringen! Er ginge pleite! Politiker müssen den Bürger folglich zwingen, einen öffentlich-rechtlichen Rundfunk durch finanzielle

Zwangsbeatmung künstlich am Leben zu erhalten. Öffentliche Sender einer modernen Demokratie müssen glaubend machen, sie seien frei. Ihre Freiheit bestimmt der Staat. Verbrauchte Grundüberzeugungen bezeichnen diese Verhältnisse als unabhängig und mündig, also typische Zeichen einer Demokratie. Der öffentlich-rechtliche Rundfunk wird deshalb auch nicht müde, zu behaupten, dass er eine Demokratie verwirkliche. Tatsächlich unterliegt er politisch gesteuerten Einflüssen! Er darf also keine Standhaftigkeit aufbringen wie Natalja Sindejawa sie täglich unter Einsatz ihres Lebens einsetzt. Als Belohnung wird er von der staatlich angeordneten »Haushaltsabgabe« durchgefüttert. Der Geist, der aus der Flasche des öffentlich-rechtlichen Rundfunks entweicht, suhlt sich in einem staatlich gewährten finanziellen Überfluss und unterwirft sich einer staatlichen Kontrolle. Seine Programme können sich nicht an Bürger wenden, die sich noch engagiert und leidenschaftlich für verschiedene Weltanschauungen einsetzen. Die Programme verströmen Langeweile, die, in runzelige, verkalkte und senile Sendungen verpackt, Farblosigkeit und Frust verbreiten. Wirklichkeitsfremde Einschaltquoten sollen belegen, dass die Bürger diese stumpfsinnigen Produkte als geistige und seelische Erfüllung empfinden. Sie bieten eine gedankliche Freiheit, die sich problemlos weg trinken lässt! Eine Freiheit, die nur im Suff zu ertragen ist!

»Der Beitrag zum öffentlich-rechtlichen Rundfunk wird in einen Steuerzwang umgewandelt, um den minimalen Rest staatsbürgerlicher Kontrolle dieser Einrichtungen des Zwangskonsums von Meinungen aufzuheben. Die nächste Erhöhung der Zwangsabgabe wird nicht lange auf sich warten lassen.« [44]

»Doschd« dagegen muss sich in einer Diktatur behaupten, in der eigenständiges Denken unerwünscht ist. »Doschd« hat den Staat zum Feind und lebt nur von der Unterstützung der Bürger. Freiheit, die sich nicht weg trinken lässt, kämpft unter Einsatz des Lebens um eine eng bemessene Weite von Selbstbestimmung. Der Sender Doschd ist dem Staat ein Dorn im Auge. Der Sender bietet politischer Macht die Stirn. Er gibt einen kleinen Einblick in die wirklichen Verhältnisse des Landes. Er erkämpft sich ein klein bisschen Wirklichkeit, die die Bezeichnung »Demokratie« verdient. Der Sender zieht die Kraft seiner Existenz aus dem Wunsch der Bürger nach Freiheit. Er bietet einen kritischen und damit ehrlichen Journalismus an. Er benötigt keine künstliche Zwangsbeatmung! »Doschd« braucht nicht Macht, und Natalja will auch keine Goldklumpen einsammeln. Sie hat nur den Wunsch, darzustellen, was Freiheit bedeutet und den Wert dieser Freiheit einer möglichst breiten Öffentlichkeit bewusst zu machen. »Doschd« lebt ohne Einschaltquoten! Die Bürger öffnen für »Doschd« weit ihr schmales Portemonnaie, um einen Hauch von Freiheit einzuatmen. Wie lange wird es dauern, bis unser Land einen Sender »Doschd« mit einer Natalja Sindejewa begehren muss?

Erderwärmung und Umwelt.

»Falls Gott die Welt geschaffen hat, war seine Hauptsorge sicher nicht, sie so zu machen, dass wir sie verstehen können.«
Albert Einstein

Im »Lexikon der Geowissenschaften« heißt es: *»Abschließend zu den Betrachtungen zu den Klimaverhältnissen seit dem Entstehen der Erde vor etwa 4,6 Milliarden Jahren stellt der Verfasser fest: In jedem Fall ist das Klima der Erde variabel in Raum und Zeit, was sicherlich nicht nur für die Vergangenheit, sondern auch für die Zukunft gilt, und dass zur Klimageschichte in der Vergangenheit eine fast unübersehbar große Vielfalt detaillierter Ergebnisse vorliegt. Entsprechend vielfältig sind natürlich auch die Ursachen dieser Variabilität.«*

Moderne deutsche Politiker blicken mit ihren Adleraugen und einer von Computermodellen gestützten Glaskugel viele Jahrzehnte in die Zukunft. Die Wochenzeitschrift »Die Zeit« hat einen groben Überblick gegeben, wie eine relativ genaue Voraussage des Wettergeschehens für zwei bis drei Tage abläuft. Das System zur Ermittlung des Wetters besteht im Wesentlichen aus extrem leistungsfähigen Computern, die aus einem Satz von Näherungsformeln physikalische Wettergrößen bestimmen, die auf das Wetter einwirken und die Entwicklung bestimmen. Mehr als 250 Billionen Berechnungen sind für eine 24-Stunden Prognose nötig. Da das Wetter sich im Minutentakt ändert, unterliegen diese gewonnen Daten noch vielen Unsicherheiten. Täglich steigen Wetterballons weltweit in bis zu 30 Kilometer Höhe auf und polarumlaufende Satelliten erfassen in Höhen von 800 bis 900 Kilometern jedes Gebiet der Erde. Regenradar erkennt Niederschlagsgebiete und kurzfristige Unwetterentwicklungen. Die aus diesen Daten erstellten Wetterkarten können noch einmal stark voneinander abweichen. Aufgrund von Erfahrungswerten muss die Wettervorhersage dann neu beurteilt werden.

Wetter und Klima stehen in einer abhängigen Wechselbeziehung! Das Potsdamer Institut für Klimafolgeforschung gibt vor, mit ihren Computermodellen viele, viele Jahre die klimatische Zukunft errechnen zu können. Mehr als 250 Billionen Berechnungen eines Tag erfordern bereits mehr als 90.000 Billionen Berechnungen für nur ein Jahr. Die dabei sich einstellenden Unsicherheiten werden nicht geringer! Diese wissenschaftlichen Multitalente des Universums können sogar berechnen, wie hoch die Erdtemperatur in achtzig und hundert Jahren ansteigen wird, wenn nicht das menschlich erzeugte Kohlendioxid vermindert wird. Tatsächlich haben die der Politik zuarbeitenden Wissenschafter Computermodelle entwickelt, die nicht nur die Erdtemperatur in hundert Jahren voraussagen können, sondern sie haben auch festgestellt, dass CO_2 der zu bekämpfende Feind ist. Der Computerpionier Daniel Hillis hat mit Blick auf den Klimawandel festgestellt:

»Unsere Maschinen sind Verkörperungen unserer Vernunft, und wir haben ihnen eine Vielzahl unserer Entscheidungen übertragen. In diesem Prozess haben wir eine Welt geschaffen, die jenseits unseres Verstehens liegt. Fachleute diskutieren nicht mehr Daten, sondern darüber was Computer aufgrund der Daten vorhersagen.«

Wird einmal versucht, ansatzweise in diese komplizierte, digitale Welt vorzudringen, so stößt »man« auf den Begriff »Matrix«. Matrix basiert auf Mathematik und drückt eine lineare Abhängigkeit von mehreren Variablen aus. Sie können als lineare Abhängigkeiten interpretiert werden. Ideen oder Merkmale können auf diese Weise systematisch verknüpft werden, um auf diesem Weg neue Kombinationen zu entdecken und zu erarbeiten. Supercomputer mit fast hundert Billionen Berechnungen pro Sekunde können auf diese Weise bereits mehrere Jahre die Zukunft der Menschheit innerhalb nur weniger Tage simulieren. Es ist davon auszugehen, dass bei einer hochwertigen Simulation der Wirklichkeit kein Programmierer mehr innerhalb der Matrix überhaupt wahrnehmen will, dass es sich um eine künstliche Welt handelt, die hier von Computern aufgebaut wird. Hier liegt das grundsätzliche Problem der Klimavorhersagen: Je nach Wunsch oder Vorgaben kann eine Welt vorgetäuscht werden, die die Palette jeglicher menschlicher Phantasievorstellungen abdeckt. Diese verzauberte Realität hat nur einen winzigen Nachteil. Selbst das fortschrittlichste Programm kann fehlschlagen! Die Rechenkünste der Klimaprogramme können zwar eine vorgegebene Situation in achtzig bis hundert Jahren vortäuschen, sie können aber nicht das Klima der letzten Jahre nachbilden. Das ist eigentlich schade! Fehlt ihnen doch bereits das wissenschaftliche geforderte Fundament, ihre Annahmen mit Messungen zu hinterlegen, so sollte die Programme wenigstens die Vergangenheit nachvollziehen können. Ein solcher Nachweis könnte Bezug zu den wirklichen Verhältnissen nachweisen. Die Wissenschaft dringt zwar in Räume vor, die Hoffnungen zu wecken vermögen, die sich aber nicht mit der Realität in Einklang bringen lässt. Sie können, je nach Vorgabe, eine lebensverneinende oder hoffnungsfrohe Zukunft herbeizaubern.

Politiker wären nicht Politiker, wenn sie nicht diese subtilen Zusammenhänge sofort verstanden und in ihren Auftrag, die Menschheit vor dem Klimatod zu retten, unmittelbar in ihren Aufgabenbereich eingeordnet hätten. Schaffen doch diese einfachen und unkomplizierten Abläufe eine stabile Aussage für die zukünftige Klimavorhersage! Und natürlich auch für die Erderwärmung! Wetter und Klima gehen schließlich eng verzahnte Wege!

In einem dritten Schritt musste noch politisch herauslaboriert werden, welche Temperaturziele in welchem Zeitrahmen zu verwirklichen sind, um das Schlimmste zu vermeiden. Dazu legte das National Oceanic and Amospheric Adminstration (NOAA) mit 14 Grad Celsius die Messlatte fest. 14 Grad Celsius ist die Durchschnittstemperatur der Jahre 1951 bis 1980. Die NOAA ist die Wetter- und Ozeanografiebehörde der Vereinigten Staaten. Sie wurde am 03.10.1970 als eine Einrichtung des Handelsministeriums gegründet, um die nationalen Ozean- und Atmosphärendienste zu koordinieren. In mehreren umfangreichen Klimadebatten einigten sich die Politiker auf das Ziel, die Erdtemperatur um 1,5 Grad Celsius abzusenken. Die Einsparung von CO_2 soll den Anstieg der Erderwärmung auf 1,5 Grad Celsius begrenzen.

Der bevorstehende Klimawandel wird die Lebensverhältnisse des Bürgers neu ordnet und seine Existenz entscheidend gefährden. Sie stimmen den Bürger bereits »heute« darauf ein, dass irgendwann in den nächsten hunderttausend Jahren der Weltuntergang eintreten würde, ja wenn nicht die Politik eingreifen würde und Maßnahmen zur Einsparung von Kohlendioxid vornehmen würde. Eigentlich lobenswert! Geht es doch darum, mittels Computermodellen das Überleben von Generationen in Tausenden von Jahren abzusichern. Der Bürger muss folglich nur bereit sein, für derartige weit in die Zukunft ausgerichteten Vorhaben bereits »heute« quasi unendliche finanzielle und sonstige Belastungen auf sich zu nehmen. Glücklicherweise sind Politiker nicht allein mit ihrer Begabung, tausende Jahre in die Zukunft zu blicken. Sie hatten auch noch die Unterstützung der sechzehnjährigen Greta Thunberg. Auch sie kann weit in die Zukunft blicken! Allerdings fehlt ihr die Computer unterstützte Glaskugel! Egal! Gemeinsam hatte dieses Team frühzeitig erkannt, dass der Liebe Herrgott bei der Erschaffung der Erde seine Hausaufgaben nur unvollkommen erledigt hatte. 0,04 Prozent CO_2, also ein Spurengas, soll eine Abführung der Wärme ins Weltall verhindern, so die Erkenntnis aus Wetterprognosen und Klimaanalysen. Als der Liebe Herrgott bei der Klimagestaltung Eiszeiten und Hitzewellen einarbeitete, waren ihm Schludrigkeiten unterlaufen! Zurzeit sind es Hitzewellen, mit denen Politiker die Bürger in Angst und Schrecken versetzen. Wieder einmal müssen sie die Karre aus dem Dreck ziehen! Glücklicherweise befallen Politiker inzwischen immer weniger Zweifel, dass sie nicht allmächtig sind. Sie vermögen für jedes und alles eine Lösung zu bieten. Selbst tiefgründigste

Probleme können ihnen nicht widerstehen! Sie beherrschen nicht nur den Menschen, sondern sie wissen sich auch der Natur überlegen. Der Bürger soll immer mehr davon überzeugt werden, dass der Mensch auf den Lieben Herrgott verzichten kann. Machen alles Politiker! Folglich muss diese Gilde auch bei der Bekämpfung der Erderwärmung und des Klimas ein Kaninchen aus ihrem Zauberhut ziehen können. Zeitnah waren sie mit ihren Wissenschaftlern dahintergekommen, dass Kohlendioxide der Industrie und die aus dem Auspuff der Autos einen Klimawandel einleiten werden, der sich gewaschen hat. Nicht so sehr das Kohlendioxid, das die Turbinen der Flugzeuge hinaus pusten! Flugzeuge brauchen Politiker. Sie müssen sich mit den Kollegen in aller Welt auszutauschen, und sich mit diesen auch in Sachen Klimawandel und deren Bekämpfungsmaßnahmen abstimmen! Auch das CO_2 von Schiffen schadet nicht! Schiffe werden für die Wirtschaft benötigt! Nahezu alle anderen CO_2-Belastungen sind jedoch für das Klima Teufelskram! Das haben ihre Wissenschaftler mit ihren computergestützten Klimamodellen herausgetüftelt! Für ihre politische Unterstützung haben sie sich wahrlich eine anspruchsvolle Entlohnung verdient, die einen tiefen Griff in die Steuerkasse rechtfertigt.

Der Bürger weiß jetzt, dass die Erdtemperatur unzulässig ansteigt und schier undenkbare Folgen nach sich zieht! Sie werden den Menschen vernichten! Schmelzende Pole und damit der Anstieg der Weltmeere lassen ihn kläglich ersaufen, wenn nicht … ja, wenn nicht Computermodelle und Greta weit vorausblicken könnten. Politiker werden dann zeitnah und umfassend ergründen, wie sie den Bürger vor dieser grausamen Vernichtung schützen können. Sie müssen geradebiegen, was der Liebe Herrgott nicht zuwege gebracht hatte. Politiker haben schon so manches unlösbare Problem besiegt. Mit lautem Wortgeklingel und Wortgeröll haben sie mit vielen, vielen Versprechungen Hoffnungen geschürt! Dabei ist es geblieben! Das ist unbestritten eine ihrer großen Stärken! Bei der Klimabekämpfung haben sie auch noch die Unterstützung von Greta! Dieses

Wunderkind musste, dem üblichen Brauch folgend, sein begnadetes Wissen in den letzten Winkel der Erde tragen. Politik benötigt die Einsicht aller Bürger der Welt!

Wird einmal diese politische Welt der angstgeschürten Zukunft ausgeblendet, so gibt es Realitäten, die den Erkenntnissen computererforschter Hypothesen im Weg stehen. Einer der größten Brocken wird zwar politisch nicht gehandelt, dürfte aber von relativ großer Bedeutung sein. Computermodelle können zwar die klimatische Zukunft in hundert Jahren errechnen, nicht aber die mittelbare und unmittelbare Vergangenheit nachbilden. Die Wissenschaft begründen diesen Mangel damit, dass die Computermodelle ständig verfeinert werden müssen. Diese Feinabstimmungen seien erforderlich, weil das Wetter zu den irreversiblen Naturvorgängen gehört. Es kann weder rückgängig noch ungeschehen gemacht werden, und sein Wandel bestimmt schließlich das Klima.

Der oppositionelle Verstand stellt jedoch fest, dass das Wetter nach wie vor als »chaotisches System« so unverstanden und unberechenbar ist, dass es sich jeder mittelfristigen Vorhersage entzieht. Können doch bereits Wettervorhersagen über drei Tage korrekturbedürftig sein! Wettervoraussagen über einen Zeitraum von etwa vierzehn Tagen sollen meistens nur Hoffnungen auf Sonnenschein ohne Wolken wecken. Der »Querdenker« bezweifelt also, dass selbst mit den ausgefeiltesten Computersystemen eine logische Ordnung in dieses System gebracht werden kann. Das sonderbare, vielfältige Wesen »Mensch« lässt sich zu gern von Emotionen leiten! Einerseits schreit die Angst nach Bekämpfung der Erderwärmung, andererseits sucht das Glücksgefühl die wärmenden Sonnenstrahlen. Dazu scheut der Bürger keine Anstrengung und fliegt in den »sonnigen Süden«. Die Vielseitigkeit politischen Handelns weiß beide Bürgerwünsche zu erfüllen. Zum Wunsch nach Sonnenstrahlen schweigen sich Politiker aus, und die Erderwärmung bekämpft sie mit kriegerisch unterlegten Forderungen nach komplettem »CO_2-Verbot«. Viele Bürger haben politische Unfehlbarkeit in ihr Weltbild eingeordnet. Sie haben das politische Wissen übernommen, dass auch das Klima und damit das Wetter keine unlösbaren Vorgänge sein dürfen! Das Klima muss sich politischen Anordnungen beugen. Unbeachtet bleibt dabei, dass, im Gegensatz zum Bürger, das Klima nicht gehorchen muss! Es folgt Naturgesetzen!

»Nicht nur feste und flüssige Körper dehnen sich bei Erwärmung aus und ziehen sich bei Abkühlung zusammen. Dies geschieht auch mit der Luft, die als Gasgemisch die Erde umgibt. Deren Ausdehnung beträgt 1/273 pro 1 Grad Erwärmung. Bei Erwärmung um 273 Grad verdoppelt sich ein Luftvolumen. Wird durch die Sonne der Boden erwärmt, so überträgt sich die Erwärmung durch molekulare Leitung auf die Luft, die sich ausdehnt, spezifisch leichter wird und damit thermischen Auftrieb erhält. Durch die bei der Ausdehnung zu leistende Arbeit wird der Luft Wärmeenergie entzogen, sie kühlt sich um 1 Grad pro 100 Meter Aufstieg ab. Ist der Taupunkt der Luft erreicht, dann kondensiert der Wasserdampf in ihr, es bilden sich Wolken ganz unterschiedlicher Mächtigkeit, von kleinen Schönwetterwolken bis zu mächtigen Gewitterwolken ... Wer von Klima spricht, kommt am Wetter nicht vorbei. Es ist das Wetter, von dem Klima abgeleitet wird. Das Wetter macht das Klima! Wer dies verinnerlicht, wird ermessen, wie unsinnig der Ausdruck ›klimaneutral‹ ist.« [45]

»Franckes Lexikon der Physik« stellte bereits 1959 fest: *»CO_2 ist als Klimagas bedeutungslos. Es gibt etwa ein Dutzend Einflussfaktoren bei der Klimaentwicklung, kurzfristige, mittelfristige und langfristige – nur CO_2 gehört nicht dazu. Es ist relativ einfach, eine Theorie zu entwickeln und Annahmen in Form von Klimamodellen zu treffen, aber solche Hypothesen müssen früher oder später durch konkrete Beweise bestätigt werden, andernfalls sind es Hirngespinste. Und diese Beweise fehlen für die aktuellen Klimamodelle. Sie sind nicht imstande, die Vergangenheit nachzuvollziehen und deshalb auch ungeeignet für ›Zukunftsprojektionen‹.«*

Auch politisch unbeeinflusste Wissenschaften wissen, dass Spurengase keinen Einfluss auf physikalische und chemische Vorgänge haben. Die politische Forderung, das Klima beeinflussen zu können, ist Wunschdenken, aber für den menschlichen Verstand eine unlösbare Aufgabe. Deshalb haben frühere Generationen Anstrengungen unternommen, sich vor den Unbilden des Klimas zu schützen. Das lehnt die Politik ab! Den Bürgern eine Standortveränderung zuzumuten führt zum Verlust von Wählerstimmen. Deshalb muss sich auch das Wetter ihrer Macht unterordnet! Höher privilegierte Menschen sind aufgrund wissenschaftlicher und medizinischer Erfolge überzeugt davon, dass der Glaube an eine übermenschliche Instanz nicht mehr hilfreich ist. Sie sind vom Glauben eingefangen, dass es für die Menschheit keine unlösbaren Probleme mehr gibt. Hier liegt das ureigentliche Problem der Erderwärmung!

Der überwiegende Teil der Bürger hat sich nie mit Naturgesetzen befasst, geschweige denn, sich mit diesen auseinandergesetzt. Ein solcher Verstand erkennt in der Erforschung der wirklichen Ursachen keine Bedeutung von Differenzierungsnotwendigkeit. Erderwärmung mit CO_2 als Ursache zu deuten, erscheint einem technisch unbelasteten Urteilsvermögen eine durchaus plausible Erklärung! Sie hat zudem den Vorteil, dass »jeder« sie versteht! Politiker haben dann die Aufgabe, diese Erkenntnis als alternativlos zu verdichten und sie mit Angst zu bepacken, um sie für diese Bürger wissenschaftstauglich zu gestalten. Dieser Prozess formt politische Sklaven, die die Umweltpolitik als alternativlose Gegebenheit hinnimmt.

Politiker wollten immer schon die Natur dafür verantwortlich machen, dass das menschliche Leben nicht ruhig wie ein Strom dahingleiten kann. Auf erste göttliche Fehlleistungen hatten sie 1980 hingewiesen! Sie hatten erreicht, dass ganz Europa vom Waldsterben sprach. Schuld ist der »saure Regen«, der durch Luftverschmutzung durch Salpetersäure, CO_2 und schwefeliger Säure entsteht. Das Umweltbundesamt hatte auch sofort Zahlen parat: Vier Milliarden Euro kostet den Bürger dieser von ihm erzeugte »saure Regen«! Und nicht nur der Wald muss sich mit seinem Sterben abfinden! Pflanzen, Tiere und auch die Menschen leiden unter den Folgen dieser Umweltschande. Atemwege und Blutgefäße werden belastet. Die komplette Umwelt ist in Gefahr! In Gegenden, in denen es viel regnet, und die Durchschnittstemperaturen eher gering sind, versauert der Boden und setzt giftige Schwermetalle frei. Bäume nehmen keine Nährstoffe mehr auf und werden von Schädlingen befallen. Sie erkranken schwer, bis der Tod sie schließlich dahinrafft! So die politischen Erläuterungen! Schwefeloxide bilden in Verbindung mit dem Regen H_2SO_3. Die Stickoxide aus dem Auspuff der Dieselautos reagieren mit Wasser zu Salpetersäure HNO_3. Das Regenwasser dringt dann mit ph-Werten von 4,2 bis 4,8 in den Boden ein. Diese chemischen Erklärungen fordern kaum Spezialwissen und werden bereitwillig in den Sprachgebrauch aufgenommen.

In der modernen Demokratie haben Politiker festgelegt, dass Naturgesetze nur solange Gültigkeit haben dürfen, solange sie ihre höheren Ziele respektieren. Unterwerfen sie sich nicht diesen Anweisungen, blasen Politiker zum Angriff. Dazu zählt die Verbreitung allgewaltiger Angst! Der saure Regen wird den Bürgern das Leben zur Hölle machen! Im Fall des »Waldsterbens« zeigte die Natur jedoch die Zähne! Selbst Bäume an stark befahrenen Straßen und Autobahnen ließen keinerlei Anzeichen von Lebensschwäche erkennen. Ihr Blätterkleid wurde dichter und dichter, weil gleichzeitig ein Überangebot von Kohlendioxid vorlag. Politisch verordnete Angst konnte die Bürger nur für kurze Zeit einfangen. Der Knochen musste verscharrt werden.

1985 entdeckten Politiker das »Ozonloch«! Ozon schützt das Leben auf der Erde vor UV-Strahlungen. Gäbe es die abschirmende Ozonschicht nicht, so würde der Mensch nicht ersaufen, sondern UV-Strahlen würden den Menschen rösten. Eine gewaltige Katastrophe also! Auch beim »Ozonloch« schwiegen Politiker nach relativ kurzer Zeit!

Wenn es darum geht, Bürger zu betrügen und sie in politische Schranken zu verweisen, zeigt sich die Politik lernfähig. Ihnen wurde klar, dass Naturgefahren eine virtuelle Gefahr bedeuten muss. Sie darf nicht zu Lebzeiten widerlegt werden können! Die Bedrohung menschlicher Existenz muss in eine undefinierte Zukunft verlegt werden. Wenn nicht »heute« CO_2 bekämpft wird, so wird das »Morgen« in Tausenden von Jahren die Menschheit vernichten! Das »Morgen« darf nicht kontrollierbar sein! Alle Maßnahmen müssen auf Computermodelle vertrauen, und die verbalen Erkenntnissen setzen dann Todesängste frei. Der Bürger wird gefügig, wenn ihm der Tod vor Augen geführt wird. Angst macht Politiker unabkömmlich, stärkt folglich ihre Position und demzufolge ihre Maßnahmen. Erfolgreiche Politik lenkt die Sinne der Gesellschaft weg von realen Verhältnissen hin zu Gefahren, die von Angst diktierte Opferbereitschaft abverlangen. Diese Lebensangst politisch durchzusetzen ist in einer Gesellschaft einfach zu verwirklichen, die »in die Jahre gekommen ist«. Materieller Wohlstand verändert die Einstellung zu lebenswerten Zielen. In einem Umfeld, in dem die meisten Bürger um das tägliche Brot kämpfen müssen, hat Angst keinen Platz für abstruses Grauen. Es fehlt einfach das Geld!

1885 dachte Rudolf Clausius (Entdecker des Zweiten Hauptsatzes der Wärmelehre) in einer Abhandlung »Über die Energievorräte der Natur und ihre Verwertung zum Nutzen der Menschheit« über die Energieversorgung nach. Vor grob 100 Jahren machten sich Wissenschaftler ernsthaft Gedanken über die »Welt ohne Kohle«. Also auch bereits vor hundert Jahren blickten Politiker in die Zukunft. Allerdings galt ihre Sorge weniger der Umwelt als vielmehr einer stabilen Energieversorgung. Sie hatten sich vergegenwärtigt, dass die Energievorräte der Erde endlich sind. Auf dem Geologen-Kongress 1913 wurde das »Gespenst einer künftigen Kohlenot« erörtert. Politik und Wissenschaft fragten sich: Welche Möglichkeiten bietet die Natur, den Energiehunger der Menschheit zu stillen? Seinerzeit wurde die Natur noch als willkommener Partner betrachtet. Sie errechneten, dass alle bis dahin bekannten Steinkohlelager, bis auf 1800 Meter Tiefe abgebaut, noch für 6.000 Jahre reichen würden. Die Reichweite musste aufgrund der tatsächlich nutzbaren Kohle auf 1500 Jahre reduziert werden. Sie bauten eine andere Art von Angst auf! Auch diese Politiker konnten weit in die Zukunft schauen. Sie hatten nur keine ausgefeilten Computer! Wie will der Bürger ohne Energie überleben? Die meisten Bürger war auch damals politikhörig! Der Bürger sah sofort ein, dass die Energievorräte unseres Planeten nicht unendlich sind! Diese Erkenntnis verlangt keine besondere Schulung. Sie erscheint auch einem naturwissenschaftlich unbeeinflussten Verstand plausibel. Aktuell erlauben Politiker nicht, dass diese Kohlevorräte abgebaut werden. Bei der Verbrennung entsteht Kohlendioxid! Bereits 1896 hatte Svante Arrhenius die »irrsinnige Hypothese vom CO_2-Treibhauseffekt« in die Welt gesetzt. Sie wurde politisch ignoriert, möglicherweise auch deshalb, weil Politik noch keine Wissenschaftler brauchte, um ihre Existenz mit Hypothesen und Theorien zu begründen.

Im Winter 2007 blieb der Schnee aus und im Sommer litt die Bauernzunft unter bislang unbekannten Hitzewellen. Trockenheit breitete sich aus. Es waren ungewöhnliche Klimaverhältnisse. Wenn derartige Zustände sich im darauffolgenden Jahr wiederholten, mussten Politiker Unheil wittern. Unser Planet führt Böses im Schild! Seit dem »Waldsterben« und dem politischen Scheitern war der Klimageselle der Politik ein Dorn im Auge. Die Zeit war aber nicht reif, um ihn in ihre Abhängigkeit zu zwingen. Bisher fehlten Begründungen, die das Volk gierig aufsaugen konnte. Jetzt war der Moment gekommen! Es galt, zu handeln! Flugs hatten sie mit ihren Wissenschaftlern herausgefunden, dass anthropogenes, also vom Menschen erzeugtes CO_2 die Menschheit vernichten will. Das CO_2-Phantom war geboren! Kein Urteil ist schneller und keines hält sich für sicherer, als das der Unwissenheit. Das wusste bereits Friedrich Schiller.

Politisch geschaffene Konstrukte sind keine wirklich lebenden Wesen. Sie werden nur künstlich mit Leben angereichert und von politischer Macht gesteuert. Folglich kennen sie keine Freiheitsgrade. Seit ihrer Geburt leben sie in Ketten. Den meisten Bürgern sind chemische und technische Zusammenhänge fremd. Sie können daher das politisch aufgebaute Gefängnis nicht nachvollziehen. Ein paar sorgsam aufbereitete Untergangsszenarien genügen dann bereits, um Angst und Schrecken zu verbreiten. Die Erdtemperatur wird ansteigen und die abschmelzenden Pole lassen das Meer um sieben bis neun Meter ansteigen. So die Prognosen des IPCC! Der Untergang des Bürgers wird unvermeidbar sein, wenn nicht die Politik beherzt in diesen Vernichtungsprozess eingreift. Der Bürger zeigt sich dankbar und öffnet bereitwillig sein Portemonnaie.

»*Hitzewandel und Klimawelle. Oder war's umgekehrt? Wandelklima und Wellenhitze? Klimahitze, Wellenwandel ... Hitzewelle und Klimawandel haben mich durcheinandergebracht. Erst kamen die Flüchtlinge aus den heißen Ländern, jetzt kommt ihnen die Hitze hinterher, damit sie es bei uns heimatlich haben. Zuerst das gut durchmischte Publikum in unseren U-und Straßenbahnen und jetzt das gut erhitzte Klima noch dazu. Aber: ›Das schaffen wir schon!‹ sagt niemand mehr.*

Wem es bei der lähmenden Glut gelingt, verzweifelt zu sein, der versucht zu mindestens das. Die anderen lesen still leidend den Wetterdienst und Tipps, was man gegen Kreislaufkollaps und Hitzeschlag tun kann.

Aber ich habe eine Idee! Wir hören, dass sich die Klimazonen nach Norden verschieben: Die Sahara wandert nach Nordafrika macht sich in den Mittelmeerländern breit, Südeuropa zieht nach Mitteleuropa, alles ohne Pass und Zollschranken. Eine große freie Klimawelt überschreitet souverän alle Grenzen, wie wir's uns in einem geeinten Europa gewünscht hatten. Hurra, das Klima macht's möglich ...«[46]

»»Dear Lord, lieber Gott«, murmelte Viliame Taufi, ›lieber Gott, danke dafür, dass Du uns vor dem Klimawandel retten wirst, unter dem wir im Pazifik so leiden.‹ Mit sonorer Stimme betet der Prediger im Tagesraum des Holiday-Inn-Hotels in Suva, der Hauptstadt Fidschis. ›Wir sind die Statthalter Gottes auf Erden. Er wird unser Leiden beenden, wird uns befreien vom Klimawandel.‹ Die meisten der fünfzig deutschen, französischen, australischen und britischen Wissenschaftler fallen in das ›Amen‹ am Schluss seines Gebetes wohl eher aus Höflichkeit denn aus ihrem Glauben an die göttliche Kraft gegen den Klimawandel ein …«[47]

Der Ansatz, beim Wetter und dessen Folgen, also beim Klimawandel auf den Lieben Herrgott zu vertrauen, hat bereits viel Charme, wenn sich der Verstand vergegenwärtigt, dass es seit der letzten Eiszeit bereits sechs Klimawandel gegeben hat. Sie alle wurden ohne politische Eingriffe überstanden. Der Chronist Hermann von Weinsberg berichtete aus Köln.

»Im Weltgebäude schien damals eine gänzliche Verrückung der Zonen vorgegangen zu seyn. Die sonst rauen Bezirke am Fichtelgebirge waren gedrückt von afrikanischer Hitze. Viele Monate fiel kein Regentropfen. Mit unerträglicher Glut spielte die Sonne am stets wolkenlosen Himmel. Die Bäume senkten ihr Laub matt und welk zur Erde. Gärten und Auen, verbrannt von der Sonnenhitze, gewährten einen widerlichen Anblick.«

»Im 14. Jahrhundert war selbst Grönland im Süden grün und eisfrei gewesen. 1540 war das Jahr, das als das trockenste aller Zeiten in die Geschichtsbücher eingehen sollte. In England etwa hieß es, fiel von Juli bis Oktober kein Tropfen Regen. Dieser schreckliche Sommer schlich sich klammheimlich von Süden heran. In Spanien blieb der Niederschlag aus, die Flusspegelstände nahmen dramatisch ab, und die Böden trockneten aus. Anfang Februar war es in Deutschland bereits so warm wie sonst im Mai, und die Kirschbäume blühten schon im März. In Frankreich blühte der Wein bereits vier Wochen früher. Was gab es zu ernten? ›Die Trauben waren wie geröstet, die Blätter der Weinstöcke waren schon zu Boden gefallen wie nach einem heftigen Frost.‹ In Deutschland hatten die Winzer bes-

sere Ideen, als die ›gerösteten Trauben‹ verkommen zu lassen. Die Spätlese wurde erfunden! Mit den Jahrgängen 1631, 1728 und 1783 zählte der 1540er Würzburger Steingilts zu den großen Weinen des Jahrtausends.

Die Menschen mussten ihr Trinkwasser von immer weiter herholen. In den Nächten wurde in schweren Holzfässern von noch erhaltenen Quellen und Bächen aus 5 bis 10 Kilometern Wasser herbeigeschafft. Ein Maß Wasser kostete 4 Pfennig, ein Maß Wein nur 3 Pfennige. Der Suff war allgegenwärtig! ›Wie Schweine‹ lagen die Betrunkenen in den Straßen, hinter Hecken, «

Dr. Martin Luther schrieb am 02. Juli 1540 an seine Frau, dass »*mirs hier wol gehet; ich fresse wie ein Boheme und saufe wie ein Deudscher, das sey gott gedanckt, Amen.*«

Bereits seinerzeit suchten und fanden Politiker Opfer. Eine politische Existenzfrage! In Mitteleuropa nahmen im frühen 17. Jahrhundert Hexenprozesse und Hinrichtungen immer dann zu, wenn klimatische Besonderheiten wie kalte oder heiße Sommer auftraten. Die Menschen erklärten sich das Wettergeschehen mit Hexen. Sie waren die Missetäter! Auch Bettler und Landstreicher mussten als politische Rechtfertigung für außergewöhnliche Hitzewellen herhalten. Weidevergiftung oder Brandstiftung – schnelle Anklagen trafen Tausende, die dann hingerichtet wurden.

Auch »damals« fanden Politiker also Medikamente gegen die Erderwärmung. Die Zeit ist nicht stehen geblieben! Was erhalten geblieben ist, ist die Angst der Menschen vor Naturgewalten, die ihr Leben bedrohen. Damals hatten sich Politiker noch nicht mit dem Teufel verbündet. Deshalb galt es, ihn zu besiegen. Ihm und seiner aus der Hölle mitgebrachten Glut musste mit gleicher Grausamkeit begegnet werden, wie der Teufel seine Aufgaben verrichtet. Deshalb konnten die Hinrichtungen nicht entmenschlicht genug ablaufen.

»*Die Frau Prista Frühbot und ihre Söhne wurden ›geschmaucht‹. Diese besonders grausame Hinrichtungsart vollzog sich dergestalt, dass die Delinquenten rittlings auf einer waagrecht an einem Pfahl angebrachten Sprosse sitzend an diesem am Hals angeschmiedet wurden und dann durch ein unter ihnen fortwährend geschürtes Strohfeuer langsam erstickt und geröstet wurden. Das Martyrium der Prista Frühbot und ihrer Söhne dauerte drei Tage, bis sie der Tod erlöste. Auf einem Stich Lucas Cranachs kann man sie abgebildet sehen in der für Brandopfer typischen verkrampft eingezogenen Stellung, mit geplatzten Bauchdecken und herausquellenden Eingeweiden.«* [48]

Verschwörungstheorien machten die Runde und merkwürdige Schriften über Nikolaus Kopernikus sorgten für Aufsehen, wonach nicht die Erde, sondern die Sonne im Zentrum des Universums stehe.

»Trockenheit bis in die Flussbette. Den Rhein speisen nur noch die schmelzenden Gletscher der Alpen. Er schrumpft flussaufwärts zum meterhohen Rinnsal. In Mühlheim bei Köln können Reiter den Fluss trocken auf dem Pferderücken sitzend durchqueren.«

Martin Luther äußerte am 26. Juli 1540, an »seine Frau« gerichtet, die Hoffnung auf einen guten Trunk Biers bay euch«, denn es sei derzeit »der Teufel heraussen selber mit neuen bösen Teufeln besessen, brennet und thut Schaden, das schrecklich ist. Meinen gnädigsten Herrn ist im Thüringer Wald mehr den tausend Acker Holz abgebrannt und brennet noch«, und nicht nur dies, sondern auch, »dass der Wald bei Werda auch angegangen sey, und viel Orten mehr; hilft kein Löfchen. Das will theuer Holz machen. Betet und lasset beten wider den leidigen Satan, der uns sucht nicht allein an Seele und Leib, sondern auch an Gut und Ehre aufs allerheftigst.«

Von November 1539 bis November 1540 war jeder Monat in großen Teilen Europas so trocken wie der trockenste Monat seit Beginn der Wetterbeobachtungen im 19 Jahrhundert. Der evangelische Theologe Erich Brandenburg schrieb im Jahr 1901 verklärend: *»Wir haben von oben gesehen, dass die evangelische Sache ums Jahr 1540 sich in einem guten Stande befand. Ob es auch in diesem Jahr drau-*

ßen in der Natur gar heiß und dürre war, im Garten Gottes grünte und blühte es weiter.«

Die technische und menschliche Entwicklung ist vorangeschritten. Heute sind nicht Bettler und Landstreicher die Übeltäter, sondern Kohlendioxid ist für das Klima der Beelzebub.

Ein Blick in die Vergangenheit

*»Lass Vergangenheit nicht dein Leben diktieren –
doch nutze sie als Ratgeber.«*

Wird einmal dieser Weisheit aus China Folge geleistet, und der Blick nicht in die Zukunft, sondern in die Vergangenheit gerichtet, so klärt der Geschichtsband aus dem Jahr 1540 darüber auf, dass der Klimawandel nichts Neues ist.

»… Den Klimawandel gibt es schon seit Millionen von Jahren auf unserer Erde. In der vorindustriellen Zeit hatte er vollkommen natürliche Ursachen. Seit der industriellen Revolution soll er aber plötzlich fast ausschließlich menschengemacht sein. Allein das ist schon unwahrscheinlich. Insbesondere deshalb, weil das Klima in der vorindustriellen Zeit sich oft deutlich rascher wandelte als heute.

Während der letzten großen Eiszeit vor zwanzigtausend Jahren, als große Teile Europas, Asiens und Amerika von dicken Eisschichten bedeckt waren, lag der Meerwasserspiegel um 120 Meter tiefer als heute. Das heißt, der Meeresspiegel ist seit zwanzigtausend Jahren um durchschnittlich 6 Millimeter pro Jahr angestiegen. Dieser vergleichsweise schnelle Anstieg des Meerwasserspiegels geschah unter hundertprozentigen Klimaschutzbedingungen, denn alle Menschen damals nutzten (bis zur industriellen Revolution) ausschließlich Ökoenergien.

Heute steigt der Meerwasserspiegel nur noch um etwa ein bis zwei Millimeter pro Jahr. Wenn also selbst ein hundertprozentiger Klimaschutz zwanzigtausend Jahre lang nicht einen durchschnittlichen Meeresspiegelwasseranstieg um sechs Millimeter pro Jahr verhindern konnte, ist es nicht glaubhaft, dass man den derzeitig geringen Meeresspiegelanstieg mit nur eingeschränktem Klimaschutz in nennenswertem Maße bremsen oder gar stoppen kann. Daher ist es auch nicht glaubwürdig, wenn der Weltklimarat IPCC und die meisten deutschen Politiker immer mehr Klimaschutz fordern. Der extrem kostspielige deutsche Kohleausstieg ist nicht ›gut begründet‹« ... [49]

Außergewöhnlich trockene Jahre sind bei langfristiger Betrachtung keineswegs außergewöhnlich, sondern in der Vergangenheit regelmäßig aufgetreten. Die Berichte des Geschichtsbands aus dem Jahr 1540 lassen vermuten, dass die Auswirkungen unvergleichlich dramatischer abliefen, als sie sich im Jahr 2018 abzeichneten. Okay! Chroniken übertreiben schon mal gern!

Gewonnene Erkenntnisse zu verteidigen, die aus einer wohlgeordneten Kombinationsbegabung entstehen, sollte ein durchaus verständlicher, menschlicher Anspruch sein. Besteht doch die Möglichkeit, dieses Wissen mit Argumenten in Frage zu stellen. Die Politik folgt indessen anderen Gesetzmäßigkeiten. »Höhere Ziele« ergründen nicht mehr die Wahrscheinlichkeit von Begebenheiten und analysieren nicht mehr Möglichkeiten sowie Notwendigkeiten einer von detaillierten Untersuchungen geleiteten Bekämpfung, sondern Politiker stellen Behauptungen auf. Diese Glaubensthesen erfahren dann über Beeinflussung durch den öffentlich-rechtlichen Rundfunk und sonstigen Mainstream-Maßnahmen einen soliden Unterbau, den dann die Politik sorgsam verdichtet. Ein solcher Vorgang stellt dann fest, dass menschlich erzeugtes Kohlendioxid die Abführung der Erdwärme ins All verhindert. Die Überhitzung der Erde ist die Folge.

Nun haben sorgfältige Messungen belegt, dass die Erderwärmung in den vergangenen Jahren zugenommen hat. Nicht computergestützte Modellrechnungen, sondern Messungen haben nachgewiesen, dass die Erderwärmung keine Hypothese, sondern eine wissenschaftlich abgesicherte Erkenntnis ist. Während die seriöse Wissenschaft mit den Ursachen für diese Erwärmung sehr vorsichtig umgeht, hat die Politik sich frühzeitig festgelegt. Kern ihrer These ist nicht nur CO_2, sondern der Leitgedanke, dass der Prozess der Erderwärmung sich schneller als »früher« vollziehe. Ausschlaggebend für diese frühe Ursachenbindung dürfte der

Beschluss der Regierung gewesen sein, die Auswertung von Klimazusammenhängen an die politische Weltgemeinschaft abzugeben. In Anlehnung an diese übergeordnete politische Institution vertritt die Regierung also die Auffassung, dass durch Reduzierung des menschlich erzeugten CO_2 die Erderwärmung verzögert, beziehungsweise vollkommen unterbunden werden kann. Für diese Entscheidung hat die Politik zwei Erklärungen. Das Klima und dessen Bewertung sind äußerst kompliziert, und der Kampf gegen die Erderwärmung könne nur dann gelingen, wenn ein Vollzugsorgan der internationalen Politikgemeinschaft die Erkenntnisse bündelt und die daraus zu ziehenden Maßnahmen koordiniert. Dieser Gedanke ist nicht falsch, wenn davon ausgegangen wird, dass Kohlendioxid die Ursache für die Erderwärmung ist. Diese These wird mit Computermodellen begründet. Diese politische Methodik, auch unlösbare Naturereignisse zu entschlüsseln, unterstützen ihren Anspruch auf ein Alleinstellungsmerkmal als Allroundtalent.

Politiker folgen bisweilen bizarren Methoden der Ursachenergründung, und diese Vorgehensweise wird dann zu äußerst bedenklichen Gewohnheiten. Argumente und Meinungen werden nicht mehr ausgetauscht, Mainstream setzt sie als bekannt voraus. Theorien benötigen keine Analysen und Messungen mehr, sie werden durch Computermodelle ersetzt. Eine Debatte wird beendet, bevor sie begonnen hat. Computermodelle haben herausgefunden, dass das Spurengas CO_2 Ursache für die Erderwärmung ist. Durch chronisches Wiederholen der Auswirkungen der sich daraus ergebenden Gefahren gewinnt die Behauptung Wahrheitscharakter. Sie muss folglich nicht mehr begründet werden. Wenn von CO_2 die Rede ist, wissen inzwischen »alle«, dass dieses Spurengas Ursache für die Erderwärmung ist und die Menschheit vernichten will. Klimarettung bedeutet folglich, ein Spurengas auszurotten. Professor Dr. Dietrich Dörner erklärt dieses politische Phänomen am einfachen Sprachgebrauch seiner vierjährigen Enkelin. »*Gib mir doch bitte mal den Teddy!*« Sie meinte damit: »*Steh bitte auf, gehe durch das Zimmer, hole Dir einen Hocker und hole aus dem obersten Fach meines Spielzeugschrankes den Teddy und bring ihn mir!*« So wie Nike und ihr Großvater den Ablauf des Teddyholens kennen und das gegenseitige Wissen um diese Abläufe unterstellen, ist sinngemäß die Auseinandersetzung mit Kohlendioxid zu verstehen. CO_2 als Ursache für die Erderwärmung muss nicht mehr infrage gestellt und erklärt werden!

Noch gibt es aber Bürger, die die naturwissenschaftlichen Gegebenheiten kennen, mit der Folge, dass Hypothesen und Behauptungen die Gesellschaft spalten. Einerseits die über Computermodelle gezüchteten politischen Sklaven, andererseits naturwissenschaftlich belastete Bürger, die Beweise durch Messungen fordern. Messungen gehören doch zu den Grundforderungen seriöser Wissenschaft, um eine Theorie als wissenschaftliche Erkenntnis zu bestätigen. Ohne erfolgreiche Messergebnisse bleibt eine These, eine Behauptung. Messungen lehnt die Politik jedoch ab.

Wikipedia bezeichnet Kohlendioxid als ein Spurengas, das mit einem Volumenanteil von etwa 0,04 Prozent in der Erdatmosphäre enthalten ist. Der Massenanteil beträgt 0,06 Prozent. CO_2 wird zu 95-97 Prozent von der Natur erzeugt: Ozeane, Vulkane, Waldbrände und die menschliche Atmung. Diesen Zahlen fehlt es nicht an Plausibilität. Allein die Bevölkerung in Afrika wächst jährlich um die Größe der Bundesrepublik, mit ihr die menschliche Atmung. Die Weltbevölkerung ist von 1990 bis 2021 von 5,3 auf 7,7 Milliarden, also um 2,4 Milliarden (+45 %) Menschen angewachsen. Jeder Mensch erzeugt allein durch Atmung eine Energie von 100 Watt, hinzu kommt die Wärme durch Kochen und Heizen. Der normale Verdauungsprozess produziert zehn Liter Methan und Kohlendioxid pro Tag, davon sind 10 Prozent CO_2 und 3 Prozent Methan – es sind ganz normale Gasansammlungen im Darm höherer vielzelliger Lebewesen, also im Tier und Mensch. Auch bei diesem Prozess entsteht Wärme. Die Erdbevölkerung ist also nicht nur ein zunehmender CO_2-Produzent, sondern steigert auch die Erdtemperatur.

Merkel könnte die Atmung verbieten. Politiker sind natürlich ausgenommen! Aber dann würden der Kanzlerin die Wähler fehlen! Und letztlich sind die Menschen auch nur ein Teil der Natur! Zudem wäre im Vergleich zu den sonstigen Natureinflüssen ein verschwindend kleiner Anteil von Kohlendioxid eingespart.

Derzeitig machen Vulkane wieder verstärkt auf sich aufmerksam! Wir erleben über viele Wochen die Vulkantätigkeiten auf der Insel La Palma. Wird einmal ein Autoauspuff mit einem Durchmesser von 6 cm mit einer angenommenen Krateröffnung von 50 mal 50 Meter verglichen, so beträgt der Faktor 885.000. Und ein Krater arbeitet rund um die Uhr! Die Eruption des Vulkan vor der französischen Insel Mayotte hat riesige Aschewolken freigesetzt. Der Vesuv ist wieder aktiv geworden! Hinzu kommen die submarinen Vulkane, die unter der Meeresoberfläche tätig sind. Sie setzen riesige Mengen von CO_2 frei!

In einer Erdtiefe zwischen 2 900 und 5 100 Kilometern beträgt die Temperatur zwischen 3.000 und 5.000 Grad Celsius. Die lavaspeienden Vulkane setzen nicht nur CO_2 frei, sondern sie erwärmen auch die Erdtemperatur. Die tätig gewordenen Vulkane gehören zu den weltweit ca. 1.500 aktiven Vulkanen. Aktiv heißt, dass sie in den letzten 10.000 Jahren ausgebrochen waren. Weltweit werden jährlich 50 bis 60 Vulkanausbrüche registriert. Wie viele Vulkane mögen im Meer im »Verborgenen« tätig sein? Die Mengen CO_2 zu erfassen, die bei Vulkanausbrüchen entstehen, bleiben höheren Wissenschaften vorbehalten. Die menschliche Erzeugung ist dagegen jedenfalls pillepalle!

Bei Waldbränden wie in Australien wird die Luft heißer als 800 Grad Celsius! Bei dem Waldbrand bei Makkaroni wurde am Boden eine Temperatur von 46,2 Grad Celsius gemessen. Sie sind Bestandteil der jährlichen Erderwärmung! 29 verzeichnete Waldbrände waren es im Jahr 2012 und 141 im Jahr 2017. Nach einem Rückgang im Jahr 2018 auf 9 wurden wieder mehr als 120 Waldbrände im Jahr 2019 gezählt. Das Magazin GEO hat errechnet, dass allein diese

Waldbrände soviel CO_2 freisetzten, wie seit der Aufzeichnungen im Jahr 2003 festgestellt wurden. In Flammen stehende Wälder gibt es so lange, wie es die Wälder selbst gibt. Vor mehr als hundert Jahren hat sich in Indien unter dem Dorf Liloripathra die Kohle entzündet, und die Feuer strahlten eine enorme Hitze aus. Durch die Spalten im Boden wurden viele, viele Tonnen CO_2 freigesetzt. Fehlen zur Vervollständigung der größten Naturereignisse noch die Weltmeere! Letztlich bestimmen sie das CO_2-Volumen unseres Erdtrabanten. Sie bedecken zwei Drittel der Oberfläche unseres Planeten und sind der größte CO_2Speicher. Ein Temperaturanstieg der Ozeane führt zur Ausgasung von CO_2, entsprechend bewirken globale Abkühlungen einen Rückgang, also eine Einbindung von CO_2 in die Meere. Bereits die Aufzählung dieser wenigen Naturereignisse macht plausibel, dass 95 bis 97 Prozent CO_2 die Natur erzeugt. Und die Natur beugt sich keinem politischen Mehrheitsbeschluss! Die Natur kennt auch keine Bestrafung. Sie kennt nur Folgen! Politiker haben offenbar vergessen oder verzichten bewusst darauf, den Bürgern zu vergegenwärtigen, dass der Mensch selbst ein Teil dieser Natur ist. Schade, dass offenbar auch mehr und mehr Bürgern sachliche Hinweise zum Verständnis dieser Naturgegebenheiten gleichgültig geworden ist!

»Die Menge meint, alles zu wissen und alles zu begreifen, und je dümmer sie ist, desto weiter erscheint ihr ihr Horizont.«

(Tschechow)

Rund drei Prozent CO_2 erzeugt der Mensch. 25 Prozent nehmen die Pflanzen auf. 0,0015 Prozent CO_2 soll die Abführung der Wärme ins All verhindern. Leichtfertige, fragwürdige Fiktionen und Behauptungen müssen auf konkrete Messungen verzichten! Sie können nämlich nicht beigebracht werden! Deshalb sind kritische Zahlen anmaßend und deshalb müssen streng sachliche Betrachtungen pillepalle sein! Sie passen nicht in das politische Konzept!

Seriöse Wissenschaften wissen, dass Hypothesen nur als Naturgesetze anerkannt werden, wenn sie auf sorgfältigen Messungen gründen. Die Politik weiß, dass Computer alles können und deshalb nichts beweisen müssen! Sie werden von Menschenhand gelenkt, sind folglich eine dankbare politische Unterstützung!

Der Prozess der Wärmeabführung ins All spielt sich in einer Höhe von etwa 100 Kilometern ab. CO_2 ist von der Natur für die Versorgung der Pflanzen auserkoren worden. Pflanzen nehmen das für sie lebensnotwendige Spurengas auf und geben Sauerstoff ab (Photosynthese). Da die Pflanzen sich am Erdboden befinden und nicht in der Luft, will die Natur, dass Kohlendioxid schwerer als Luft ist. Eigentlich haben die paar übrig gebliebenen Moleküle also in einer Höhe von rund 100 Kilometern überhaupt nichts zu suchen! Politiker sollten sich entscheiden, ob Wälder und Pflanzen zur Entlastung des CO_2-Haushaltes dienen oder ob CO_2 die Wärmeabfuhr ins All behindert.

Der deutsche Anteil am menschlich erzeugten Kohlendioxid des CO_2-Kuchens beträgt 2,08 Prozent, also 0,0000312 Prozent. Deutsche Politiker, allen voran die Kanzlerin, rechtfertigen mit diesen Zahlen eine Vorbildfunktion Deutschlands, um eine kostspielige Hypothese zu unterstützen und damit ein höchst zweifelhaftes, finanziell äußerst aufwendiges Experiment zu rechtfertigen. Politiker haben inzwischen riesige Fortschritte gemacht, wenn es gilt, dem Bürger ein X für ein U vorzumachen. Zahlen können in ihrer Bedeutung relativiert werden, wenn so etwas erforderlich ist. Fünf Haare auf dem Kopf sind relativ wenig, aber ein Haar in der Suppe ist absolut zu viel. So der übliche, gängige Vergleich, oder wie der ehemalige Bundeskanzler Willy Brandt einmal anspruchsvoller feststellte, dass vier Flaschen Wein im Keller relativ wenig, aber vier Flaschen im Kabinett absolut zu viel seien. Kohlendioxid nicht in Prozent, sondern in absoluten Zahlen darzustellen, ist im Fall der Klimabekämpfung ein weiterer Versuch, mit überwältigenden Zahlen zu jonglieren, um die Verhältnisse zu dramatisieren. Die verschwindend kleinen Mengen des Spurengases in Tonnen ausgedrückt klingen gewaltig, und sie haben das Zeug, nachhaltig zu beeindrucken. Ein Bürger, dem einmal eine Tonne auf die Füße gefallen ist, begreift sofort, dass Millionen von Tonnen CO_2 im All eine Katastrophe für das Klima sind. Sie hinterlassen beim technischen Laien folglich einen weitaus stärkeren Eindruck, als ein Spurengas, dessen Volumen sich nur in winzigen Bruchteilen von einem Prozent ausweisen lässt. Manche Bürger leiden bereits bei der Prozentrechnung unter traumatischen Mathematikbelastungen. Diese Spannungen nehmen um ein Vielfaches zu, wenn sie zum Verständnis in eine höhere Zahlenwelt eindringen sollen. Nicht Tonnen von CO_2 beeinflussen die physikalischen Verhältnisse im All, sondern das Verhältnis von Kohlendioxid zu Luft. Die gesamte Gasatmosphäre der Weltkugel spiegelt die tatsächliche Bedeutung eines Spurengases wider, und Kohlendioxid nimmt dabei die Position eines winzigen Dreikäsehochs ein. Deshalb arbeitet die Politik mit Tonnen CO_2, die der Mensch erzeugt, um ihn für die Erderwärmung verantwortlich machen zu können.

Mit Zahlen zu spielen, die sich in der Erdatmosphäre nur mit vielen, vielen Nullen oder in Exponentialform darstellen lassen, können nur langweilen, tragen aber nicht wirklich zur Abklärung des Sachverhaltes bei. In welche Trickkiste die Politik auch immer hineingreift, es bleiben 0,0015 Prozent CO_2 in der Atmosphäre, die dem Menschen anzulasten sind. Diese verschwindend geringe Menge soll eine Abführung der Erdwärme ins All verhindern und damit die Erderwärmung beeinflussen. Wie muss sich ein technisch geschulter Verstand vereinsamt vorkommen, und wie soll ein solcher Verstand Politikern vertrauen, die in ihrer Verzweiflung einen Billionen Euro verschlingenden Aufstand gegen die Natur proben! In elf Jahren wurden in Deutschland rund 290 Millionen Euro für »erneuerbare Energie« ausgegeben. Die Bundeskanzlerin stellte weitere 54 Milliarden Euro zur Verfügung. Sollten diese nicht genügen, folgen weitere Griffe in den Steuertopf. Bereits 0,0015 Prozent CO_2 zu verringern, bedarf eines unverhältnismäßig hohen Aufwandes. Eine kontinuierliche Senkung von CO_2 wird immer kostenaufwendiger. Das ist Mathematik! Je geringer der Ausstoß, desto schwieriger sind Einsparungen zu verwirklichen. Die Kanzlerin rühmt ihre »ehrgeizigen Ziele«! Bis 2030 sollen die CO_2-Einsparungen 20 Prozent betragen und bis 2050 weitere 15 Prozent. Diese Prognosen politisch »höherer Ziele« in Zahlen ausgedrückt, bedeuten verwirrende Nullen hinter dem Komma. Politisches Endziel soll »Klimaneutralität« sein. Politiker wollen damit ausdrücken, dass nicht mehr CO_2 erzeugt als »eingespart« wird. Der Begriff ist so verworren, wie der Beschluss! Es wird immer Vulkane und Waldbrände geben, die die Nullbilanz untergraben und dann politisch rechtfertigen, weiter an der CO_2-Schraube zu drehen. Politik nagt einen Knochen ab, der erst endgültig abgelutscht ist, wenn die Bürger über Verschuldung verarmt sind, und selbst mit verwegensten Tricks kein Geld mehr locker gemacht werden kann. Der deutsche Weg der CO_2-Minderung wird nach Schätzung der Technikakademie Acatech je nach Höhe des Reduktionsziels über die Jahre bis 2050 »im Bereich von 1.000 bis 2.000 Milliarden Euro« liegen. Politikers ehrgeizige Ziele zur Erhaltung eines Klimaphantoms müssen letztendlich bezahlt werden und sei es, über Entwertung des Euros über Schulden.

Es sei »grausam und unklug«, Billionen von Dollar für etwas auszugeben, dass es nicht gibt! 500 Wissenschaftler der Klimawissenschaften hatten sich an die Vereinten Nationen gewandt, um bei einem unerforschten, nur politisch mit Computermodellen gerechtfertigten Vorgang mehr Nachdenklichkeit zu verlangen. Unergründete Naturabläufe dennoch umzusetzen, ist die Stärke einer von Politikern gesteuerten modernen Demokratie. Von ihnen angeheuerte Wissenschaftler unterstützen sie dabei! Werden sie doch dadurch berühmt und bessern ihre Haushaltskasse auf. Diese Erkenntnis sich bewusst klarzumachen, ist die einzige Möglichkeit, die einem technisch geläuterten Bürger bleibt, sich mit politischer Willkür auseinanderzusetzen. Um sich nicht in Widersprüchen zu verfangen, hat die Kanzlerin ihre Maßnahmen eins zu eins an den IPCC angekoppelt, inzwischen eine ausschließlich politische Institution. Die Bekämpfung des »Klimagases« sei eine weltweite Aufgabe! Diese Verschleierung, die tatsächlichen Vorgänge zu ergründen kennzeichnen politische Maßnahmen! Weder Chemie noch Physik haben eine Chance, derartige Machtstrukturen aufzubrechen. Nur die Zeit kann diese Irrwege bereinigen, der Menschheit steht ein schmerzvoller Prozess der Erkenntnis der tatsächlichen Gegebenheiten bevor!

Anlässlich der Inbetriebnahme des Offshore Windpark Arkona beschwafelte die Kanzlerin zum Thema »Erneuerbare Energien« die von ihr stabilisierte Planwirtschaft:

» ... müssen wir es schaffen – und das ist ganz, ganz wichtig –, die wirtschaftliche Bedeutung und die klimapolitische Notwendigkeit der erneuerbaren Energien so mit Wohlstand und Arbeitsplätzen zu verbinden, dass nicht der Eindruck entsteht, dass hier eine Spaltung der Gesellschaft passiert, dass die einen von und mit zukunftsfähigem Strom leben, und die anderen die Lasten tragen. Dieser Diskussion müssen wir eine große Bedeutung beimessen ...«

Nicht nur in der Politik hat sich eingebürgert, falsche Begriffe zu verwenden, aber sie benutzt sie gern, um ihr genehme Vorstellungen heraufzubeschwören. »Erneuerbare Energie«! Wie soll Energie erneuert werden? Ein Student der Naturwissenschaften lernt in den ersten Semestern, dass Energie nur umgewandelt, aber nie erneuert werden kann. Politik demonstriert wieder einmal ihre besondere Stärke, schizophrene Begriffe und Aussagen durch beharrliche Wiederholungen als gängigen Wortschatz zu etablieren. Wer ist »wir«? Was unterscheidet »zukunftsfähigen Strom« von herkömmlichem Strom? Wie kann man nur mit »zukunftsfähigem Strom« leben? Wüsste ein kritischer Bürgerverstand nicht, dass Merkel sich allzu gern in Phrasen suhlt, könnte dieser Menschenverstand schmerzhaft belastet werden. Nur beim »wie« wird sie konkreter. Von 2010 bis 2020 wird der CO_2Gehalt um 20 Prozent und von 2020 bis 2030 noch einmal um 15 Prozent gesenkt werden. Der Bürger müsse sich 55 Prozent als besondere Herausforderung vorstellen ... *»da sind wir im Augenblick in einer Situation, in der es uns sehr schwerfällt, das Ziel für 2020 zu erreichen, weil es auch extrem ehrgeizig ist ...«*

Der Blick in die Vergangenheit lässt indessen eine andere Auslegung der Erderwärmungstheorie vermuten. Die Erderwärmungstheorie durch Kohlendioxid ist eine angelsächsische Erfindung, die von der Nuklearindustrie gefördert wurde. Sie erhoffte sich eine Wiederbelebung ihres Industriezweiges. Der IPCC (Intergovernantel Panel Climate of Change) stellte seinerzeit fest: »The Germans are best for doomsday theories« (Wenn es um Weltuntergangstheorien geht, sind die Deutschen am besten). Ursprünglich war das IPCC als Forschungsstätte mit naturwissenschaftlichem Gütezeichen, also naturwissenschaftlicher Besetzung geplant und eingerichtet worden. Diese Erkenntnis für »doomsday theories« stammt möglicherweise noch aus dieser Zeit. Entgegen den Statuten wurde es zu einer politischen Organisation umgestaltet. Die Umformung des IPCCs zu einer streng politischen Institution haben aus der Werbung für Kernspaltung einen »Klimakiller« gemacht und den drohenden Untergang der Menschheit verkündet. Eigene Forschungsarbeit leistet das IPCC nicht. In seinem Auftrag bewerten Wissenschaftlerinnen und Wissenschaftler weltweit den aktuellen Stand der Forschung zum Klimawandel anhand von Veröffentlichungen. Die Welt wurde sogleich auf die sich anbahnende Katastrophe und die damit verbundenen Vorkehrungen eingestimmt. Sollte es nicht gelingen, die Erdtemperatur um zwei, tunlichst um drei, aber mindestens um 1,5 Grad Celsius zu senken, werde der Meerwasserspiegel um sieben Meter ansteigen. So die vorsichtige Prognose! 1990 stellte das IPCC seinen ersten Klimabericht vor, der zwar weiterhin in hundert Jahren eine Katastrophe prophezeite, aber die Schreckensbotschaft auf moderate ein bis zwei Meter des Meerwasserspiegels reduzierte.

Die Deutsche Physikalische Gesellschaft unterstützt die »Klima-Problematik« durch die Bezeichnung »Klimakatastrophe«. Die Magazine »Der Spiegel« und »Stern« aktivierten das Thema und sorgten dafür, dass die »Klimakatastrophe« in die öffentliche Debatte eingespeist wurde. 1987 eroberte sie die mediale und politische Bühne. Ein Parteienwettbewerb sollte den besten »Klimaschützer« ausweisen. Zeitgeistgeschulte Klimaregisseure mussten ein Untergangsszenario entwickeln, das alle Menschen gleichermaßen ansprach, aufrüttelte und betroffen machen sollte. Klimaopfer und Klimatäter müssen sich schuldig fühlen und zur Sühne bereit sein. Offizielle Beiträge zum Klimawandel zeichnen sich durch politische Korrektheit aus. Kritisch eingestellte Beiträge werden ausgeschlossen. Sie sind pillepalle! Nur einseitige Beurteilungen können bewertet werden, sie müssen das Klimagebäude vor dem Einsturz bewahren!

Die Bundesumweltministerin Barbara Hendricks empfahl frühzeitig im Jahr 2014, also bereits weit in die Zukunft blickend, die Räume weniger zu beheizen, also aus Klimaschutzgründen »kühler zu wohnen« und einen Pullover überzuziehen. Sie erkannte auch, dass der Klimawandel das Risiko für Krieg und Hungersnot vergrößert. Geradezu geniale Gedanken! Solcherart Begabung revolutionäre Gedankenvielfalt aus der Taufe zu heben, kennzeichnet den Gedankenreichtum unserer politischen Führungskräfte! Kein normal Sterblicher kann diese Fülle an Geistesblitzen und Eingebungen verwirklichen! Nur außergewöhnlich begabte Personen erforschen derartige Zusammenhänge. Nicht umsonst sind sie die Lieblinge der Götter! Diese geistige Überlegenheit qualifiziert Personen für die Führungsebene unseres Staates. Eine moderne Demokratie verarbeitet dann dieses revolutionäre Gedankengut im politischen Management!

1970 gingen Millionen Amerikaner auf die Straße, um ihrem Unbehagen im Umgang mit der Natur Nachdruck zu verleihen. 1971 fand in Stockholm ein Treffen von Experten aus vierzehn Ländern statt. Sie setzten sich ausschließlich mit der »Erforschung des Einflusses des Menschen auf das Klima« auseinander.

Die 1980er Jahre waren die entscheidende Phase für die weltweit ausgerichtete Klimapolitik und die Etablierung des IPCC als politische Institution. Wenn es um Wählerstimmen geht, fühlen sich Politiker sofort verpflichtet, Bürgersorgen in ihre Aktionsprogramme aufzunehmen.

Der Kampf gegen das Klima könnte der Vorläufer der »Globalisierung« gewesen sein. Eine vage Vermutung! Im September 2000 unterzeichneten 189 Mitgliedsstaaten eine Millenniumserklärung, darunter auch die Bundesrepublik Deutschland. Grundsätze einer internationalen Zusammenarbeit wurden festgelegt. Sie sollen gemeinsame Ziele verwirklichen!

Politik gibt vor, eine weltweit angelegte Ursachenforschung zu betreiben, um künftigen Generationen ein besseres Leben zu ermöglichen. Sie wollen eine Ordnung sicherstellen, die auf »Multilateralismus und Rechtsstaatlichkeit« aufbaut. Wie so häufig müssen lateinische Wortgebinde politische Glaubwürdigkeit unterstützen. »Multus« heißt »viele« und »latus« bedeutet so viel wie »Seite«. Zusammengefasst sollen also viele Seiten die Zusammenarbeit mehrerer Staaten bei der Lösung politischer, gesellschaftlicher, Grenzen überschreitender Probleme bestimmen.

»Überstaatliche Organisationen, wie die Vereinigten Nationen oder die Weltbankgruppe sind wichtige Akteure der Entwicklungszusammenarbeit. Sie stützen sich auf eine breite Mitgliedsschaft, sind politisch neutral und verfügen über Kapital und Knowhow. Deutschland ist in zahlreichen internationalen Organisationen vertreten.«

Auch die »Organisation for Economic Cooperation an Development« (OECD) ist so eine wichtige internationale Organisation. Sie setzt sich als Aufgabe, das Leben der Menschen weltweit in wirtschaftlicher und sozialer Hinsicht zu verbessern. Eine lobenswerte Mission also! Entsprechend anspruchsvoll ist die normalerweise steuerfreie Dotierung der Führungspersonen in Höhe von rund

260.000,- Euro. Deutschland unterstützt diese Einrichtung mit 7,2 Prozent.

Das IPCC näher unter die Lupe zu nehmen, erscheint mir lohnenswert. Internationale Zusammenschlüsse zeichnen sich durch eine unübersichtliche, weit verzweigte Organisationsform aus. Das IPCC (Zwischenstaatlicher Ausschuss für Klimaänderungen) oder eingängiger kurz als »Weltklimarat« oder »Klimabeirat« betitelt, macht da keine Ausnahme. Es wurde im November 1988 vom »Umweltprogramm der Vereinigten Nationen« und der »Weltorganisation für Meteologie« gegründet. Seine Hauptaufgabe sind die Risiken einer globalen Erwärmung zu beurteilen, sowie Vermeidungs- und Anpassungsstrategien zusammenzutragen. Detaillierte Verfahrensregeln mit mehrstufigen Begutachtungsabläufen und weltweiter Expertenbeteiligung gewährleisten die Ausgewogenheit, Verlässlichkeit und Vollständigkeit von Berichten. Regierungsvertreter der derzeit 195 Mitgliedsstaaten von UNEP oder WMO können die Entwürfe der IPCC-Berichte vor deren Veröffentlichung kommentieren. Undurchsichtigkeit und ausschließlich politischer Blickwinkel sind folglich sichergestellt.

Der IPCC und seine Vorstände werden durch ein Sekretariat in Genf und die nationalen IPCC-Kontaktstellen – in Deutschland das Bundesumweltministerium – unterstützt. Als IPCC-Kontaktstelle erhält das Bundesumweltministerium Unterstützung von der deutschen IPCC-Koordinierungsstelle, die vom Bundesforschungsministerium und Bundesumweltministerium getragen wird.

Ein besonders kritisch eingestellter Geist wird feststellen, dass genügend Kontrollinstanzen eingebaut wurden, um eine einheitliche politische Ausrichtung zu garantieren und sich von den tatsächlichen Gegebenheiten zu entfremden.

Die Sitzung zur Erstellung des ersten Teilbandes des fünften Sachstandsberichts zu den wissenschaftlichen Grundlagen des Klimawandels leitete der deutsche Ökonom Professor Doktor Ottmar Edenhofer vom Potsdamer Institut für Klimafolgenforschung

(PIK). Der Direktor vom PIK, Herr Schellnhuber gibt einen kleinen Einblick in die wissenschaftliche Verarbeitung des CO_2Problems. Das PIK arbeitet ausschließlich mit computergesteuerten Modellrechnungen. Ihre wissenschaftliche Überzeugung findet nicht immer Zustimmung.

»Modelle können Klimaveränderungen der Vergangenheit korrekt nachzeichnen? Können sie nicht! Das haben die Modelle immerzu bewiesen und auch das sollte die Klimagemeinde endlich einmal zur Kenntnis nehmen. Sobald sich Abweichungen ergeben, wird immer wieder daran herumgemurkst und feinjustiert, bis das Ergebnis wieder stimmt. Wissenschaft? Nein. Software Entwicklung nach Vorgabe! Ich weiß, wovon ich rede.« Rüdiger Borrmann ist Software-Entwickler!

Das PIK mit seinen Computerergebnissen ist dennoch ein wichtiger Baustein des IPCC zur Beurteilung von Klimaverhältnissen. Das PIK hatte doch frühzeitig herausgefunden, dass CO_2-Auslöser der Erderwärmung ist. Das Institut kann die Steigerung der globalen Erdtemperatur in zwanzig, fünfzig oder hundert Jahren errechnen. Wahrhaftig revolutionär! Bereits die Steuerschätzungen, die auf erheblich weniger variablen Fakten aufbauen als die Einflussfaktoren des Klimas, müssen von Jahr zu Jahr korrigiert werden. In etwa das Wettergeschehen für einen Tag zu berechnen, verlangt 250 Billionen Computerkalkulationen. Diese Ungereimtheiten dürfen die Politik nicht beeindrucken oder gar zu neuen Überlegungen führen! Das IPCC mit den wissenschaftlichen Zuarbeitern ist das Fundament, dem Klima die Stirn zu bieten! Was zeichnet eigentlich einen Wissenschaftler und die Wissenschaft aus? Ist eine enge Zusammenarbeit mit der Politik automatisch wissenschaftlich? Sind staatlich und industriell finanzierte Forschungen wissenschaftlich? Sind »Erkenntnisse« so mancher Lehrstuhlinhaber oder -mitarbeiter wissenschaftlich qualifiziert, weil sie an einer Universität entstanden sind? Alle solche Fragen dürfen nicht die Politik, sondern nur den Bürger beschäftigen.

Unabhängig von der Klärung dieser Fragen ist die Wissenschaft ein bedeutendes Standbein des IPCC. Das Potsdamer Institut für Klimafolgeforschung entfernt sich bei näherer Betrachtung mehr und mehr von der gottesfürchtigen Begabung, die zukünftige Klimaentwicklung vorherzusagen. Dennoch beansprucht es ein Alleinstellungsmerkmal!

Dieses Institut führt eher zur ernüchternden Erkenntnis, dass es ein undurchdringliches Bürokratiegestrüpp auf- und ausbaut, als dass es Hochachtung gebietende Klimaerkenntnisse liefert. Der Weg zur Bürokratie wurde mit soliden politischen Pflastersteinen verlegt! 2012 präsentierte Hans Joachim Schellnhuber zum Thema »globale Umweltveränderungen« die Empfehlung: »Welt im Wandel – Gesellschaftsvertrag für eine große Transformation« mit der Aussage, dass

»... ein kohlenstoffbasiertes Weltwirtschaftsmodell auch ein normativ unhaltbarer Zustand ist, denn es gefährdet die Stabilität des Klimasystems und damit die Existenzgrundlage künftiger Generationen. Die Transformation zur Klimaverträglichkeit ist daher moralisch geboten ... Die große Transformation ist keineswegs ein Automatismus. Sie ist auf die ›Gestaltung des Unplanbaren‹ angewiesen. Dies ist historisch einmalig. Um eine Dekarbonisierung weltweit voranzutreiben, sollte der Staat seine Rolle als Gestalter bewusst wahrnehmen.«

Wer das »Unplanbare« gestalten will, hüllt sich zunächst einmal in einen unverständlichen Wortnebel. Computergestützte Theorien sollen die Lösung erbringen! Derartigen Lehrmeinungen fehlt allerdings jedwede Beweiskraft. Computermodelle können nur weit, weit in die Zukunft blicken, um wahr zu sagen. Eigentlich sollte er auch die Vergangenheit nachbilden können. Kann er aber nicht! Der Computer kann nur die Stellung der Glaskugel übernehmen! Solche Art wissenschaftlicher Forschung mögen Politiker! Ihre »höheren Klimaziele« erhalten ein solides Fundament, um dem Einsatz von Steuergeldern Beliebigkeit zu verleihen!

Bei numerischen Computermodellen werden Szenarien nach der Methodik »wenn, dann« durchgespielt und berechnet. Gemäß politischer Vorgaben kann die Phantasie sich frei entfalten, alle Horrorszenarien sind denkbar. Da in diese Klima-Modellen keine »physikalischen« Beziehungen eingreifen, auch nicht gemessen wird, kann ein variationsreiches Spektrum wissenschaftlichen Erfindungsgeistes jedes erwünschte Ergebnis herbeizaubern. Ständig schraubt und dreht Herr Schellnhuber an irgendwelchen Parametern, bis alles politisch passt. Der Welt werden permanent neue Berechnungen präsentiert und als verbesserte »Prognosen« vorgestellt.

Computergestützte Simulationen erklären die Folgen dann im Konjunktiv. *»Entkorken der Ost-Antarktis führt zu Anstieg des Meeresspiegels. Das Abschmelzen bereits einer kleinen Menge Eis an der ostantarktischen Küste **könnte** eine große Wirkung haben – nämlich, dass große Eismassen unaufhaltsam jahrtausendelang in den Ozean fließen und damit den Meeresspiegel um 3.000 bis 4.000 Zentimeter ansteigen lassen.«*

Am 06.05.2014 legte das PIK einen weiteren Beweis seiner untadeligen Fachkenntnisse vor: *»Wo mehrere Folgen des Klimawandels zugleich spürbar werden – Dürren oder Überflutungen, Missernten oder Schäden in Ökosystemen – entstehen in gewissen Teilen Afrikas Brennpunkte des Risikos«*.

Auch darf nicht der Hinweis auf die Armen dieser Welt fehlen:

»Risiko-Analyse: Klimafolgen treffen vor allem die Armen der Welt«. Um die Phrase zu vervollständigen, ruft Herr Schellnhuber aus: *»Dem Klimawandel zu begegnen ist eine Frage der Vernunft, aber auch eine Frage der Gerechtigkeit.«* Er hat sich bewundernswert in den politischen Sprachgebrauch eingearbeitet. Offenbar die Folge einer jahrelangen, engen Zusammenarbeit mit der Kanzlerin!

Am 20. Juni 2013 verkündete das PIK per Messemitteilung: *»Klimawandel **könnte** indischen Monsun aus dem Gleichgewicht bringen. Der indische Monsun **könnte** sich durch den Klimawandel* *stärker ändern als bisher gedacht – mit weitreichenden **möglichen** Folgen für Millionen Bauern und die landwirtschaftliche Produktivität des Landes. Computer-Simulationen der neuesten Generation von 20 KlimaModellen zeigen jetzt übereinstimmend, dass die täglichen Schwankungen des indischen Monsun sich **wahrscheinlich** verstärken.«*

Wieder muss das Konditional die Bedeutung von Computermodellen und deren vorausschauende Befürchtungen hervorkehren. Sie werden durch wertvolle Empfehlungen vervollständigt: *»Anpassungsmaßnahmen, wie zum Beispiel intelligente Versicherungssysteme, müssen vor allem diese verstärkten Schwankungen auffangen«.*

Der Weltuntergang soll mit dem Geld der Versicherungen aufgefangen werden! Am 02. Juli 2013 gab das PIK bekannt:

»Durchbruch für El Nino-Vorhersage«.

»In unregelmäßigen Abständen kommt es über dem östlichen Pazifik zu einer Erwärmung, von peruanischen Fischern El Nino genannt, die mitunter verheerende Folgen haben kann. Um den Vorhersage-Zeitraum von sechs Monaten auf ein Jahr und mehr zu erweitern, haben jetzt Wissenschaftler eine neuartige Herangehensweise vorgestellt. Sie beruht auf der Analyse von Netzwerk-Verbindungen, angewendet auf das Klimasystem ... eine innovative Methodologie an der Schnittstelle von Physik und Mathematik.«

Das Konditional erhält durch die unverständliche höhere Mathematik Verstärkung! Laut Direktor Schellnhuber wurde ein neuer Algorithmus entwickelt und getestet.

> *»Ein Algorithmus ist eine eindeutige Handlungsvorschrift zur Lösung eines Problems oder einer Klasse von Problemen. Algorithmen bestehen aus endlich vielen, wohldefinierten Einzelschritten. Damit können sie zur Ausführung in ein Computerprogramm implentiert, aber auch in menschlicher Sprache formuliert werden.*
>
> *(Wikipedia)*

Die neue Methode sollte bereits 2011 das Eintreffen von El Nino für 2012 vorhergesagt haben. Diese Prognose der verheerenden Folgen ist den peruanischen Fischern erspart geblieben. Die Vorhersage verzichtete auch auf eine Angabe, in welchem Zeitfenster das Ereignis ablaufen muss. Diese innovative Methodologie sollte noch einmal überarbeitet werden. Bislang stochert sie im Nebel! Symptomatisch für computergesteuertes Werkeln! Seit Juli 2013 schweigt sich das PIK zu weiteren Vorhersagen zu »El Nino« aus! Verschlungene, mathematisch verkomplizierte Wortgebilde, sollen eine fachgerechte Methodik vortäuschen und wissenschaftlichen Nebelschwaden zu einem soliden Fundament verhelfen. Computerprogramme beweisen nur, dass ihre herbeigezauberten Theorien nur Behauptungen bleiben müssen, die Messungen ersetzen müssen! Das mag zwar die Politik unterstützen, genügt aber nicht den Anforderungen einer soliden Wissenschaft!

Am 02.07.2013 meldete das PIK: »*Brennpunkte des Klimawandels: Wo die Folgen breit spürbar werden*« ... *Jeder zehnte Mensch lebt an einem Ort der Erde, der bis zum Ende des Jahrhunderts zu einem der Brennpunkte der Folgen ungebremster globaler Erwärmung werden* **kann.**« *Veränderungen seien* »*in der Amazonas-Region, im Mittelmeerraum und in Ost-Afrika* **zu erwarten.** *Auch dieses Mal habe man sich* »*auf einen umfassenden Satz von Computer-Simulationen sowohl zu Klimawandel als auch zu dessen Folgen*« *gestützt.*« Dies habe dazu geführt, dass »*sowohl die Robustheit als auch die Streubreite der Ergebnisse zunimmt*«.

Die Arbeitsweise erinnert an Taschenspielertricks. Die Streubreite der Vorhersage einer Temperatur von 15-20 Grad Celsius auf 10-30 Grad Celsius zu erhöhen, bedeutet die Robustheit der Vorhersage zu steigern. PIK hat auch mit seinen Klimamodellen herausgefunden, »*dass* **möglicherweise** *fast die ganze von Menschen bewohnte Erdoberfläche von Veränderungen betroffen* **sein könnte.**« Da müssen dem angstgebeutelten Bürger die Knie schlottern! Ohne unsere »intelligenten Computer« wären wir ohne jegliche Vorwarnung und Politiker könnten uns nicht schützen! »*Jedes Grad Celsius Erderwärmung **könnte** den Meereswasserspiegel auf lange Sicht um mehr als 2 Meter erhöhen*«. Könnte!! Die Aussagen des PIK erfüllen zuverlässig eine ihrer Aufgaben: Angst verbreiten, um wilde politische Griffe in den Steuertopf zu rechtfertigen!

Die Erforschung der »Treibhausgase« ausschließlich mit Computermodellen verlangt einem technisch geschulten Geist viel Glauben ab, um damit den Weltuntergang zu begründen. Auch andere Wissenschaftler arbeiten dem IPCC zu. Der Klimaexperte Prof. Dr. Reinhard Zellner von der Gesellschaft Deutscher Chemiker (GDCh) forderte eine bessere Anpassung an den Klimawandel:

»*Bereits das heutige Klima hält Klimaextreme, also Starkniederschläge, Überschwemmungen, Dürren, Stürme, Kälte- und Hitzeperioden bereit, die schon jetzt eine deutlich bessere Anpassung erforderlich machen.*«

Ein Blick in die Erdgeschichte zeigt, dass derartige Ereignisse bereits existierten, als es noch keine Industrie gab, und die Menschheit noch »per Hand« durchgezählt werden konnte. Neu bei der Aussage ist nur die Frage, die ein tatsächlich wissenschaftlicher Klimaexperte aufwirft, ob zuerst die Henne oder das Ei existierte, also ob das Klima das Wetter bestimmt oder umgekehrt.

Das Bundesumweltministerium lässt keine Zweifel an ihrer Kohlendioxidhypothese zu, auch wenn diese Hypothese mit kritischen Stellungnahmen torpediert wird. Darf es auch nicht! Es würde nicht nur seine Glaubwürdigkeit untergraben, sondern auch ein weltweites Klimaabkommen auffliegen lassen. Die Politiker aller Industrienationen haben doch die gleiche Not. Sie müssen ihren Bürgern die Erderwärmung erklären um eine Lösung aus ihrem Zauberhut zu ziehen. Diese Not verbindet und sorgt für Einheitlichkeit!

»*... Für das BMU (Bundesministerium für Umwelt) bilden die Berichte des IPCC, die im Auftrag der Vereinten Nationen erarbeitet werden die wissenschaftliche Basis für politische Weichenstellungen. Menschliche Aktivitäten haben seit Beginn der Industrialisierung in* *starkem Maße zu einem Anstieg der Treibhausgaskonzentrationen in der Atmosphäre geführt. Wichtigste Ursache ist die Verbrennung fossiler Brennstoffe, wie Öl, Kohle und Gas, bei der unvermeidlich Kohlendioxid freigesetzt wird. Zum Anstieg der atmosphärischen Kohlendioxidkonzentrationen trägt zudem die fortschreitende Entwaldung des Planeten bei, da die Pflanzen und Bäume das Treibhausgas in erheblichem Maße aufnehmen und damit eine der größten sogenannten Senken für das Kohlendioxid bilden.*

Eigentlich sollte der Bürger erwarten dürfen, dass sich das Bundesumweltministerium zunächst einmal entscheidet, ob CO_2 am Boden das Leben der Pflanzen unterstützen soll oder in hundert Kilometer Höhe die Abführung der Erdwärme ins All behindern muss. Das aber will das IPCC nicht!

»Das IPCC stellt in seinen Berichten den wissenschaftlichen Sachstand der Klimaänderung fest und erläutert darüber hinaus die Wirkungszusammenhänge. Die Ergebnisse der internationalen Klimaforschung bestätigen wiederholt und unzweifelhaft, dass der Klimawandel voranschreitet. Im gesamten Klimasystem finden vielfältige Veränderungen statt: Nicht nur die Temperatur der unteren Atmosphäre steigt, auch die Ozeane werden wärmer, Gletscher tauen ab, Permfrostböden erwärmen sich, Eisschilde verlieren ihre Massen, der Meeresspiegel steigt weiter an. Mit großer Sicherheit wird bestätigt, dass von Menschen verursachte Treibhausgase für den größten Teil der beachteten Klimaänderungen verantwortlich sind ...«

Das Bundesumweltministerium hat sich lückenlos in die weltweite Klimabekämpfungsstrategie eingebunden! Chronische Wiederholungen der sich aus der Erderwärmung ergebenen Folgeerscheinungen führen zu einem Glaubensbekenntnis, das Bürger einsammelt, deren Angst über Hoffnung aufgefangen werden soll.

Die eisigste Phase, die sogenannte Saale-Kaltzeit, war vor 190.000 bis 127.000 Jahren. Die Gletscher wuchsen auf ihre maximale Größe. Wo heute die Stadt München liegt, bedeckten meterdicke Eisschollen das Land. Der Geologe Louis Agassiz hatte mit seinen Arbeiten herausgefunden, dass es nicht nur Erderwärmungen, sondern auch Eiszeiten auf der Erde gab. Die Auswertungen müssen jedoch im Konjunktiv erfolgen und finden ihre Erklärungen in Begriffen wie »möglicherweise«, »vermutlich«, »könnte verursacht sein«, »könnte zu einer Algenblüte geführt haben«. Nach der Saale-Kaltzeit gab es sechs Warmzeiten. Drei waren wahrscheinlich ausgeprägter, als die derzeitige in ihrer Anfangsphase vermuten lässt. Die CO_2-Menge war indessen nicht angestiegen. Nicht Computer haben das herausgefunden, sondern Messungen!

»Heute« kann die Wissenschaft nämlich durch Messungen weit in die Vergangenheit zurückblicken. Sie zieht daraus Schlüsse, die Verhältnisse aufzeigen, die uns Menschen in der Zukunft erwarten könnten, um Vorkehrungen zu treffen. Früher mussten die Menschen in andere Gebiete auswandern, wenn das Klima sie in die Zange nahm. Sie kannten keine Politiker und deren Wissenschaftler, die mit Computern den Klimawandel ergründet hatten. Sie waren zudem von Politikern verschont geblieben, die vorgaben, auch das Klima zu beherrschen.

- Zu Zeiten von Christi Geburt hat es auf der nördlichen Halbkugel der Erde eine »kleine« Warmzeit gegeben, die dazu führte, dass die Römer bis nach England vordrangen.
- Diese Warmzeit wurde etwa 300 Jahre nach Christi durch eine Kaltzeit abgelöst und setzte wiederum vor allem in Nordeuropa eine weitere Wanderungsbewegung in Gang: Die Germanen – insbesondere aus Skandinavien – machten sich auf den Weg nach Süden. Heute wissen wir, dass die Völkerwanderung mit Beginn 375 nach Christi eine Reaktion auf die beginnende Kaltzeit war.
- Ab etwa 1300 begann eine weitere Kaltzeit. Die Wikinger mussten »Grönland« aufgeben. In Mitteleuropa fielen die Temperaturen zwischen den Jahren 1500 und 1700 so weit, dass die Höchsttemperaturen im Sommer teils bei lediglich 15 Grad

Celsius lagen. Die Temperaturen wechselten von Jahr zu Jahr dramatisch, der CO_2-Gehalt in der Luft veränderte sich jedoch kaum.
- 1904 hatte es in Europa eine »tropische Hitze« gegeben. Die Elbe war fast vollständig ausgetrocknet. Der Dezember des Jahres 1907 beglückte den Bürger mit einem ungewöhnlich lauem Frühlingswetter.
- Der isländische Vulkan explodierte 1783 und verbreitete Staubwolken, die Temperaturen über Jahre niedrig hielten. Die Auswirkungen waren bis Ägypten spürbar.
- 1996 hatten die Wissenschaftler Lassen und Friis-Christensen erste Belege präsentiert, wonach die Temperatur eine Folge der Sonnenaktivität ist. Eine These, die nicht nur bewiesen wurde, sondern auch nachvollziehbar ist ermöglicht doch erst die Sonne organisches Leben. Die Sonnenaktivität hatte zum Ende des 20. Jahrhunderts so zugenommen, wie zuvor 1.000 Jahre lang nicht. Es gibt Quellen, die von der stärksten Sonnenaktivität seit 10.000 Jahren berichten.

Der globale Temperaturverlauf der letzten 3.000 Jahre informiert über die Verhältnismäßigkeit von CO_2 und Klima. Im Rahmen des natürlichen 1.000-Jahreszyklus gab es vor 1.000 und 2.000 Jahren jeweils ein Temperaturmaximum. Dieses Phänomen existiert seit 9.000 Jahren, seit Ende der Eiszeit und dem Beginn des jetzigen Holozön-Integlazials. Der CO_2-Gehalt der Atmosphäre vor 2.000 beziehungsweise 3.000 Jahren betrug 280 ppm. Auch bei der Analyse der CO_2-Verhältnisse sind die Zahlenwerte unterschiedlich. Diesen Genabdruck belegen Eiskernbohrungen in Grönland und der Antarktis. »Heute« wird ein Wert von knapp 400 ppm gemessen. Der CO_2 Theorie zur Erderwärmung folgend, müssten deutlich höhere Temperaturen als früher vorliegen.

Das Temperaturmaximum des Holozäns trat vor 8.000 Jahren auf. Seither fällt die Temperatur kontinuierlich bis »heute« um 1,5

Grad Celsius. In dieser Zeit ist der CO_2-Gehalt von 280 auf 400 ppm angestiegen. Auch die globale Temperaturhistorie unseres Planeten in den letzten 570 Millionen Jahren lässt keinen kausalen Zusammenhang zwischen CO_2 und Temperatur erkennen. Soweit die politisch unbeeinflussten wissenschaftlich unterlegten Erkenntnisse zu CO_2 und dessen Einfluss auf die Erderwärmung.

Es gab Zeiten, da die Wissenschaft einen unbestrittenen Vertrauensvorschuss genoss. Das ist anders geworden! Wissenschaftler können schneller mit Behauptungen als mit messtechnisch begründeten Erkenntnissen einen Ruf als Gelehrte aufbauen. Begründungen für den Klimawandel verstärken diese Entwicklung.

»... In der Wissenschaft geht es immer nur um Wahrheit, die solange gesucht wird, bis man sich ihrer sicher ist, und möglichst alle darin aus freier Überzeugung übereinstimmen. Mehrheitsentscheidungen kann es hier nicht geben. In der demokratischen Politik geht es hingegen nicht um Freiheit der Menschen, sondern um die Gleichheit.« [50]

Die düsteren Prognosen des Weltklimarats (IPCC) mit seinen Wissenschaftlern lassen an einer solchen Wahrheitssuche zweifeln. Ihre einseitigen Beurteilungen bekunden eine Dramatik des Klimawandels, die nur mit politischen Machtgenüssen oder einem Übermaß an Phantasie zu erklären ist. Sie stellten fest, dass Europa 1935 die neutrale Klimaphase verließ. In der Folge ist in nur 80 Jahren die Temperatur um ein Grad angestiegen.

Die Politik begründet ihre Ungeduld und ihre überhasteten Maßnahmen mit der großen Geschwindigkeit, mit der der Klimawandel im Gegensatz zu »früheren« Klimaveränderungen abläuft.

Die Friedrich-Alexander-Universität hat herausgefunden, dass die Temperaturveränderungen vergangener Jahrmillionen wohl nicht langsamer oder schneller als die heutigen verliefen. Professor Wolfgang Kießling und Kilian Eichenseer stellten fest, dass die Vorstellungen von langsamen Umweltveränderungen in der Erdgeschichte im Gegensatz zum rasanten heutigen Klimawandel unzutreffend sind. Der Grund für diesen Irrtum liegt in den unterschiedlichen Zeiträumen, die für Klimaforschungen herangezogen werden.

»*Heute können wir kleinste Klimaschwankungen jederzeit messen*«, sagt Eichenseer. »*Doch bezogen auf die Erdgeschichte können wir froh sein, wenn wir eine Klimaveränderung auf einen Zeitraum von zehntausend Jahren festlegen.*«

Klima wird, bezogen auf einen längeren Zeitraum, durch den mittleren Zustand, charakteristische Extremwerte und Häufigkeitsverteilung meteorologischer Größen wie Luftdruck, Wind, Temperatur, Bevölkerung und Niederschlag beschrieben. Jede Veränderung kann zu weit reichenden und raschen Veränderungen im gesamten Klimasystem führen. Da es keine einfachen Ursache-Wirkungsketten im Klimasystem gibt, hat die Änderung eines Parameters die Änderung vieler Parameter zur folge. Parameter ist ein Vorgabewert für mathematische Zusammenhänge. Er ist eine Variable, deren Wert für bestimmte Betrachtungen konstant gehalten wird. Die Änderungen solcher Parameter haben ihren Ursprung in physikalischen und chemischen Prozessen, und diese Vorgänge variieren stark und können in wenigen Sekunden bis zu mehreren Jahrtausenden ablaufen.

Vergleicht man die Erderwärmung der letzten Jahrzehnte mit der Erderwärmung vor 250 Millionen Jahren an der Perm-Trias-Grenze, erscheint der heutige Klimawandel rasend schnell. (Im Perm entstand durch den Zusammenschluss der beiden Großkontinente Laurussia und Gondwana vor etwa 310 Jahren mit dem Superkontinent Pangea eine einzig große Landmasse.) Die Geschwindigkeit, mit der sich die Ozeane von 1960 bis 2010 erwärmt haben, ist 0,007 Grad pro Jahr.

»*Das sieht nach nicht viel aus*«, stellt Kießling fest. »*Aber das ist 42-mal schneller als der Temperaturanstieg, den wir über die Perm-Trias-Grenze messen können. Damals erwärmten sich die Ozeane um 10 Grad, aber da sich der Zeitbereich nur auf 60.000 Jahre ein-*

grenzen lässt, ergibt sich rechnerisch die gering anmutende Rate von 0,00017 Grad pro Jahr.«

Die Basis der Studien bildeten rund zweihundert Analysen von Klimaveränderungen aus verschiedensten Abschnitten der Erdgeschichte. Die scheinbare Geschwindigkeit des Klimawandels fällt umso geringer aus, je länger die Zeiträume sind, über die man Erwärmungs- und Abkühlungsphasen betrachtet – das verdeutlichen diese Studien. Bedeutsame Klimaveränderungen verlaufen nicht über längere Zeiträume monoton in eine Richtung. Es gibt immer wieder Phasen, in denen die Temperaturen stagnieren oder sogar sinken. Diese Erscheinung ist auch bei der aktuellen globalen Erwärmung zu beobachten.

»Solche schnellen Schwankungen können wir mit den verfügbaren Untersuchungsmethoden bei vergangenen Klimaveränderungen jedoch nicht nachweisen. Als Folge davon gaukeln uns die Daten vor, dass der Klimawandel selbst bei den großen Katastrophen der Erdgeschichte immer viel langsamer als heute war. Das war es aber nicht«.

Wird dieser sogenannten Skalierungsfaktor berücksichtigt, steht die Erwärmung an der Perm-Trias-Grenze dem heutigen Klimawandel in Sachen Geschwindigkeit in nichts nach.

Das IPCC hat die Macht, weiterhin an seinen vorausschauenden Klimaentwicklungen festzuhalten. Die Temperatur wird weiter ansteigen und an den Polen das Eis schmelzen lassen. Die Meere werden in einigen Jahren weite Teile der Erde unter sich begraben. In den Anfängen sollte sich der Meerwasserspiegel um 5 bis 7 Meter erhöhen. Die politischen Folgerungen: Wenn Länder mit ihren Menschen unter den Fluten begraben werden, müssen alle politischen Lampen eines Gefahrengroßangriffs auf die Menschheit aufleuchten. Jede politisch angedachten Gegenmaßnahmen sind gerechtfertigt. Koste es, was es wolle!

Es dauerte bis zum Jahr 2014, bis der Weltklimarat zugab, dass die »Globaltemperatur« seit 1998 nicht mehr angestiegen war. Die

Temperatur war sogar leicht gefallen, obgleich der CO_2-Gehalt in der Atmosphäre angestiegen war. Diese Einsicht hatte erzwungene Gründe. Messungen des Meteorologen Klaus Hager hatte acht Jahre lang auf dem Lechfeld Parallelmessungen vorgenommen. Statt der bisher verwendeten Glasthermometer hatte er ein elektrisches Thermometer eingesetzt. Der Vergleich ergab einen niedrigeren Wert von 0,9 Grad Celsius. Sein Kommentar: Hier werden Äpfel mit Birnen verglichen. Derartige Informationen halten Politiker natürlich vom Bürger fern! Sie könnten ihn verunsichern!

In einem Brief an die Vereinten Nationen haben 500 Wissenschaftler und Fachleute der Klimawissenschaften dem UN-Generalsekretär António Geterres mitgeteilt, dass es eine Klimakrise gibt. Die aktuelle Klimapolitik untergrabe das Wissenschaftssystem und gefährde das Leben in den Ländern, denen der Zugang zu bezahlbarem, verfügbarem Strom verwehrt werde. Die Wissenschaftler forderten die Vereinten Nationen auf, eine Klimapolitik zu betreiben, die auf solider Wissenschaft und realistischer Wirtschaftlichkeit beruhe. Sie regten ein konstruktives Treffen auf höchster Ebene an, um folgende Themen abzuklären:

1. Die Erderwärmung wird durch natürliche und menschliche Faktoren verursacht.
2. Die Erderwärmung verläuft viel langsamer als vorhergesagt.
3. Die Klimapolitik verlässt sich auf unzulängliche Modelle.
4. CO_2 ist Nahrung für Pflanzen, die Basis allen Lebens auf Erden.
5. Die Erderwärmung hat nicht zu einer Zunahme von Naturkatastrophen geführt.
6. Klimapolitik muss wissenschaftliche und wirtschaftliche Realitäten respektieren.

Seriöse Wissenschaftler hatten also auf die fragwürdige, folglich überarbeitungsbedürftige Auswertung der Klimaforschung durch das IPCC hingewiesen. Derartige Stellungnahmen sind jedoch für

Merkel pillepalle! Nur der IPCC ist berechtigt, stichhaltige Aussagen zum Klima zu treffen. Im September 2019 hatte die Merkel-Regierung folglich ein Klimapaket zur Bekämpfung von CO_2 beschlossen. Rechtlich gesehen fehlte zwar die Zustimmung des Grundgesetzes, aber die Kanzlerin folgt bereits, wieder einmal weit in die Zukunft blickend, der Globalisierung mit seinem Multilaterismus und seiner international gültigen Rechtsstaatlichkeit. Zum Schreiben der Wissenschaftler stellt sie lapidar fest: »*Es gibt keinen Klimanotstand. Daher gibt es auch keinen Grund zur Panik und zu Alarmismus.*«

Das Thema moderiert sie, wie üblich, in die politisch gewünschte Richtung! Merkel stärkt zudem damit ihre internationale Anerkennung!

Politische Vorstellungen über die Energieversorgung in dreißig Jahren, die wirtschaftliche Versorgungsstabilität garantieren, müssen bereits aufgrund der bislang aufgezeigten Lösungsansätze zu misstrauischer Nachdenklichkeit führen. Die Auswertung technischer Alternativangebote zu herkömmlicher Energiebereitstellung lässt am politischen Überblick zweifeln. Die Kanzlerin nährt dieses Misstrauen durch eine chronisch nachgewiesene Prinzipienlosigkeit politischer Maßnahmen. Schließlich geht es um Macht, und Machtgier heißt, einfangen von Wählerstimmen.

Fukushima war der erste Schnellschuss mit weitreichenden Folgen. Die Gewinnung von Strom aus Kernkraft wurde aufgekündigt. Zwei Monate zuvor hatte die Kanzlerin die Verträge noch verlängert. Übliche politische Verfahrensweisen zur Machterhaltung! Aber so ist das eben, wenn die Bundeskanzlerin sich mehr um dramatische Stimmenverluste ihrer Partei besorgt zeigt, als umsichtig die Anforderungen des Alltags im Interesse der Gesellschaft und seiner Bürger zu ordnen. Und sie will doch Kanzlerin bleiben! Dazu muss sie weit in vorgegebenen Fällen in die Zukunft blicken können!

Ihre eigenwilligen Stellungnahmen zum Klima bereiten eine Koalition mit den »Grünen« vor. »Deutsche im Klimarausch – Grüne auf dem Vormarsch« so ebnen die Medien diesen politischen Weg. Der Ausbau politischen Machtwerkelns hat klar Vorrang vor sachlich vernünftiger Politikgestaltung.

Die neuen »Klimaschutzgesetze« werden durch den Bundestag gepeitscht. Die »Beratung« der Gesetze findet weitgehend ohne Wirtschaftsverbände statt. Einen Werktag hatten die Wirtschaftsvertreter Zeit, die Gesetzesentwürfe zu analysieren und zu kommentieren.

»Die Vorgehensweise entspricht bei diesem Vorhaben nicht den Prinzipien guter Rechtssetzung. Eine Detailbewertung des Gesetzesentwurfes ist so nicht in angemessener Weise möglich«, kritisierte ein Verbandsmanager der deutschen Wirtschaft.

Parallel hatte das Umweltministerium einen Gesetzesentwurf verschickt, in dem mehr als 4.000 Unternehmen des Verkehrs- und Wärmesektors der Pflicht zum Emissionshandel unterworfen werden.

Ein dutzend führender Industrie- und Energieverbände sowie Gewerkschaften äußerten in einem offenen Brief an die Merkel-Regierung scharfe Kritik: *»Aus unserer Sicht sind Länderanhörungen ein fester Bestandteil des demokratischen Prozesses. Jetzt entstehe aber der Eindruck, dass Anhörungen nur noch ›pro forma‹ durchgeführt würden. Eine sachgerechte Aus- und Bewertung sei so überhaupt nicht leistbar.«* »Sachgerechte Aus- und Bewertung« müssen sich einem modernen Demokratieverständnis unterordnen.

Im Rahmen der kurzen Beurteilungsfristen wurde auch das *»Gesetz über ein nationales Emissionshandelssystem für Brennstoffemissionen«* von Experten heftig kritisiert. Das Gesetz werde eine reine *»Geldsammelmaschine, die verfassungsrechtlich auf tönernen Füßen stehe. Damit sei der Sinn und Kern des marktwirtschaftlichen Instruments des Emissionshandels ausgehebelt, der ökonomische*

Effekt gleiche eher einer reinen CO2-Steuer.« So bezog der klimapolitische Sprecher der FDP, Lukas Köhler, Stellung im Bundestag.

> *»Die Wissenschaft und die Kunst streben, sofern sie echt sind, nicht nach zeitlich begrenzten, nicht nach privaten Zielen, sondern nach ewig gültigen und allgemeinen, sie suchen nach der Wahrheit und dem Sinn des Lebens ...«*
>
> Anton Tschechow

Derartige Gedanken in die Politik zu übernehmen und sie auf ihre Verhaltensweise zu übertragen, wünschten sich vermutlich mehrere Bürger. Sie könnte Politikern die menschliche Vielfältigkeit vor Augen führen und könnte ihr einseitiges Wursteln möglicherweise erträglicher gestalten. Stattdessen begrenzt sich ihre Kreativität auf ausgeteilte Vorschriften, die ihre »höheren Ziele« bedienen. Geschulter enger geistiger Horizont befiehlt, dass Klimaveränderungen Menschenhände verantworten! Der Kampf gegen den Klimawandel ist folglich nicht verhandelbar! Selbstverliebte Anmaßungen überdecken, dass der Mensch selbst ein Teil der Natur ist und auch Politiker nur für wenige Jahre Gast auf dieser Erde sind! Anstatt sich dieser Tatsache bewusst zu werden, katapultieren sie sich in den göttlichen Zenit. Daraus leiten sie die Befugnis ab, ihre Kreatürlichkeit zu leugnen. Der Mensch kann die Natur nicht verändern. Erderwärmung ist ein Teil dieser Natur. Dagegen muss die Politik sich aber bereits aus Selbsterhaltungsbegehren auflehnen. Deshalb muss sie gegensteuern! Politik weckt Hoffnungen, die nicht erfüllbar sind. Sie weckt Erwartungen, die sie nicht einlösen kann.

Werden die Klimaverhältnisse nicht mit den Augen politischer Unfehlbarkeit betrachtet, so gleichen sich die Verhaltensweisen der Menschen an, wenn sie sich ihrer Hilflosigkeit gegenüber Naturgewalten bewusst werden müssen. Angst breitet sich aus, und diese Angst sucht irgendwie nach Auswegen! Der Mensch will sich nicht widerstandslos seiner Verzweiflung hingeben und in ein tiefes Loch fallen. Tief in seinem Inneren ist ein Überlebenswille eingebrannt, der sich aufbäumt. Deshalb greift er bereitwillig politische Behauptungen auf, sich gegen die Natur auflehnen zu können. Der politisch eingeleitete Kampf gegen die Erderwärmung ist jedoch nur geeignet, einer Seelenlähmung neue Hoffnung zu geben. 1540 richteten Politiker für diese erträumte Zuversicht Menschen hin. Moderne Politiker zeigen ihre Hilflosigkeit durch Geldverbrennung! Weitreichende Erfolge in technischer und medizinischer Forschung machen den Menschen glaubend, über die Natur erhaben zu sein. Die Überzeugung, die Natur besiegen zu können, nimmt Zwangsvorstellungen an. Der Mensch verdrängt, dass er als Bestandteil der Natur nur Stunden, Tage, Jahre auf dem Erdenball verbringen darf. Darüber bestimmt eine höhere Macht! Politiker glauben doch tatsächlich, auf diesen Zyklus Einfluss nehmen zu können!

»Alles soll man nicht wissen, warum und wie«, sagte der Alte.
»Dem Vogel sind nicht vier Flügel gegeben, sondern nur zwei,
weil er auch mit zwei Flügeln fliegen kann; so ist es dem Menschen
nicht gegeben, alles zu wissen, sondern nur die Hälfte,
oder ein Viertel. Soviel, wie er wissen muss, um zu leben.
Soviel weiß er auch.«
Anton Tschechov

»Schau in den Himmel! Die Sterne, selbst die allerkleinsten –
das sind Welten! Wie unbedeutend ist doch der Mensch
im Vergleich zum Universum.«
Anton Tschechow, »Mein Leben«

Politisch unbeirrbarer Glaube an ein CO_2-Dogma

»Keine Gabe wirkt mächtiger und hinreißender im Menschen als die Phantasie.«

Adalbert Stifter

Zahlen sind »pillepalle«, wenn sie sich nicht in politische Vorstellungen, also sich nicht in ihre »höheren Ziele« einordnen lassen! Dann wird die Welt des Glaubens eröffnet. Wie Menschen in den christlichen Glauben eingebunden sind, so sollen sie auch an das CO_2-Dogma glauben. Nicht an den Lieben Gott zu glauben, ist modern geworden, genauso wie es zeitgemäß ist, diesen »Nichtglauben« ungefragt mitzuteilen und zu verbreiten. Nichtglauben scheint leichter begründbar zu sein als Glauben. Theorien, mit denen man vermeint, den Nichtglauben rechtfertigen zu können, erscheinen eingängiger, bleiben aber dennoch Theorien. Sie werden manchmal aufbereitet und geben sich dann einen wissenschaftlichen Anstrich. Diese äußere, scheinbare Wirklichkeitsnähe verlangt aber gleichfalls »Glauben«, eben einen Glauben, von dem geglaubt wird, dass er besser ankommt, weil er scheinbar auf Tatsachen aufbaut. Beim Thema »Erderwärmung« und deren politischer Bekämpfung ergeben sich Parallelen zu dieser Glaubensdarstellung. Ungefragt wird das CO_2-Dogma als alleinseligmachende Glaubenseinrichtung verbreitet.

»Unsere Vollkommenheit besteht zum großen Teil darin, dass wir einander in unserer Unvollkommenheit ertragen«, hat Bischof Franz Sales bereits im 16. Jahrhundert erkannt, und Boris Pasternak hat festgestellt, dass *»wir Gäste, Reisende zwischen zwei Stationen sind. Wir müssen unsere Sicherheit in uns selbst finden.«*

Besinnt sich der Mensch wieder einmal auf die Ursprünge des menschlichen Lebens, so sollte er feststellen, dass der Planet und das Sonnensystem nicht von Menschenhand gestaltet wurden. Eine nachdenkliche Einkehr könnte Anlass sein, über »Glauben« eine neue, eine übergeordnete Einstellung zu gewinnen. Werden nicht dem Menschen mit dem Corbid-19-Virus seine Abhängigkeit einer höheren Instanz aufgezeigt? Der Mensch hat sich in einen Zwiespalt manövriert. Einerseits besteht ein in sein Wesen eingepflanztes Bedürfnis, im Einklang mit der Natur harmonisch ohne Entbehrungen und missliche Umstände zu leben und über Kinder seine Vergänglichkeit zu relativieren. Anderseits fühlt er sich verpflichtet, Krankheit und sonstige lebensbedrohende Gefahren durch Forschung und sich daraus ableitenden Erfindungen zu bekämpfen, um menschliches Leben zu verlängern. Politik hilft, das Problem der Überbevölkerung zusätzlich zu verschärfen, indem Ihre Aktionen mehr von Parteitaktik und Wahlkalkül getrieben werden als von nüchterner Sachpolitik. Sie erweitert die Sozialgesetze, um Wähler zu gewinnen. So manche Eltern werden im Vertrauen auf staatliche Hilfe ermutigt, Kinder in die Welt zu setzen, obgleich sie wissen, dass sie bei deren Existenz auf staatliche Unterstützung angewiesen sind. Das Leben alter Menschen wird mit viel Aufwand erhalten, auch wenn sich die Frage nach dem Lebenssinn stellt. Ein vielseitiges und schwieriges Thema, das nur durch den Glauben an den »Lieben Herrgott« Antworten finden kann.

Die Natur besteht aus Abermillionen Lebewesen. Im Gegensatz zum Menschen sind Tieren von der Natur Selbstregulierungskräfte auferlegt worden. Grob zusammengefasst besteht ihre Aufgabe darin, sich zu ernähren und durch Fortpflanzung ihre Art zu erhalten. Diesen natürlichen Kreislauf stabilisiert die Natur. Finden Lebewesen keine Nahrung mehr, so vermehren sie sich nicht! »Früher« hatte ein gleichgewichtsunterstützendes Verknoten auch den Menschen in diesen Kreislauf eingebunden. Die Lebenszeit und damit das Gastrecht auf der Erde waren auf überschaubare Jahre begrenzt. Medizinischer Fortschritt und technische Erfindungen haben dieses System der Natur destabilisiert. Der Mensch lebt deutlich länger, und er sucht weiterhin im Selbsterhaltungstrieb seine

Erfüllung. Todesfälle durch das Corona-Virus führen dann zu der Feststellung: Der Planet frisst seine Kinder! Die Politik muss sich aufgerufen fühlen, etwas dagegen zu unternehmen! Ist es aber nicht umgekehrt? Fressen nicht Kinder den Planeten? Darf nur der gläubige Mensch von übergeordneten Signalen überzeugt sein? Voraussagen prognostizieren 11 Milliarden Menschen. Eine weitere Zunahme soll es dann nicht geben! Es sind Prognosen! Sie müssen nicht stimmen! Sie könnten aber zutreffen! Rund zwei Drittel des Erdplaneten sind von Meeren bedeckt. Hinzu kommen Landstriche, die unbewohnbar sind. Der menschliche Lebensraum ist folglich begrenzt.

Politische Gestaltung der Gesellschaft hatte niemals als Ziel, menschliches Schaffen in die Natur einzubinden. Die Möglichkeiten, die Natur zu analysieren, erfahren keine objektive Beurteilung. Seriöse Wissenschaftler werden mit geistigem Kot beworfen, und Politiker müssten eingestehen, dass sie nicht allmächtig sind! Bürger besiegen ihre Angst, indem sie sich willig politischem Flaschengeist unterwerfen, der »nie« entweichen darf. Sie sollen glauben, dass diese Gilde immer ein Kaninchen aus ihrem Zauberhut ziehen kann! Auf diese Weise werden nicht die Möglichkeiten ausgelotet, die die Natur zu bieten vermag, sondern politische Kräfte wollen glaubend machen, dass sie das Potential des natürlichen Zustand unseres Erdplaneten erweitern können. Im Fall der Erderwärmung stellen sie dem Glauben an deren erfolgreiche Bekämpfung eine große Bühne zur Verfügung. Allerdings ist die Theorie, mit der das IPCC als politische Weltinstitution die Erderwärmung unterdrücken will, so realitätsfern geworden, dass es einfacher sein sollte, von dieser Bühne abzuspringen und nichts zu glauben. Der Hoffnung, der tatsächlichen Wirklichkeit näherzukommen, wird viel Zuversicht abverlangt. Die Zusammenhänge der Erderwärmung sind selbst für spezialisierte Wissenschaftler sehr, sehr kompliziert. Bürger, die sich nicht mit naturwissenschaftlichen Grundgegebenheiten beschäftigen, haben überhaupt keine Chance in diese

Materie einzudringen. Sie können noch nicht einmal Erklärungen von Theorien verstehen. Dennoch fühlen sie sich mit jedem und allem bestens vertraut. Die Folge: Ein jeder glaubt, fachlich kompetent mitreden zu können. Hier liegt ein Grundübel menschlichen Zusammenlebens begründet.

Der Politik war es immer ein Anliegen, zu verbergen, was sie wirklich mit ihren »höheren Ziele« durchsetzen wollen. Der Klimawandel kann es eigentlich nicht sein! Dazu ist die Energiepolitik nachweislich zu widersprüchlich.

»... Sind die wie göttliche Gebote behandelten Klimaziele überhaupt realistisch in einer Welt, die zum großen Teil aus Entwicklungsländern besteht, in denen bei immer noch weitverbreiteter Armut wirtschaftliche Entwicklung und Wachstum Priorität genießen?...Sind sich die Kinder und Erwachsenen, die lautstark gegen den Klimawandel kämpfen, darüber im Klaren, dass ihr missionarischer Eifer möglicherweise eine grundlegende Veränderung ihrer Lebensbedingungen, mit niedrigerem Lebensstandard, weniger Mobilität, regelmäßigem Stromausfall bei Windflauten und einem veganen Speisezettel, zur Folge haben kann? Aber vielleicht geht es gar nicht um das Klima. Führende Strategen der Kämpfer gegen die Erderwärmung haben bereits verlauten lassen, es gehe vielmehr um einen Abbau des heutigen Gesellschafts- und Wirtschaftssystems, des als Erfolgsmodell bekannten sogenannten Kapitalismus, und zwar still und heimlich durch die Hintertür eines alternativlosen Klimawandels.«

Herr Wendelin Wedekind, ehemaliger Vorstand von Porsche, hatte in einer Zeit, da die Klimadiskussionen noch in den Kinderschuhen steckten, bereits festgestellt: *»Die ganze Klimadiskussion muss einem langsam vorkommen wie ein ausgeklügelter Generalangriff auf unseren Wohlstand.«*

Am 25.01.2021 hatte der niederländische Premierminister Rutte zu einem »Globalen Klima-Anpassungsgipfel« eingeladen, nachdem durch den amerikanischen Präsidentenwechsel die USA wieder in das Boot des erlauchten Kreises der Klimaretter eingestiegen war. Merkel sagte laut Medienberichten: »Um dem Klimawandel und seinen Folgen entgegenzuwirken, müssen wir weltweit an einem Strang ziehen. Wir packen mit an. Der Klimawandel gefährdet unsere Umwelt, unsere Wirtschaft, unsere Sicherheit – überall auf der Welt. Aber gemeinsam haben wir es in der Hand, die Folgen einzudämmen.«

Die üblichen Realitätsentstellungen! Sie hob die besondere Stellung Deutschlands hervor. Mit seiner Anpassungsstrategie der CO_2-Emissions-Reduzierung und mit finanzieller Hilfe von 220 Millionen Euro für arme Entwicklungsländer hilft Deutschland, dem Klimawandel entgegenzuwirken. Auch arme Länder müssen eingebunden werden! So etwas verlangt die weltweite Bekämpfung!

Aber was bleiben der Politik eigentlich für Möglichkeiten, ihre Allmächtigkeit auch in Klimafragen aufrechtzuerhalten? Seriöse, mit Messungen unterlegte Forschung und deren Ergebnisse können wenig hilfreich sein, sind folglich pillepalle. Gemäß solcher Erkenntnisse müsste die Kanzlerin nämlich in die Oszillation der Erdachse eingreifen oder auf Sonnenflecken einwirken können, um die Erderwärmung zu begrenzen. Diese Maßnahmen könnten aber sogar die Moderationskünste der Kanzlerin überfordern! Das übliche politisch gängige Engagement, Probleme mit erprobter Phrasentechnik zu lösen oder in schwierigen Fällen auszusitzen, muss ebenfalls versagen. Folglich muss eine Gebrauchsanweisung herbeigezaubert werden, die dem überwiegend technisch uninformierten Teil der Bürger wirklichkeitsnah und plausibel erscheint. Und sie darf nicht unmittelbar widerlegbar sein! Eine Lösung muss herbeigeschafft werden, die eine Rechenschaft weit in zukünftige Generationen rückt. Diese Voraussetzungen erfüllt Kohlendioxid! Politik kann wieder und wieder an der CO_2-Schraube drehen, weil die Natur genügend liefert. Die Erklärung der Erderwärmung durch einen Anstieg des menschengemachten Kohlendioxids darf nicht mehr infrage gestellt werden. Die Politik hat ihre Hypothese zu einem Naturgesetz erhoben! Die Muskeln des Klimaphantoms wuchsen von Tag zu Tag, »heute« kann dieses Muskelpaket vor lauter Kraft nicht mehr eigenständig laufen.

Die wirklich schwierige Aufgabe der Kanzlerin besteht nun darin, den schwierigen Zusammenhängen der tatsächlichen Klimagegebenheiten auszuweichen und die Gedanken in die Welt des Glaubens zu lenken. Naturwissenschaften wird unterstellt, dass sie mit ihren wirklichkeitsentstellenden Behauptungen nur heiße Luft herbeireden, um sich wichtig zu nehmen. Die Kanzlerin hat längst ihre physikalische Ausbildung verscharrt. Das war sie dem IPCC schuldig! Letztlich beruhen also die politisch auferlegten Grundpfeiler der Erderwärmungstheorie auf »Glauben«, einem Glauben, wie ihn Politiker für unabdingbar halten.

Das ganze Szenario erinnert an den mittelalterlichen Ablasshandel. Man muss einfach daran glauben, mit seinem Scherflein für ein Windrad sich sein Seelenheil zu erkaufen. Politisches Glaubensdiktat! Ein Mitarbeiter des Umweltministeriums kommentierte: »Der Zweck heiligt die Mittel. Es herrscht Glaubenskrieg und nicht die Wissenschaft«. Der Glaube muss Berge versetzen und den Verstand in einen Tiefschlaf versetzen!

Für die Kanzlerin muss es ein wunderbares Ereignis sein, mit der Verbrennung vieler Steuerscheine eine Theorie zu verwirklichen, von der sie genau herausgefunden haben dürfte, dass diese Theorie nur als politisches Ausweichmanöver herhalten muss, um politische Ohnmacht gegenüber der Natur zu vertuschen. Die politische Macht ist stark genug, Wissenschaftler zu deckeln, die diesen Betrug am Bürger auffliegen lassen könnten. Die Überlegenheit, Bürgers Unwissenheit zu politischem Vorteil auszuschlachten, muss ein Hochgefühl an Machtbewusstsein auslösen. Je stärker die Machtbesessenheit ihren Tribut fordert, desto ausgeprägter ist die Eitelkeit!

Die Bundesregierung hat sich folglich zum nicht verhandelbaren Bekenntnis eines menschengemachten Klimawandels durch CO_2

verpflichtet. Seinerzeit hatten die teilnehmenden Länder verbindlich zugesagt, ihren jährlichen Treibhaus-Ausstoß innerhalb der sogenannten Verpflichtungsperiode (2008 2012) um durchschnittlich 5,2 Prozent gegenüber dem Stand von 1990 zu reduzieren. Wirtschaftlich stärkere Länder, wie die EU, müssen den CO_2-Ausstoß um 8 Prozent senken. Deutschland mit einem Anteil von 2.08 Prozent am weltweiten CO_2Ausstoß muss also die lebensbedrohliche Menge von 0,0000025 Prozent einsparen. Politische Folgsamkeit und Treueschwüre zum Toyoto-Zusatzprotokoll haben Regierung und »Opposition« zu einem konkurrenzlosem Alleinstellungsmerkmal in der Welt der Klimabekämpfer verholfen. Von der deutschen Öffentlichkeit unbemerkt haben beim letzten G8-Gipfel in Deauville Kanada, Japan, Russland und Frankreich versichert, dass sie an keinen Konferenzen mehr für ein Kyoto-Nachfolgeprotokoll teilnehmen werden. Die USA lehnte 2001 die Ratifikation des Protokolls ab. Sie wollten nur noch Beobachter schicken. Politiker ändern im Bedarfsfall ihre Meinung so schnell, wie Bürger ihre Hemden wechseln. Der Berater der Kanzlerin in Klimafragen – das Potsdamer Institut für Klimaforschung (PIK) – bastelte dennoch weiter an Szenarien, wie in Zukunft das CO_2 durch eine weltumspannende Verpflichtung gerecht verteilt werden kann. Der politische Geist der Bundeskanzlerin ist für andere Dimensionen der Treueschwüre ausgelegt. In ihrer Regierungserklärung vom 29.06.2017 manifestierte die Kanzlerin:

»Seit der Entscheidung der Vereinigten Staaten von Amerika, das Klimaabkommen zu verlassen, sind wir entschlossener denn je, es zum Erfolg zu bringen. Das Klimaabkommen ist unumkehrbar, und es ist nicht verhandelbar.«

Naturwissenschaft erkennt nur durch Messung belegte Theorien an, eine Hürde, die die Erderwärmungshypothese nicht nehmen kann. Die Kanzlerin muss also wissenschaftliche Messungen konsequent aus Betrachtungen zur Erderwärmung heraushalten, so sie denn glaubwürdig erscheinen will. Folglich muss sie auf der ausschließlichen Kraft von Computermodellen beharren und sich zu der Gewichtung von Messungen ausschweigen. Rechtfertigungen sind eh ausgeschlossen! Dem Bürger bleibt folglich nur Raum für Vermutungen, Spekulationen! Wie auch immer! Politik pflegt mehr und mehr eine Bürgerverdummung!

Aber nicht nur diese politisch herbeigeführte Bürgerverdummung nimmt zu. Die CO_2-Theorie spaltet auch die Wissenschaftler in zwei Lager. Die Gruppe, die der Politik zuarbeitet und die andere, die Messungen zur Grundlage ihrer Arbeit macht. Die Gesellschaft braucht beide, um klassifizierten Wissenschaftlern ihre Hochachtung anzudienen. Die erste Gruppe Wissenschaftler haben Gemeinsamkeiten von Betten und Erderwärmung erforscht. Die Zusammenhänge erscheinen von beachtenswerter Bedeutung für die Zukunft menschlichen Lebens zu sein. So wertet diese Wissenschaft in aller Bescheidenheit ihre revolutionäre Arbeit auf. Sie stellte fest, dass beide, also sowohl Erderwärmung als auch Betten die Menschheit vernichten wollen. Sie hat heraus getüftelt, dass die meisten Menschen in Betten sterben. Alte Menschen sind gefährdeter als junge Personen. Insbesondere jene Menschen sind anfällig, die das 95. Lebensjahr überschritten haben. Sofort fühlen Toxikologen sich aufgefordert, ihren Beitrag für die Menschheit zu leisten. Sie steckten Ratten und Mäuse in Betten. Dort zeigte sich jedoch keine höhere Sterblichkeitsrate. Obgleich dem Menschen bisweilen ein tierisches Verhalten nachgesagt wird, gibt es offenbar doch noch bedeutsame Unterschiede zwischen diesen beiden Lebewesen. Besorgte und verantwortungsbewusste Politiker fühlten sich verpflichtet, diese schockierenden Erkenntnisse unmittelbar unters Volk zu tragen. In Großstädten organisierten sie zahlreiche Demonstrationen. Blutrot unterlegte Plakate warnen mit tiefschwarzer Aufschrift: »Betten töten!« Vereine wurden gegründet, Bettenverkäufer abgemahnt. Wissenschaftler sprachen sich einerseits die Kompetenzen ab, andererseits verband sie die Erkenntnis, dass Sport die Umwelt belastet. Mit körperlichen Anstrengungen nimmt die menschliche Atmung zu, und damit steigt der CO_2-Ausstoß. So ihre wertvolle Erkenntnisse! Sport ist also ein Klimakiller! Sie rechtfertigten Gesetzeskonzepte, die Fahrradfahren nur noch auf abschüssigen Straßen und Wegen erlauben. Auch laufen und sonstige energiefressenden Tätigkeiten werden verboten. Der einzige Weg, das Leben zu verlängern, ist die Flucht in den Sessel. Hier hinein darf sich die belastete Seele zurückziehen.

In den Jahren (1997-2016) sollen die menschengemachten (anthropogenen) CO_2-Emmissionen von 25 auf 36 Milliarden Tonnen pro Jahr gestiegen sein. Die Emissionen sollen den Rekordwert von insgesamt über 500 Milliarden Tonnen in diesem Zeitraum erreicht haben. Wie eine saubere Trennung zwischen menschengemachter und naturbedingter Erzeugung von CO_2 herbeigeführt wird, ist nicht direkt ersichtlich. Ist aber auch für grundsätzliche Betrachtungen nicht entscheidend! Vermieden wurden Aussagen, was mit der Globaltemperatur in diesem Zeitraum geschah. Sie legte nach dem Anstieg dann zwischen 1970 und 1998 eine Pause ein, den sogenannten »Hiatus«. Diese Informationen hatten die Medien unterdrückt. Schließlich gilt der alte journalistische Grundsatz: »Nur schlechte Nachrichten sind gute Nachrichten«.

Es lässt sich zwar spektroskopisch im Labor ein Effekt von +1,1 Grad C bei Verdopplung der CO_2-Konzentration nachweisen, aber das beweist noch nicht, dass der geringe CO_2-Anteil von 0,03-0,04 % in der Atmosphäre Auswirkungen auf die Temperatur in diesen Höhen oder auf der Erdoberfläche hat. Starke horizontale und vertikale Windströmungen unterstützen, nämlich die Abführung der Wärme in das Weltall. Das kann in Laborversuchen nicht dargestellt und folglich nicht berücksichtigt werden.

Frau Merkel stellte fest, dass das Klimaabkommen nicht verhandelbar sei, also unumkehrbar ist. In der Natur sind so manche Vorgänge tatsächlich unumkehrbar. Wird Holz verbrannt, um Wärme zu erzeugen, so ist dieser Ablauf endgültig. Die Energie im Holz wird beim Verbrennen in Wärme umgewandelt. Diese Wärmeenergie kann nicht wieder zu Holz verarbeitet werden. Auch bei menschlichen Entscheidungen gibt es Abwicklungen, die nicht rückgängig zu machen sind. Sie sind seltener als in der Natur. Die Bestrafung durch Tod ist endgültig! Menschliche Beschlüsse haben normalerweise immer Alternativen. Dadurch sind sie anfälliger für Fehlentscheidungen. Die Politik trifft häufig Beschlüsse wider besseren Wissens. Das unterscheidet sie von der Natur! Politik muss sich um Wählerstimmen sorgen! Politische Beschlüsse verlangen bürgerliche Einsicht! Darunter fallen insbesondere politische Tabuthemen! Bein Abkommen zum »Klimaschutz«, das sich auf wackeligen Beinen dahinschleppt, versucht sich die Kanzlerin in Erklärungen. Sie betrachtet den »Klimaschutz« wie ein Stück Holz, das verbrannt wird: endgültig! Sie sucht nicht menschliche Wärme durch eingängige Erklärungen, sondern sie bevorzugt die Kälte phrasendurchwebter Worte. Die Wärme von verbranntem Holz ist also wenig hilfreich! Ihre Entscheidungen sollen kein Verständnis herbeiführen. Der Bürger hat vollendete Tatsachen hinzunehmen. Sie freut sich wie ein Kind, das zusätzlich einen Schokoriegel bekommen hat, wenn sie auf eine geisttötende, staubtrockene und bleiern langweilige Regierungserklärung den obligatorischen Applaus der Partei erhält. Mit Energiewende und Umweltschutz hat das alles wenig zu tun. Die Kanzlerin hält es auch nicht für nötig, die Vorgaben des Grundgesetzes einzuhalten. Artikel 20a des Grundgesetzes verpflichtet alle Staatsorgane, die natürlichen Lebensgrundlagen auch künftiger Generationen zu sichern. Die Regierung gibt vor, dass Kohlendioxid für den Klimawandel verantwortlich ist. Die Bürger könnten nachhaltig gefährdet werden. Gegenmaßnahmen müssen infolgedessen eingeleitet werden. So ist eine Klimapolitik, die versucht, dem entgegenzuwirken, nach geltendem Verfassungsrecht verbindliche Pflicht der Staatsorgane, also uneingeschränkt zu rechtfertigen. Insofern gehen die Maßnahmen der Merkel-Regierung in Ordnung. Aber China und Amerika sind mit 43,6 Prozent die größten CO_2-Erzeuger. »Ein unumkehrbares Klimaabkommen« wird zum nationalen Alleingang, nachdem Amerika ausgestiegen war. Die riesigen finanziellen Belastungen zur Klimabekämpfung waren somit ohne Nutzen für die Bürger und bedeuteten damit einen Verstoß gegen das Grundgesetz!

»... *Aber die Bundesregierung kann ein solches Konzept nicht durch nationale Politik ersetzen. Deshalb ist sie verfassungsrechtlich auch nicht verpflichtet, klimapolitisch motivierte Maßnahmen zu ergreifen, die die deutsche Wirtschaft im internationalem Wettbewerb benachteiligen, aber zur Vermeidung des Anstiegs der Durchschnittstemperatur nichts bewirken können, weil es an entsprechenden Emissionsminderungen der Hauptemittentenstaaten fehlt ...«* [51]

Obgleich es nachweislich keinen Sinn macht, »*ist Merkel entschlossener den je, das Klimaabkommen zum Erfolg zu führen ...*« Kein Politiker, kein Bundesverfassungsgericht fällt ihr in den Arm!

Von den sieben Klimawandeln – so der Klimawandel denn tatsächlich kommen würde – wäre er der erste, den die Menschheit nicht überlebt. Warum sollte der Liebe Herrgott die Menschheit dieses Mal vernichten, wenn er die Sonne und damit die Erdkugel voraussichtlich noch 2,5 Milliarden Jahre leben lässt? Er hätte doch auch schon mehrfach die Gelegenheit zur Vernichtung gehabt. Warum also erst jetzt, da sich die Politik in seine Fehlleistung bei der Erderschaffung einschaltet? Logische Gedanken sind nicht die Stärke der Politik!

Widersprüche in der CO_2-Bekämpfung

»In der menschlichen Natur steckt gewöhnlich mehr von Toren als von Weisen.« Folglich »macht den Menschen nichts argwöhnischer, als nichts zu wissen.«

Sir Francis Bacon (1561-1626)

Politiker haben bei ihren Auseinandersetzungen das dringende Bedürfnis nach neuen Wortschöpfungen, um damit Anschaulichkeit zu demonstrieren. In diesem Sinn haben sie das Wort »klimaneutral« geboren. Bis zum Jahr 2050 muss Wirtschaft und Mensch klimaneutral sein. »Klimaneutral«, politisch interpretiert, soll offenbar heißen, dass nicht mehr CO_2 produziert wird, als die Erde »derzeit« belastet. Was das mit »klimaneutral« zu tun hat, wissen nur Politiker und ihre angeheuerten Wissenschaftler. Vielleicht auch ein paar ihnen wohlgesonnene Götter! Der normale Bürger hat bisweilen Schwierigkeiten, sich an törichte Wortschöpfungen zu gewöhnen.

»Klimaschutz«! Politiker wollen das Klima schützen! Den Begriff benutzen inzwischen nicht nur Politiker, sondern er erscheint in allen Medien, ja, selbst politische »Wissenschaftler« benutzen diesen Terminus. Inzwischen besteht sogar ein Ministerium für »Klimaschutz«. Das soll das »Klima schützen«! Ein relativer Höhepunkt paradoxer Wortgestaltung! In diesen Reigen von Sinnverstümmelungen hat sich selbst das so hochgelobte Bundesverfassungsgericht eingeordnet. Im sogenannten »Klimaschutzurteil« hatte es den Begriff »Klimaschutz« als festen Bestand in ihr Wortrepertoire eingeordnet. Nun hat das Bundesverfassungsgericht bereits beim Urteil zur »Haushaltsabgabe« demonstriert, sich intensiv in die verwaschene Sprache der Politik einzuarbeiten! Insofern darf ihre Einordnung widersinniger Begriffe in ihren Wortschatz keine wirkliche Überraschung mehr bedeuten!

Klima setzt sich aus verschiedenen Einflüssen wie Niederschlag Temperatur, Luftbewegung zusammen. Das Wetter ändert sich tagtäglich, manchmal stündlich oder sogar minütlich. Wie können CO_2-Einsparungen das tägliche Wetter und damit das Klima »schützen« und sogar »retten«? Hat das Wetter nicht in all den vergangenen Tausenden von Jahren gezeigt, dass es eigenständige Entscheidungen trifft?

Die Widersprüchlichkeit der Klimapolitik fängt bereits bei der Interessenskollision an. Der CO_2-Ausstoß von Flugzeugen und Schiffen darf keine Bedeutung haben. Das Flugzeug brauchen Politiker, um sich international in Szene zu setzen, und die Bürger wollen in ferne, sonnenstabile Landstriche geflogen werden, in denen die Sonne ihre Gefühle verwöhnt, ihre Seele glättet, allerdings auch die Erderwärmung vorantreibt. Diesbezüglich Einschränkungen zu verordnen könnte also Wählerstimmen kosten! Schiffe sind für den Export von Wirtschaftsgütern unentbehrlich. In den Häfen Shanghai, Singapur, Ningbo-Zhoushan, Shenzhen, Guangzhou-Nansha und Hamburg wurden 167.601.140 Container umgeschlagen. Der CO_2-Ausstoß der sie transportierenden Schiffe ist daher »pillepalle«! Der Feind Nummer eins ist also das Auto! CO_2-Emissionen von Flugzeugen sind drei- bis viermal schädlicher als die von Autos. Ein einziger Flug nach New York lässt sich bereits in Tonnen CO_2 ausdrücken, beim Auto benötigt man dazu mehrere Jahre. Aber wie sollen Politiker ihre internationale Bedeutung zeigen?

Eine bedeutende Tageszeitung hat errechnet, dass Langstrecken-Flugreisen, die den Bundesvorsitzenden der »Grünen«, Cem Özdemir, »zwischen den Jahren« mit Kind und Kegel nach Südamerika brachte, mit Abstand die größten CO_2-Verursacher sind. Für einen Flug an die amerikanische Westküste werden pro Person bis zu sechs Tonnen CO_2 ausgestoßen.

Dafür könnte ein Mittelklassewagen bei einer Jahresleistung von 12.000 Kilometern drei Jahre fahren. Natürlich wären derartige Zahlen diskussionswürdig! Sie dürfen aber nur verdeutlichen, dass politische und wirtschaftliche Interessen Vorrang vor dem weltzerstörerischen CO_2-Ausstoß haben.

Den Gedankengängen der Kanzlerin zu folgen, ist problematisch geworden. Politisches Wunschdenken und daraus abgeleitete Beschlüsse in die Wirklichkeit einzuordnen, hat an Boden verloren. Zu häufig muss sich folgerichtiges Denken politisch »höheren Zielen« unterwerfen. CO_2 bleibt zwar der böse Bube der Erderwärmung, aber Politik bestimmt, in welchen Lebensbereichen er sich austoben muss und wo er keine Rolle spielen darf. Bekämpfung von CO_2 bedeutet für die Bundeskanzlerin, bei internationalen Flugtickets auf die Mehrwertsteuer zu verzichten. Kerosin ist steuerfrei und vom Emissionshandel sind die Luftfahrtgesellschaften ausgenommen. CO_2-Einsparungen müssen folglich publikumswirksam bei Autos erzwungen werden! Die Bundeskanzlerin muss in der Welt »klimaneutral« herumfliegen können. Zum Klimagipfel nach New York reisten fünf Regierungsmitglieder, darunter natürlich auch die Kanzlerin. Diese fünf Personen benötigten drei Regierungsflieger der Flugbereitschaft und einen Linienflieger. Seinerzeit gab es noch keine Corbid-19-Seuche, sondern nur die Vorgabe, CO_2 einzusparen.

Alle 30 Sekunden startet oder landet ein Flugzeug auf der Welt. Mit der Grundsteinlegung für ein neues Terminal will Fraport eine Wachstumsbremse für den Frankfurter Flughafen beseitigen. Damit können zusätzlich 21 Millionen Passagiere abgefertigt werden. Das entspricht dem Abfertigungsvolumen des Flughafens Tegel.

In Frankfurt wären auf den vier Bahnen zwar 510.000 Starts und Landungen möglich, aber die beiden Terminals hatten kaum Platz, um die 69,5 Millionen Passagiere im Jahr 2018 abzufertigen. In Spitzenzeiten waren die Starts und Landungen auf 104 pro Stunde begrenzt. Kein Umweltschützer und kein Grünenpolitiker protestierten! Die Firma Uber plant ein Lufttaxi-Unternehmen. Luftfahrtberater Oliver Wyman geht davon aus, dass in zehn Jahren 39 175 Flugzeuge um den Globus kreisen. Die künftige Weltflotte soll rund 40 Prozent größer sein als die aktuelle. In Europa soll die Zahl der

Flüge nur um 27 Prozent zunehmen. Die Auftragsbücher der Flugzeughersteller sind randvoll! Fliegen ist so günstig wie noch nie! Die Taxifahrt zum Flughafen kostet bisweilen mehr als der Flug. Der Wettbewerb erzwingt, dass ein Flug von einer Stunde von Frankfurt nach Hamburg ein Mehrfaches des Preises beträgt, den ein mehr als vierstündiger Flug nach Teneriffa kostet.

»... *Wenn es den Teilnehmern des Klimagipfels in Kopenhagen wirklich um das Klima und die Kohlendioxid-Reduktion ginge, dann hätten sie ihr Treffen als Videokonferenz organisiert, um damit ein Vorbild zu geben. Das würde tatsächlich eine Menge Kohlendioxid sparen ... Aber so werden nach Angaben der Organisation selbst in den elf Tagen einschließlich Anreise der Delegierten, 41.000 Tonnen Kohlendioxid produziert, so viel wie in einer Stadt mit 150.000 Einwohnern ...*« [52]

Wenn der Reiseveranstalter Thomas Cook Pleite macht, sollten Medien und Politiker doch erleichtert und dankbar über weniger CO_2Belastung sein. Stattdessen machen sie sich tiefgreifende Gedanken darüber, wie die Urlauber nach Hause kommen. Die Welt vor dem Klimatod zu bewahren, kann nur schwerpunktmäßig mit dem Auto gelingen. Hier muss also CO_2 eingespart werden.

Kreuzfahrtschiffe fahren mit besonders dreckigem Schweröl. Schweröl ist ein billiger Reststoff aus der Ölproduktion. Die 2016 fertiggestellte »Harmony of Seas« produziert bei einem Verbrauch von 150 Tonnen Schweröl/Tag 450 kg Feinstaub. Ein Kreuzfahrtschiff ist so »dreckig« wie 21,45 Millionen VW Passat 2.0 TDI mit 190 PS.

Robert Sausen vom Deutschen Institut für Luft- und Raumfahrt (DLR) hat berechnet, dass je nach Größe des Schiffes bei einer 14-tägigen Kreuzfahrt pro Person zwischen einer und drei Tonnen CO_2 anfallen. Ein Flug von Frankfurt nach New York stößt nur 2,8 t aus, auf der Strecke Frankfurt-Sydney sind es allerdings 8,6 t.

Weiterhin gibt es Automobilrennen und die Firma Audi will in dieses Millionengeschäft einsteigen. Milliardäre lassen sich riesige

Luxusjachten für den privaten Gebrauch bauen. Die Parole lautet: immer größer, immer teurer – der Verbrauch darf keine Rolle spielen! Bei Autos gelten andere Gesetze! Der CO_2-Ausstoß muss um 15 Prozent gesenkt werden und bis 2050 »klimaneutral« sein, um das Klima zu »retten«. Die politische Umsetzung von »Klimaneutralität« hat eigene, politisch festgelegte Gesetze! Derartige Verhältnisse versperren die Einsicht in politische Maßnahmen zur »Klimarettung«!

Eigentlich verbietet der Zwang zu CO_2-Einsparungen den Ausbau der Flugzeugtechnik. Zum Glück können Politiker bei derart strittigen Themen wieder einmal weit in die Zukunft blicken. Diese besondere Begabung, in widersprüchlichen Notsituationen unmittelbar Lösungen zu präsentieren, fordert selbst von Querdenkern uneingeschränkte Anerkennung ein. Das Bundeswirtschaftsministerium hat also auch für Flugzeuge den umweltfreundlichen Schlüssel gefunden. Minister Altmaier liest sich in diesem Sinne so:

»Elektrisches und hybridelektrisches Fliegen sind zentrale Elemente strategischer Industriepolitik. Das Wirtschaftsministerium wird seinen Beitrag leisten, entsprechende Technologien rechtzeitig zum Entwicklungsstart für die nächste Flugzeuggeneration bereitzustellen.«

Demnächst könnte also auch »elektrisches« Fliegen denkbar sein, und dann sind auch alle Klimaprobleme der Luftfahrt gelöst. Zuvor sind noch ein paar unbedeutende technische Kleinigkeiten zu beseitigen. Die Energiemenge, die in einem Liter Kerosin von etwa 0,8 Kilo Gewicht gespeichert ist, müsste von einem Lithium-Ionen-Akku aufgebracht werden, der 40 bis 70-mal so schwer und entsprechend voluminöser ist. Und es muss noch an der Reichweite gearbeitet werden! Bleibt beim Auto die Energie der Batterie aus, bleibt es stehen. Das Flugzeug gibt sich da sensibler!

Nun soll alles und jedes weltweit auf elektrische Energie umgestellt werden. Politisch unbeeinflusste Zahlen auf die Zukunft ausgelegt besagen, dass der elektrische Energiebedarf allein in

Deutschland um zwei Drittel des derzeitigen Verbrauches steigen wird. Bereits der jetzige Bedarf wird angeblich mit »erneuerbaren Energieen« zu 40 Prozent abgedeckt, tatsächlich sind es 25 Prozent.
»EU-Parlament beschließt Klimaziele für Autos«. Neue PKWs dürfen ab 2025 nur noch 2,6 Liter pro 100 Kilometer verbrauchen. »Union legt Gegenentwurf zur CO_2-Steuer vor.« »EU beschließt CO_2-Einsparziele für Lastwagen.« Die Medien überschütten den Bürger nahezu täglich mit neuen Einsparungsforderungen für Autos. Politiker schütteln sie einfach nur so aus den Ärmeln! Allerdings konzentrieren sie sich mit ihren Einsparforderungen nur auf Autos! Und sie suchen ausschließlich eine Lösung bei CO_2-produzierenden Autos!

»... ›Deutschland fährt auf Zucker‹: Der Text thematisiert die Erhöhung der Ethanol-Beimischung im Benzin von fünf auf zehn Prozent ... Während die Ethanol-Herstellung aus Mais und Roggen aus Gründen der Konkurrenz zur Nahrungsmittelproduktion abzulehnen ist, kann die Produktion aus Zuckerrohr (in Brasilien) oder Zuckerrüben (in Europa) in dieser Hinsicht als unbedenklich eingestuft werden. Das in der Energiebilanz bei weitem günstigste Ethanol aus Zuckerrohr reduziert die Kohlendioxid-Emission im Vergleich zu Benzin um mehr als achtzig Prozent ... Import-Ethanol müsste auch hier erheblich billiger als Benzin sein ... Europäische Lobbyisten unterschiedlicher Provenienz versuchen dies aber aus ganz verschiedenen Gründen mit nachweislich falschen Argumenten zu verhindern.« [53]

Grundlagenforschung könnte also auch andere Lösungen als Elektro-Autos in Betracht ziehen. Politiker haben aber festgezurrt, dass elektrische Antriebe die Zukunft sind! Sie sollen beim Kampf gegen CO_2 das Allheilmittel schlechthin sein! Professor Jörg Wellnitz der TU Ingolstadt kommt zu der Ansicht, dass Elektromobilität nicht sinnvoll ist, wenn alle Aspekte betrachtet würden. Bis beispielsweise die Batterie eines Tesla gebaut sei, könne ein Bürger acht Jahre mit dem Verbrennungsmotor bei gleichen Umweltbelastung fahren. Mit Verweis auf interne Quellen von VW stellte er fest, dass VW für eine Großfertigung von Elektroautos bis zu 130.000 Tonnen Kobalt im Jahr benötigt. Allein die Produktion für vorwiegend Laptops und Smartphones beträgt derzeit weltweit 123.000 Tonnen. Bei der Umweltzerstörung nicht berücksichtigt sind die bereits aktuell verwüsteten Landstriche in Afrika, Russland oder Südamerika durch die Gewinnung der Rohstoffe zur Herstellung der Klima rettenden Lithium-Ionen-Batterien.

Autos mit Elektromotor können nur im Kurzstreckenverkehr eingesetzt werden. 30.000,- Euro kostet derzeit ein Kleinwagen. Hinzuzurechnen ist zur Erstanschaffung noch rund 2.000,- Euro für eine Wandladestation, soll nicht nur auf öffentliche Ladestationen zurückgegriffen werden. Für private Wandladestationen reicht jedoch nicht der zur Verfügung stehende Strom! An den öffentlichen Ladestationen, so sie denn zur Verfügung stehen und genügend Strom vorhanden ist, werden sich, auch bedingt durch die Ladezeit, lange Warteschlangen bilden. Fachleute geben der Batterie eine Lebensdauer von sieben bis zehn Jahren oder 500 bis 1.000 Ladezyklen. Dann muss die Batterie gegen eine neue ausgetauscht werden. Der Preis dafür liegt zwischen 10.000,- bis 15.000,- Euro.

Elektroautos sind brandgefährdet! Wenn sie brennen, können sie zu gravierenden Schäden führen. Die großen Batteriezellen sind mit Säure gefüllt. Dadurch sind sie schwer zu löschen. Im Chemieunterricht lernte der Schüler: Erst das Wasser, dann die Säure sonst passiert das Ungeheure! Wasser auf konzentrierter Säure verdampft nämlich explosionsartig. In einem Parkhaus kann die Wärmeentwicklung eines solchen Brandes die Statik des Gebäudes beeinträchtigen. Alle solche Einwände sind pillepalle!

Autos mit Verbrennungsmotor sollen also komplett durch Autos mit Elektromotoren ersetzt werden. So will es die Politik! Diese politisch herbeigezauberte Alternativlosigkeit hat einschneidende Konsequenzen. Der Bürger wird deutlich in seiner Bewegungsfreiheit eingeschränkt. Bei einer auf 350 Kilometer begrenzten Reichweite sind manche Ziele in einem zumutbaren Zeitfenster nicht mehr mit dem Auto zu erreichen. Auf diese Reiseziele muss der Bürger verzichten! Er kann natürlich auf öffentliche Verkehrsmittel, wie Bus und Bahn zurückgreifen. Geht es bei diesem Szenario wirklich um Umwelt, oder soll der Individualverkehr abgeschafft werden? Die Fahrten zu Oma und Opa, Onkel und Tante gestatten noch eine persönliche Lebensgestaltung. Möchten Politiker auch diese Freiheit unterbinden?

Am 06. Juni 2019 gab die Kanzlerin bekannt: »*Schluss mit dem Pillepalle! Wenn wir so weiter machen, wird die Energiewende scheitern.*« Die Energiewende wird nicht erst scheitern, sie ist bereits gescheitert! Einen Augenblick lang glaubte ich also, dass sie ihre, im Physikstudium erworbenen fachlichen Kenntnisse wieder aktiviert hatte, mit der Folge, die Klimapolitik als Ganzes neu zu überdenken. Von Illusionen beschwingte Hoffnungen wollen einfach nicht wahrhaben, dass politische Korrekturen oder gar Eingestehen von Fehlern Wunschdenken bleiben müssen. Auch in dieser Disziplin nimmt die Kanzlerin eine Spitzenposition ein! Sie einsichtiger zu machen gleicht dem Versuch, einem Hund das Fliegen beizubringen.

In der »Steinzeit«, verglichen mit »heutigen« Verhältnissen, gab es keine Politiker, die den Bürger in Angst und Schrecken versetzten. Diese Aufgabe übernahm die Natur! Es gab auch keine von Politikern gestaltete »moderne Demokratie«, die den Bürgern vorschrieb, wie sie zu leben haben. Die Menschen haben einfach nur überleben wollen. Völkerwanderungen zeigen, dass früher die Menschen sich vor den Unbilden des Wetters weitgehend zu schützen versuchten. Keine Politiker wollten die Natur besiegen! Sie mussten den Bürgern auch nicht erklären, dass alles machbar sei, wenn es denn in politische Hände gelegt würde. Seinerzeit hatten allerdings die Wetterprognosen einen anderen Charakter. Dazu eine kleine aufgelesene Episode:

»Gehen zwei Indianer zu ihrem Medizinmann und fragen: »Kannst Du uns sagen, wie in diesem Jahr der Winter wird?« Der Mediziner schmeißt einen Haufen kleiner Steinchen auf den Boden und sagt: »Das wird ein sehr kalter Winter, sammelt viel Holz zum Heizen.« Am anderen Tag kommen noch einige Indianer zu ihm und fragen dasselbe. Auch ihnen sagt er: »Sammelt viel Holz«. Auch von anderen Stämmen kommen die Indianer, und immer sagt er dasselbe. »Sammelt viel Holz!« Doch der Mediziner ist sich nicht ganz sicher. Er denkt: »Ich muss doch mal beim Wetteramt anrufen, ob denn das auch richtig ist«. Gesagt – getan! Er geht zum Telefon und fragt den Herrn vom Wetteramt: »Können Sie mir bitte sagen, wie in diesem Jahr der Winter wird?« Der Herr vom Wetteramt antwortet ihm: »Das wird ein ganz harter Winter! Die Indianer sammeln Holz wie die Verrückten.« [54]

Die Erde ist eine wahrlich komplizierte Kugel.

»Wenn man auch allen Sonnenschein wegstreicht, so gibt es doch den Mond und die Sterne und die Lampe am Winterabend. Es ist so viel schönes Licht in der Welt.«
Wilhelm Raabe

Die persönlichen Gedanken in eine politisch vorgeschriebene Einsamkeit zu zwingen, kann zu einer anstrengenden, bisweilen sogar unzumutbaren Belastung führen. Die Menschen haben sich umfeldbedingt ein persönliches Bild ihrer für sie wichtigen Lebenswelt geschaffen. Diese, über viele Jahre aufgebaute Sicht der Dinge, sie ihrer Entwicklung und ihrer Lebensfreude anzupassen, macht es für sie grundsätzlich schwer, ihr Blickfeld fremden Vorstellungen zu unterwerfen. Das aber verlangen Politiker nahezu tagtäglich! Dazu mit Anordnungen, die immer schwerer zu verstehen sind! Macht der Bürger sich einmal frei von politischen Auflagen, so fordert bereits ein oberflächliches Eindringen in die Geheimnisse unseres Erdtrabanten Bescheidenheit. Vor 4,6 Milliarden Jahren war die Erde entstanden. So der heutige Kenntnisstand. Auf ein paar Jahre rauf oder runter kommt es nicht an!

»Verdichtet man das Alter der Erde auf einen 24-Stundentag, dann entsprechen eine Million Jahre etwa 19 Sekunden. Geht man davon aus, dass der ›homo sapiens‹ circa 200.000 Jahre alt ist, so entspricht das einer Zeit von 3,8 Sekunden. Der Mensch fand eine Welt vor, deren Wetter ebenso wechselhaft und unbeständig war wie heute, für viel Gesprächsstoff sorgte und ihn zwang, sich ihm anzupassen. Das ist die Glanzleistung unserer Vorfahren, die es sogar geschafft haben, sich über die ganze Erde auszubreiten, um sich in allen ›Klimazonen‹ anzusiedeln. Auch heute muss der Mensch das

Wetter so nehmen, wie es kommt. Ändern kann er im Großen und Ganzen daran nichts! [55]

Die Menschheit hat dennoch überlebt! Und in der Entstehungsgeschichte der Menschheit sind sogar einige wenige Erdenbürger herangewachsen, die herausgefunden haben, dass der Schöpfer bei der Gestaltung der Erde mit ihren Bewohnern Fehler gemacht hatte. Diese wenigen Menschen sind nun auserkoren worden, Gottes Fehler zu bereinigen. Diese Sonderklasse Mensch trägt die Bezeichnung »Politiker«! Aber es sind auch viele, viele andere Menschen entstanden, die nur ganz normal leben wollen, und es werden immer mehr. Allein in Afrika wächst die Bevölkerung jedes Jahr um 80 Millionen Menschen. Warum hatte der Liebe Herrgott menschliches Leben geschaffen und schafft es immer noch, um dann zweihunderttausend Jahre später deren Kinder in einem durch CO_2 lebensuntauglich gemachten Klima jämmerlich verrecken zu lassen? Warum hatte er sich ausgerechnet die siebte Erderwärmung auserwählt und nicht schon früher zugeschlagen? Derartige Gedankengänge letztlich allumfassend zu erschließen bleibt menschlichem Geist verwehrt. Nur Politiker und ihre wissenschaftliche Betreuung wissen, dass die Menschheit durch ihr erzeugtes CO_2 vernichtet werden soll.

Die Natur arbeitet fehlerfrei, weil sie in sich geschlossen ist. Das gelingt der Menschheit nicht! Politiker nehmen sich folglich eine Sonderstellung heraus! Hat diese Gilde sich diese Einzigartigkeit eigentlich verdient? Okay, der Mensch muss mit vielen, vielen Fehlern leben. Er sollte also eigentlich dankbar sein, dass diese menschliche Sonderklasse »Politiker« existiert! Sie kennt nämlich keine Fehler! Weil sie fehlerfrei, sozusagen eine irdische Auslese bildet, muss sie sich aufgerufen fühlen, die Welt des einfach gestrickten, einfältigen und treuherzigen Bürgers in geordnete Bahnen zu lenken. Diese nahezu göttliche Begabung zu begreifen, fordert so manchen Bürger sein ganzes Leben lang heraus!

Als die Erde vor 4,6 Milliarden Jahren entstand, war das ein ungeheuerlich anspruchsvoller Vorgang! Würde die Erde nämlich nur etwa 5 Prozent näher an der Sonne vorbeiziehen, so wäre organisches Leben nicht möglich. Alles Wasser würde verdampfen! Auch hat die Größe des Planeten Einfluss auf die Lebensbedingungen. Wäre die Erde kleiner, so wäre sie, wie der Mars, inzwischen vollkommen erstarrt. In dieser Entfernung ist es ohne Sonnenkraft nämlich bitterkalt. Wäre sie größer, so gehen Fachleute davon aus, dass heftiger Vulkanismus höheres Leben unmöglich macht. Unsere Erde wurde in die »Milchstraße« eingebettet. Nur so war organisches und menschliches Leben möglich!

»Die Milchstraße gehört zu den größeren Spiralgalaxien und besitzt etwa 300 Milliarden Sterne bei einem Durchmesser von ungefähr 100.000 Lichtjahren ... Fasziniert betrachte ich eine fotografische Darstellung der Milchstraße, suchte die Position unserer Sonne. Sie war nichts als ein winziger Punkt in der Galaxis. Die Erde war nicht eingezeichnet, so wie ein Dorf nicht auf einer Weltkarte zu finden ist.«

Diese Zusammenhänge sind ein winziger Ausschnitt aus der Wissenschaft der Kosmologie. Die »Lehre von der Welt« beschäftigt sich mit der grundlegenden Struktur des Kosmos sowie mit dem Universum als Ganzes. Wissenschaftler gehen immer intensiver der Ergründung des Weltalls nach. Die NASA will herausgefunden haben, dass auch die Planeten Mars, Pluto, Jupiter und Neptun seit etwa 14 Jahren einen Klimawandel erfahren haben. Wissenschaftler wollen auch festgestellt haben, dass die Eispolkappen des Mars bereits geschmolzen, und die globalen Durchschnittstemperaturen auf Pluto, Jupiter, Neptun und Triton einer der Monde des Neptuns angestiegen sind. US-Forscher wissen, dass auf dem Mars eine stärkere Klimaerwärmung stattgefunden hat, als auf der Erde. Die mittlere Marstemperatur in Äquatornähe beträgt am Tag etwa 20 Grad C und in der Nacht sackt sie auf minus 85 Grad C ab. Die Durchschnittstemperatur von etwa minus 55 Grad C soll um 56 Grad C angestiegen sein. Möglicherweise wird mit Computermodellen bald bewiesen werden, dass magische Fernwirkungen von anthropologischem CO_2 der Erde sich auf alle anderen Planeten unseres Sonnensystems auswirken. Die mit Computermodellen erschlossene Glaubenswelt eröffnet viele Möglichkeiten!

Wenn gegenwärtige Probleme der Kosmologie diskutiert werden, so müsste nicht die Frage lauten »wem sollen wir glauben«, sondern vielmehr »was sollen wir glauben«, so die Aussage des Astrophysikers Barr Madore von den kalifornischen Carnegie Observatories. Es geht bei dieser Frage um die Hubble-Konstante. Sie beschreibt die aktuelle Expansionsrate des Kosmos und bestimmt die absolute Größenskala des Universums. Diese Konstante ist auf den belgischen Theologen und Astrophysiker Georges Lemaître zurückzuführen, der 1927 ein expandierendes Universum festgestellt hatte. Bis dahin waren Kosmologen davon ausgegangen, dass das Universum ein statisches Modell, also nicht in Bewegung sei. Ein Jahr später stellte der amerikanische Astronom Edwin Hubble fest, dass sich fast alle Galaxien von uns entfernen, und zwar umso schneller, je weiter sie entfernt sind. Der Laie kann sich nur vergegenwärtigen, dass die physikalischen Gegebenheiten äußerst kompliziert sind und möglicherweise dem menschlichen Verstand niemals zugänglich sein werden. Drastischer ausgedrückt: Sie müssen ihn überfordern! Ein gedanklicher Ausflug in dieses unendliche Weltall sollte also einen von Demut begleiteten Einblick in Sphären geben, die dem Menschen die Grenzen seines Verstandes aufzeigen. Diese Einsicht drängt sich spätestens dann auf, wenn laue Sommernächte den Blick in den sternenüberhäuften Himmel gestatten. Viele, viele, kleine Knäuel hellstrahlender Punkte sind zwar einzeln wahrnehmbar, sie locken aber nur im Verbund Glücksgefühle hervor. Sie verleiten allerdings die Sinne, zu glauben, dass unsere Erde das Zentrum dieses unendlichen Universums ist. Der Verstand muss sich dann klar machen, dass manche Punkte, die da leuchtend auf uns herabschauen, nicht mehr existieren. Sie sind keine Punkte, sondern können Planeten gewesen sein, die doppelt so groß waren, wie die Erde. Die Sterne erscheinen uns so nah und sind doch erschreckend weit entfernt. Die Entfernung muss in Lichtjahren ausgedrückt werden. Das Licht legt rund 300.000 Kilometer in einer Sekunde zurück. In dieses komplizierte System schaltet sich politischer Geist mit seiner Klimabekämpfung bestimmend ein. Heilige Einfalt!

»... *er (der Mensch) sieht einen mehr oder weniger vollständig beleuchteten, sphärischen Gesteinsbrocken mit einem Durchmesser von knapp 3 500 Kilometern (Mond), der ihm in einer Entfernung von rund sechzig Erdradien am Himmel etwa so groß erscheint wie die Sonne. Alle anderen aber mögen von der möglichen Vieldeutigkeit des Erdmondes fast überwältigt werden, spätestens sobald Sie ihren Blick durch die menschliche Kulturgeschichte wandern lassen, die illustriert, wie der Erdtrabant die Menschen zu jedem Zeitpunkt ihrer Existenz als ein jeweils anderer begleitete. ... Jede Kultur und jede Zeit scheint den Mond anders gesehen und gedeutet haben. Der Mond besitzt demnach, so wie auch die Sonne, unzählbar viele Gestalten ...*

Der Mond hat für den Menschen schon immer eine besondere Rolle gespielt. Das überrascht nicht. Ist er doch der einzige Himmelskörper, dessen Details man mit bloßem Auge erkennen kann. Er erscheint dadurch nah und fern zugleich und wirft nicht nur die Frage nach seiner Natur auf, sondern lädt auch zu Spekulationen ein. Wie mag es in einer solch fremden Welt wohl zugehen. Er vereint Wandel und Vertrautheit, indem er sich jede Nacht zwar anders zeigt, uns aber dennoch stets das gleiche Antlitz zuwendet. Und nicht zuletzt machte er es möglich, einen Überblick über den Verlauf der Zeit zu behalten. Seine Mondphasen ermöglichen die Zählung von ›Monaten‹ ...

Wie wichtig der Mond indes aus anderen Gründen für unser Leben ist, kann unsere Wissenschaft heute eindrucksvoll belegen: Er stabilisiert die Neigung der Erdachse gegenüber der Ekliptik und damit den regulären Wechsel unserer Jahreszeiten. Unsere Erde rotiert ohne ihn erheblich schneller, die Tage wären sehr viel kürzer. Und die vom Mond hervorgerufenen Gezeiten könnten eine wichtige Rolle dafür gespielt haben, dass sich das Leben vom Wasser aufs Land ausbreitete.« [57]

Dreieinhalb Milliarden Jahre dauerte es, bis sich aus den ersten primitiven Urformen des Lebens Säugetiere entwickelt hatten und dann vor etwa 200.000 Jahren der Mensch entstanden war. Höhere Mächte haben der Erde offenbar vorgeschrieben, nicht still zu stehen. Jüngste Untersuchungen der Erdkruste zeigten, dass im Rahmen der Plattentechnik sich dicke Platten der obersten Erdschichten vornehmlich horizontal verschieben. Aber auch in vertikaler Ebene geschieht etwas. Alles verläuft super langsam ab, in Millimetern pro Jahr, also spielt sich da ein äußerst verzwickter Vorgang ab. Aber die Erdkruste ist ständig in Bewegung! Warum darf nicht auch das Wetter und damit das Klima als Naturereignis eigene Wege gehen, die für den geistigen Horizont des Menschen nicht erschließbar sind?

Alle wissenschaftlichen Betrachtungen und Aussagen über die Zukunft unseres Planeten, von welcher Seite sie auch in Angriff genommen werden, bleiben wissenschaftliche Theorien. Sie können nur höchst ungenügend mit definitiven Messungen unterlegt werden. Ob es je einmal eine Vervollständigung des Wissens um die Erde und der sie umgebenden Planeten geben wird, ist höchst fraglich. In jedem Fall muss die Beantwortung dieser Frage in eine weite Zukunft verlegt werden.

Messungen und daraus abgeleitete Erklärungen zur Erderwärmung

»Wer sich mit dem Zeitgeist verheiratet, ist morgen verwitwet.«
Otto von Habsburg

Klimaschwankungen hat es schon immer in der Klimageschichte gegeben, also auch zu einer Zeit, als die Menschheit nur von Ackerbau und Viehzucht lebte. Das belegen Auswertungen von Bohrkernen. Derartige Erkenntnisse stellen die politische Behauptung nachhaltig in Frage, dass die Erderwärmung auf menschlich erzeugtes Kohlendioxid zurückzuführen ist. Gegen politisch festgezurrte Beschlüsse anzugehen, gleicht dem Versuch, aus Sand ein Seil zu flechten. Das ist in manchen Fällen ernsthaft zu bedauern. Die Gefahr besteht, dass individuelle Überlegungen sich politischer Oberflächlichkeit anpassen müssen. Mehr Sorgfalt könnte Hoffnungen freisetzen. Die Problematik »Erderwärmung« soweit zu ergründen, dass nicht nur die CO_2-These als eine Entstehungsursache infrage kommt, ist politisch verworfen worden. Doch der Reihe nach! Zunächst einmal ist nicht zu leugnen, dass die Erderwärmung keine menschliche Erfindung ist. Das haben nicht Computermodelle, sondern Messungen nachgewiesen! Schwierig ist indessen, und hier scheiden sich die Geister, den Ursachen für Klimaveränderungen auf die Spur zu kommen! Also nicht nur Thesen und Behauptungen aufzustellen, sondern auch durch Messungen versuchen, die tatsächlichen Ursachen zu ergründen.

Den effektiven Grund der Erderwärmung herauszufinden ist jedenfalls wesentlich komplizierter, als die politische Behauptung glaubhaft zu belegen, dass CO_2 die Triebfeder sei. Die seriöse Wissenschaft hat sich nicht erst in jüngster Zeit darauf verständigt, dass die Sonne als strahlende Wärmequelle von grundlegender Bedeutung für die Temperaturen auf der Erde ist. Ernst zu nehmende Theorien besagen, dass Sonnenflecken entscheidenden Einfluss auf die Erdtemperatur haben. Sonnenflecken entstehen durch lokale Störungen im gewaltigen solaren Magnetfeld der Sonne. In Jahren mit verminderter Fleckenanzahl verringerte sich die Sonnenstrahlung um etwa ein Promille. In den Jahren zwischen 1645 und 1715 wurden keine Sonnenflecken beobachtet. Fehlende Sonnenflecken fielen offenbar mit der kleinen Eiszeit zusammen. Die Bedeutung der Sonne wird politisch heruntergespielt, aber sie war bereits bei der Entstehung menschlichen Lebens von existentieller Wichtigkeit. Sie wird auch einmal menschliches Leben beenden!

»*Selbst mit der Sonne wird es einmal ein Ende haben. Während sie uns Erdengeschöpfe aufopfernd am Leben erhält, verzehrt sie sich. Der Wasserstoff in ihrem innersten Kern heizt das Sonnenfeuer durch Kernfusion an. Die Energiequelle der Sonne ist damit zwar viel nachhaltiger, als zu Kants Zeiten noch gedacht wurde, aber sie ist endlich. Tatsächlich steht die Sonne heute in der Blüte ihrer Jahre. Etwa 4,6 Milliarden Jahre glüht sie schon, etwa zwei Millionen Jahre bleiben ihr noch, bis sie sich zu einem Riesenstern aufbläht. Ihre lebensspendende Funktion wird sie aber bereits lange vorher verloren haben. Die genauen Zahlen sind unsicher, aber in etwa 900 Millionen Jahre dürfte es für höheres Leben auf der Erde zu heiß werden. In spätestens zwei Milliarden Jahren werden die Ozeane zu kochen beginnen.*« [58]

Die Existenz der Sonne ist also begrenzt. Dafür ist die Umwandlung von Wasserstoff zu Helium verantwortlich. Ist nicht mehr genügend Wasserstoff vorhanden, wird der aufgeblähte Riesenstern zu nah an die Erde heranrücken. Nach einer weiteren Milliarde Jahre wird sie als roter Stern plötzlich zu einem weißen Zwerg zusammenfallen. Es dürfte eine Billion Jahre dauern, bis sie vollständig abgekühlt ist. Vom Sonnentod sind wir also noch ein paar Jährchen entfernt! Die Endlichkeit der Sonne wird jedoch weder die Bundeskanzlerin noch das IPCC als politische Vertretung der Umweltpolitik mit ihren Klimazielen beeinflussen können. Selbst mit perfekter Phrasentechnik nicht! Der Sonnentod wird also unaufhaltsam eintreten. Der Sonne müsste folglich in der Klimadebatte eine weitaus höhere Bedeutung zukommen, als dem Spurengas CO_2.

Seit längerem ist bekannt, dass die Rotationsachse der Erde osziliert. Die Erdachse verharrt also nicht stabil in einer Position. Diese Oszilation beeinflusst die saisonale Sonnenlichtmenge, die auf die Erdoberfläche auftrifft. Ein österreichisches Forscherteam hat herausgefunden, dass der Grad der Schiefstellung der Erdachse – wissenschaftlich Obliquitt genannt – offenbar Einfluss auf die Eiszeiten hatte. Unser Sonnensystem wandert in rund 26.000 Jahren einmal um das Zentrum der Galaxie, also um die Zentralsonne herum. Bei der Drehung um sich selbst ist die Neigung der Erdachse jedoch nicht stabil. Die Erde dreht sich wie ein schlingender Kreisel um sich selbst herum. Dabei verändert sich die Richtung der Rotationsachse während der 26.000-jährigen Umdrehung um die Zentralsonne. Diese Richtungsänderung, die die Rotationsachse der Erde ausführt, wird die Präzession der Erde genannt. Diese Präzession gibt vor, wie viel saisonale Lichtmenge auf die Erdoberfläche trifft. Das Forscherteam hat nun herausbekommen, dass offenbar die Eiszeiten mit dem Grad der Schiefstellung der Erdachse zusammenhingen: Die Schiefstellung war immer dann besonders groß, wenn Kaltperioden zu Ende gingen. Eine große Schiefstellung der Erdachse ist demnach wahrscheinliche Voraussetzung und möglicherweise entscheidend für den Beginn von Warmzeiten, so die Auffassung der Forscher.

Demnach vollführt die Erde regelmäßig einen Wechsel von Kalt- und Warmzeiten, entsprechend besagter Neigung sowie der Schwingungen der Erdachse. Bis vor rund einer Millionen Jahren soll der Takt jedoch ein anderer gewesen sein. Der Wechsel zwischen Warm- und Kaltzeiten sollte alle 41.000 Jahre erfolgt sein. Was die Änderung des »Taktes« verursacht hat, ist den Forschern nicht bekannt. Offenbar befinden wir uns in einer Zeit, in der die

Erdachse stärker geneigt ist. Diese Betrachtungen geben bereits einen Einblick, wie kompliziert und komplex die Zusammenhänge unseres Sonnensystem sind. Politische Behauptungen, dass Kohlendioxid die Erderwärmung beeinflussen, nehmen sich vergleichsweise primitiv aus und lassen auf einen kleinen Geist in sachlichen Auseinandersetzungen schließen. Sie verdeutlichen jedoch, wie leichtfertig für oberflächliche Beschlüsse Milliarden Steuergelder verpulvert werden.

Noch weitaus komplizierter wird das Weltall, wenn andere Himmelskörper außerhalb des gravitätischen Einfluss der Sonne mit in die Betrachtungen einbezogen und untersucht werden. Exoplanete katapultieren die Unendlichkeit des Weltalls in eine Domäne, die die Vorstellungskraft eines normalen menschlichen Gehirns überfordern muss. Exoplanete sind planetare Himmelskörper mit einem eigenen gravitativen Einfluss. Sie bilden ein eigenes Planetensystem, in dem Planeten um einen Stern kreisen. Ähnlich wie sich die Erde in »unserem« Sonnensystem um die Sonne dreht.

4.173 Exoplaneten mit 3.096 Planetensystemen sind bereits geortet worden. Wohlgemerkt, in Entfernungen von vielen vielen Lichtjahren! Allein ein Lichtjahr beträgt 9.460.800.000.000 Kilometer! Die Entdeckung eines neuen Exoplanetensystems ist für Forscher immer wieder faszinierend.

So etwas nachzuempfinden, fällt nicht schwer! Das Besondere an der jüngsten Erforschung betrifft die Größe. Der ausfindig gemachte Planet ähnelt der Erde, ist allerdings etwa doppelt so groß. Das System dreht sich um einen sonnenähnlichen Stern und ist rund 3.140 Lichtjahre entfernt.

Diese wenigen zusammengetragenen Informationen über das Weltall vereinfachen die Einsicht, dass das Wissen um die Erde und das Weltall und deren Zusammenhänge sehr, sehr anspruchsvoll ist und bereits allein für das Verständnis einen zutiefst aufgeschlossenen Geist verlangt. Der wissenschaftliche Einblick in dieses komplizierte System steckt eher noch in den Anfängen, als dass von einem tiefer gehenden Durchblick in diesem Zusammenspiel ausgegangen werden kann.

Die durch die Oszillation der Erde um seine Achse gewonnenen Erkenntnisse sind zwar schwieriger zu verstehen, als die mit Computermodellen gewonnene Kohlendioxidhypothese, sie sind dafür aber einleuchtender als die CO_2-Hypothese. Die Schwäche besteht schon darin, dass dieses Konstrukt nicht den Einfluss der Sonne berücksichtigt. Bereits 2011 gab es rund 800 seriöse Wissenschaftler, die in einer Veröffentlichung das Postulat vom CO_2-Treibhausgas nachhaltig infrage stellten. Die Politik nimmt sich ein Urteil heraus, das ihr in Anbetracht der technischen und geologischen Gegebenheiten geradezu verwegen und anmaßend ist und allein mit ihrer Machtposition zu rechtfertigen ist. Aber was sollen Politiker auch machen? Einerseits können sie die Sonnenflecken nicht wegzaubern und auch die Rotation der Erdachse nicht beeinflussen. Merkels Moderationskünste sind eindeutig überfordert! Andererseits haben sie selbst die Angst vor dem Weltuntergang durch Erderwärmung im Volk geschürt. Sie sind es ihrer Machtbesessenheit schuldig, diesem von Angst getriebenen Volk zu zeigen, dass sie auch Herrscher über das Universum sind. Sie müssen also über ein Rezept verfügen, um die Erderwärmung niederzuringen. Da verbleibt ihnen nur noch als Lösung, das Dogma vom CO_2-Treibhausgas aufrecht zu erhalten.

Thermodynamische Betrachtungen

*»In der Politik ist es wie im täglichen Leben:
Man kann nicht eine Krankheit dadurch heilen,
dass man das Fieberthermometer versteckt.«*
Yves Montand

Politische Dauerbeschallung, Gretas weltweite Auftritte, Demonstrationen und Fernsehen sorgen dafür, dass die These vom menschengemachten Klimawandel durch CO_2 nicht mehr infrage gestellt werden darf. Es vergeht nahezu kein Tag mehr, an dem nicht Fernsehreporter im öffentlich-rechtlichen Rundfunk mit tief eingegrabenen Sorgenfalten auf der Stirn ausführlich auf die Dramatik des Klimawandels hinweisen. Sie heben die Dringlichkeit hervor, unbedingt das CO_2-Volumen zu senken, um menschliches Leben zu retten. Vorübergehend wird die Klimadramatik durch die Corona-Pandemie auf den zweiten Platz verschoben. Aber ist tatsächlich ein Klimawandel das eigentlich menschenerhaltende Problem? Besteht nicht vielmehr die Schwierigkeit und damit die Aufgabe darin, die Menschheit dauerhaft mit Energie zu versorgen? Einen kleinen Hinweis hat der russische Militärangriff auf die Ukraine gegeben. Auch künftige Generationen brauchen die für ihre Existenz notwendige Energie. Öl, Gas, Kohle, Kernenergie, alle diese Vorräte, die uns die Erde bietet, sind auf lange Sicht betrachtet, endlich. Solange sie unendlich erscheinen, nutzen wir Menschen sie für ein luxuriöses Leben, ohne großartig über die Endlichkeit nachzudenken. Der Preis entscheidet über den Konsum! Der Bürger kann nicht erkennen, dass politischer Geist nicht ausreicht, sich mit solchen Zukunftsgedanken ernsthaft auseinanderzusetzen. Der erste Akt des politisch inszenierten Dramas soll die Menschen mit einer politisch aufgebauten und sorgfältig gepflegten Angst leben lassen. Die Erderwärmung vernichtet menschliches Leben! Nur politische

Eingriffe können die Zerstörung der Menschheit verhindern. Deshalb können keine Kosten zu hoch sein, um künftige Generationen irgendwann in einer undefinierten Zukunft dieses traurige Schicksal zu ersparen.

Der zweite Hauptsatz der Wärmelehre schafft als Naturgesetz eine Klarheit, die im deutlichen Widerspruch zum politisch aufgebauten Mainstream steht. Er trifft eine Aussage über die Richtung der Energieübertragung von Vorgängen in Natur und technischen Gegebenheiten. Wärme verläuft niemals von einem Körper niederer Temperatur zu einem Körper höherer Temperatur. Folglich kann die Wärme der Erde nur den Weg ins All einschlagen, weil die Temperatur bereits in geringen Höhen Negativwerte annimmt. Politiker trauen sich zu, selbst Naturgesetze auszuhebeln, sollten sie »höheren politischen Zielen« im Wege stehen. Politische Uneinsichtigkeit fängt bereits damit an, dass sie nicht wahrhaben will, dass CO_2-Moleküle schwerer als Luft sind. Sie sollen den Pflanzen Nahrung bieten! Sie haben somit in Höhen von 100 Kilometern eigentlich überhaupt nichts verloren. Warum es dennoch in diese Höhen vordringt, kann thermodynamisch geklärt werden, belastet indessen einen technisch ungeübten Verstand.

CO_2 kann in der unteren Atmosphäre nicht strahlen. Es verliert durch zuvor anregende Stöße/Stoßentspannungen mit den sie umgebenden, ständig bewegten Luftmolekülen seine Anregungsenergie und somit seine Fähigkeit zum Strahlen. Die Anregungsenergie des CO_2-Moleküls wird dabei vollständig in Bewegungsenergie umgesetzt. Deshalb gelangt es in Höhen von 100 Kilometern. Das CO_2-Molekül kühlt sich dabei vollständig ab. Die Wärme wird als Konvektionswärme (Übertragungswärme) in Richtung All abtransportiert. Eine komplette Energiebilanzbetrachtung ist äußerst komplex und kann nur Menschen begeistern, die ihr Dasein speziell den Wärmeproblemen widmen. Deshalb müssen diese Zusammenhänge auch nicht allgemeinverbindlich verstanden werden. Sie sollen nur die Einsicht vervollständigen, dass die Kohlendioxid-Theorie nur auf ausgesprochen dünnen, wackeligen Beinchen stehen kann. Von welcher Seite auch immer sie betrachtet wird. Auch thermodynamische Gegebenheiten spiegeln wider, dass alle kostentreibenden, weit in die Zukunft reichenden politischen Beschlüsse überhastet sind. Sie bringen keine Effizienz! Die getroffenen, wirkungslosen Maßnahmen können nur mit enormen Kosten wieder rückgängig gemacht werden. Irgendwann werden die finanziellen Strapazen die Mehrzahl der Bürger überfordern. Dann können auch politische Tatsachenverdrehungen nicht mehr die realen Verhältnisse verstecken.

Atomkraft – nein Danke!

»Wer nichts verändern will, wird auch das verlieren, was er bewahren möchte.«

Gustav Heinemann

»Atomkraft – nein Danke«! Kernkraftgegner machten mit dieser Parole aus den 1970er Jahren auf sich aufmerksam.

»Die Unfallbilanz nach 10.696 Betriebsjahren von z. Zt. ca. 434 Reaktoren in der gesamten westlichen Welt besteht aus drei ernsthaften Störfällen in Harrisburg, Lucens und Windscale. Bei den westlichen Reaktoren war in all den Jahren ein Opfer zu beklagen, das durch austretendes Wasser verbrüht wurde. Durch Radioaktivität wurde kein Mensch getötet …«

Was war denn eigentlich passiert? Was für Schäden hatten sich als Folge der Kernschmelze ergeben? Der Reaktorunfall von Fukushima hatte nach Aussagen der zuständigen UN-Organisationen (UNSCEAR und WHO) keinen strahlenbedingten Anstieg von Krebstoten zur Folge und auch keine nachhaltige Schädigung der Umwelt. Britische Wissenschaftler haben herausgefunden, dass keine der 160.000 Umsiedlungen nach dem Unfall erforderlich waren. 1.600 ältere Menschen starben vorzeitig, weil sie die Belastungen des Umzuges nicht verkrafteten.

Auf Initiative Amerikas hatten sich Fachleute mehrerer Länder zusammengetan, um über die vierte Generation von Kernkraftwerken zu befinden. Deutschland war natürlich nicht vertreten. Aus mehr als 130 Vorschlägen wurden letztlich sechs ausgewählt, darunter das Konzept des in Jülich entwickelten Hochtemperaturreaktors (HTR). Es handelt sich um einen Reaktor, der mit kugelförmigen Brennelementen bestückt wird, und der bei Ausfall der Kühlung sich von selbst abkühlt. Welcher Politiker, welcher prinzipielle Kernkraftgegner will den HTR kennenlernen oder will sich gar mit dieser Technik auseinandersetzen?

William Magwood, Generaldirektor der Nuclear Energy Agency (NEA), einer zwischenstaatlichen Institution innerhalb der Organisation für wissenschaftliche Zusammenarbeit und Entwicklung, bezeichnet die deutsche Verfahrensweise, auf Kernenergie zu verzichten und ausschließlich auf »erneuerbare Energie« für die Stromversorgung zu setzen, als Experiment. Der wohlmeinende Begriff »Experiment« wird inzwischen durch »Wette« ersetzt. Dieses Projekt sei ein kostspieliger, existenzgefährdender Versuch der Energieversorgung. Eine sicherlich keineswegs abwegige Feststellung, wenn Politik versucht, ein Spurengas zu bekämpfen, um mit wetterabhängigen Windanlagen den deutschen Strombedarf zu gewährleisten! Den derzeitigen Strombedarf können Windanlagen unter wohlwollenden Betrachtungen nur zu vierzig Prozent decken! Politisch gelenkte Angaben!

Wären Kernkraftgegner konsequent in ihrer Gedankenführung und in ihren Auftritten, so müssten sie auch die Existenz der Sonne ablehnen.

»Alles was physikalisch von der Sonne kommt (Licht, Wärme und so weiter), stammt aus blanker Kernenergie. Bei der Massendichte und den Temperaturen im Sonneninnern verläuft thermonukleare Fusion. Jede Sekunde werden so drei Milliarden Kilogramm Sonnenmasse (Wasserstoff) in Energie umgesetzt (vergl. Claude Astangul, Méchanique quantique 3, S. 60). Im französischen Cardarache wird versucht, diese Technologie mit dem Projekt 'Iter' auf die Erde zu holen. Die Leute, die mit Schildchen herumlaufen: ›Kernkraft, nein danke‹, wissen gar nicht, dass sie damit zur Sonne als Ganzes nein sagen. Gescheit ist das nicht.« [59]

»Das kerntechnische Beratungsgremium des Bundesumweltministeriums, die Reaktorsicherheitskommission, auch mit der Stimme des Vertreters des Öko-Institutes, hatte nach diesem Ereignis festgestellt, dass es keine Hinweise darauf gibt, dass bei uns ein alle eintausend

Jahre auftretendes Naturereignis bei der Anlagenauslegung einfach nicht beachtet wurde, wie es in Fukushima ja geschehen ist ...« [60]

Bereits an einer qualifizierten Bezeichnung der von ihnen verurteilten Technik scheiterten sie. Atomkraft – nein Danke! Nicht die Atome liefern die Energie, sondern aus der Spaltung der Kerne eines UranAtoms wird Wärme gewonnen, die Turbinen antreibt. Nicht gegen Atomkraft, sondern gegen Kernkraftwerke hätten sie sich also korrekterweise auflehnen müssen. Ihre Welt haben sie als Atomkraft in Stein gemeißelt. Die Erfahrungswelt einer winzigen Lebensblase und deren Steintafeln erlauben keine Korrektur! Sie sind für die menschliche Ewigkeit bestimmt. Der Reaktorunfall von Tschernobyl am 26.04.1986, dann Fukushima und vielleicht noch die ernsthaften Störfälle in Harrisburg, Lucens und Winscale bilden Ereignisse ab, die »Atomgegner« noch heute diese Energiegewinnung ablehnen lassen. Sie schließen eine Weiterentwicklung dieser Technik kategorisch aus! Das sind sie schon ihrem Unwissen schuldig! Ein Tunnelblick erleichtert ideologisch verzerrte Entscheidungen. Zumeist fehlt der Wille, sich in die kompliziert erscheinenden Zusammenhänge der Kernkrafttechnik soweit einzuarbeiten, um wenigstens deren Gefahr beurteilen zu können. Von fehlendem Fachwissen ungetrübte Kritik in eine Glaubensgemeinschaft einzubringen, ist deutlich einfacher! Diesen Widerwillen hatte Merkel ausgebeutet und für politisch »höheren Ziele« ausgeschlachtet. Sie schürte die Angst, vorzeitig das Leben durch gefährliche Strahlung einzubüßen und dabei einen qualvollen Tod zu erleiden. Diese Angst stärkte ihre Machtposition!

Im Zusammenhang mit der politischen Erderwärmungstheorie kann es nicht oft genug wiederholt werden: Behauptungen und Theorien erfahren erst wissenschaftliche Anerkennung, wenn Messungen sie bestätigen. Im Gegensatz zur CO_2-Hypothese hat die Kernkrafttechnik über einen holprigen mit spektakulären Unfällen gepflasterten Weg längst das Stadium einer Hypothese hinter sich gelassen. Sie ist durch konkrete Berechnungen zu einer ökonomischen, nicht mehr wegzudenkenden Energiequelle geworden. Nur in Deutschland hängen Politiker ihr das Mäntelchen einer lebensbedrohenden, mit schrecklichen Todesqualen verbundenen Gefahr um.

Soll nur das Gefahrenmoment dieser Technik beurteilt werden, hält sich der Aufwand zum Verständnis in eng bemessenen Grenzen. Noch einfacher ist allerdings, eine Aversion zu pflegen und Argumente durch aggressive Allgemeinplätze zu ersetzen. Noch nicht einmal humoristische Klarstellungen der Begriffe können den Wunsch nach Wissensrevision hervorlocken.

»... Aber was wird dem armen Atom so alles angetan! Da gibt es Atomkraftwerke auf Basis von Atomgesetzen und Atomnovellen, aus denen vielleicht sogar Atomverlängerungen werden – man möge sich das einmal bildlich vorstellen. Sie liefern, falls nicht still gelegt, außer der zweifelhaften Atomenergie und dem Atomstrom auch noch teuflischen Atomabfall, der mittels Atomtransporten in Atomfässern in Atomlager, manchmal sogar Atomklos, gebracht werden soll. Deshalb kämpfen militante Atomgegner für den Atomausstieg, damit keine Kinder an hochgefährlichen Atomstrahlen erkranken. Diese sonderbare Liste kann man beliebig verlängern ...« [61]

Der Unterschied zu neutral, fachlich beurteilten Abläufen von Naturereignissen besteht darin, dass Politikern die Fachkenntnisse fehlen, und diejenigen im politischen System, die sie haben, sie nicht äußern dürfen. Sofern Politiker eine Universitätsausbildung haben, studierten sie Jura. Sie müssen dann fehlendes technisches Verständnis durch ein gehöriges Maß an Glauben und Behauptungen ersetzen. Merkel hat anlässlich Fukushima im Schnellverfahren die Kernkrafttechnik abgeschafft. Zwei Monate zuvor hatte sie die Verträge noch verlängert. »Was in einem hochindustrialisierten Land wie Japan geschah, kann auch jederzeit in unserem Land passieren.« Eine Physikerin wirft Äpfel und Birnen in einen Korb! Entweder weiß Frau Merkel nicht, was seismografische Wellen sind und wie sie entstehen, oder sie weiß nicht, dass in Deutschland die Gegebenheiten für seismografische Wellen nicht vorhanden sind.

Die geologischen Voraussetzungen fordern im Meer vorhandene Vulkane. Die Abläufe der Fukushima-Katastrophe waren vielseitig. Die Einschnürung auf den Hinweis, dass Katastrophen dieser Art auch in Deutschland passieren können, bedeutet nur, dass die meisten Bürger über die Energiegewinnung durch Kernspaltung keine Ahnung haben. Vielen Menschen ist wichtig, und sie fühlen sich wohl dabei, wenn sie eine Meinung vertreten, von der sie wissen, dass sie von einer Vielzahl oder gar von den meisten Menschen getragen wird. Schülerdemonstrationen unter Anleitung der 16-jährigen Greta Thunberg überzeugen dann diese Menschen, dass Kohlendioxid das Wetter und das Klima beeinflusst. Zufrieden schauen sie auf den Fernsehbildschirm, wenn sie dort dann auch noch erfahren, dass sogar nahezu alle Politiker im Verbund mit ihren Wissenschaftler ihrer Meinung sind. Diese finanziell gesponserten Wissenschaftler haben mit ihren Computermodellen heraus getüftelt, wo die Ursachen für die Erderwärmung liegen. Spätestens dann ist die kleine Welt von Mitläufern geordnet. Die moderne Bezeichnung für ein derartiges Verhalten beschreibt der Begriff »Mainstream«. Mainstream schafft nicht nur Gemeinsamkeit, sondern auch Vertrauen. Eine Kombination, die stark macht! Gegen diesen Verbund mit physikalischen und chemischen Fakten anzukämpfen ist chancenlos! Die meisten Menschen verstehen sie nicht!

Politikers vernebelnde Aussagen ermutigen auch Laien, sich fachkundig zu wähnen. Der Beschluss, auf Kernenergie künftig in unserem Land zu verzichten, wurde von einer Ethikkommission aus Geistlichen, Soziologen, Philosophen, Juristen, Germanisten, und, und, und ... herbeigeführt. Nahezu alle Berufszweige waren vertreten, nur sachkundige Experten wurden nicht geladen. Politische Machtdemonstration!

Herr Professor Dr.-Ing. Eckhard Wiederuh stellt daher die durchaus berechtigte und sinnvolle Frage: »*Wozu quält man Studenten mit den Hauptsätzen der Thermodynamik und den Grundlagen der Energietechnik, wenn letztendlich die Entscheidungen über die künf-*

tige Energieversorgung von Juristen, Soziologen, Germanisten und Theologen getroffen werden?«

Auch darf die göttliche Eingebung nicht fehlen.

»Das Zentralkomitee der deutschen Katholiken hat sich nun zu Maßnahmen zur Eindämmung des Klimawandels geäußert. In diesem Zusammenhang hat es auch die Abschaltung der Kernkraftwerke gefordert. Das ist etwas überraschend, weil die Kernenergie Strom fast ohne Kohlendioxid-Ausstoß produziert. Verständlich wäre noch ein Ruf nach sicheren Kernkraftwerken, wie dem Kugelbett-Reaktor oder ähnliches – aber es wird die generelle Abschaltung gefordert.

Was trieb das ZdK zu der Stellungnahme? Zu seinen Aufgaben zählt, das apostolische Wirken der Kirche zu unterstützen, und dazu gehört es, den göttlichen Auftrag zum Erhalt der Schöpfung im Alltag zu erfüllen. Und die Abschaltung der Kernkraftwerke ist Teil des göttlichen Auftrages? Damit hat der Streit um die Kernkraftwerke eine neue, religiöse Dimension bekommen. Die Diskussion wird in der Zukunft also mit religiösem Eifer, vielleicht auch mit Fanatismus geführt werden, denn nach Ansicht des ZdK ist die Kernkraft offenbar des Teufels und die Abschaltung der KKW göttlicher Auftrag. Und auch Kohlekraftwerke sind dem ZdK ein Gräuel. Die Realität ist aber: Je näher der Termin der geplanten Abschaltung kommt, desto deutlicher wird, dass ohne neue Kohlekraftwerke und ohne Kernkraftwerke unser Energiebedarf nicht gedeckt werden kann. Die Lücke kann nicht mit erneuerbaren Energien oder Energieeinsparungen gedeckt werden. Der katholische Glaube kann Berge versetzen, aber wird er auch die Quadratur dieses Kreises lösen?

Nein, die Lösung wird ganz einfach irdisch sein. Unsere Nachbarn, vor allem Frankreich, werden uns Strom liefern, der zum großen Teil Atomstrom sein wird. Und mit dieser fremden Sünde werden wir dann leben.« [62]

Frau Merkel hat ihre Lernbegierde abgeschlossen. Sie weiß alles! Mit ihrem Beschluss, Energie aus Kernkraft zu unterbinden, ist sie zwar auf der Welt isoliert, das aber ist nicht ihr, sondern das Problem der anderen! Die Kanzlerin weiß alle Themen verbindlich zu deuten! Darin besteht unter anderem die Gefahr, wenn über zu viele Jahre dieselbe politische Konstellation mit derselben Kanzlerin die politische Führung eines Landes übernimmt. Kritische Themen fallen immer wieder in denselben Korb!

Das Modell eines Leichtwasserreaktors ist bereits in der Natur erprobt worden, einschließlich des Abschalteffekts durch fehlendes Wasser.

»Auch in der Natur sind Kernreaktionen zu finden, die radioaktive Abfälle produziert haben, und zwar im Gebiet von Oklo in Gabun, Afrika. Vor knapp zwei Milliarden Jahren fanden in Ton- und Sandsteinschichten der Francevillian Formation in Gabun Kernspaltungen statt, die denen in Leichtwasserreaktoren sehr ähnlich sind. Dabei entstanden auch Zerfallsprodukte (»Atommüll«). Mehr als zehn derartige Reaktoren sind bekannt, insbesondere die von Oklo, Okélobongo und Bangobé. Sie entstanden in den ältesten, hochkonzentrierten Uranlagerstätten dieses Gebiets, die in wassersaturierten Sandsteinen, Konglomeraten und Tonen des Francevillian liegen und von Tonschiefern überlagert werden.

In solchen Uranreicherzkörpern betrieb Mutter Natur diese Reaktoren, die mit Unterbrechungen über mehrere hunderttausend Jahre funktionierten. Dabei wurde eine Wärme von rund 100 Milliarden Kilowattstunden frei (entspricht etwa vier Jahre Betriebszeit eines modernen Kernkraftwerks). Ungefähr vier Tonnen Plutonium und rund zehn Tonnen Spaltprodukte entstanden dabei.

An dem Verbreiten dieser Spaltprodukte – bzw. deren stabilen Isotopen als Endprodukt – lässt sich nun in dem geologischen Medium (wasserhaltige Sandsteine und Tonschiefer), in dem die Reaktoren liegen, das Migrationsverhalten dieser Stoffe über Jahrmilliarden genauestens untersuchen. Das Ergebnis dieser intensiven Studien zeigt zusammenfassend, dass sich diese Spaltprodukte entweder überhaupt nicht oder nur wenige Meter von ihrem Entstehungsort ausgebreitet haben und dort über mehr als anderthalb Milliarden

Jahren, also nachhaltig bzw. langzeitsicher, festgehalten wurden, und das, obwohl keinerlei besonders geologische oder geotechnische Barrieren vorhanden sind. Mutter Natur hat uns hier gezeigt, dass das Festhalten von Zerfallsprodukten in geologischen Formationen nachweisbar möglich ist.« [63]

Otto Hahn, Fritz Straßmann und Lise Meitner fanden 1938 heraus, dass der schwere Kern des Elements Uran sich in zwei Bruchstücke aufspaltet, wenn er mit langsamen Neutronen beschossen wird. Heute werden weitestgehend Leichtwasserreaktoren eingesetzt. Herrn Professor Konrad Kleinknecht gebührt Dank, die technischen Zusammenhänge auch einem ungeordneten und unbeseelten technischen Verstand zugänglich zu machen. Sein Buch »Wer im Treibhaus sitzt« setzt Maßstäbe, eine komplizierte Technik für den Hausgebrauch verständlich zu machen.

Die grundlegende Reaktion zur Energiegewinnung durch Kernspaltung ist die Zerlegung des Uran-235-Isotops durch langsame Neutronen in leichtere Kerne und mehrere Neutronen. Die bei der Spaltung entstehenden Neutronen werden genutzt, um eine Kettenreaktion in Gang zu setzen. Dazu müssen die schnellen Spaltneutronen abgebremst werden. Diese Tempoverringerung erledigen langsame Neutronen. Der Vorgang wird »Moderation« genannt. Die abgebremsten Neutronen haben eine höhere Wahrscheinlichkeit, von einem der schweren Atomkerne eingefangen zu werden und ihn zu spalten. Die dabei entstehenden leichteren Atomkerne tragen die freiwerdende Bindungsenergie als Bewegungsenergie davon. Zudem entstehen freie Neutronen, die ihrerseits wieder Kerne spalten, so dass eine Kettenreaktion abläuft, die sich selbst aufrechterhält. Durch die Bewegungsenergie der Spaltprodukte erhitzt sich das Material im Reaktor. Die entstehende Wärme wird durch Kühlmittel – im allgemeinen Wasser – abgeführt und treibt als Dampf Turbinen an.

Um mit natürlichem Uran einen Kernreaktor zu betreiben, muss man einen effektiven Moderator zur Abbremsung der Neutronen benutzen. Nur so kommt eine Kettenreaktion in Gang. Für die

Abbremsung gibt es verschiedene Verfahren. Als Moderatoren können schweres Wasser oder Graphit (reiner Kohlenstoff) dienen.

Graphit als Moderator ist zwar hitzebeständig, hat aber wegen der größeren Masse des Kerns eine weniger effektive Bremswirkung auf die Neutronen als schweres Wasser. Der graphitmoderierte Reaktor ist prinzipiell unsicher. Er benötigt zur Abführung der Wärme zu den Dampferzeugern Wasser als Kühlmittel. Fällt das Kühlwasser aus, bleibt das Graphit als Moderator erhalten. Die aus der Spaltung stammenden Neutronen werden effektiver abgebremst – die Kettenreaktion läuft verstärkt weiter und führt zur Kernschmelze. Dieser Reaktor ist mit einem Leichtwasserreaktor, wie ihn die westliche Welt üblicherweise verwendet, prinzipiell nicht vergleichbar. Leichtwasserreaktoren können sicher betrieben werden. Sie werden als Siedewasser- oder Druckwasserreaktoren betrieben. Sie haben eine eingebaute Sicherheitsschranke. Bei Ausfall des Kühlwassers ist kein Moderator mehr vorhanden, so dass die Kettenreaktion abbricht. Dadurch wird die Kettenreaktion beherrschbar. Sie kann gesteuert werden. Der Druckwasserreaktor ist eine weitere Entwicklung des Sicherheitsstandards. Ein zusätzlicher Wassertank im Innenraum ist so dimensioniert, dass seine Wassermenge bei komplettem Kühlwasserausfall die Nachwärme abführen kann. Auch das Endlagerproblem, das in die Argumentationswaagschale geworfen wird, ist kein technisches Problem. Die ausgehende Strahlung lässt sich mit geringem Aufwand abschirmen. 90 Prozent der in Deutschland anfallenden Abfälle sind schwach oder mittelaktiv und entwickeln keine nennenswerte Wärme. Die überwiegende Menge stammt aus medizinischen Kliniken und Forschungseinrichtungen. Prüfungen haben ergeben, dass die Eisenerzzeche bei Salzgitter und der Salzstock in Gorleben bestens geeignet sind. William Magwood (NEA) bezeichnet die Entsorgung als ein politisches Problem.

Deutschlands nuklearen Sonderweg beschreiten nur die wenigsten Länder, eher gilt das Gegenteil. Anderswo werden mit Hochdruck die Kernkraftwerke der nächsten Generation entwickelt. Weltweit verrichten derzeit 448 Kernreaktoren ihren Dienst. In Deutschland waren 17 Kernreaktoren in Betrieb und erzeugten zuverlässig und rund um die Uhr ein Drittel der benötigten elektrischen Energie zu niedrigen Preisen. Die EU-Nachbarländer errichten für jedes Kernkraftwerk, das in Deutschland abgeschaltet wird, neue Kernkraftwerke, teils mit veralteter Technik. Sie sollen Deutschland zuverlässig mit Strom versorgen, wenn »erneuerbare Energien« ihre Dienste einstellen. Zum Vergleich: Aus einem Kilogramm Natur-Uran kann so viel Wärmeenergie gewonnen werden, wie aus 20 Tonnen Kohle.

»Man ordnet die Kernreaktoren verschiedenen Generationen zu, an denen nachvollzogen werden kann, wie sich die Technik weiterentwickelt hat. Zur Generation I gehören die ersten experimentellen Reaktoren der 1950er und 1960er Jahre. Ab Generation II gelang es ab Mitte der 1960er Jahre, Kernkraftwerke wirtschaftlich zu betreiben. Viele der heute in Betrieb befindlichen Anlagen gehören zu dieser zweiten Generation von Kernkraftreaktoren, auch die havarierten Kraftwerke in Tschernobyl und Fukushima entstammten ihr. Die meisten der heute betriebenen Kernreaktoren werden als Generation III oder III+ bezeichnet. Generation III beschreibt verbesserte fortschrittliche Leichtwasserreaktoren; Generation III+ basiert auf einem »evolutionären« Sicherheitskonzept, das die Erkenntnis aus den Stör- und Unfällen der letzten Jahrzehnte in die Nachrüstung bestehender Anlagen und den Bau neuer Reaktoren einließen lässt.« [64]

Die technische Zukunft wird in Kugelhaufenreaktoren gesehen. Sie erzeugen sehr hohe Temperaturen, die bis zu 950 Grad Celsius betragen können. Als Medium für den Wärmetransfer wird Helium benutzt. Solche Hochtemperaturreaktoren sind gegen Kernschmelze gefeit, weil sie keine externen Kühlsysteme von der Art brauchen, wie im japanischen Fukushima im Jahr 2011. Sobald die innere Temperatur einen gewissen Schwellenwert überschreitet, verlangsamt sich die nukleare Reaktion. Das kühlt den Reaktor ab und macht ihn selbstregulierend. Das Problem des »Atommülls« lässt sich mit Kugelhaufenreaktoren zwar nicht komplett lösen, doch die besondere Form des Brennstoffs ermöglicht verschiedene Arten der Entsorgung. Ziel ist es letztlich, Atommüll ganz oder überwiegend zu vermeiden, indem verbrauchter Brennstoff wieder verwendet wird.

Politiker und ihre Ministerien schweigen sich zu dieser technischen Entwicklung aus. Warum versäumen Politiker, den Bürger ausführlich über diesen Fortschritt zu informieren? Warum nimmt die Kanzlerin bei ihren Bemühungen um ein vereintes Europa kritiklos hin, dass unsere unmittelbaren Nachbarn Polen und Tschechien Kernkraftwerke mit veralteter Technik planen? Sie setzen graphitmoderierte Reaktoren ein (Polen sechs, Tschechoslowakei zwei). Überall in der Welt sprießen Kernkraftwerke mit neuer Technik aus dem Boden. Nur das Industrieland Deutschland besteht darauf, dass bei der Energieerzeugung durch Kernspaltung »Atombomben« entstehen. Es soll auch heute noch Menschen geben, die die vom Herzen gesteuerte Überzeugung in ihrem Verstand verankert haben, dass die Erde eine Scheibe ist. Auch gibt es Menschen, die dankbar sind, wenn politisch veredelter Mainstream ihre Angst trägt. Auf diese Weise bleibt ihnen ein unbequemes, mit neutralen Überlegungen versehene Untersuchung sachlicher Gegebenheiten erspart. Die Namen »Fukushima« und »Tschernobyl« genügen, um jedwede Verstandeserweiterungen abzublocken.

»... Ich denke mir oft, dass der Klimawandel so schlimm nicht sein kann, wenn gerade umweltbewegte Menschen das einfachste Mittel zur Minderung des Ausstoßes von Treibhausgasen, den Weiterbetrieb unserer Kernkraftwerke, nicht nutzen wollen. Die bestehenden Kernkraftwerke erzeugen Elektroenergie konkurrenzlos günstig und würden Kohlendioxid ausstoßende Kraftwerke vom Markt verdrängen, ganz ohne staatliche Eingriffe ... Der französische Strommix mit 70 Prozent CO_2-freier Kernkraft beschert den Menschen dort niedrige Strompreise, bei nur der Hälfte unserer Pro-Kopf-CO_2-Emmissionen« [65]

Energieversorgung nur mit Sonne und Wind bläst die Lichter aus.

»Wenn Menschen nur über das sprächen, was sie begreifen, dann würde es sehr still in der Politik.«

Albert Einstein

Der Bürger muss sich in der politisch neu geschaffenen »modernen Demokratie« mit vielen schwierig nachzuempfindenen Entscheidungen zurechtfinden. Darunter fällt auch der Beschluss der Energiewende, um auf diese Weise CO_2 zu bekämpfen. Sie folgt der inzwischen etablierten Verfahrensweise, zunächst einmal anzuordnen, um später dann das Machbare zu überprüfen. Politisches Selbstbewusstsein darf nicht wahrhaben, dass es Naturkatastrophen wie Erdbeben oder Vulkanausbrüche gibt, auf die der Mensch keinen Einfluss nehmen kann. Also zwischen Aufgaben abzugrenzen, die menschliche Bearbeitung erfordern, um sich zu schützen und andererseits Obliegenheiten, die der Mensch nicht beeinflussen kann. Dem steht zu häufig ein überzogenes Selbstbewusstsein im Weg. Derartige Grundsätze einzuhalten wäre nicht nur bei der Klimaanalyse gewinnbringend für das Volk, sondern auch in anderen Bereichen von Nutzen. Energiegewinnung sollte auf Ressourcen zurückgreifen, die die Erde zur Verfügung stellt und parallel Techniken suchen, die die Energiegewinnung weiterentwickeln, damit spätere Generationen nicht vor dem Energieaus stehen. Die Energiegewinnung aus Öl, Erdgas und Kohle, selbst aus Kernenergie, steht in jedem Fall nur begrenzte Zeit zur Verfügung, wenn die Menschheit noch einige Millionen Jahre leben dürfen. Sind diese Vorräte aufgebraucht, müssen spätere Generationen möglicherweise hinnehmen, dass Energiemangel zunächst zu deutlichen Wohlstandseinbußen führt und später deren Existenz bedroht. Die Forschung muss also für die Zukunft weitere Energiequellen erschließen. Die Menschheit kann nur mit Energie überleben. »Auf das Beste hoffen, aber auf das Schlimmste vorbereitet sein«. Aktuelle Politiker haben Windräder als Energieversorger für die Zukunft ausgewählt. Diese Maßnahmen sollen jedoch nicht der Stabilisierung der Energie dienen, sondern die Entstehung von Kohlendioxid reduzieren. »Erneuerbare Energien« durch Wind und Windrädern frischen Überlieferungen und Brauchtum früherer Generationen auf. Seinerzeit waren die Menschen stolz auf ihre Windmühlen. Sie mussten das Korn nicht mehr mit den Händen zerstampfen. Politik sucht Fortschritt in der Vergangenheit und versucht, diese Verhältnisse als Gedankenrevolution in die Zukunft zu tragen.

Eine Energiewende mit Windrädern und Solaranlagen ist zu allererst an wohlwollende Witterungsverhältnisse gebunden. Nur politisch gezüchteter Optimismus muss glauben, den Energiebedarf auch künftig über Windspargel und Solartechnik abdecken zu können! Die derzeitig zur Verfügung stehende elektrische Energie kommt mit öffentlicher Medienunterstützung bestenfalls auf rund vierzig Prozent des derzeit benötigten Strombedarfs. Bereits aktuell hat der Ausbau mit Windrädern weitreichende Auswirkungen auf die Natur. Zu der Natur zählt auch der Mensch! Das wird politisch gern vernachlässigt! Windräder erzeugen u.a. Lärm. Der Lärm der Windräder beeinträchtigt die Gesundheit. Diese Schäden werden erst später erkannt werden, da zwischen Ursache und Folgen die Zeit befindet. An den Rotorblättern entstehen während des Betriebes Kräfte, die Mikrofasern und Mikroplastikpartikel abtragen. Bei einer Lebensdauer von circa zwanzig Jahren und der Menge der erstellten Anlagen haben diese Masseteilchen erhebliche Auswirkungen auf Grundwasser, Boden und Nahrungskette. Für Politiker sind diese nicht mit dem Auge wahrnehmbaren Teilchen pillepalle! Es bedarf folglich keiner Analyse oder sonstiger Erhebungen! Gesundheitliche Auswirkungen die politisch »höhere Ziele« belasten, werden mit Nichtbeachtung abgestraft. Die Rotorblätter werden vom Wind angetrieben. Dabei entsteht Wärme! Diese Wärme wird an die Umgebungsluft abgegeben. Das ist Physik! Soweit ein kleiner Einblick in ein paar Einflussfaktoren von Windanlagen, die die Umwelt belasten, aber dem Bürger verheimlicht werden. Und Solaranlagen? Sie reflektieren die Strahlungswärme der Sonne und heizen die Atmosphäre auf. Auch das ist Physik! Diese Wärmebildungen beeinflussen Niederschläge und vermindert unter anderem die Pollenverbreitung. Auch dieser Einfluss auf die Erderwärmung ist für Politiker pillepalle! Sie kennen als Feind des Klimas und der Umwelt nur einen Gegner: Kohlendioxid!!

Allein der rappelige Gedanke, auf dem Meer Windräder mit ihrem engen Lebenszeitfenster zu installieren, ist im Zeitalter der Kernkraftgewinnung beispielhaft für politisch unausgegorene Entscheidungen! Ein heftiger Sturm, und die Windspargel bedecken den Meeresboden. Sie knicken bereits auf dem Land um! Entstehungskosten fordern bei der statischen Auslegung Zugeständnisse! Sturmböen geben die Quittung! Nach zwanzig Jahren ist die Lebenszeit dieser energieerzeugenden Zauberstangen beendet. Dann steht die Entsorgung an! Bereits der Abbau der ersten Windräder auf dem Land führte zu Kosten, die nicht vorgesehen waren. Politisch geschürte Euphorie, ausschließlich mit Windrädern die Energieversorgung im Land sicherzustellen, hatte versäumt, ein standardisiertes Verfahren für einen ökologisch einwandfreien Rückbau festzulegen. So werden Windräder in Wildwestmanier abgebaut. Ein Lastwagen, ein starkes Seil, das sich spannt, wenn der Truck sich in Bewegung setzt und ein Windrad, das zu Boden knallt. Das war's dann mit dem geordneten Abbau! Die Plastiksplitter muss der Boden aufnehmen und entsorgen. Plastik wird von der Natur nicht abgebaut! Er bleibt folglich »ewig« im Boden! Die restlichen Teile »entsorgen verbindliche« Zusagen! Wo bleibt der Gift- und Sondermüll? In Amerika wird er in Erddeponien vergraben! Politisches Interesse an der Energiegewinnung durch Windräder übersieht so manche einschneidende Vorschrift. Dazu gehören baurechtliche Verstöße! Behörden üben sich im Weggucken bei Bauvorschriften, die zudem teils ungenügend ausgearbeitet sind. Die Demontage eines ausgedienten Windrades im Stil eines kanadischen Holzfällers hat ökologische Folgen: Böden werden durch Getriebeöl, zersplitterte Rotorblätter und Fundamentruinen belastet. Martin Westbomke, Projektingenieur am Institut für integrierte Produktion Hannover, beklagt ein »eklatantes Vollzugsdefizit«. Bernd Wust, Mitglied im juristischen Beirat des Bundesverbandes Windenergie, kann keine systematischen Verstöße feststellen. »Das allgemeine gesetzliche Instrumentarium (Bundesbodenschutz-, Naturschutzgesetz und Kreislaufwirtschaftsgesetz) bietet grundsätzlich einen ausreichenden Rahmen«, bekundet Wust und betont, dass die Nichteinhaltung in Einzelfällen ein Thema der behördlichen Überwachung und des Vollzugs sei. Die mangelhafte behördliche Überwachung umfasst in Landkreisen wie Cuxhaven 40 nur halbherzig entsorgte Windanlagen, freistehende Fundamente und im brandenburgischen Havelland 1,5 tiefe Betonruinen.

Wind- und Solarkraftwerke sollen als sogenannte »Parks« die Energieversorgung der deutschen Bevölkerung sicherstellen! Politiker werden nicht müde, derartige Glaubensbekenntnisse wieder und wieder aufzufrischen. Riesenflächen mit Solaranlagen und Windspargel stellen weit gedehnte Landschaftsflächen zu, um die Energie maximal abzuernten. Bislang sind nur 0,9 Prozent des Bundesgebiet für die Bebauung ausgewiesen. Von diesen 3.100 Quadratkilometer ist die Hälfte mit Windrädern zugestellt. Ähnlich hypothetisch wie die Ermittlung von CO_2 als Klimakiller, wurde der Flächenbedarf bestimmt. Zwei Prozent, entsprechend 7.000 Quadratkilometer. Sie wurden als Indikationsgröße festgelegt. Jedes vierte Windrad steht bereits derzeit in einem Landschaftsschutzgebiet. Dieses politische Insiderwissen darf nicht nach »außen« dringen! Gesagt werden darf, dass die Windflügel vom Wind abhängig sind. So etwas sieht sogar eine Blindschleiche! Nur leider die Vögel nicht, die von den Windflügeln geschreddert werden. Die im Boden belassenen 340 Tonnen schweren Betonfundamente mit einer Tiefe von 40 Metern haben eine weitreichende Bodenversiegelung zur Folge. Ein Rückbau, der nach dem Baurecht erfolgt, kostet mindestens einen fünfstelligen Betrag. Der schreckt ab! »Erneuerbare Energie« hat in allen Bereichen seinen Preis! Wie mag sich die Situation erst darstellen, wenn in zehn Jahren die ersten Windräder auf See nicht vom Wind umgepustet, sondern aus Altersschwäche abgebaut werden müssen?

Die Planwirtschaft spielt ihre geballte Macht aus. Gesetze, die im Wege stehen, werden angepasst. So das Gesetz, das Töten von Tieren verbietet, die unter Artenschutz stehen. Für die Korrektur der Gesetze hat das Umweltministerium zu sorgen. Das bestehende Gesetz wird eingeschränkt:

»Der unvermeidbare Verlust einzelner Exemplare wird durch neue Vorhaben nicht automatisch und immer einen Verstoß gegen das Tötungsverbot darstellen. Im Bereich der Windkraftanlagenerrichtung besteht über die Zielsetzung des EEG 2017 vermitteltes öffentliches Interesse am weiteren Ausbau der Ökostromerzeugung.«

Öffentliches Interesse! Die Politik diktiert, was öffentliches Interesse bedeutet. Im Fall der Windräder besagt öffentliches Interesse, dass Windräder auch in Naturparks errichtet werden können. Windräder benötigen vergleichsweise den 153-fachen Platzbedarf herkömmlicher Kraftwerkanlagen. Diese Zahlen belegen, dass Baugenehmigungen in Naturparks im öffentlichen Interesse sein müssen. Es herrscht Goldgräberstimmung! Der breiten Öffentlichkeit müssen diese Vorgänge nicht unbedingt unter die Nase gerieben werden. So mancher Bürger würde vermutlich erschrecken, wie weit das Ausmaß der Naturzerstörung reicht. Fast unvorstellbar! Politiker, insbesondere die grüne Fakultät, geben wieder und wieder treuherzig vor, gerade diese Natur retten zu wollen! Wieder einmal mit Worten, weil »erneuerbare Energie« politisch wichtiger ist!

Die Natur ist der eine Teil, die Technik der andere. Energiedichte ist kein gängiger Begriff! Dazu trägt bei, dass sie weder gesehen, noch gehört, noch gefühlt werden kann. Die Energiedichte von Windrädern kann einem technisch ungeübten Verstand durch Vergleich mit einem konventionellen Kraftwerk oder einem Kernkraftwerk zugänglich gemacht werden. Diese Gegenüberstellung ist politisch so erwünscht, wie der Teufel das Weihwasser sucht. Wird dieser politisch unterschlagende Vorgang offen gelegt, so ist die Energiedichte konventioneller Kraftwerke eine konstante Größe und erlaubt zudem eine vergleichsweise deutlich kompaktere Bauweise.

Der neusten 2,3 Megawatt-Anlage der Firma Siemens soll einmal einem Windpark gleicher Leistung gegenübergestellt werden. Das Kraftwerk bedeckt incl. Gleisanschluss und Brennstofflager ca. 1,5 bis maximal 2 Quadratkilometer. Es kann ganzjährig und rund um die Uhr betrieben werden. Bei Bedarf liefert es eine Energiemenge von ca. 7.900 Gigawattstunden. Diese Energiemenge mit Wind zu erzeugen benötigt eine »Windparkfläche« mit ca. 2.300 Windkraftanlagen. Der Wind kann nur genutzt werden, wenn nicht dicht an dicht gebaut wird und wenn er nicht schläft. Der Windpark benötigt einen Korridor mit einer Länge von 920 Kilometern und einer Breite von 250 Metern, also 230 Quadratkilometer. Gegenüber einem konventionellen Kraftwerk verlangt der »Windpark« den 153-fachen Flächenbedarf. Dieser Leistungsvergleich setzt voraus, dass der Wind Tag und Nacht konstant pustet. Das aber macht er nicht! Er will sich auch einmal ausruhen! Er muss neue Kräfte sammeln. Das hat Einfluss auf die Energiedichte!

Der Solarpark bei Finowfurt/Brandenburg hat eine Nennleistung von 84,7 mWp. MWp bezeichnet die maximal mögliche Leistung von Solaranlagen. Geringe Sonneneinstrahlung, das nächtliche Schlafbedürfnis der Sonne und die dunklen Herbst- und Wintermonaten lassen diesen »Solarpark«, so lange er neu ist, rund 59 Gigawatt jährlich ins Netz einspeisen. Die Anlage wird mit einer installierten Solarfläche von 185 Hektar ausgewiesen. Verglichen mit 7.900 GW müsste eine riesige Fläche zur Verfügung gestellt werden, die die Bundesrepublik nicht hätte. Dennoch ist es der Kanzlerin es wert, die Photovoltaiktechnik mit etwa der Hälfte der jährlichen Subventionen zu unterstützen. Zur Erzeugung »grünen« Stroms trägt diese Technik aber nur etwa ein Viertel bei, weil die Sonne in Deutschland nur ein Zehntel der Jahreszeit die volle Leistung erbringt.

Weht kein Wind und scheint die Sonne nicht, ist Schluss mit der Stromerzeugung. Politiker weisen auf die Erzeugung durch Biomasse hin. Aus Mais erzeugter Bio-Strom benötigt vergleichsweise eine Lagerfläche von ca. 1.600 Quadratkilometern, das entspricht etwa rund zweimal dem Areal der Hansestadt Hamburg. Um den Strombedarf allein von Nordrhein-Westfalen durch Energiemais abzudecken, würde eine Fläche benötigt, die doppelt so groß ist wie die Bundesrepublik. Deutschland hat einen jährlichen Stromverbrauch von derzeit 5.000.000 Gigawattstunden! Wenn die politische Ausrichtung umgesetzt wird, alle Energieverbraucher auf Strom umzustellen, so wird der jährliche Stromverbrauch voraussichtlich um das zwei- bis dreifache ansteigen. Bereits die derzeitige elektrische Energiemenge nur mit »Erneuerbaren Energien« zu erzeugen verlangt viele, viele politische Lügen.

Fachleute gehen davon aus, dass der Strombedarf mindestens um das Dreifache ansteigen wird. Im Jahr 2020 betrug der Stromverbrauch in Deutschland rund 500 Terawattstunden. »Erneuerbare Energie« schafft angeblich 195 Terawattstunden. Künftig soll sie 1.500 Terawattstunden bereitstellen, also 670 Prozent, entsprechend 1.300 mehr. Politiker reden in ihrem vollmundigen Sprachgebrauch von einer anspruchsvollen Herausforderung. Der normale Verstand spricht von einem ideologisch getriebenen Betrug am Bürger, dem er ohnmächtig ausgeliefert ist.

Gedanken zu analysieren, die in eine, für sie unbequeme Zukunft weisen, verwerfen Politiker ohne sie zu untersuchen. Stattdessen stellen sie publikumswirksam Überlegungen an, wie sie das Überleben künftiger Generationen sichern können. Ausgerechnet bei der Energiewende meint die Regierung, die Vorzüge der Planwirtschaft beweisen zu müssen. Wenn Merkel bereits androht, jetzt sei Schluss mit »pillepalle« im Kampf um die Klimarettung, dann kann dem Bürger nur angst und bange werden. Bereits seit der Einführung des »Erneuerbare-Energie-Gesetzes« im Jahr 2000 haben die Stromverbraucher eine Mehrbelastung von 150 Millionen Euro auf ihren Stromrechnungen verkraften müssen.

Die EEG-Vergütungen sind noch bis 2037 festgeschrieben. Überschlägig entstehen daraus weitere 400 Millionen Euro, wenn von durchschnittlich 20 Millionen Euro pro Jahr über die nächsten 20 Jahre ausgegangen wird. Bereits 2020 betrugen diese Kosten jedoch 27 Millionen Euro.

Was Planwirtschaft bedeutet, hat der Bürger begreifen müssen, als Kanzler Schröder (SPD) und Fischer von den Grünen das »Erneuerbare-Energie-Gesetz« im Bundestag durchsetzten. Normale Marktgesetze besagen: Sinkt die Stromnachfrage, so sinken auch die Preise. Das »EE-Gesetz« denkt anders! Fallende Stromnachfrage führt zu höheren Preisen! Die EEG-Umlage unterstützt die Erzeuger unabhängig von der Stromabnahme. Damit ist deren Einspeisevergütung unabhängig von der Strombörse. Folglich müssen sie ein Interesse daran haben, auch Strom zu erzeugen, der nicht abgerufen wird, weil er nicht gebraucht wird!

»Windstromerzeuger werden für nicht erzeugten Strom bezahlt, wenn die Energie wegen zu geringer Netzkapazität nicht abtransportiert werden kann. Die Photovoltaik liefert den geringsten Beitrag an erneuerbarer Energie, verschlingt aber den größten Teil der Fördermittel. Der Einspeisevorrang von erneuerbaren Energien reduziert die Wirtschaftlichkeit konventioneller Kraftwerke, da deren Nutzungsstunden rückläufig und nicht mehr kalkulierbar sind ... Also sollen auch hier Kraftwerke in Zukunft nur für ihre bloße Existenz bezahlt werden ... Wir bezahlen also immer mehr für elektrische Energie, die nicht erzeugt wird und nicht verbraucht wird. Schilda lässt grüßen!«

Von heute 35 Prozent aller Windanlagen will die Politik bis zum Jahr 2030 die »Erneuerbaren« bis auf 60 Prozent hochfahren und dann auf 80 Prozent im Jahr 2050 steigern. Statt dieses absurde, unwirtschaftliche und Leben zerstörende System der Planwirtschaft einzustampfen, wird es ausgebaut. Windkraftanlagen auf See werden auch weiterhin erstellt. Bereits bestehende Anlagen drehen wegen Netzüberlastung im Leerlauf. Den Betreibern von Windanlagen kann das egal sein! Sie bekommen ihr Geld! Das »EE-Gesetz« macht's möglich! Der Bürger zahlt für eine Energie, die aus Qualitäts- und Preisgründen an einem freien Wirtschaftsmarkt chancenlos ist. Planwirtschaft in Reinkultur! Merkels Heimatland macht Schule! Diese Art der Energiebereitstellung kann sich nur über politische Eingriffe behaupten. Sie wird immer subventioniert werden müssen, bis durch die Folgen dieser Politik sich im Steuertopf ein klaffendes Loch im Boden auftut.

»Ein Kernproblem der Energiepolitik liegt in der technischen Komplexität des elektrischen Energiesystems, der die Akteure in der Politik nicht gewachsen sind. Dennoch versuchen sie mit ungebrochenem Eifer, das System mit planwirtschaftlichen Methoden zu steuern, statt auf marktwirtschaftliche Rahmenbedingungen zu setzen.« [67]

Wenn es darum geht, den Bürger zu betrügen und hinters Licht zu führen, haben Politiker viele Pfeile im Köcher. »*Aus ›erneuerbaren Energien‹ können abermillionen Haushalte mit Strom versorgt werden*«. Wenn sich kein Lüftchen regt, dreht sich kein Rotorblatt. Wenn die Sonne sich schlafen gelegt hat, liefert ein Solarpark kein Watt Strom ab. Nur konventionelle Kraftwerke sind von den Göttern unabhängig! Sie sind abhängig von einer eingespielten technischen Betreuung. Politiker, so sie denn die Unterschiede bei der Energiegewinnung überhaupt verstehen, lassen den Bürger im Unwissen darüber, dass es einen Unterschied zwischen Leistung und Arbeit gibt. Leistung ist Arbeit pro Zeit. Arbeitet also eine Anlage nicht, so ist die Leistung null! Sie verwechseln auch, dass die Nennleistung, die eine Anlage unter Laborbedingungen abliefern kann, nicht gleichbedeutend ist mit der Leistung, die sie tatsächlich auf Abruf zur Verfügung stellen kann.

Die Energie eines einzigen Blitzes könnte die Leistung so mancher deutschen Kraftwerke ergänzen. Ein Blitz taucht den Himmel für wenige Mikrobis Millisekunden in gleißendes Licht. Er ist an Gewitter gekettet. Aber was nutzt diese unfassbare Energie, wenn sie der Mensch nicht für sich nutzbar machen kann? Ihm ist es nicht vergönnt, diese überirdische Energie einzufangen, umzuwandeln oder gar zu speichern. Speichern! Ein naturgegebener Mangel der »Erneuerbaren Energien« ist nicht nur die Instabilität der Erzeugung. Wird der erzeugte Strom nicht abgenommen, so ist er verloren. Er kann nicht wirtschaftlich gespeichert werden. Diese Entwicklung steckt in den Kinderschuhen! Strom lässt sich wirtschaftlich nur indirekt über Pumpspeicherwerke speichern! Die Pumpspeicherwerke als Großmengenspeicher für elektrische Energie haben einen Wirkungsgrad von 20 bis 25 Prozent. Wirkungsgrad ist das Verhältnis vom Aufwand der reingesteckten Energie zu ausgebeuteter Energie, im vorliegenden Fall also ein Viertel. Voraussetzung ist, dass zwei Seen mit unterschiedlichem Höhenniveau existieren. Das Prinzip ist einfach. Bei Nacht, oder wenn zu viel »erneuerbarer« Strom anfällt, wenn also der Strom billig ist oder ungenutzt vernichtet wird, wird aus dem Untersee viel Wasser in den manchmal hundert oder mehrere Meter höher gelegenen Obersee gepumpt. Pumpspeicherwerke sind folglich von der Landschaft abhängig, können also nicht beliebig gebaut werden. Alle Pumpspeicherwerke in Deutschland zusammen könnten 40 Minuten lang Deutschlands derzeitigen Strombedarf abdecken.

Wasserstoff soll als Ergänzung der »Erneuerbaren Energien« die Energieversorgung der Zukunft sein. Die Regierung bekennt mit der Förderung der Wasserstofftechnologie, wenngleich unbeabsichtigt, dass die Energiewende mit der Schwerpunktversorgung durch »Erneuerbare Energien« nicht gelingen kann. Deutschland ist Stromexporteur, weil es »Ökostrom bisweilen im Überfluss« gibt. So die politische Übersetzung einer kostenüberzogenen Stromerzeugung. Tatsächlich bedeutet »Stromexporteur Deutschland« nichts anderes, als dass Strom bereitgestellt wird, den keiner braucht und der, wenn er benötigt wird, in ausreichender Menge fehlt. Es gibt keine bedarfsgerechte Versorgung. Die Politik muss sogar noch gutes Geld hinterherwerfen, damit der »Ökostrom« abgenommen wird. »Erneuerbare Energien« sollen dennoch unbeirrt »weiter ausgebaut« werden und dann, wenn ihr Strom nicht gebraucht wird, Wasserstoff erzeugen. So das neue politisch angekündigte Konzept! Das klingt wirtschaftlich, hat jedoch einen technischen Haken! »Erneuerbaren Energien« fehlt die Energiedichte, um Wasserstoff zu erzeugen. Der Energieerhaltungssatz besagt: Energie kann nur gewandelt und nicht erzeugt werden. Sonne und Wind haben eine schwankende Energieausbeute, die keine ausreichende Energiemengen zur Wasserstofferzeugung zur Verfügung stellen kann. Wie also mit dem überschüssigen Strom der »Erneuerbaren« Wasserstoff erzeugt werden soll, weiß nur die Politik. Politik will sogar Energie erneuern und sie wollen auch mit CO_2 das Klima »klimaneutral« und damit das Wetter »wetterneutral« gestalten! Entweder fehlt politischem Gemeinsinn das Fachwissen, technische, physikalische und chemische Zusammenhänge richtig einzuordnen, oder aus strategischen Gründen werden sie in die Gesellschaft getragen, um »politische Ziele« durchzusetzen. Beides ist wenig geeignet, Vertrauen in eine Demokratie einzubringen, die auf das Wohl des Bürgers ausgerichtet ist. Die Politik weiß und beutet verantwortungslos aus, dass die meisten Bürger technische Zusammenhänge nicht verstehen. Es sichert aber ihre Macht! Ein beschämendes Verhalten!

Damit in Deutschland nicht sprichwörtlich die Lichter ausgehen, braucht das Land konventionelle Kraftwerke. Das Überangebot nicht benötigten »Überschussstrom« aus »Erneuerbaren Energien« führt dazu, dass konventionelle Kraftwerke durch den ständigen Lastwechsel auf Verschleiß gefahren werden, mit der Konsequenz, dass die Betreiber immer mehr Kraftwerke stilllegen. Es sei denn, sie werden hoch subventioniert. Politiker verzichten auf den Bau von Kraftwerken und vertrauen auf eine Versorgung durch Länder

der EU. Ein Industrieland macht sich damit abhängig. Wo das hinführt, wird die Zukunft zeigen. Einen kleinen Eindruck hat die Gasabhängigkeit von Russland gezeigt. Aus Fehlern zu lernen gehört nicht zu den Stärken von Politikern! Die Zukunft wird auch zeigen, ob es ein Glück für die Bürger ist, wenn ein Land sich sehr reich wähnt! Noch gibt es reichlich Steuergelder! Noch! Steht kein Strom zur Verfügung, wandert Industrie in Länder ab, die genügend Strom und zu erschwinglichen Preisen anbieten. Unternehmen, die nicht auswandern können, melden Konkurs an. Das war's dann mit den Steuern im Überfluss und dem Reichtum!

»Die Regeln schreiben uns vor, dass wir an den Grenzen von 2021 an mehr Kapazität für den europäischen Stromhandel bereithalten müssen. Diese steigt jährlich an, bis Ende 2025 das vorgegebene Zielniveau erreicht ist. Das wird das innerdeutsche Netz weiter belasten und erfordert zusätzlichen Redispatch, also Schutz vor Überlastung durch Kraftwerksdrosselung. Da liegt ein Risiko für nochmal deutlich steigende Kosten. Hier gibt es nur einen Ausweg: Wir brauchen neue Leitungen, um die Engpässe im deutschen Netz zu beheben.« [68]

Blackouts werden sich als feste Einrichtung in die Stromversorgung einnisten und etablieren. Blackouts sind technische Folgeerscheinungen von Netzüberlastungen, die regeltechnisch nicht mehr aufzufangen sind. Die Stromversorgung bricht dann durch Vernetzung europaweit zusammen! Irgendwann wird die Alternativfrage lautet: Was belastet den Bürger mehr. Demonstrationen für eine weitere Reduzierung von CO_2, oder die Revolten und Massenerhebungen als Folge von Blackouts.

Auswirkungen einer Klimawette

*»Wenn es Todsünden gibt,
so sind es zuverlässig die Sünden gegen die Natur.«*
Professor Christoph Wilhelm Hufeland (1762-1836)

Die Auswirkungen der Klimawette komplett zu erfassen dürfte kaum gelingen! Zu viele variable Faktoren fließen in diese Wette ein! In jedem Fall verlangen die Auswertungen viel, viel Phantasie! Daher werden die Feststellungen und Aussagen immer infrage gestellt werden können. Die Prognosen werden an ihrer Glaubwürdigkeit gemessen. Die endgültigen Verhältnisse stellen sich erst ein, wenn das Kind in den Brunnen gefallen ist.

Das politisch intonierte CO_2-Lied ist noch nicht zu Ende gesungen, aber es zeichnet sich bereits »heute« ab, dass nicht nur die Kosten des Energieumbaus riesige Gelder verschlingen werden, und die Bürger ihren komfortablen Wohlstand einbüßen. Politikern könnte es sogar gelingen, das Land in afrikanische Armutsverhältnisse zu treiben.

Da sind zunächst einmal die Stromkosten! Der erzeugte Strom per Wind ist sechs Mal und der per Solar ist siebzehn Mal so teuer wie konventionell erbrachter Strom. Auch die Steuer verlangt ihren Anteil! Sie bringt dem Staat 7 Millionen Euro ein! Dazu addieren sich weitere Umlagen für das Stromnetz vor der Küste und die Förderung von Kraftwerken, die im Bedarfsfall hochgefahren werden müssen, um Wärme und Strom zu erzeugen, den die »Erneuerbaren Energien« nicht liefern können. Zu den Umlagen kommen Abgaben. Die sind an die Kommunen zu zahlen. Sie erlauben den Netzunternehmen, ihre Leitungen über öffentlichen Grund zu führen. Auf alle diese Kosten addiert sich noch die Mehrwertsteuer von 19 Prozent. Der Staat hat also auch ein konkretes Interesse an »Erneuerbaren Energien«. Politisch erzeugte Kosten gehen immer zu Lasten der Verbraucher! Eine steigende Anzahl von Bürgern kann bereits jetzt die Stromkosten nicht mehr bezahlen. Laut Bundesnetzagentur betrugen 2018 die Sperrandrohungen 4,8 Millionen Haushalte. In 1,1 Millionen Fällen wurde die Sperre schließlich beim Netzbetreiber in Auftrag gegeben. Jährlich werden in Deutschland etwa 350.000 Haushalte mit Stromsperren belastet. Wenngleich die Kostenerfassung der Stromherstellung interessenbedingt variabel ausgewiesen werden, sind die Zahlen der Folge hoher Stromkosten für den Bürger schwieriger zu manipulieren.

Schlussfolgerungen aus diesen Zahlen: Die Stromkosten steigen überproportional an, des Bürgers Finanzkraft schwindet, und das Steuersäckel wird prall gefüllt werden, solange Steuern eingetrieben werden können. Beliefen sich die gegenüber dem Vorjahr zusätzlichen Mehrwertsteuereinnahmen 2009 noch auf 52 Millionen Euro, so waren es 2010 bereits 273 Millionen Euro, 2011 dann 518 Millionen Euro. Neuere Zahlen dürften noch steuerbelastender ausfallen! Dabei wird »erst« weit weniger als die Hälfte des derzeitigen Stromverbrauchs aus »erneuerbaren Energien« gewonnen. Aus politischen Quellen kommt die Zahl 42 Prozent! »Erneuerbare-Energien« sollen 42 Prozent des derzeitigen Strombedarfs abdecken! Politisch neutrale Überschlagszahlen kommen auf 20-25 Prozent.

Jochen Homann, Präsident der Bundesnetzagentur, erläutert, warum eine sichere Stromversorgung, so sie denn überhaupt möglich ist, immer teurer werden muss.

- Vieles des Windkraftausbaus fällt in die Hoheit der Bundesländer. Die benötigen Steuereinnahmen, da die Steuerversorgung vom Bundesstaat sich in engen Grenzen hält.
- Der Ausbau von Windkraft und Leitungen muss Hand in Hand gehen. Sonst müssten Windräder öfter gegen Entgelt vom Netz genommen werden. Das würde für den Stromkunden noch teurer.

- Wer mehr Windkraft will, muss mehr Fläche ausweisen. Der Unmut der Bevölkerung wächst. Bürgerinitiativen und die Angst vor möglichen Klagen nehmen zu. Das führt zu Verzögerungen in der Leitungsverlegung. Es hat seinen Preis, wenn Politik gegen des Bürgers Willen regiert.
- Im Jahr 2018 betrugen die Systemsicherungskosten 1,4 Milliarden Euro, steigend. Mit dem Zubau der »Erneuerbaren« werden mehr Eingriffe in den Netzwerkpark notwendig, um die Stromschwankungen aufzufangen.
- Der grenzüberschreitende Stromhandel wird ab 2021 mehr Kapazität vorschreiben. Diese steigt jährlich an.
- Von den insgesamt erforderlichen 7.700 Kilometer Leitungen im Übertragungsnetz sind 1.100 Kilometer fertiggestellt. Verzögerungen im Netzausbau kosten den Kunden nicht nur sehr, sehr viel Geld, sondern erhöhen das Risiko der Versorgungssicherheit.

Besonders interessant dürfte die inländische Stromsituation im Jahr 2022 werden.

»... Mit dem Zubau der Erneuerbaren werden deshalb zumindest vorübergehend noch mehr Eingriffe in den Kraftwerkspark notwendig werden. Zusätzlich werden die neuen EU-Vorschriften für den grenzüberschreitenden Stromhandel den Aufwand in die Höhe treiben. Die Regeln schreiben vor, dass wir an den Grenzen von 2021 an mehr Kapazität für den europäischen Stromhandel bereithalten müssen. Diese steigt jährlich an, bis Ende 2025 das vorgegebene Zielniveau erreicht ist. Das wird das innerdeutsche Netz weiter belasten und erfordert zusätzlichen Redispatch, also Schutz vor Überlastung durch Kraftwerkdrosselung. Da liegt ein Risiko für nochmal deutlich steigende Kosten. Hier gibt es nur einen Ausweg: Wir brauchen neue Leitungen, um die Engpässe im deutschen Netz zu beheben.« [68]

Äcker zur Brotherstellung werden fehlen, Windanlagen verschandeln Landschaften und Naturschutzgebiete und rauben die

Lebensfreude. Nach Berechnungen des Bundesamtes für Naturschutz steht gut ein Viertel aller Windanlagen in Schutzgebieten. Rotoren belasten die Umwelt, schreddern Vögel und Insekten. Viele Arten sterben aus.

Alle diese Erscheinungen werden politisch plattgewalzt. Sie sind pillepalle! Wenn die Kritik gar zu große Ausmaße annimmt, verweisen Politiker auf eine wachsende Zahl von Arbeitsplätzen. Diese Sichtweise blendet aus, dass eine solche Art der Beschäftigungssteuerung das Wachstumspotential der gesamten Volkswirtschaft verringert. Das wird bewusst verschwiegen! Grundsätzlich sollte auch das Ziel verantwortungsbewusster Politik darin bestehen, das gesellschaftliche Wohlergehen zu sichern und nicht Arbeitsplätze zu schaffen. Diese Aufgabe muss die Industrie erfüllen! Es wird seinen Preis haben, den Bürgern mit Planwirtschaft eine fragliche Umweltpolitik und »höhere politische Ziele« aufzuzwingen! Diese belastenden Verhältnisse konnte politische Macht noch demokratisieren! Eine schwierigere Aufgabe wird es für den künftigen Ausbau sein, den Personalmangel zu beseitigen. Im ganzen Land fehlen Planer, Ingenieure, Handwerker. Städte, Gemeinden haben Personal abgebaut, es fehlen rund ein Drittel. Genauso hapert es an Sachbearbeitern und Experten, die diese Technik kennen. Die Bildungspolitik zeigt ihre ersten »Erfolge«! Glücklicherweise können Politiker »Corona« und den Krieg in der Ukraine verantwortlich machen!

Herr Saurugg stammt aus Österreich. Er ist inzwischen eine gefragte Persönlichkeit, werden Informationen verlangt, wie man sich auf einen Blackout einstellen sollte. Blackout bezeichnet den Zusammenbruch des Stromnetzwerkes aufgrund nicht mehr regelbarer Netzüberlastungen. Herr Saurugg stellt fest, dass der größte Teil der Bürger auf einen Blackout nicht vorbereitet ist. Die Politik lullt sie mit Versprechungen ein, von denen sie wissen, dass sie diese nicht halten können. Der Bürger gibt sich noch der Illusion einer heilen Stromwelt hin! Folglich macht er sich keine Gedanken darüber, welche Nahrungsmittel, Getränke und vor allem Medikamente er im Fall eines längeren Stromausfalls benötigt. Ein Drittel der Bevölkerung kann sich gerade mal vier Tage lang mit Eigenmitteln versorgen, zwei Drittel würden sieben Tage durchhalten. Ein Blackout kann jedoch auch zwei bis drei Wochen dauern, und er wird auch als normale Einrichtung die Lebensqualität beeinflussen.

Wieder einmal arbeitet Politik nach ihrer bewährten Formel: *»Was nicht sein darf, kann nicht sein!«* Die Umsetzung dieser Formel fängt damit an, dass der Bürger nicht darüber informiert wird, was ein Blackout ist, und wie er zustande kommt. Politisch muss er nämlich ausgeschlossen sein! Konsequenterweise darf der Bürger auch nicht wissen, dass sich bereits dramatische Verhältnisse aufgebaut hatten.

Vor der »Energiewende« musste unser Stromnetz zweimal reguliert werden. Heute ist es zwanzig Mal am Tag. Auch die Politik weiß natürlich, dass Blackouts bei der künftigen Stromversorgung durch »Erneuerbare Energien« fester Bestandteil der Tagesversorgung sein werden. Politische Skrupel sind inzwischen derart erwachsen geworden, dass sie den Bürger belügen, wo immer das möglich ist. Sie nutzen, dass schweigen die scheußlichste aller Lügen ist! Das Technische Hilfswerk (THW) hat heimlich 33,5 Millionen Euro vom ehemaligen Finanzminister Scholz erhalten, um die Ortsverbände mit leistungsfähigen Notstromaggregaten auszurüsten. Im sich abzeichnenden Bedarfsfall müssen wichtige Einrichtungen wie Krankenhäuser und Pflegeheime mit Strom versorgt werden. Weitere 35,6 Millionen Euro unterstützen das Bundesamt für Bevölkerungsschutz und Katastrophenhilfe (BBK) mit Strom aus Notstromaggregaten. Die müssen gewappnet sein, um Wutausbrüche der Bevölkerung demokratisch mit Gummiknüppeln und sonstigen schmerzerzeugenden Werkzeugen aufzufangen und gegen Plünderungen vorgehen zu können. Mit jedem Kraftwerk, das abgeschaltet wird, nimmt die Wahrscheinlichkeit eines Blackouts zu. Die Politik ist zuverlässig konsequent, wenn es die Abspaltung herkömmlicher Kraftwerke betrifft. Das deutsche Stromnetz wird anfällig für Störungen. Die Folgen sind also definitiv schlimmer als die herbeigeredeten Auswirkungen von CO_2 auf die Umwelt.

Zwischenfälle für den Versorgungsstress im Netz sind nicht auf eine schlechte Qualität zurückzuführen. Die deutsche Netzqualität wird international gelobt. Das Problem liegt darin, dass die Abweichungen zwischen der erwarteten und der tatsächlichen Ökostrom-Einspeisung zunehmen. Diese Diskrepanz wird weiter ansteigen! Plant doch die Regierung, das Netz der »Erneuerbaren Energien« weiter auszubauen und konventionelle Kraftwerke stillzulegen. Ein Knackpunkt der »Erneuerbaren Energieen« liegt in der Wettervorhersage. Sie hat nicht die Sicherheit, um die Strommenge durch Windanlagen und Photovoltaik vorausschauend festzulegen.

Im Juni 2019 kam es an drei Tagen zu einer »Unterspeisung« im deutschen Netzwerk. Es war weniger Strom da, als benötigt wurde. Eine solche Konstellation hat ein Absinken der Netzfrequenz im gesamten europäischen Verbundnetz zur Folge. Normalerweise werden solche Abweichungen durch eine »Regelenergiemenge« aufgefangen. Regelenergie ist der Strom, der benötigt wird, um die Netzfrequenz stabil zu halten. Reicht diese nicht aus, kann es zu Frequenzschwankungen kommen. 2018 gab es etwa hundert Knappheitssituationen. In solchen Fällen werden zunächst große Stromverbraucher wie Alu- und Stahlhütten vom Netz genommen. Die werden natürlich für die Zwangsstilllegung entschädigt! Zahlt der stromverbrauchende Bürger! Häufige »Unterspeisungen« führen zur Anhebung der Regelenergiemenge, mit der Folge, dass eine stabile Netzfrequenz schwieriger zu gewährleisten ist. Herkömmliche Kraftwerke müssen hoch- und runtergefahren werden. Dieser Vorgang ist eine regeltechnische, nicht immer leicht zu lösende Aufgabe und zudem ein verschleißfördernder Vorgang für Kraftwerke, der die Wirtschaftlichkeit entscheidend beeinflusst.

Im Juni 2019 war die Situation dramatischer. Die Netzbetreiber bestätigten: »*Die Lage war sehr angespannt und konnte nur mit Unterstützung der europäischen Partner gemeistert werden.*« Die

Kosten für die Netzsystemsicherheit werden auf den Stromkunden umgelegt. Die Netzexpertin der Grünen hat deshalb sofort eine Fehleranalyse parat und die Schuldigen geortet.

»Die Bundesregierung muss sofort die Fehlanreize in der Ausschreibungspraxis abstellen. Auf keinen Fall darf der Eindruck entstehen, dass die Erneuerbaren Energien schuld an den Verzerrungen sind. Hier handelt es sich eindeutig um mangelhafte Regulierung und politische Fehlsteuerung.«

Die Netzbetreiber und Netzagenturen sind bei der Fehleranalyse vorsichtiger. »Die Ursache für die Unterdeckung ist noch nicht eindeutig geklärt.« Verschwiegen wurde auch, wie weit das Land von einem Blackout entfernt war.

Spekulationen, Händler hätten eine besondere Marktlage ausgenutzt, werden politisch unterdrückt. Schuldzuweisungen, die Erneuerbaren Energien seien für die Unterdeckung zuständig, sind aus politischer Sicht absurd und werden folglich ausgeschlossen. Das Bundeswirtschaftsministerium teilte mit, dass es zu keinem Zeitpunkt ein Problem mit der Versorgungssicherheit gegeben habe. Die Netz- und Versorgungssicherheit ist und war gewährleistet! Auch würde sich die aus den Unregelmäßigkeiten ergebende Kostenbelastung nicht auf den Verbraucher auswirken. Die übliche politische Informationstransparenz durch Wahrheitskorrekturen, mit denen der Bürger bei dramatischen Situationen in eine politisch gefilterte und gesäuberte Fahrrinne geschleust wird.

Interne Bewertungen haben ergeben, dass ein unerwarteter Sturm dazu geführt hat, dass viele Windräder aus Sicherheitsgründen abgeschaltet wurden. Normale Boulevard-Zeitungen und der öffentlich-rechtliche Rundfunk berichten nicht über solche dramatischen Zustände. Der Bürger sollte sich jedoch deutlich vor Augen führen, dass mit jeder neu erstellten Windanlage und jeder abgeschalteten Kernkraftanlage die Gefahr eines Blackouts zunimmt. Die Politik investiert dennoch weiter in die Wette »Erneuerbare Energie« und erhöht damit die Bereitschaft der Bürger, regelmäßige Blackouts als

Lebenskomfort in ihren Wohlstand einzuschließen. Das verlangt die bedingungslose Unterstützung einer Planwirtschaft!

Die Merkel-Regierung hat mit ihrer Energiepolitik schon 2019 mehrfach den Blackout an die elektrische Stromversorgungspforte anklopfen lassen. In auffällig vielen Städten kam es zu Stromausfällen. Merkel-Politik demonstriert eine ihr eigenes Verständnis zu Wirtschaftlichkeit. Am 01. Januar 2020 wurde das Kernkraftwerk Phillipsburg abgeschaltet, um dann »Atomstrom« aus Frankreich einzukaufen. Mit »Atomstrom« aus Frankreich soll ein flächendeckender Stromausfall verhindert werden. Inwieweit ein deutschlandweiter Stromausfall durch Stromimporte aus dem europäischen Ausland aufzufangen ist, wird sich herausstellen. Diese politisch herbeigeführte Abhängigkeit dürfte noch weitreichende Folgen haben. Es fehlen nicht Warnungen von Fachleuten. Es fehlt nur an politischer Einsicht! Absolute Machtbestrebungen zur Beherrschung der Bürger und die Demokratie als festen Bestandteil eines Landes zu sicher, stehen im Widerspruch. Sie können keine harmonische Gemeinschaft bilden. Eine nur mit Worten herbeigeredete Demokratie kann diese Kluft nicht überbrücken!

Am 08.01.2020 war in der Zeitung zu lesen: »Blackout – Bundesregierung wappnet sich heimlich für Stromausfälle«. Eine solche Zeile beschreibt im Grunde genommen deutlicher die politischen Geschäftspraktiken ihrer modernen Demokratie, als irgendwelche Erörterungen im öffentlich-rechtlichen Fernsehen. Politiker wissen selbst, was sie anrichten, schützen sich dagegen und finden Erklärungen, die sie freizeichnen, wenn sie den Bürger im Regen abstellen.

Innerhalb der EU hatte der »Blackout« seinen ersten Auftritt in Italien! Zehntausende Menschen waren in U-Bahnen gefangen. Menschen in Aufzügen warteten auf ihre Rettung. Keiner wusste, wie lange der Stromausfall dauert, wann die Erlösung kommt. Dieser Blackout dauerte nur 11 Stunden. 11 Stunden in einem Aufzug festzusitzen treiben Menschen mit Klaustrophobie in den Wahnsinn und sorgen auch bei ganz normalen menschlichen Bedürfnissen für höchst peinliche Situationen. Die meisten Bürger wissen nicht, dass sie sich einsichtig für die Klimawende zeigen müssen und die Konsequenzen zu tragen haben!

Die Stromversorgung durch »Erneuerbare Energie« wird nicht nur instabile, übersehbare Verhältnisse herbeiführen, sondern sie kann auch nur noch bestenfalls ein Drittel der benötigten Energie zur Verfügung stellen. Eine Studie des Verbands der Chemischen Industrie kommt zu dem Ergebnis, dass allein die Chemiebranche künftig mehr Strom benötigt, um »klimaneutral« zu werden, als derzeit die ganze Republik zusammen verbraucht. Beispielsweise plant der Chemiekonzern BASF gemeinsam mit RWE einen Windpark in der Nordsee. Nicht die finanziellen Mittel fehlen, sondern die Politik kann weder die nötigen Flächen zur Verfügung stellen, noch die Stromleitungen von Norden zum Süden bauen. Warum soll die Industrie Milliarden Euro investieren, wenn in den Sternen geschrieben steht, ob der erforderliche Strom ankommt? Unternehmer müssen Realisten sein! Sie dürfen keinen Hirngespinsten nachsinnen, wie sie sich bei Politikern einnisten. Sie machen aus ihrer Fassungslosigkeit immer weniger ein Geheimnis. Würden Industrieunternehmen ihre Produktion derzeit auf Strom umstellen, ist die Zeit recht überschaubar, wann sie die Pleitegeier auffressen werden. Um diesem wirtschaftlichen Tod zu entkommen, werden nicht nur stromintensive Großunternehmen in Länder mit sicherer und politisch geordneter Stromversorgung abwandern, oder die Produktion auf Tochterunternehmen in Billigstromländer verlagern. Auch Unternehmen, die eine derartige Umorganisation bewältigen können, werden diesen Weg einschlagen. Davon ausgeschlossen wären indessen mittelständige Unternehmen, die eine solche Umstrukturierung finanziell nicht leisten können. Sie werden Konkurs anmelden müssen! Politiker unterschlagen, dass diese mittelständischen Unternehmen das Herz Deutschlands wirtschaftlicher Stärke sind.

Die politische Reaktion auf diese Entwicklung wird mit irrationalem Aktivismus ausgeblendet! Die Folgeerscheinungen werden nachfolgende Politikergenerationen erklären müssen.

Der indische Energieminister Piyush Goyal sagte im Jahr 2015 zur Energiewende: »*Es ist nicht so wichtig, was in Paris passiert. Wir tun, was wir tun. Wir setzen unsere Ziele selbst.*« Und »*Aufpassen, dass die Erneuerbaren Energien nicht zu stark von staatlichen Subventionen abhängen.*«

Merkel hatte bereits bekundet und gefordert, dass Politik und Wirtschaft enger zusammenrücken müssen. Bislang nur eine Drohgebärde! Will die Bundesregierung die Wirtschaft über die Stromversorgung in politische Abhängigkeit zwingen? Irrealistische Träume, die politische Macht überschätzen! Politischer Horizont endet in ihrer kleinen Welt des Streitens! Ein Land, das von der Wirtschaft lebt, muss seiner Industrie in jedem Fall eine belastungsfähige Stromversorgung garantieren. Ein solches Vertrauen bröckelt! Zu viele Zweifel überschütten die Zukunft! Es fehlt ein schlüssiges Gesamtkonzept!

Der normale Menschenverstand weiß nicht, wie ein Klima zu »schützen« ist! Wird ihm eine besondere Bekleidung zur Verfügung gestellt, um es warm zu halten? Politiker wissen offenbar, wie sie das Klima »schützen« können. Deshalb haben sie das »Klimaschutzgesetz« erfunden. Sie wollen das Klima nicht mit Wolldecken, sondern durch CO_2-Abbau schützen. Sie halten sich jedoch in ihren Äußerungen ausgesprochen bedeckt, wie auf einem realistisch nachvollziehbarem Weg die vorgegebenen Zahlen verwirklicht werden sollen. Wie soll eine Wirtschaft auf eine Stromversorgung vertrauen, die ausschließlich auf Sonne und Wind gründet, auf herkömmliche Energiequellen verzichten will und sich abhängig von anderen Staaten macht?

»*Zweck des Gesetzes ist es, zum Schutz vor den Auswirkungen des weltweiten Klimawandels die Erfüllung der nationalen Klimaschutzziele sowie die Einhaltung der europäischen Zielvorgaben zu gewährleisten. Die ökologischen, sozialen und ökonomischen Folgen werden berücksichtigt. Grundlage bildet die Verpflichtung nach dem Übereinkommen von Paris aufgrund der Klimarahmenkonvektion der Vereinten Nation, wonach der Anstieg der globalen Durchschnittstemperatur auf deutlich unter 2 Grad Celsius und möglichst auf 1,5 Grad Celsius gegenüber dem vorindustriellen Niveau zu begrenzen ist, um die Auswirkungen des weltweiten Klimawandels so gering wie möglich zu halten.«*

Die sich daraus ableitenden Konsequenzen ergeben eine schrittweise Verminderung der Treibhausgase: Bis 2030 um mindestens 65 Prozent und bis 2040 um 88 Prozent, bis 2045 muss Netto-Treibhausneutralität erreicht sein und bis 2050 sollen negative Treibhausgasemissionen erreicht werden.

Die deutsche Politik klopft sich auf die Schulter, weil sie schon viel erreicht hat. 2020 kamen etwa 42 Prozent des Stroms aus »Erneuerbaren Energien«, so die offiziellen Zahlen. Politiker haben ihr Glaubenspotential verspielt! Die Treibhausgasemissionen sollen sich im Vergleich zu 1990 um 40,8 Prozent reduziert haben. Wie derartige präzisen Messungen möglich sind, wird nicht erläutert. 40,8 Prozent sollen 70 Millionen Tonnen CO_2 weniger als 2019 entsprechen. Werden diese Zahlen in den gesamten CO_2-Bestand eingebettet und zugrunde gelegt, dass 95 Prozent CO_2 die Natur liefert, 25 Prozent die Planzen aufnehmen und 2.08 Prozent von Deutschland erzeugt werden, so ergibt sich ein Verhältnis, das nur politische Lügen aufdecken kann. 2.244.000 Tonnen verursacht die Natur, und Deutschland soll brave 70 Mio Tonnen verhindert haben. Diese ausgewiesenen Einsparungen werden allein neue Vulkanausbrüche oder Waldbrände kassieren!

Alle möglichen Auswirkungen auf die Klimapolitik pauschal zusammengefasst, führen zu einem Ergebnis, das lediglich von Ideologie geprägtes Handeln rechtfertigt. Die Politik blendet alle überdenkenswerten Analysen aus und setzt bei der Erderwärmung nur auf die Wette Klimaneutralität durch CO_2. Computermodelle müssen es richten! Zweifel an dieser Hypothese hat der Mainstream kassiert!

Der Umbau der elektrischen Energiegewinnung kostet riesige Summen. Können diese Kosten überhaupt bewältigt werden? Politische Machtbestrebungen kennen keine Grenzen in der Kostenbelastung der Bürger! Für sie zählt nur die Macht! Um diese abzusichern, haben Politiker sich bei Umweltfragen angewöhnt, auf eine ferne Zukunft zu verweisen. »Alles oder nichts«! Was folgt für die Bürger, wenn diese Wette verloren wird? Wird die Begeisterung für CO_2-Reduzierung auch bestehen bleiben, wenn im Jahr 2045 festgestellt werden muss, dass weder das Wetter noch das Klima sich ändert, weil nicht CO_2 der böse Bube ist?

Ausblick

»Einen innerlich freien und gewissenhaften Menschen kann man zwar vernichten, aber nicht zum Sklaven oder einem blinden Werkzeug machen.«

Albert Einstein

Das Redaktionsnetzwerk Deutschland (RND), die Redaktion für überregionale Inhalte der Verlagsgesellschaft Madsack in Hannover, hat per Umfrage festgestellt, dass das Vertrauen in die Politik mit beängstigender Geschwindigkeit in die dunklen Tiefen der Gleichgültigkeit hinabgleitet. Noch nicht einmal ein Drittel der Befragten vertraut demnach Organen wie Bundesrat oder Bundestag. Eine Umfrage des Meinungsforschungsinstituts policy matters im Auftrag der Körber-Stiftung hat zusätzlich herausgefunden, dass lediglich 20 Prozent politischen Parteien Glauben schenken. Einer Umfrage des Instituts Civey für die Deutsche Nationalstiftung zufolge stimmen von 5.000 Bürgern 65,5 Prozent der Aussage zu: »Ich mache mir Sorgen, dass die deutsche Demokratie in Bedrängnis ist.«

Derartige Ergebnisse könnten in einer Zeit leicht überbewertet werden, in der Mainstream einen wesentlichen Anteil an der Meinungsbildung einnimmt und Ansichten weitestgehend Gefühle bestimmen. Eine vorübergehende, kurzfristige Zeiterscheinung also, so könnten solche Zahlen interpretiert und abgetan werden. Aber warum bleiben sie von den Medien und der Politik unbeachtet? Weiterhin bestimmt politisches Profilierungsgehabe das Tagesgeschehen! Liegt in dieser Verachtung von Unzufriedenheit die eigentliche Bedeutung solcher Umfragen?

Technische Errungenschaften haben zur Folge, dass politische Gestaltung ständigen Änderungen unterliegt. Sie formen Politiker zu Maschinen um, die zur Vervollständigung ihres Handelns die

Lüge als Ergänzung benötigen. Der allgemein gültige menschliche Anspruch geht verloren, gutherzig und ethisch/moralisch angemessen zu handeln. Politiker haben verlernt, in ihren Beschlüssen zu berücksichtigen, dass der Mensch die Achtung vor sich selbst bewahren muss und nur dann Mensch ist, wenn er andere als Mensch anerkennt. Selbst ein sorgfältig gepflegtes Vorurteil gegen Politiker muss zugeben, dass Politik auch schon mal Fehler machen darf, die Verstimmungen beim Bürger hervorrufen. Das ist normal! Dieser Vorgang darf sich aber nicht als Dauererscheinung festsetzen, der sich dann auch bei Wahlen niederschlägt. Volksparteien verlieren ihre Bedeutung! Politiker haben das Interesse verloren, zu ergründen, wo die tatsächlichen Ursachen solcher Erscheinungen liegen könnten. Ihr Forschungsgeist begrenzt sich darauf, wie sie Mehrheiten für eine Regierung zusammenkleben können! Ein Egoismus, der von unbegreifbarer Machtbesessenheit genährt wird! Dabei sind die Erklärungen ganz simpel! Der Bürger musste seine Macht als Souverän an die Politik abgegeben! Politiker formen die Demokratie zu einem System um, das an den Bedürfnissen der Bürger vorbeizieht. Bürgerinteressen zu erfassen und diese zu verwirklichen muss nicht immer einfach sein. Das bedarf eigentlich keiner besonderen Erwähnung! Genauso, wie Beschlüsse schon mal beherzten Einsatz verlangen, also Führungsbereitschaft, verbunden mit Risiko und Mut zu unkonventionellen Maßnahmen fordern. Vorurteile stellen jedoch nur politische, von Taktik geprägte, zögerliche Unentschlossenheit fest. Politisches Handeln dient nicht mehr der Sache, sondern versucht nur noch Wählerstimmen einzufangen. Machthunger nimmt sich eine Sonderstellung in der Gesellschaft heraus, die nichts mehr mit erarbeiteter Orientierungsüberlegenheit zu tun hat. Führung bedeutet für Politiker, Macht auszubauen, die Geltungsbegehren hofiert. Die Folge sind dann Umfragen, die die Standfestigkeit unserer Demokratie beleuchten.

Politik prägt immer schon Schlagworte! Jede Maßnahme ist eine »Herausforderung« und Umstrukturierungen sind »Modifikationen«, die Hoffnungen auslösen sollen. Sie sind nur noch selten aussagefähig und bauen folglich kein Vertrauen auf. Zu häufig hatten und haben die Auswirkungen derartiger »Modifikationen« Nachteile für die Bürger erbracht.

Demokratie bleibt bei derartigen Vorgängen natürlich als Begriff erhalten. Die Bedeutung der Demokratie wird besonders dann häufig hervorgehoben und betont, wenn »politisch höhere Ziele« keine Beziehung mehr zur Demokratie erkennen lassen. Hier liegt die Brisanz! Politiker ziehen sich in ihre Festung zurück und züchten eine Politikgestaltung, die nicht mehr ihre eigentlichen Aufträge wahrnimmt und diese dann umfassend abarbeitet!

Die Basis einer Demokratie bilden unterschiedliche und gegensätzliche Meinungen! Auch muss es kleine Gruppen geben, Minderheiten, die auf sich aufmerksam machen wollen, genauso, wie es nicht die definitiv richtigen Entscheidungen geben kann. Dazu sind die Bedürfnisse einer Gesellschaft zu unterschiedlich! In den Anfängen der Demokratie drückte diese Einsicht das Bekenntnis beim Amtseid aus »so wahr mir Gott helfe«. Damit wahr die Vorstellung verbunden, dass der Eid leistende sich für den Fall schuldig bekannte, dass er gegen Recht verstoßen sollte. Die Begrenztheit menschlichen Wirkens wurde eingesehen und das Bewusstsein wahrgenommen, auf Gottes Hilfe angewiesen zu sein. Alles menschliche Handeln ist fehlbar und begrenzt! Auch Politiker dürfen also irren, aber sie müssen zu erkennen geben, dass sie mit klaren Argumenten Aufgaben angehen wollen. Immer mehr Politiker verzichten beim Amtseid auf die Hilfe Gottes! Sie brauchen diese Unterstützung nicht mehr! Sie setzen auf menschliche Errungenschaften. Sie vertrauen auf innovative Kräfte der Forschung und auf politische Moderationsbegabung. Wirkliche Probleme werden über Konferenzen auf den Verschiebebahnhof geleitet. Die zwei Schwerpunktthemen »Haushaltsabgabe«, »Umwelt/Erderwärmung« und die sonstigen Unstimmigkeiten und Unzulänglichkeiten der jüngsten Vergangenheit haben gravierende Fehler durch politische Anmaßungen in einem Ausmaß offenbart, die nicht mehr erlauben, von belanglosen Irrtümern zu sprechen.

Auch »heute« geben Politiker vor, ihre Bürger vor Bedrohungen schützen zu wollen. Ein wesentlicher Unterschied zu »früher« besteht jedoch darin, dass Politiker als ihre wichtigste Aufgabe erkennen, Angst zu schüren. Klimawandel, Erderwärmung! Die Menschheit wird ersaufen! Die Corona-Epedemie! Sie verschlingt menschliches Leben und frisst den Planeten! Chinabedrohung! Sie wird unsere Wirtschaft und unseren Wohlstand zerstören! Russland! Putin sucht den Krieg in ganz Europa! Politik fehlt das Augenmaß für ihre wirklichen Aufgaben! »Höhere Ziele« zerstören politische Verantwortung!

Ein göttliches Gebot gebietet dem Menschen, dass er am Leben hängen muss. Dieses Gebot ist tief im Unterbewusstsein verankert! Lebensangst nimmt bewusster die Vergänglichkeit des Lebens wahr. Sie gibt der Würde des Menschen wieder neue Inhalte. Der Bürger besinnt sich von neuem auf Werte, die im »normalen Lebensablauf« unter die Räder gekommen sind.

Leben muss daher von verantwortungsvoller Besinnung getragen werden. Doch menschliches Leben zu betreuen und zu erhalten, bleibt einer höheren Instanz vorbehalten! Politik versucht, in diese höhere Architektur einzudringen, um Leben zu schützen und zu erhalten. Dafür fehlt ihr nicht nur der Auftrag! Ihr fehlt auch die Kompetenz! Menschlichem Handeln sind Grenzen gesetzt! Auch Politiker sind nur geduldete Gäste auf diesem Erdenball! Ihr Absolutheitsanspruch untergräbt Zufriedenheit, Glücksgefühle, eigenständiges Denken, um Selbstwertgefühle zu stärken. Die Seele findet keine politische Unterstützung mehr. Freiheit wird zum Spielball politischer Worte! Vorschriften schränken die individuellen, reichhaltigen Möglichkeiten der Lebensgestaltung ein.

Eine Vielzahl von Bürgern bezweifelt inzwischen, dass »politisch höhere Ziele« den Richtlinien einer Demokratie folgen und auf soliden demokratischen Grundpfeilern aufbauen. Der Bürger soll über »Demokratisierung« und Beseitigung von Gerechtigkeitslücken belehrt werden. Allein politisches Wirken kann Lösungen herbeischaffen. Bürgers Einwände sind pillepalle! Diese politische Vorherrschaft schnürt uns Bürger in ein Gedankenkorsett ein, das farbiges Leben vernichtet! Wir sollen uns empathisch politischen Anweisungen unterwerfen! Politisches Machtbedürfnis will uns Bürgern glaubend machen, dass nur ihre Vorstellungen eines Gesellschaftsgefüges für ein geordnetes gemeinschaftliches Zusammenleben taugen. Viele fehlende Analysen lassen daran zweifeln, ob Demokratie noch ihre Aufgabe mit Empathie wahrnimmt. Befreien wir uns von diktatorisch angeordneter Gedankeneinschnürung, die nur politischem Machtanspruch die Zügel reicht. Erlauben wir uns wieder darüber nachzudenken, wie wir der Buntheit von Rotationsinvarianten freien Auslauf gewähren. Dazu gehört aber auch, dass der Bürger seine Verantwortung nicht in politische Hände legt! Schwäche sucht Verantwortung nur immer bei anderen und beklagt die Komplexität von Institutionen.

Einseitige Ausrichtung, ausschließlich auf die Politik einzuprügeln und sie für die Zustände einer Demokratie verantwortlich zu machen, ist ganz gewisslich einfach und entlastet die Seele. Sie kann Frust abbauen! Aber kann der Bürger sich tatsächlich bei einer Analyse der derzeitigen Zustände einer Demokratie vollkommen von Mitschuld freisprechen? Hat der Wohlstand nicht das Bedürfnis gefördert, sich in fürsorglichen Armen der Politiker einzunisten? Seit 2013 beansprucht der Sozialetat mehr als fünfzig Prozent des Bruttoinlandsproduktes. Er wurde in den vergangenen dreißig Jahren verdreifacht und auf mehr als eine Billionen Euro ausgebaut. Nehmen nicht immer weniger Bürger ihre Verantwortung einer eigenen Lebensgestaltung wahr und heißen staatliche Entlastungen willkommen? Die Demokratie ist ein vielseitiger, ausgedehnter Acker. Sie verlangt nicht nur vom Staat, diese Lebensscholle ausgiebig, nachhaltig und eigenverantwortlich zu bearbeiten.

»Früher« hatte der »Liebe Gott« für den Menschen eine Bedeutung, die seine Existenz und sein Handeln bestimmte. Auch heute noch wissen viele Menschen um ihre Schutzbedürftigkeit, eine Hilfsbedürftigkeit, die deutlich über politische Unterstützung hinausgeht. Zum menschlichen Wesen gehören Widersprüche, die es zu seinem Vorteil nutzt. Gläubige beten »unser täglich Brot gib uns heute«. Das hindert sie jedoch nicht daran, weltweit pro Sekunde 29,5 Tonnen »Brot« in die Abfalltonne zu kippen. Pro Sekunde wird Nahrung im Gewicht von fünf ausgewachsen Elefanten vernichtet! Auch soll Gottes Wille wie im Himmel so auch auf Erden geschehen. Die Erde benötigt dazu Erfüllungsgehilfen! Diese Erfüllungsgehilfen entfachen jedoch eher ein Chaos, als dass sie einen göttlichen Auftrag erfüllen. Politisches, egoistisch gesteuertes Machtbedürfnis hat göttliche Güte verkümmern lassen. Ihre primitive Ausrichtung auf ihre »höheren Ziele« kennt keine Demut mehr! Politik gibt sich überzeugt, die Natur besiegen zu können. Hybris führt zur Gewissheit, dass der Mensch Wächter der Schöpfung ist. Der Gedanke an ein übergeordnetes, unsterbliches Wesen geht verloren. Der religiöse Glaube wird immer einer individuellen Beurteilung unterliegen. Manchmal kann der Verstand Unterstützung anbieten. Acht Milliarden Menschen werden bereits bei der Geburt mit einer individuellen Persönlichkeit ausgerüstet – sowohl äußerlich als auch charakterlich. Jeder Mensch ist ein besonderer Gedanke! Bereits die menschliche Entstehung bis zur Geburt ist ein kleines Wunder, das menschliche Schaffenskraft überfordert. Politische Maßnahmen laufen zu häufig darauf hinaus, der individuellen Bewertung eines Menschen mit Gleichgültigkeit zu begegnen. Hier setzt die Schwierigkeit menschlichen Zusammenlebens auf Erden ein! Demokratie ist das Bewusstsein abhandengekommen, dass der Mensch in einer Welt leben muss, die mit Geheimnissen durchwebt ist, deren Aufschlüsselung dem Menschen verborgen bleiben muss. Allein die Zusammenhänge unseres Sonnensystems sind zu vielseitig verzweigt, als dass dem Menschen ein tieferer Einblick gestattet ist. Wird die Unendlichkeit der Planetensysteme mit einbezogen, so sollten auch Politiker begreifen, dass nur eine übergeordnete Macht dem Menschen Gastrecht auf dieser kleinen Weltkugel gewährt und die dazu übermenschliche Größe besitzt, menschlicher Hybris Nachsicht zu gewähren.

Politiker und Bürger sollten sich bewusst machen, dass eine Demokratie bis zur Unkenntlichkeit zerstört werden kann. Misstrauische Gedanken und extreme Ansichten sind Gewürzkomponenten einer Demokratiemahlzeit, die Diskussionen in Gang setzen muss, um als Ergebnis eine geschmacksprägende Speise zu kreieren. Dazu gehören Widerspruch und Gegendarstellungen! Sie sind Grundelemente einer bewussten Auseinandersetzung mit den elementaren Bausteinen einer Demokratie, um deren Qualität beurteilen zu können.

»Wir müssen nicht nur wissen, sondern dabei auch verstehen, dass wir oft entscheiden müssen, ohne zu wissen. Nur das kann uns auch zu verantwortlichem Handeln verpflichten.« [69]

Aber sollte nicht ein »Handeln ohne zu wissen« in einem eng abgesteckten Rahmen verlaufen, in einem Rahmen, der menschlichen Geist überfordert?

Literaturverzeichnis

1 Anton Tschechow, »Die Dame mit dem Hündchen«Erzählungen
2 Dr. Harald Schmidt, »Konfettiparade«
3 Jörn Ibsen
4 Wilhelm Hennis, »Demokratisierung – zu einem häufig gebrauchten und viel diskutierten Begriff«
5 Marcus Jung, Tillmand Neuscheler, »Frauenquote für Bahn & Co«
6 Professor Dr. Wolfgang Reusch, »Bildungsmisere in Deutschland«
7 Dr. med. Hedwig Roggendorf
8 Dr. Anne-Madeleine Plum, »Schüler brauchen Menschen vor sich«
9 Dr. Böhler, »Missachtung der Lehrer«
10 Jürgen Kaube, «Lasst doch mal alles so, wie es ist.«
11 Olaf Kretschmann, »offener Brief an die Intendantin des Rundfunks Berlin-Brandenburg (rbb) Dagmar Reim – Ablehnung der verpflichtenden Zahlung des Rundfunkbeitrags aus Gewissensgründen.«
12 Johannes Strehle, »Grimmiges Vergnügen«
13 Wolfgang Flügel, »Die Grundpfeiler unseres Staates.«
14 Professor Dr. Rüdiger Schnell, »Humanität vor Recht«
15 Professor Dr. Berthold Meyer, »Kanzlerin bis 2041«
16 Kalkul und Kompetenz in der Krise«, Professor Dr. Caspar Hirschi
17 Professor Dr. Peter Graf Kielmansegg, »Die Fraktionen müssen Entscheiden«.
18 Professor Dr. Bastuck, »Man erkennt die Absicht und ist Verstimmt.«
19 Heiko Schrang, »Die GEZ-Lüge«

20	Professor Dr. Hans Willgerodt, »Ordnungspolitik und Rechtstaatlichkeit«
21	Verfassungsrechtler Frank Schorkopf, »Schützt EU-Recht vor Enteignung?«
22	Reiner Holznagel, Präsident des Bund der Steuerzahler
23	Peter Graf Kielmannsegg, »Wir werden instrumentalisiert.«
24	Bund der Steuerzahler, »Verfassungswidrige Steuergesetze«
25	Norbert Lammert, ehemaliger Bundestagspräsident, »Produktive Spannungen«
26	Jürgen Basedow, »Mehr Freiheit wagen«
27	Eckart Lohse, »Aus Angst vor der Basis«
28	Professor Dr. Armin Schäfer, »Kultur statt Ökonomie«
29	Professor Dr. Renate Köcher, Institut für Demoskopie Allensbach, »Interessen schlagen Fakten«
30	Professor Dr. Norbert Bolz, »Die fröhlichen Sklaven«.
31	Professor Dr. Andreas Voßkuhle, Vortrag am 16.11.2017 »Demokratie und Populismus«
32	Professor Dr. Klaus Segbers, »Die Rückkehr zur Stammesmentalität«
33	Dr. Wolfgang Schäuble, »Die Balance halten«
34	Professor Dr. Manfred Spieker, »Pflichten und Grenzen der Solidarität«
35	Michael Höhler, »Öffentlich-rechtliche Heuchelei«
36	Jochen Kautz, »Die sanfte Steuerung der Bildung« (F.A.Z. vom 29.09.2011)
37	Dr. Floian Schilling, «Die Banalitäten des Guten«
38	Hans-Peter Siebenhaar, »Die Nimmersatten«
39	Dr. Dieter Freihöfer, «Bildungsfernsehen«
40	Marco Friedrich, »Raus aus dem Zwangs-TV!«
41	Bernd Höcker, »Erfolgreich gegen den Rundfunkbeitrag 2013
42	Dr. Wolff, Geschäftsführer der GEZ
43	Ulrich Reinhard, »Medien beherrschen die Mußestunden«

44	Professor Dr. Manfred Spieker, »Pflichten und Grenzen der Solidarität«
45	Dr. Wolfgang Thüne, »Der Mensch als Anpassungsund Überlebenskünstler«
46	F.A.Z. vom 29.07.2019. »Auf der Hitzewelle«
47	Christoph Hein, »Das blaue Wunder«
48	Friedrich Kirchner, »Geschmaucht«
49	Jürgen Bartels, »Auf Wahrheitssuche«
50	Professor Dr. Wolfgang Knöbl
51	Professor Dr. Dietrich Murswiek, »Klima-Nationalismus ist keine Lösung
52	Thomas Neuman, »Mit starkem Kohlenabdruck«
53	Professor Dr. Gerd Kohlhepp, »Ethanol aus Zucker im Tank«
54	Dr. Heike Hammer, »Aufgelesen«
55	Dr. Wolfgang Thüne
56	Willy Puchner, »Die Farben der Sterne«
57	Sybille Anderl, »Das Geheimnis im globalen Schatten.«
58	Ulf von Rauchkamp
59	Dr. Walter Schäfer, Brüssel
60	Professor Dr. Konrad Kleinknecht, »Wer im Triebhaus sitzt«
61	Professor Dr. Klaus Becker, »Was dem armen, bösen Atom alles angetan wird.«
62	Dr. Rudolf Fahnenstich, »Mit fremder Sünde läßt's sich besser leben.«
63	Dr. Helmut Fuchs, »Die Jahrmilliarden alte Endlagerung in der Natur«
64	Philipp Hummel, »Kernkraftwerke der Zukunft«
65	Dr. Günther Schulz, »Die widersprüchlichen Aspekte der Klimapolitik«
66	Dr. Wolfgang Thüne
67	Dr.-Ing. Volker Noack, »Klimawandel und Freiheitsrechte«
68	Johann Hermann, Präsident der Bundesnetzagentur, »Die sichere Stromversorgung wird teuer werden«
69	Professor Dr. Johannes Masing, »Wissen und verstehen«